图书在版编目（CIP）数据

天津大学志. 研究生教育与学科建设卷 / 巩金龙主编 ; 李斌, 何芳副主编. -- 天津 : 天津大学出版社, 2024. 9. -- ISBN 978-7-5618-7830-9

Ⅰ. G649.282.1

中国国家版本馆CIP数据核字第2024KS1621号

策划编辑　徐　阳
责任编辑　邱　爽
装帧设计　谷英卉

TIANJIN DAXUE ZHI · YANJIUSHENG JIAOYU YU XUEKE JIANSHE JUAN

出版发行　天津大学出版社
地　　址　天津市卫津路92号天津大学内（邮编：300072）
电　　话　发行部：022-27403647
网　　址　www.tjupress.com.cn
印　　刷　北京华联印刷有限公司
经　　销　全国各地新华书店
开　　本　880mm×1230mm　1/16
印　　张　21.75
字　　数　656千
版　　次　2024年9月第1版
印　　次　2024年9月第1次
定　　价　160.00元

《天津大学志》编纂委员会

主　　　任：杨贤金　金东寒

副　主　任：巩金龙

委　　　员：胡文平　雷　鸣　郑　刚　马新宾

王天友　明　东　韩庆华

《天津大学志·研究生教育与学科建设卷》编辑部

主　　　编：巩金龙

副　主　编：李　斌　何　芳

助 理 主 编：张立迁　卢铮松　关　静　刘庆岭

蔡建爽　顾雨竹

执 行 主 编：李　斌

执行副主编：张立迁　吴　潇

编　　　辑：（按姓氏音序排列）

陈　超　陈冠云　陈　涛　陈天凯

初　飞　董　玮　顾丽娜　杭　航

贺文杰　李传波　李　媛　秦朝霞

秦　岭　沈　妍　王一烜　武　悦

杨　洋　张世轶　张　颖　赵红星

校　　　对：（按姓氏音序排列）

李　厉　李夏缘　谭　皓　王用源

温锌勇　岳　静　赵　宇

凡　例

一、本志以习近平文化思想为指导，坚持辩证唯物主义和历史唯物主义世界观和方法论，以实事求是、述而不论为原则，力求客观、准确地记述天津大学研究生教育与学科建设发展历程。

二、本志采用公元纪年，上限起自 1895 年 10 月，下限至 2023 年 12 月，并展示 2024 年部分工作成果及工作计划，由于有些历史材料难以全面梳理统计，部分章节采取了详今略古的编写方法。

三、本志总体结构按内容分为上编、中编、下编，共 11 篇，篇内设章、节、目，以历史发展进程为经，以内部结构为纬，横排纵写，横不缺项、纵不断线。各章节所记交叉之内容，选择不同视角、不同侧面重点记之。

四、本志图证历史部分收录摄影照片，形象直观地佐证史实。

五、本志总述与各章节概述共同构成述体序列。

六、本志大事记采用编年体。

七、本志中的数量使用阿拉伯数字和公制单位表达。数字用法执行中华人民共和国国家标准《出版物上数字用法》（GB/T15835—2011），外国人名或地名用原名或中文译名。

八、本志称谓一律使用第三人称，人物直书其名，必要时在人名前或后冠以职务或职称。

九、本志使用的有关数字，原则上以档案记录为准，未在档案中记录的，以各部门的统计实录为准。

十、本志表体由分散式随文表和集中式数据集览两部分构成。随文表（示意图）按编、篇、章排号，用“×-×-×-×”表示，第一个“×”代表编序号，第二个“×”代表篇序号，第三个“×”代表章序号，第四个“×”代表该表（示意图）在此章中的序号。

十一、本志资料主要来自档案，部分资料取自上级文件、报刊、专著、讲话内容、访谈记录、网站等，力求考证求是。

目　录

总　述

天津大学的前身为北洋大学，是我国近代史上的第一所现代大学，成立于1895年10月2日。建校近130年来，天津大学与国家同命运，与民族共荣辱，树起“兴学强国”的历史丰碑。

1895年，清政府在甲午战争中失败，签订丧权辱国的《马关条约》。清光绪皇帝面对国人的痛心疾首，下诏全国，征求“自强”“求治”之策。1895年9月，洋务派中坚力量盛宣怀上奏折提出“自强首在储才，储才必先兴学”“伏查自强之道，以作育人才为本；求才之道，尤宜以设立学堂为先”的兴学强国主张，申请成立“大学堂”。1895年10月2日，光绪皇帝批准立案。清政府批准后行文刊登于《官报》，称其为“大学堂”，至此，中国近代史上第一所现代大学——北洋大学堂在天津建立。

天津大学（北洋大学）作为高起点的大学，在初建章程中就规划了研究生培养模式，其后在近130年的办学过程中，研究生教育由弱到强，形成了今天的规模和特色。依据不同时期研究生教育的特点大体可分为六个时期。

第一个时期：研究生教育的萌生期（1895—1949年）。

第二个时期：研究生教育的探索期（1949—1984年）。

第三个时期：研究生院成立初期的探索（1984—1996年）。

第四个时期：第二次研究生教育工作会议后的改革与实践（1996—2014年）。

第五个时期：第三次研究生教育工作会议后的改革与实践（2014—2020年）。

第六个时期：第四次研究生教育工作会议后的改革与实践（2020年至今）。

一、研究生教育的萌生期

北洋大学作为中国近代史上的第一所现代大学，建校之初就将研究生教育列入办学计划。盛宣怀在《创建北洋大学堂的章程》中明确本科生毕业后出国进一步培养的计划，“第四年头等头班三十名，准给考单，挑选出堂，或派赴外洋分途历练”“头等学堂年经费……其余积存生息，以备四年后挑选学生出洋川资经费”，并聘任丁家立为留美学堂监督。面对我国现代大学本科教育发展刚刚起步的现实，当时的研究生教育主要依靠出国留学培养。1899年北洋大学堂第一届本科生毕业，1901年学校即资送第一批本科毕业生前往美国留学，入美国耶鲁大学、康奈尔大学等学校深造。此批留学生共8名：陈锦涛、王宠惠、张又巡、王宠佑、严一、胡栋朝、陆耀廷、吴桂龄。这是我国第一批出国留学的本科毕业生，他们分别取得了硕士或博士学位，回国后都成为社会各界的翘楚。

1901—1907年，我国官费留美学生总计100余人，其中北洋大学堂占半数以上。他们日后大都成为我国著名的专家学者，如著名经济学家马寅初，医学家刘瑞恒，数学家秦汾，银行金融家钱永铭，冶金学家温宗禹、蔡远泽，法学家赵天麟、冯熙运，师范教育家李建勋、齐璧亭，等等。

北洋大学堂创办之初，头等学堂设工程学、矿务学、机器学、律例学四个学门，1897年增设铁路专科，1898年又设置了铁路学堂，后应外交需要附设法文班、俄文班，1907年开办师范科，研究生培养面向文、法、工、师范教育等多学科。

1911年辛亥革命后中华民国建立，北洋大学堂改称国立北洋大学。1928年因法科调入北京大学，开始单办工科，改称国立北洋工学院。1934年，经中华民国国民政府教育部核准，设立国立北洋工学院工科研究所。《国立北洋工学院工科研究所暂行组织章程》第十五条规定了研究生毕业的标准和硕士学位取得的条件。1935年，国立北洋工学院工科研究所制定了《国立北洋工学院工科研究所招考研究生简章》，当年录取首批3名研究生。其中，采矿工程学门1名，冶金工程学门2名，经过两年课程学习、两次实习和毕业考试，3名研究生于1937年6月通过硕士论文答辩，在“七七事变”前夕被授予工程硕士学位。国立北洋工学院成为中国学位与研究生教育的开拓者之一。

随着日本侵华战事扩大，国立北洋工学院不得不停止研究生招生和培养工作，迁往西北。

1946年，教育部下达恢复北洋大学的函令。复校后北洋大学设置两院十二系，理学院下设物理、数学、化学、地质 4 个系，工学院下设土木、水利、采矿、冶金、电机、航空、机械、化工 8 个系，为研究生培养打下坚实基础。

1895—1949 年的 50 多年间，中国社会动荡不安，研究生教育发展缓慢。北洋大学在初创时就制订了本科后高层次人才的培养计划，并开始资送本科生出国深造。1935 年，北洋大学开始自己培养研究生，是当时最早开展研究生教育的高校之一。

二、研究生教育的探索期

1949 年，中华人民共和国成立后，北洋大学即着手恢复中断多年的研究生招生培养工作。

1951 年，北洋大学作为当时中央教育部直属高校，成为新中国首批招收研究生的高校之一。

1951 年 9 月，教育部开展院系调整与合并工作，北洋大学与河北工学院合并，定名天津大学。天津大学于 1954 年首次拟定《关于培养研究生的规定（草案）》，1955 年招收 11 名研究生，1956 年开始招考副博士研究生，1959 年起开始逐步扩大研究生招生规模，至 1966 年共培养 354 名研究生。天津大学研究生教育渐成规模，但是因“文化大革命”而被迫中断。

1978 年，“文化大革命”后，天津大学作为首批恢复研究生招生单位，当年招收 108 名研究生。

1981 年，天津大学成为国务院学位委员会批准的首批具有硕士、博士学位授予权的单位之一，并于 1982 年首次招收 6 名博士研究生，在高层次人才培养之路上不断前行。

1978—1984 年，天津大学研究生教育逐步得到恢复。1978 年，作为国家“高校六十条”主要起草人之一的李曙森校长，在“在新形势下工科高等院校的任务——大力培养研究生应成为两个中心的结合点”报告中指出，把我国建设成为伟大的社会主义现代化强国，迫切需要培养和造就大批的建设人才；要提高学生培养层次，大力发展研究生教育；培养研究生是国家重点大学的主要任务之一。

1978—1984 年，天津大学研究生院（以下简称研究生院）成立前，天津大学共招收 762 名研究生。

从新中国成立到改革开放之初，天津大学研究生教育在探索中前行。1950 年开始，北洋大学按照教育部要求，组织教师和研究生分数批去哈尔滨工业大学学习苏联教育经验，探索新中国教育模式建设。1953 年，根据国家过渡时期的总路线要求，天津大学加快“向科学进军”的步伐，大力为工业建设培养研究生。1956 年，中国开始了建设社会主义道路的探索，天津大学为适应国家需要开始探索自己的办学模式，得到党和国家的肯定。1958 年 8 月 13 日，毛泽东同志视察天津大学，肯定了天津大学的办学探索，并指示高校应抓住三样东西，一是党委领导，二是群众路线，三是把教育和生产劳动结合起来。1961 年，为贯彻国家“调整、巩固、充实、提高”的方针，教育部部长杨秀峰来天津大学蹲点调查一个月，由天津大学草拟了“高校六十条”。这一时期天津大学为适应国家需求开始培养全日制研究生和在职研究生。

三、研究生院成立初期的探索

1984 年 8 月 8 日，教育部发出《关于在北京大学等二十二所高等院校试办研究生院的通知》[（84）教研字 026 号]，印发经国务院批准的《关于在部分全国重点高等院校试办研究生院的请示报告》和《关于在部分全国重点高等院校试办研究生院的几点意见》。22 所高等院校经批准陆续试办研究生院。天津大学成为首批 22 所试办研究生院单位之一（详见表 0-1-1-1）。在全校各方的筹备努力下，研究生院于 1984 年 12 月 18 日正式成立。学校制定了《天津大学 1984—1990 年发展规划》，其中研究生教育的发展目标是逐步把研究生教育放在更重要的位置。到 1990 年，使现有学科中 50%左右的学科能培养博士研究生，绝大部分学科能培养硕士研究生，多数学科培养出来的博士、硕士研究生达到国内一流水平。这是天津大学首次将研究生教育工作列入发展规划。自此，天津大学研究生教育工作开始书写新的篇章。

表 0-1-1-1 第一批 22 所试办研究生院单位

序号	学校名称
1	北京大学
2	中国人民大学
3	清华大学
4	北京航空学院(现北京航空航天大学)
5	北京工业学院(现北京理工大学)
6	北京钢铁学院(现北京科技大学)
7	北京师范大学
8	北京农业大学(现中国农业大学)
9	北京医学院(现北京大学医学部)
10	南开大学
11	天津大学
12	吉林大学
13	哈尔滨工业大学
14	复旦大学
15	上海交通大学
16	上海第一医学院(现复旦大学医学部)
17	南京大学
18	浙江大学
19	武汉大学
20	华中工学院(现华中科技大学)
21	国防科技大学
22	西安交通大学

1985 年 11 月 29 日,天津大学召开第一次研究生教育工作会议。学校领导、研究生导师、任课教师和研究生等 1 000 余人参加了本次会议。中共天津市委和北京航空学院等 7 个单位到场祝贺。校长史绍熙作了题为《全校办研究生院,为培养高质量的研究生而努力》的报告;作为首任研究生院院长,副校长吴咏诗作了题为《贯彻三个面向精神,切实加强研究生工作》的报告;党委副书记杨渝钦作了题为《领导重视,齐抓共管,扎扎实实地做好研究生思想教育工作》的报告。会上,学校为获得工学博士学位的博士研究生和荣获优秀论文奖的硕士研究生颁发了证书;参加会议的人员交流了研究生工作经验,讨论了研究生工作的有关文件和条例。本会议将学校研究生教育工作定位于"关系到我国现代化建设成败的一个重大问题,是发展我国高等教育事业的根本大计",以及确立天津大学重点大学地位的高度。本次会议为此后研究生教育工作奠定了坚实基础。

研究生院成立以后,随着研究生教育工作的发展和招生制度的改革,招生办法日趋灵活,培养类型和规格也越来越多样化。这一时期,研究生教育工作日益规范。1985 年,天津大学修改了《天津大学研究生暂行学则》,对研究生教育工作进行了更加细致和严格的规定。1989 年,天津大学首次举行着装授予博士学位仪式。20 世纪 90 年代初,天津大学陆续制定了近 20 种研究生教育教学管理办法及规章制度，确立了研究生教育管理的基本准则。

1995 年既是天津大学建校 100 周年，又是天津大学学位授权点的审核年。经过国务院学位委员会组织同行专家通讯评议，天津大学 8 个博士学位授权点、5 个硕士学位授权点获得通过。至此，天津大学“综合协调发展的学科体系”的建设目标基本实现。

四、第二次研究生教育工作会议后的改革与实践

1996 年 6 月，天津大学召开第二次研究生教育工作会议，并举行研究生院正式建院挂牌仪式。全体参会代表达成了“要建设世界一流大学，就必须有一流的研究生教育”的共识，分组讨论了《天津大学进一步改进研究生教育工作的若干意见》。此次会议是深化研究生教育改革，提高研究生招生、培养与管理水平的一次重要会议。

1998 年，天津大学召开了纪念恢复研究生教育二十周年大会，会议对 20 年来研究生教育的发展进行总结，并明确未来的发展目标。至此，天津大学研究生教育发生了巨大的变化，硕士研究生招生专业达到 72 个，博士研究生专业发展到 37 个。20 年间考生生源人数达到 34 453 人，全校硕士研究生和博士研究生录取总数为 10 288 人（其中硕士研究生 8 876 名，博士研究生 1 412 名），约是“文化大革命”前培养的研究生总数的 29 倍。1998 年，在校硕士研究生 1 900 人，博士研究生 555 人。这一时期学校加强了研究生培养的学科建设、师资队伍建设和规章制度建设，完善了从招生、培养、学位授予到毕业的整个流程，形成了研究生培养规模，为以后扩大研究生的招生规模和提高研究生的培养质量奠定了基础。

1999 年以后，按照教育部下达的招生计划，学校连续 5 年以每年增招 30%左右的比例扩大研究生招生规模，研究生教育步入了快速发展的轨道。

2000 年 12 月，教育部与天津市人民政府共同签署了重点共建天津大学的“985 工程”协议，天津大学跻身建设国内外知名高水平大学的行列。2013 年，经过“985 工程”三期建设，研究生教育工作取得了显著成效，为把天津大学建设成为国内外知名高水平大学并进入世界一流大学行列打下了坚实的基础。2013 年，教育部、财政部结合“985 工程”小组互审结果和两部设定的绩效指标对各校建设情况进行了综合评价，天津大学获绩效奖励 5 800 万元，2014 年过渡建设经费 9 800 万元。

天津大学专业学位研究生种类不断增加，人数大幅增长。1997—2003 年，学校先后获批成为开展工程硕士（ME）、企业管理人员在职攻读工商管理硕士（MBA）、公共管理硕士（MPA）、高级管理人员工商管理硕士（EMBA）、风景园林硕士（MLA）等五类专业学位试点单位，以及首批中等职业学校教师在职攻读硕士学位和高等学校教师在职攻读硕士学位单位。1998 年，学校在 8 个工程领域招收首批 180 名工程硕士。2002 年，学校研究生招生领域增加到 20 个，录取人数增加到 1 180 人，各项指标均位列全国重点大学前十。天津大学始终坚持以市场经济为导向，以服务企业为宗旨，以学校声誉为前提，以保证质量为根本的办学理念和办学宗旨，高度重视合作办学的质量、品牌和特色，得到了国家、社会和企业的认可，合作单位不断扩展。

在研究生教育不断发展的同时，天津大学高度重视加强培养质量保障体系建设。2004 年，研究生院在研究生培养办公室设立了教学质量监督科，随后又成立了天津大学研究生教育督导组（以下简称研究生教育督导组），全面开展研究生教育质量保障的各项工作。2011 年，研究生院建立了学位论文督导制度，对研究生答辩情况进行监督检查，博士研究生论文质量明显提升，自 2003 年首篇论文获得全国优秀博士学位论文奖，到 2013 年，共有 13 篇论文获得全国优秀博士学位论文奖，29 篇论文获得全国优秀博士学位论文提名奖。

2008 年，天津大学开始实施研究生培养机制改革，确立了以科研为导向的研究生培养新模式，制定了硕士生实行弹性学制与按一级学科实施研究生培养工作相应的实施意见和细则，确保了研究生培养

机制改革的顺利推进。

2009 年,国家对研究生教育结构作出重大调整,新增全日制专业学位招生类型。天津大学抓住机遇实现了硕士研究生规模的较快扩大,首度招收全日制专业学位研究生 494 名,完成计划比例和人数均位居全国前列。天津大学不断适应新形势下研究生教育管理发展的需求,规范研究生教育管理文件和条例。2005 年,学校对涉及研究生招生、研究生管理、研究生培养、学籍、导师管理、学位授予等方面的 29 份文件进行修订。2010 年 9 月,学校再次发布经过修订的 36 份研究生教育管理文件。2001 年起,学校自行开发的研究生管理信息系统投入使用,经过不断完善,打造了涵盖研究生教育管理全过程的管理信息系统平台。

2010 年 9 月,经国务院学位委员会办公室审核批准,天津大学一次获批 9 个新增硕士专业学位授权点,截至 2011 年招收专业学位种类发展到 15 种。2011 年,天津大学成为全国首批 25 个工程博士专业学位授予工作的试点单位之一, 2012 年招收首届工程博士生 15 名,开启了专业学位高层次培养的新纪元。

2012 年,教育部、财政部联合发布了《关于实施高等学校创新能力提升计划的意见》(以下简称"2011 计划")。为深入贯彻落实"2011 计划"精神,天津大学与南开大学依托两校化工、化学学科优势,于 2012 年 5 月 29 日正式揭牌成立了全国首个由高校自发联合组建的协同创新中心——天津化学化工协同创新中心。天津化学化工协同创新中心在化学化工满足国家重大需求、推进学科交叉、增强原始创新等方面显现出巨大活力。2013 年,天津化学化工协同创新中心成为全国首批 14 个入选"2011 计划"的协同创新中心之一。

由于卓有成效的人才培养模式和学科建设成果,天津大学在 2012 年教育部第三轮学科评估中成绩优异,共有 23 个学科参评,其中进入全国前十的有 14 个学科(约 60%),较上一轮增加 2 个,进入全国前五的有 8 个学科(约 35%),较上一轮增加 1 个。

五、第三次研究生教育工作会议后的改革与实践

2014 年,研究生院在纪念建院三十周年之际召开了天津大学第三次研究生教育工作会议,出台了研究生教育综合改革方案,推出了八项举措,先后发布了《天津大学关于全面深化研究生教育改革的意见》1 个主文件及 8 个配套文件,全面推动研究生教育在发展方式、类型结构、培养模式和评价机制等方面的根本转变。八项举措指的是改革三个机制(招生选拔机制、分类培养机制和导师责权机制),完善三个体系(学科支撑体系、质量保障体系和奖助政策体系),加强两个环节(思想政治教育和学术氛围营造),简称"三三二"综合改革。研究生院通过 30 余场深入基层的调研和宣讲,在学院和学校管理层面,在导师和研究生之间取得最大共识。研究生教育综合改革方案在实施措施上指出了具体抓手,在学术治理上实现了权力下放,在质量保障上形成了闭环控制,体现了综合改革、简政放权、持续改进的特点,形成了"天大特色"。

学校研究生教育改革成果受到了学术期刊和国内媒体的广泛关注,《天津大学全面深化研究生教育综合改革》一文入选《高教领导参考》第 513 期头条。学校多次受邀在全国研究生教育行业会议上作特邀报告,介绍研究生教育综合改革措施和成果。"天津大学研究生'3I·4 C'分类培养体系的构建与实践"获评 2014 年中国学位与研究生教育学会研究生教育成果奖一等奖。

2014 年,学校首次推出"研究生招生导师团计划",充分调动导师团队的招生积极性,共招收 83 名"985 工程"院校推免生,占接收外校"985 工程"院校生源增量的 75%。为进一步提高研究生培养质量,学校出台了《天津大学分类推进研究生培养模式改革的实施方案》,统筹构建学术学位和专业学位协调发展、各具特色的研究生分类培养体系。

2015—2020 年,天津大学研究生教育综合改革不断深入,八项举措扎实推进。2015 年,学校全面实

施博士研究生招生“申请-审核”制（即申请人向学校提交申请材料，学校进行资格审查），修订并形成了各学院的博士研究生招生办法；深入推进二级学科自主设置，开展天津大学首次学科国际同行评议工作；2015年，召开首届全国工程博士培养工作研讨会、第六届海峡两岸继续教育论坛和第四轮学科评估指标体系咨询研讨会。学校在国内学位与研究生教育领域的影响力显著提升。

2016年，在总结过去两年研究生教育综合改革实践经验的基础上，学校针对具有极大主观能动性的创新型人才培养过程，提出了“创新型人才培养质量持续改进模型（i-PDCA模型）”，形成了具有“天大特色”的创新型人才培养质量保障理论体系。此外，学校博士研究生招生“申请-审核”制的经验和做法先后被《人民日报》、教育部官方网站报道。学校发起并承办首届研究生教育学学科建设理论与实践高端论坛，倡导并推动中国学位与研究生教育学会下设研究生教育专业委员会，推动研究生教育学学科建设和研究生教育的发展，论坛至今已连续举办7届。

2017年是研究生教育综合改革成效初显之年。天津大学成功入围世界一流大学建设A类高校，首轮获批世界一流大学和一流学科（简称“双一流”）建设学科4个，编撰完成《天津大学世界一流大学建设方案》，提出“一二五五”纲领，获准建设4+6个一流学科领域（1个主干学科+2个支撑学科）。学校学位授权点建设工作高质量推进，9个学位授权点通过天津市评审，包括6个学术学位一级博士点（全市最多），2个学术学位一级硕士点和1个专业学位硕士点。2017年，在全国第四轮学科评估中，天津大学的A类一级学科数量达到14个。其中，化学工程与技术学科进入A+档，4个学科进入A档（2%~5%），9个学科进入A-档（5%~10%）。同年，天津大学被教育部确认为14所全国博士研究生教育综合改革试点高校之一。2017年也是学校开展“双证”非全日制研究生教育的第一年，学校出台了一系列支持非全日制研究生教育发展的招生优惠政策，且完成了非全日制研究生招生计划。

2018年是实施研究生教育综合改革方案的收获之年。研究生教育综合改革方案实施以来，天津大学的研究生教育管理工作和研究生教育研究工作取得长足进步。2018年4月，天津大学获批成为全国首批20所学位授权自主审核单位之一，制定了《天津大学博士硕士学位授权自主审核实施办法》。天津大学研究生教育综合改革成果获天津市第八届教学成果一等奖、2018年高等教育国家级教学成果二等奖。学校与同济大学研究生院、《学位与研究生教育》杂志社联合举办“面向全球新工业革命的工科研究生教育”工作研讨会，邀请22所工科优势大学的研究生院院长参加，并邀请多名海内外专家作相关交流报告；承办由中国学位与研究生教育学会人才选拔与评价委员会主办的2018年全国研究生招生工作学术研讨及培训会，主题为“创新招生选拔机制，推动一流大学和一流学科建设”，来自全国186所院校的315人参会。天津大学研究生教育综合改革得到业内同行和主流媒体的持续关注。

2019年是研究生培养质量年。学校紧扣两个抓手，从保障学位论文质量和培养拔尖创新人才两方面促进研究生教育与学科建设质量的提升。通过对不合格论文进行深入分析，结合大量调研工作，学校抓住导师遴选、生源质量提升、学位论文选题筛选、中期检查、学位论文预审、学位论文盲审、预答辩、答辩、学科小同行复审、分委会与校委会评议等全过程关键质量控制节点，建立导师、学科、学院和学校多级考评机制，设立并完善全过程质量管理体系，学位论文质量文化初步形成，进而使学位论文质量提升显著，实现硕士学位论文抽检合格率达到100%的目标。

随着研究生教育综合改革方案的深入实施和不断完善，天津大学已经初步形成规模结构更加合理、培养特色更加鲜明、培养质量得到根本保障的研究生教育体系。天津大学学术权力与评价重心稳固下移，教授治教的愿景逐步成为现实，导师的积极性被充分调动，研究生的培养体系和激励机制日臻完善，全面质量保障体系平稳运行，学术氛围和质量文化得到良好建设。

六、第四次研究生教育工作会议后的改革与实践

2020年是研究生教育工作具有里程碑意义的一年。7月29日，新中国成立以来首次全国研究生教

育会议在北京召开，习近平总书记对研究生教育工作作出重要指示。天津大学在认真学习会议精神的基础上，于9月29日召开了第四次研究生教育工作会议的启动会，并展开了历时三个多月的大讨论，研究制定了以“一个目标、三个体系、五个统一、八大任务”为核心内容的《天津大学一流研究生教育行动计划》。

“一个目标”，即以世界一流研究生教育水平为目标；“三个体系”，即思政教育体系、教学育人体系、质量管理体系；“五个统一”，即把握长远发展与解决当前问题相统一、扎根祖国大地与坚持开放合作相统一、推进整体建设与突出学科特色相统一、严格质量标准与实现个性培养相统一、提升治理效能与促进内涵发展相统一；“八大任务”，即思想政治教育、资源配置优化、课程体系建设、导师队伍建设、学科交叉培养、国际合作培养、分流选择机制、分类评价机制，加快推进新时代研究生教育改革。《天津大学一流研究生教育行动计划》还提出了若干改革举措，落实好关键改革任务，主要体现在三方面：一是以加强思想政治教育为根本，系统构建“三全育人”格局；二是以育人体系建设为核心，深化培养模式改革；三是以评价机制改革为牵引，完善质量保障机制。

2020年9月至2021年1月，中国学位与研究生教育学会官方网站、教育部“微言教育”微信公众号等官方平台，新华社及《人民日报》《光明日报》《中国青年报》《中国教育报》《科技日报》等主流媒体，“青塔”微信公众号等新媒体平台，《天津日报》《今晚报》及北方网等地方媒体均对天津大学第四次研究生教育工作会议进展和《天津大学一流研究生教育行动计划》进行了聚焦式报道，内容涉及一流研究生教育行动计划、分流选择机制、导师培训考核、学分制改革等方面。

2020年是学科建设年。天津大学“双一流”建设周期总结工作圆满完成，学校围绕“强工、厚理、振文、兴医”的学科发展思路，持续推进学科交叉、强化融合发展，着力支持更多学科进入世界一流行列。在2020年QS世界大学学科排名中，天津大学12个学科上榜，“医学”“农学与林学”两个领域首次上榜；在2020年软科世界一流学科排名中，2个学科位居世界前十名，8个学科进入世界前五十名；在泰晤士首届中国学科评级中，8个学科入选A+学科，A+学科总数居大陆高校第九位，按总体评级排序居大陆高校第十位。

2021年是“一流”行动年。研究生院以《天津大学一流研究生教育行动计划》为行动指南，以高水平学科建设和高层次人才培养为着力点，持续打造富有竞争力的天津大学一流研究生教育。学校获批增列物理学一级学科博士学位授权点和非物质文化遗产学交叉学科硕士学位授权点，在2021年QS世界大学学科排名中，14个学科上榜，创历史新高，地球科学学科领域首次进入ESI（基本科学指标数据库）全球排名前1%。天津大学首轮“双一流”建设成效显著，顺利通过国家验收，在此基础上，围绕“建设中国特色、天大品格的世界一流大学”总体目标，积极布局新一轮“双一流”建设。天津大学面向区域发展和创新创业推出工程博士项目制培养计划2.0，工程博士研究生招生规模位居全国前列；着力构建以学科核心课为引领的高水平研究生课程体系，首设研究生求是教材奖，启动研究生创新创业微学历试点和首届博士生交叉学术论坛；在首届全国教材建设奖和首批国家级课程思政示范课程评选中取得突破；研究生教学激励机制和荣誉体系建设不断完善。天津大学创新设立研究生教育专项基金，加大对人文社科、基础研究、新兴交叉学科与关键核心领域博士研究生培养的支持力度。

2022年是导师队伍建设年。研究生院以导师队伍建设为龙头，深入落实《天津大学一流研究生教育行动计划》，充分发挥导师在推进学科交叉、研究生教育评价改革、核心课程建设、产教融合培养等工作中的主体作用，激发导师追求卓越的内生动力，加强外部激励引导，加快建成一支有理想信念、道德情操、扎实学识、仁爱之心和国际竞争力的一流研究生导师队伍，培养造就大批具有家国情怀、全球视野、创新精神、实践能力，并能引领未来的高层次卓越人才。2022年9月25日，天津大学召开学科交叉中心揭牌仪式暨学科交叉中心建设研讨会，天津大学学科交叉中心正式成立，先行建设“储能技术”“智能建设与安全”“医工融合”“智能+”“文化遗产保护”“应用数学”6个学科交叉分中心。

2019 年底至 2022 年，新冠肺炎疫情（以下简称疫情）席卷全球，给各行各业发展带来了新的挑战，研究生招生、培养、学位授予等工作不可避免地受到影响。学校研究生教育工作密切关注国内外疫情状况，根据疫情发展形势以及国家和天津市的防疫政策要求，不断改革和完善工作机制，推动疫情防控和研究生教育工作实现“双战双赢”。学校组织开展研究生招生远程复试应急演练，《中国青年报》进行专门报道，教育部以专报形式呈报中共中央办公厅和国务院办公厅；适时对课程教学进度作出调整，全部研究生教学和线下考试工作圆满完成；密切关注疫情防控期间导师和研究生的思想动态和心理健康，通过多种渠道、多种方式提升师生满意度，育人工作成效不断提升。

2023 年和 2024 年是拔尖创新年。研究生院坚持全力以赴推动高质量发展，把开展学习贯彻习近平新时代中国特色社会主义思想主题教育与推动学科交叉中心工作紧密结合，积极探索能够切实推动卓越工程人才培养与学科交叉人才培养的政策机制实践，为研究生教育高质量发展聚焦问题、描绘蓝图、明确路线、找准着力点。2023 年 4 月 25 日，学校举行卓越工程师学院成立揭牌仪式暨卓越工程师培养交流会，成立天津大学（天津市）卓越工程师学院，积极服务国家需求，助力产业变革，改革工程教育，并于 2023 年 9 月入选国家卓越工程师学院建设高校名单。学校围绕人才培养机制、产教融合机制、运行保障机制，构建形成卓越工程人才培养的“天大方案”，搭建校企协同培养的新型产学研实体平台，深入推进工程硕博士教育改革。学校入选教育部首批国家优秀中小学教师培养计划（以下简称“国优计划”）试点高校，发挥理工科基础研究深厚、学科交叉融合、科学资源丰富的优势，积极探索高水平综合大学培养优秀中小学教师的路径和模式，服务国家基础教育阶段创新型学生培养。学校采取课程学习、科研训练与教育实践结合的培养方式，实行由学科专业导师、教育学术导师与教育实践导师共同指导的培养机制；成立“国优计划”教育指导委员会，聘请天津市五所重点中学和天津大学教育学院、心理中心、学工部教师组成教育资格面试专家组，以乐教适教为标准，录取首批“国优计划”研究生 37 人，与天津市五所重点中学签订合作协议，遴选 41 位实践导师，开展联合培养。2023 年 10 月 26 日，天津大学召开“国优计划”签约仪式暨战略合作与发展论坛。

2024 年，天津大学研究生教育工作以习近平新时代中国特色社会主义思想为指导，深入学习贯彻党的二十大精神，认真贯彻落实习近平总书记关于研究生教育工作的重要指示精神和视察天津重要讲话精神，锚定教育强国的建设目标，以研究生院建院 40 周年为契机，深入实施“拔尖创新年”，营造一流研究生学术氛围，推动博士研究生教育高质量发展，着力培养卓越拔尖创新人才。

天津大学的研究生教育经过近 130 年的发展，尤其是研究生院成立后 40 年的快速发展，已经成为学校“双一流”建设的主体部分，成为研究型大学的重要构成，成为国家新质生产力的人才支撑。新的时代、新的使命、新的起点，天津大学研究生教育工作在实现中华民族伟大复兴的历程中，必将作出新的贡献，创造新的辉煌！

上编

第一篇　研究生教育与学科建设大事记

1895 年

10 月 2 日　清政府批准《创建北洋大学堂的章程》。北洋大学堂创办之初，设置律例学（法律）、工程学（土木工程）、矿务学（采矿冶金）和机器学四个学门，明确本科生毕业后出国进一步培养的计划，“第四年头等头班三十名，准给考单，挑选出堂，或派赴外洋分途历练”，“头等学堂年经费……其余积存生息，以备四年后挑选学生出洋川资经费”。

1896 年

是年　北洋大学堂督办盛宣怀聘任北洋大学堂总教习丁家立兼任留美学堂监督。

1899 年

是年　北洋大学堂首批本科生毕业，清政府为其颁发毕业考凭，并启动出国留学计划。法科王宠惠获得钦字第一号毕业考凭，并入选首批出国留学名单。因八国联军攻占天津，北洋大学堂被德军强占为兵营，学堂被迫停办，留学一事搁浅。

1901 年

是年　北洋大学堂创始人盛宣怀通过南洋公学资送北洋大学堂第一批本科毕业生赴美留学，入美国耶鲁大学、康奈尔大学等学校深造。此批留学生共 8 名：陈锦涛、王宠惠、张又巡、王宠佑、严一、胡栋朝、陆耀廷、吴桂龄。他们是我国第一批出国留学的本科毕业生。

1906 年

是年　北洋大学堂在西沽武库复校后招生的第一批毕业生全部被资送出国留学，共有刘瑞恒、蔡远泽、赵天麟、钟世铭、马泰均、朱庭祺、刘景山、秦汾、黄振声、黄振华等 34 人，其中 3 人赴法国，其余赴美。其中，刘瑞恒获得哈佛大学医学博士学位；蔡远泽获得麻省理工学院采矿专业硕士学位，后进入哥伦比亚大学学习会计专业，获得双硕士学位；赵天麟获得哈佛大学法学博士学位，并被授予哈佛大学金钥匙一枚；钟世铭获得哈佛大学法学博士学位；朱庭祺获得哈佛大学商业管理硕士学位；刘景山获得宾夕法尼亚大学经济学硕士学位；秦汾获得哈佛大学数学硕士学位；周宗华获得芝加哥大学法学博士学位；周楚声获得哥伦比亚大学电气工程硕士学位，后进入哈佛大学获得电气工程硕士学位。

1907 年

是年　北洋大学堂资送马寅初、冯熙运等 14 人出国留学，其中 1 人赴德，其余赴美。马寅初获得哥伦比亚大学哲学博士学位；冯熙运获得芝加哥大学研究院法学博士学位；姚钟琳获得宾夕法尼亚大学商科硕士学位；王恩泽获得芝加哥大学法律博士学位。

是年　北洋大学堂开办师范科，成为文、法、工、师范教育等多学科的综合性大学。

1908 年

是年　北洋大学堂资送师范班 7 人出国留学，齐国梁、李建勋、冯慈艇、刘廷俊赴日留学，刘国志、朱家熞赴比利时留学，陈绛赴英国留学。齐国梁赴广岛高等师范学校学习，是我国女子师范教育奠基人；李建勋赴广岛高等师范学校学习，后赴美留学，获得哥伦比亚大学教育学硕士和博士学位；另有杨荫杭，1908 年留美入宾夕法尼亚大学，1909 年获得法学硕士学位。

1911 年

是年　杨卓，官费留美，于 1911 年获得哥伦比亚大学采矿冶金科学士学位、理海大学硕士学位。

1912 年

是年　邝英杰，官费留美，入哥伦比亚大学获得矿学及地质学硕士学位。

1914 年

是年　北洋大学堂资送法科李成章、李静波赴日留学。1906—1914 年，北洋大学资送出国留学生近 60 人。随着民国教育制度的颁布，北洋大学出国留学培养研究生的计划终止。

1920 年

5 月 6 日　教育部发布 237 号训令，令北洋大学法科于是年暑假即行终结，法科调入北京大学，北洋大学专办工科。

1934 年

是年　《国立北洋工学院工科研究所暂行组织章程》经中华民国国民政府教育部核准，其中第十五条规定了研究生的招生、培养、毕业和取得硕士学位的条件。

1935 年

是年　国立北洋工学院工科研究所制定了《国立北洋工学院工科研究所招考研究生简章》，并从 9 月 6 日开始在天津、北京、南京三地同时举行考试。录取首批 3 名研究生，分别是采矿工程学门常锡纯，冶金工程学门谢家兰、丁陈威。

1937 年

6 月　首批 3 名研究生通过硕士论文答辩，被授予工程硕士学位，北洋工学院成为全国首批授予工程硕士学位的高校。

7月 “七七事变”爆发，北洋工学院西迁入陕，与北平大学、北平师范大学组成国立西北联合大学，研究生培养工作中断。

1946年

是年 北洋大学复校后，设置两院十二系，理学院下设物理、数学、化学、地质4个系，工学院下设土木、水利、采矿、冶金、电机、航空、机械、化工8个系，改变了单办工科的办学结构，形成了理工结合的学科布局，明确了“研究高深学术，培养专门人才”的办学宗旨。

1951年

6月2日 教育部部长马叙伦签发教育部(51)高三字第533号文件，北洋大学与河北工学院合并，自1951年8月1日起正式成立新校，初步意见拟定名为天津大学。

是年 北洋大学作为当时中央教育部直属高校，成为新中国首批招收研究生的高校之一。

1952年

是年 国家进行高等学校院系调整，学校定名为天津大学后首次招收6名研究生。

1954年

是年 天津大学首次拟定《关于培养研究生的规定(草案)》。

1955年

是年 天津大学招收7名研究生，明确科研处负责研究生管理工作。

1956年

是年 天津大学招收6名研究生，并开始招考副博士研究生，成为全国首批副博士研究生招生单位。

1957年

是年 天津大学招收6名研究生。

1958年

8月13日 毛泽东同志视察天津大学，肯定了天津大学的办学探索，并指示高校应抓住三个东西，一是党委领导，二是群众路线，三是把教育和生产劳动结合起来。

1959 年

3 月　中共中央发布《关于在高等学校中指定一批重点学校的决定》，天津大学被指定为 16 所重点大学之一。

1960 年

是年　天津大学的系科设置规模有所扩大，增设工程物理、无线电工程、数理 3 个系，将无机化工系和有机化工系合并为 1 个系，全校共 9 个系、40 个专业和 35 个专门化，其中部分专业和专门化属于国防尖端专业。这一年招生数量大幅增加，招收 76 名研究生。

9 月　《天津大学关于培养研究生的实施办法》颁布，规定在职研究生学习年限为 3~5 年，全日制研究生学习年限为 3 年。

1961 年

是年　教育部部长杨秀峰来天津大学蹲点调查一个月，由李曙森校长负责起草"高校六十条"，其中一章专门论述研究生教育工作。

是年　天津大学招收 86 名研究生，初步形成培养规模。

1962 年

是年　受三年困难时期影响，按照教育部要求缩减研究生规模的规定，天津大学招收 23 名研究生。

1963 年

是年　根据教育部关于《加强在校研究生的培养和调整工作》的通知，为 1960 年、1961 年招收的 50 名研究生重新安排了工作岗位。

是年　天津大学招收 20 名研究生。

1964 年

是年　天津大学招收 21 名研究生。

1978 年

是年　天津大学为"文化大革命"后录取的研究生颁发毕业证书。天津大学作为"文化大革命"后首批恢复研究生招生的单位，已有 31 个专业招收硕士研究生，共有 67 名指导教师，当年招收 108 名硕士研究生。

1979 年

是年　天津大学共有硕士研究生点和研究方向 43 个，当年招收 64 名硕士研究生。

1980 年

是年　天津大学招收 52 名硕士研究生。

是年　研究生培养工作开始实行学分制，二、三年制研究生要修满 40~50 学分，且论文答辩合格方可毕业。

1981 年

是年　《中华人民共和国学位条例》正式实施，天津大学成为国务院学位委员会首批具有硕士、博士学位授予权的单位之一。天津大学成立学位评定委员会。

是年　天津大学获批设置 9 个博士点，共有 9 名博士生导师；硕士点 34 个。招收 161 名硕士研究生。第一批博士研究生导师为：贾有权、彭泽民、蔡其恕、孟广喆、史绍熙、贺家李、刘豹、余国琮、张建侯。

1982 年

2 月 25 日　天津大学制定《天津大学研究生暂行学则》《天津大学硕士、博士学位授予工作试行细则》。

是年　天津大学公布了《天津大学关于招收攻读博士学位研究生的暂行规定》，首次招收 6 名博士研究生，在高层次人才培养之路上不断前行。

是年　天津大学招收 180 名硕士研究生。

1983 年

是年　天津大学设置 42 个硕士研究生招生专业，招收 262 名硕士研究生。随着研究生规模的增加，年底前研究生管理工作由科研处研究生科负责，年底将研究生科分成管理科和教学科。

1984 年

8 月 8 日　经国务院批准，教育部下发了《关于在北京大学等二十二所高等院校试办研究生院的通知》，天津大学被批准为首批试办研究生院的单位之一。

12 月 18 日　教育部任命吴咏诗为研究生院院长，周恒、石则昌为研究生院副院长。

是年　天津大学已设立 13 个博士点，有 14 名博士研究生导师；设立 42 个硕士点，有 357 名硕士研究生导师；开设研究生课程近 600 门，在校研究生近 700 名；招收 387 名硕士研究生、30 名博士研究生。

是年　制定《天津大学 1984—1990 年发展规划》,研究生工作发展目标为"逐步把研究生的培养放在更重要的位置。到 1990 年,使现有学科中 50%左右的学科能培养博士研究生,多数学科培养出的博士、硕士研究生达到国内一流水平"。并提出到 1990 年研究生规模达到 2 000~2 500 人。

1985 年

11 月 29 日　天津大学召开了首届研究生工作会议,会议提出了"全校办研究生院,为培养高质量的研究生而努力"的号召。会议通过了《关于加强重点学科博士生导师队伍建设的几点意见》《天津大学硕士学位研究生指导教师条例》《研究生院资助基础课教师科研基金条例》《关于在职人员申请硕士、博士学位的暂行办法》《为改进和完善研究生培养制度努力工作——对改革培养研究生工作的几点设想》《研究生基金条例》等十几个文件。

是年　天津大学"动力工程及工程热物理"专业成为国家首批博士后科研流动站单位。

是年　天津大学招收 620 名硕士研究生、42 名博士研究生,在校研究生总数为 1 284 名,本科生与研究生比例由 1978 年的 12∶1 变为 3.5∶1,天津大学将 90 年来以本科生教育为主的办学模式,转变为本科教育和研究生教育并重。

1986 年

是年　天津大学首次开展在职申请学位研究生的招生培养工作。

年底　天津大学校长吴咏诗在全国率先提出了创办"综合性、研究型、开放式"(后加入了"国际化")的一流研究型大学的办学目标。

是年　天津大学热物理工程系的内燃机专业,被国家科学技术委员会批准为全国首批建立的博士后示范科研流动站。

1987 年

是年　天津大学率先开展工程硕士培养工作。

是年　天津大学试办在职人员硕士学位研究班,在机械制造、光学仪器、内燃机、环境工程、工业管理和系统工程等 41 个专业,招收具有大学本科毕业程度或具有同等学力、两年以上有关专业工作经验的 40 岁以下的在职人员。学习年限为 5 年。

是年　研究生院召开全校研究生导师会议,要求导师要当好研究生的良师益友和长辈。

1988 年

是年　天津大学 6 个学科被评为国家重点学科。

1989 年

3 月　为适应研究生招生培养工作的需要,研究生院调整了机构设置,下设研究生院办公室、研究生培养处、学位办公室、学生工作处。

6月16日 天津大学精密测试技术及仪器国家重点实验室获批。

是年 天津大学确立了研究生教学改革要以“优化知识结构，拓宽理论基础，建立知识台阶，加强能力培养”为指导的基本思路，拟定了“工科硕士研究生培养方式改革的设想与实施方案”。

是年 由国务院学位委员会办公室委托天津大学信息与控制研究所和研究生院开发完成的国家学位授权申报工作信息系统通过验收，该系统是中国第一个在全国范围内使用的计算机系统。

是年 天津大学首次举行着装授予博士学位仪式，9名博士学位获得者参加了仪式。

1990年

是年 天津大学首次开展研究生推荐招生工作，国家教育委员会（以下简称国家教委）下达推荐名额。

是年 天津大学成立“211工程”建设领导小组，李光泉校长担任组长。

是年 天津大学内燃机燃烧学国家重点实验室被评为A级实验室。

1991年

3月26日 天津大学举行首届研究生思想政治工作研讨会。

3月 天津大学获批成为首批试点培养工商管理硕士的单位。

是年 国家教委批准天津大学为首批有权向在职人员授予硕士、博士学位的双免检单位。

是年 化学工程国家重点联合实验室（天津大学）建成。

1992年

6月 内燃机燃烧学国家重点实验室通过建室后的首次评估，并被评为“优秀国家重点实验室”。

是年 国家教委正式宣布将天津大学列入“八五”期间国家重点投资建设院校，同年批准天津大学为国家教委第二批校内管理体制改革试点院校。天津大学试行研究生奖学金制度。

是年 国务院学位委员会批准天津大学正式设立工商管理硕士学位。

是年 在由国家教委、国务院学位委员会组织的学位与研究生教育评估中，天津大学博士点和硕士点的评估结果均名列全国第一。

1993年

2月 中共中央、国务院颁布了《中国教育改革与发展纲要》，提出设立“211工程”国家建设项目，即面向21世纪重点建设100所左右高等学校和一批重点学科。天津大学开始调研和做前期准备工作。

1994年

10月 天津大学开始推行学院制改革，以学科建设为核心，优化资源配置，建立校、院两级管理体系。

12 月　天津大学召开研究生院建院十周年庆祝大会。

是年　天津大学研究生院通过国家教委评估。

是年　天津大学成立天津大学“211 工程”整体规划领导小组，下设起草小组对天津大学进行全面总结和整体规划。

1995 年

3 月　天津大学公布天津大学“211 工程”整体规划报告，并向国家教委和天津市上报天津大学申请“211 工程”预审自我评估报告。

是月　天津大学制定《天津大学“211 工程”学科群建设规划》，全校建立 11 个学科群覆盖整个工程教育学科。天津大学建立了完善的学士-硕士-博士人才培养体系，有 54 个本科专业，75 个硕士点、24 个博士点、8 个博士后科研流动站。在校全日制本科生 9 100 人，研究生 2 180 人，其中博士研究生 359 人，博士后 24 人。

5 月 22 日—24 日　国家教委和天津市共同组成专家组对天津大学进行了“211 工程”部门预审。专家组一致同意通过《天津大学申请‘211 工程’预审自我评估报告》，建议上报国家计委。

1996 年

3 月 28 日　国家教委发文批准天津大学研究生院正式成立。

4 月　经国务院学位委员会批准，天津大学新增 5 个博士学位授权点和 3 个硕士学位授权点，新增学位授权数量居全国高校第一。

6 月 4 日　天津大学召开第二次研究生教育工作会议，并举行研究生院正式建院挂牌仪式。

8 月　国家计委、国家教委等部门通过《天津大学申请‘211 工程’预审自我评估报告》的立项评估。

12 月　由国家教委和英国文化委员会联合召开的“中英高等学校学科评估研讨会”在天津大学举行。

是年　新增 9 个博士点，3 个硕士点。

1997 年

1 月 24 日　国家计委以《天津大学“211 工程”建设项目可行性研究报告的批复》（计社会〔1997〕114 号）文件回复国家教委，批准天津大学“211 工程”建设项目启动，并且明确批复了项目资金。

3 月 18 日　国家教委转发了《国家计委关于天津大学“211 工程”建设项目可行性研究报告的批复》，天津大学“211 工程”建设项目正式进入实施阶段。

是年　国务院学位委员会正式将工程硕士学位确立为独立的专业学位，国务院学位委员会办公室批准天津大学为工程硕士学位试点单位。天津大学作为首批招生单位开展在职人员攻读工程硕士专业学位招生培养工作。

是年　国务院学位委员会办公室批准天津大学开展企业管理人员在职攻读工商管理硕士

（MBA）学位培养工作。

是年　新增 11 个博士点、12 个硕士点。

1998 年

12 月　天津大学召开恢复研究生教育二十周年纪念大会。

是年　天津大学按照国务院学位委员会办公室新颁布的学位与研究生教育专业目录，修订博士研究生、硕士研究生培养方案和课程体系，加强了学位质量监控工作。

是年　新增 11 个硕士点、2 个博士点。完成了研究生培养方案的修订。

1999 年

是年　国务院学位委员会办公室批准天津大学增加 2 个招收在职研究生领域和 50 个招生名额。

是年　教育部批准天津大学扩招研究生计划，同意连续 5 年扩招。

是年　天津大学制定《博士后管理一本通》并实施，本年度进站博士后 25 人。

是年　天津大学落实教育部“关于实施长江学者奖励计划的有关事宜的通知”精神，制定了“21 世纪创新人才工程”实施方案，聘请兼职院士，引进长江学者，评聘特聘教授，选拔推荐享受国务院政府特殊津贴专家，推行优秀青年教师教学与科研奖励计划。

2000 年

12 月　教育部与天津市人民政府共同签署了重点共建天津大学的“985 工程”协议。

是年　天津大学在博士、硕士学位授权审核中，有 3 个一级学科获得博士学位授予权，并新通过了 6 个博士点。其中“信息与通信工程”一级学科和“计算机应用技术”博士点实现了天津市零的突破。

是年　天津大学获批成为首批中等职业教师在职攻读硕士学位招生单位。

是年　天津大学已有国家级重点学科 6 个、天津市级重点学科 16 个、博士后科研流动站 10 个（共招收 387 名博士后人员进站开展研究工作）、博士点 37 个、硕士点 74 个。

2001 年

6 月　专家组对天津大学“九五”“211 工程”建设项目进行检查验收，确认天津大学全面、高质量地完成了“211 工程”建设项目任务。天津大学已有国家重点学科 13 个，具有博士学位授予权一级学科点 12 个、博士点 49 个、硕士点 87 个。

是年　经国务院学位委员会批准，天津大学成为首批公共管理硕士（MPA）招生单位。

是年　天津大学加大对“长江学者奖励计划”特聘教授岗位的人才引进力度，7 人入选“长江学者奖励计划”，全部为国外引进的优秀人才。引进院士和杰出人才 11 人，其中院士 1 名，杰出人才 10 名。

是年　天津大学修订《博士后一本通》，对博士后实行岗位津贴制度；完成博士后公寓的配套及集中管理工作；实现博士后工作的规范化管理；增设生物医学工程、电子科学与技术和信息与通信工程3个博士后站，博士后流动站总数达到15个，招收博士后52人。

2002年

1月　经通讯评议、专家答辩、教育部行政审核，天津大学13个学科被评为国家重点学科。

10月31日　教育部专家组通过了对天津大学"十五""211工程"建设项目可行性研究报告的论证，同意对天津大学重点学科进行重点建设，天津大学"十五""211工程"建设项目启动。

是年　经国务院学位委员会批准，天津大学获批成为首批高级管理人员工商管理硕士（EMBA）试办单位。

是年　5名海外留学人员入选"长江学者奖励计划"并受聘上岗，至此天津大学特聘教授总数达到14名，位于全国高校前列。

是年　招收博士后83人，累计在站人数达145人，其中企业博士后40人，在全国高校名列前茅。博士后出站33人，留校任教13人。出站博士后发表论文130余篇，在站博士后发表文章450余篇，申请并获得中国博士后基金达10人次。

2003年

8月　天津大学获教育部批准，与国际海洋工程师协会合作，共同创建国际一流的海洋开发工程学科。

是年　天津大学获批成为首批高等学校教师在职攻读硕士学位单位。

是年　天津大学学科建设工作取得重大进展，在第九次博士、硕士学位授权审核中，有3个一级学科（覆盖新增9个二级学科）和6个二级学科获得博士学位授权，特别是获得了3个理学学科的博士授权。至此，天津大学可授予博士学位的学科门类由2个增加到3个，一级学科博士点从12个增加到15个，二级学科博士点由54个增加到69个，二级学科硕士点由78个增加到111个。

是年　天津大学制定了《天津大学中远期发展规划纲要》和《学科与队伍建设中远期规划》。

是年　天津大学招收博士后103人，在站人数已达217人，博士后流动站达到17个。

2004年

3月27日　天津大学为全国首批中职教师硕士、天津市首批公共管理硕士颁发毕业证书和学位证书。

9月10日　天津大学开辟帮扶贫困学生"绿色通道"，160多名研究生通过"绿色通道"注册入学。

10月12日　天津大学召开研究生院建院二十周年庆祝大会。至2004年，天津大学累计为11 696人授予硕士学位、1 500人授予博士学位，为社会输送各类研究生15 000人。

是年　"985工程"二期启动，天津大学提出"以科技创新平台和哲学社会科学创新基地建设为载体，促进若干个世界一流学科的形成，造就和引进一批具有一流水平的学术带头人和创新团队"的建设思路，确定建设的平台和基地数量共9个，分别为：绿色化学化工科技创新平台、精密测试技术科技创新平台、内燃动力工程科技创新平台、先进材料加工科技创新平台、港口与海洋工程科技创新平台、绿色建筑设计理论与工程技术科技创新平台、电气工程安全与控制科技创新平台、化工过程工程化科技创新平台、现代企业管理技术哲学社会科学创新基地。

是年　天津大学在博士学位授权一级学科范围内自主设置的"光电子技术"等 12 个博上点获得国务院学位委员会批准，并新增 13 个硕士点。截至 2004 年，学校共有 84 个博士点，124 个硕士点。

是年　天津大学制定《天津大学博士后科研启动费管理办法》，招收博士后 118 人。

是年　天津大学 9 个实验室被确定为天津市重点实验室。

2005 年

3 月　首届研究生教育督导组成立。

是年　天津大学举办全国首届化工类博士生学术论坛。

是年　天津大学新增一级学科博士点 5 个，分别为化学、控制科学与工程、环境科学与工程、船舶与海洋工程和工商管理，具有博士学位授予权的一级学科增至 20 个，实现了理学一级学科博士点零的突破，新增二级学科博士点 2 个，其中职业技术教育学博士点的申报成功，实现了社科类博士点的突破，这也是经国务院学位办公室授权的全国第一个职业技术教育学博士点，是天津市第一个教育学博士点。

是年　天津大学招收博士后 83 人，博士后在站人数已达 240 人，其中企业博士后 71 人；化学工程与技术博士后流动站在 2005 年全国博士后评估中被评为优秀博士后流动站。

2006 年

6 月 20 日　天津大学"十五""211 工程"建设验收工作圆满结束。

是年　经国务院学位委员会批准，天津大学建立全国首个职业教育博士点，这也是天津市首个教育学学科博士点，天津大学首个社会科学类博士点。

是年　天津大学有 25 个学科被批准为天津市重点学科。

2007 年

8 月　天津大学的 7 个一级学科和 8 个二级学科获批为国家重点学科。

10 月　由天津大学主办的第 23 届全国研究生院工科研究生教育研讨会在天津召开。

是年　天津大学 9 名工程硕士荣获全国"做出突出贡献的工程硕士学位获得者"称号。

2008 年

1 月　天津大学的一般力学与力学基础和技术经济及管理 2 个二级学科获批为国家重点（培育）学科。

12 月　天津大学举行"211 工程"三期建设项目启动仪式。

2009 年

2 月　在全国高校学科评估中，天津大学有 24 个学科参评，6 个学科进入全国前三，其中，2 个学科居全国第一,1 个学科居全国第二,3 个学科位居全国第三。

10 月　天津大学承办全国全日制工程硕士研究生培养工作研讨会。

11 月　韩国国会议长金炯旿访问天津大学并接受了由天津大学授予的名誉博士学位。

是年　教育部对于研究生教育结构作出重大调整,全面开展全日制专业学位研究生教育。天津大学招收 494 名全日制工程硕士。

是年　天津大学首次开展直博生选拔工作。

是年　天津大学获评第六届高等教育国家级教学成果奖一等奖 1 项。

2010 年

3 月　教育部、财政部组织专家组对天津大学“985 工程”二期建设进行验收,天津大学在五大类共 10项评价项目上均获得全“A”评价。

是年　经国务院学位委员会批准,天津大学新增 9 个专业硕士学位授权点,其中 6 个为全国首批。

是年　天津大学启动新的硕博连读选拔机制。

2011 年

8 月　教育部开会征求对《高等学校创新能力提升计划》文件的意见,天津大学开始与南开大学磋商组建天津化学化工协同创新中心。

是年　天津大学被评为全国工程硕士研究生教育创新院校,化学工程、水利工程、项目管理 3 个专业领域获评全国工程硕士研究生教育特色领域。

是年　天津大学获得先进制造和能源与环保 2 个工程博士专业学位授予权,成为全国首批 25 个开展工程博士专业学位授予工作的试点单位之一。

2012 年

5 月　天津大学与南开大学依托化工、化学学科优势,成立了我国首个由高校自发联合组建的协同创新中心——天津化学化工协同创新中心。

是年　天津大学“211 工程”三期建设获教育部、国家发展改革委、财政部三部委奖励经费。

是年　在全国高校第三轮学科评估中,天津大学有 14 个学科进入全国前十, 8 个学科进入全国前五,化学工程与技术学科实现“三连冠”。

是年　天津大学招收首届工程博士 15 人。

2013 年

4 月　天津大学与南开大学共建的天津化学化工协同创新中心获得教育部批准,成为全国首批 14 个入选“2011 计划”的协同创新中心之一。

10 月　天津大学 6 个研究生层次学科领域获批加入“卓越工程师教育培养计划”。

是年　教育部、财政部结合“985 工程”小组互审结果和绩效指标对各高校建设情况进行综合评价。天津大学在互审中获小组内 6 个高校给出的全“A”评价及“985 工程”阶段建设绩效奖励。

2014 年

4 月 19 日　天津大学以纪念研究生院建院三十周年为契机，召开第三次研究生教育工作会议，出台了研究生教育综合改革方案。

是年　天津大学承办第十一届“华为杯”全国研究生数学建模竞赛。

是年　天津大学研究生招生规模达到 7 600 余人，其中全日制博士生 834 人，硕士生 3 731 人，非全日制博士生 141 人，硕士生 2 953 人。全日制在校研究生规模将近 14 000 人，其中博士生 2 953 人，硕士生 1 0353 人，同时还有非全日制研究生 5 000 余人在学。

2015 年

6 月 5 日　由全国工程专业学位研究生教育指导委员会主办的全国工程博士培养工作研讨会在天津大学科学图书馆一层报告厅召开，来自全国的 25 家工程博士专业学位授予单位的有关负责人参加了此次会议。

7 月　天津大学被列为全国 45 所开展教育硕士（职业技术教育）专业学位研究生教育试点院校之一。

是年　天津大学全面推行博士研究生招生“申请-审核”制。

是年　天津大学设立了全国首个研究生教育学二级学科。

2016 年

1 月　天津大学光学中心首次开展学科国际同行评议，为加速推进“双一流”建设积蓄力量。

是年　研究生院联合教育学院承办了全国首届研究生教育学学科建设理论与实践高端论坛。

2017 年

10 月 23 日　全国工程博士教育培养工作研讨会在天津大学北洋园校区举行，24 所工程博士培养试点高校的代表和本市高校代表等 100 余人参加会议。

是年　天津大学被教育部确认为 14 所全国博士研究生教育综合改革试点高校之一。

是年　在全国高校第四轮学科评估中，天津大学 25 个学科参评，5 个学科进入前 5%，14 个学科进入前 10%，化学工程与技术学科再次位居榜首，实现“四连冠”。

是年　教育部、财政部、国家发展改革委公布“双一流”建设高校及建设学科名单，天津大学入选世界一流大学建设高校（A 类），4 个学科入选一流学科。

2018 年

4 月 2 日　天津大学承办“面向全球新工业革命的工科研究生教育”主题研讨会。

4 月　天津大学获批成为全国首批 20 所学位授权自主审核单位之一。

是年　天津大学成为 30 所教育部“双一流”专项资金管理试点高校之一。

是年　天津大学获评国家级教学成果奖二等奖 1 项。

2019 年（研究生培养质量年）

是年　天津大学建立并完善全过程质量管理体系，硕士学位论文抽检合格率达到 100%。

是年　天津大学实施本研贯通优异生选拔制度，采用“申请-审核”制进行选拔，由学生自愿提出申请，学校以课程成绩和学术潜质为选拔条件，通过培养、考核、分流等实现动态管理。退出本研贯通培养的学生转为普通本科生继续完成学业。

2020 年（学科建设年）

9 月 13 日　天津大学举行“双一流”建设周期总结论证会。

9 月 29 日　天津大学召开贯彻落实全国研究生教育会议精神专题研讨会暨天津大学第四次研究生教育工作会议启动会。

12 月 21 日　天津大学召开研究生导师求是论坛启动仪式暨新聘导师培训会。

是年　天津大学获批增列 5 个自主审核学位授权点，包括马克思主义理论一级学科博士学位授权点，心理学、外国语言文学、食品科学与工程一级学科硕士学位授权点以及全国首个救援医学交叉学科硕士学位授权点。

2021 年（“一流”行动年）

2 月 25 日　天津大学正式发布《天津大学一流研究生教育行动计划》。

7 月 23 日—24 日　天津大学承办中国研究生院院长联席会 2021 年年会暨 2021 年地方研究生教育管理工作委员会工作会议。

10 月　国务院学位委员会下达通知，批准 2020 年学位授权自主审核单位增列学位授权点名单，天津大学获批物理学一级学科博士学位授权点和全国首个非物质文化遗产学交叉学科硕士学位授权点。

是年　天津大学评选首届“天津大学研究生求是教材奖”37 项，其中特等奖 1 项、一等奖 10 项，完善研究生教学激励机制和荣誉体系建设，培育重大成果，形成典型示范。

2022 年（导师队伍建设年）

2 月　天津大学化学、材料科学与工程、动力工程及工程热物理、化学工程与技术、管理科学与工程 5 个学科入选第二轮“双一流”建设学科。

4 月　天津大学完成首届天津大学研究生教育教学成果奖评选工作，共评选出 55 项成果，其中特等奖 15 项、一等奖 20 项、二等奖 20 项。

7 月　天津大学获批自主审核增列电子信息博士专业学位授权类别，药学博士学位授权一级学科，地球系统科学博士学位授权交叉学科，新闻传播学、临床医学、集成电路科学与工程 3 个硕士学位授权一级学科和临床医学硕士专业学位授权类别共 7 个博士硕士学位授权点。天津大学获中组部等九部委批准，成为工程硕博士培养改革试点高校之一。

9 月 25 日　天津大学学科交叉中心正式揭牌。

是年　天津大学全面加强导师队伍建设，开展院级求是导师分论坛工作，实现院级求是导师分论坛的全覆盖，评选首届求是导师和求是导师团队，遴选 17 个研究生导辅协同育人试点学院。

是年　天津大学入选储能技术等国家急需高层次人才培养专项实施高校。

2023 年（拔尖创新年）

4 月 25 日　天津大学（天津市）卓越工程师学院揭牌。

7 月　天津大学入选“国优计划”首批试点高校。

9 月　天津大学获批国家卓越工程师学院建设高校。

9 月　天津大学获批自主审核增列材料与化工博士专业学位授权类别、临床医学博士学位授权一级学科、集成电路科学与工程博士学位授权交叉学科、储能科学与工程硕士学位授权一级学科和新闻与传播硕士专业学位授权类别共 5 个博士、硕士学位授权点；对应调整增列风景园林博士专业学位授权类别、设计硕士专业学位授权类别，原风景园林学博士/硕士学位授权一级学科、艺术硕士专业学位授权类别对应调整后不再保留。

是年　天津大学获评 2022 年国家级教学成果（研究生）二等奖 11 项，获奖总数位列全国高校榜首。

2024 年

4 月 5 日　天津大学举办研究生院建院 40 周年成就展暨院庆系列活动启动仪式。

5 月 10 日—11 日　天津大学承办教育部卓越工程师培养现场交流推进会和由中国卓越工程师培养联合体主办的卓越工程师培养校企导师研修班。

第二篇　图证历史

第一章　研究生教育发展历程

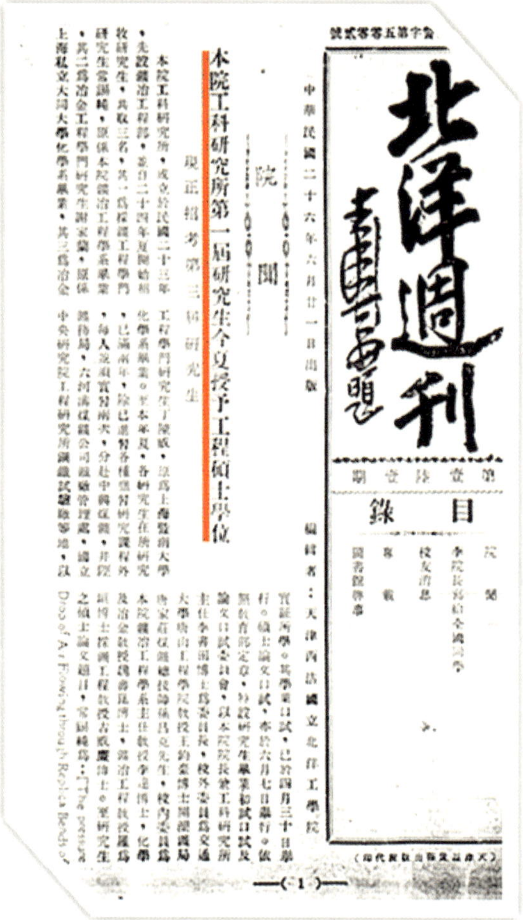
號五第字警
北洋週刊
中華民國二十六年六月廿一日出版
第壹拾壹期
目錄
本院工科研究所第一屆研究生今夏授予工程碩士學位
院聞

1937年6月，首批研究生通过硕士论文答辩，被授予工程硕士学位，北洋工学院成为全国首批授予工程硕士学位的单位

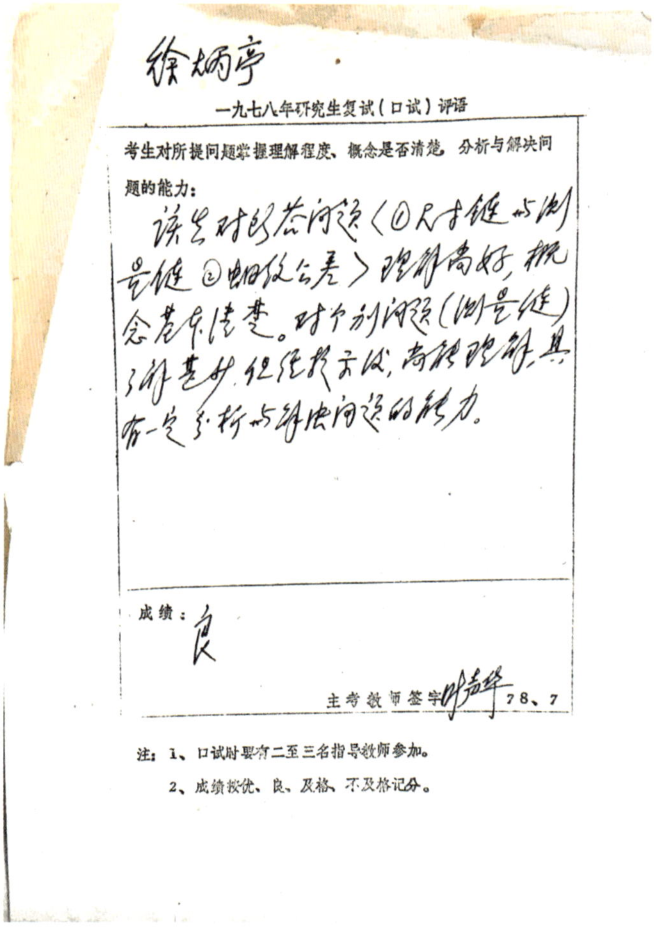
徐炳亭
一九七八年研究生复试（口试）评语
考生对所提问题掌握理解程度、概念是否清楚，分析与解决问题的能力：
该生对所答问题（①尺寸链与测量链 ②螺纹公差）理解尚好，概念基本清楚。对个别问题（测量链）了解甚少，但经提示后，尚能理解，具有一定分析与解决问题的能力。
成绩：良
主考教师签字 78、7
注：1、口试时要有二至三名指导教师参加。
2、成绩按优、良、及格、不及格记分。

1978年，天津大学作为“文化大革命”后首批恢复研究生招生的单位，当年招收108名研究生，图为考生徐炳亭的复试评语

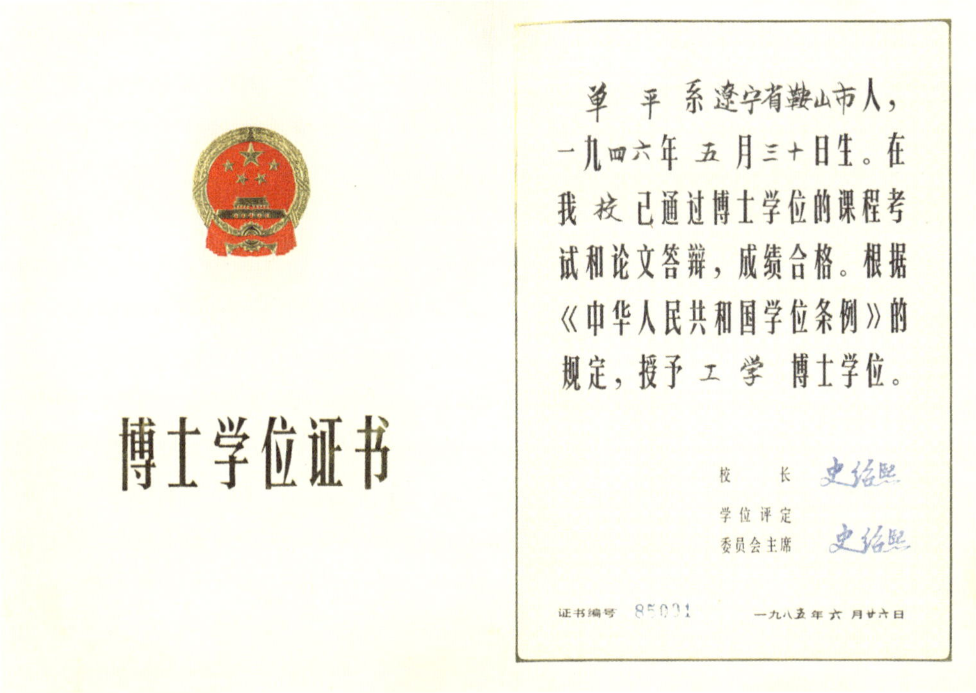

博士学位证书

单 平 系辽宁省鞍山市人，
一九四六年 五 月三十日生。在
我 校 已通过博士学位的课程考
试和论文答辩，成绩合格。根据
《中华人民共和国学位条例》的
规定，授予 工 学 博士学位。

校 长 史绍熙

学位评定
委员会主席 史绍熙

证书编号 85001 一九八五年六月廿六日

1981年，国务院学位委员会批准天津大学为首批具有硕士、博士学位授予权的单位之一，图为1985年授予首位博士单平的博士学位证书

1982年，天津大学首次招收6名博士研究生，图为时任校长史绍熙教授指导其首位博士研究生张淑蕊情景

1984年12月18日，天津大学召开研究生院成立大会

1985年，天津大学召开首届研究生工作会议

1986年，吴咏诗校长向当年第一批博士学位获得者胡小唐博士（精密仪器专业）颁发博士学位证书

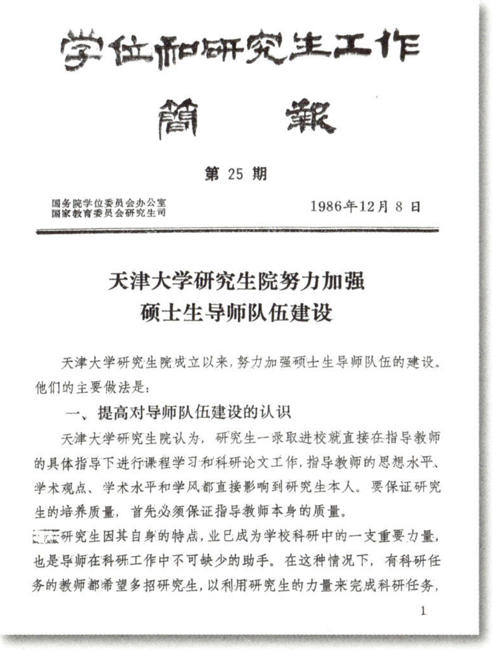

学位和研究生工作

简 报

第 25 期

国务院学位委员会办公室
国家教育委员会研究生司

1986年12月 8 日

天津大学研究生院努力加强
硕士生导师队伍建设

天津大学研究生院成立以来，努力加强硕士生导师队伍的建设。他们的主要做法是：

一、提高对导师队伍建设的认识

天津大学研究生院认为，研究生一录取进校就直接在指导教师的具体指导下进行课程学习和科研论文工作，指导教师的思想水平、学术观点、学术水平和学风都直接影响到研究生本人。要保证研究生的培养质量，首先必须保证指导教师本身的质量。

研究生因其自身的特点，业已成为学校科研中的一支重要力量，也是导师在科研工作中不可缺少的助手。在这种情况下，有科研任务的教师都希望多招研究生，以利用研究生的力量来完成科研任务，

1

1986年，国务院学位委员会办公室、国家教育委员会研究生司在《学位和研究生工作简报》第25期专题报道“天津大学研究生院努力加强硕士生导师队伍建设”

1988年11月29日，来自刚果的姆博萨·约瑟夫获得天津大学水力发电工程专业工学硕士学位，他是学校第一名获得硕士学位的来华留学生

1989年，天津大学首次举行着装授予博士学位仪式，9名博士学位获得者参加了仪式

1994年12月，天津大学召开天津大学研究生院建院十周年庆祝大会

1996年6月，天津大学召开第二次研究生教育工作会议，并举行研究生院正式建院挂牌仪式

1996年12月，由国家教委和英国文化委员会联合召开的“中英高等学校学科评估研讨会”在天津大学举行

1998年12月，天津大学召开天津大学纪念恢复研究生教育二十周年大会

2002年10月，教育部专家组通过了对天津大学“十五”“211工程”建设项目可行性研究报告的论证，天津大学启动“十五”“211工程”建设项目

2004年10月12日，天津大学研究生院建院二十周年庆祝大会在天津大学科学图书馆召开

2007年10月，由中国学位与研究生教育学会工科工作委员会和天津大学主办的第23届全国研究生院工科研究生教育研讨会在天津召开

2008年，天津大学举行“全国做出突出贡献的工程硕士学位获得者暨天津大学工程硕士杰出校友荣誉证书颁发仪式”

2008年12月，天津大学举行“211工程”三期建设项目启动仪式

2009年3月，天津大学举行“985工程”二期校内验收

2009年10月，天津大学承办全国全日制工程硕士研究生培养工作研讨会，这是全日制工程硕士开始招生培养后的首个全国性专题研讨会

2009年11月，韩国国会议长金炯旿访问天津大学并接受了由天津大学授予的名誉博士学位

2011年，天津大学获得先进制造和能源与环保2个工程博士专业学位授予权，成为全国首批25个开展工程博士专业学位授予工作的试点单位之一。2012年，天津大学举办工程博士开学典礼

2012年5月29日，天津大学与南开大学依托化学、化工学科优势，成立了我国首个由高校自发联合组建的协同创新中心——天津化学化工协同创新中心。2013年4月，天津化学化工协同创新中心成为全国首批14个入选“2011计划”的协同创新中心之一

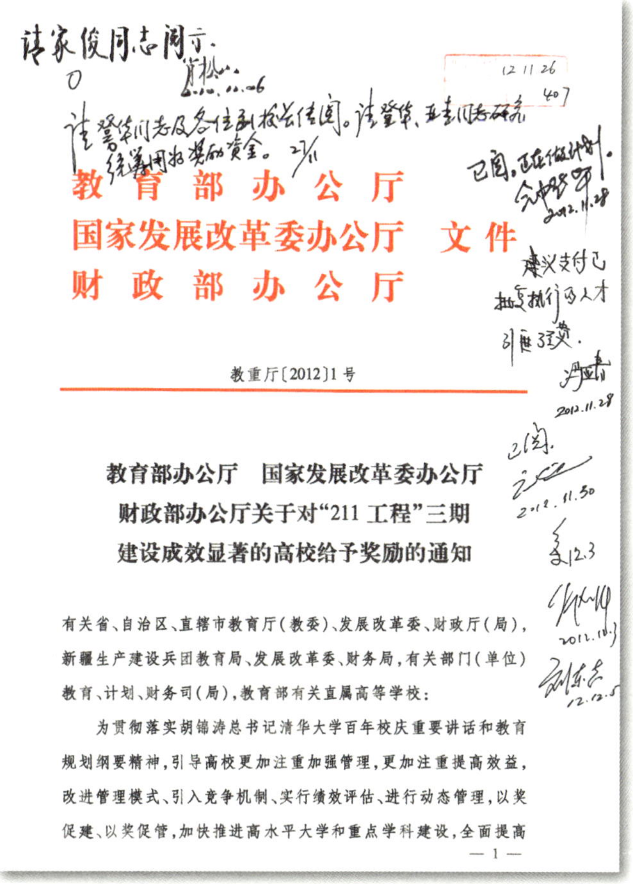

教　育　部　办　公　厅
国家发展改革委办公厅　文件
财　政　部　办　公　厅

教重厅〔2012〕1号

教育部办公厅　国家发展改革委办公厅
财政部办公厅关于对“211工程”三期
建设成效显著的高校给予奖励的通知

有关省、自治区、直辖市教育厅（教委）、发展改革委、财政厅（局），新疆生产建设兵团教育局、发展改革委、财务局，有关部门（单位）教育、计划、财务司（局），教育部有关直属高等学校：

为贯彻落实胡锦涛总书记清华大学百年校庆重要讲话和教育规划纲要精神，引导高校更加注重加强管理，更加注重提高效益，改进管理模式、引入竞争机制、实行绩效评估、进行动态管理，以奖促建、以奖促管，加快推进高水平大学和重点学科建设，全面提高

— 1 —

2012年，天津大学“211工程”三期建设获教育部、国家发展改革委、财政部三部委奖励

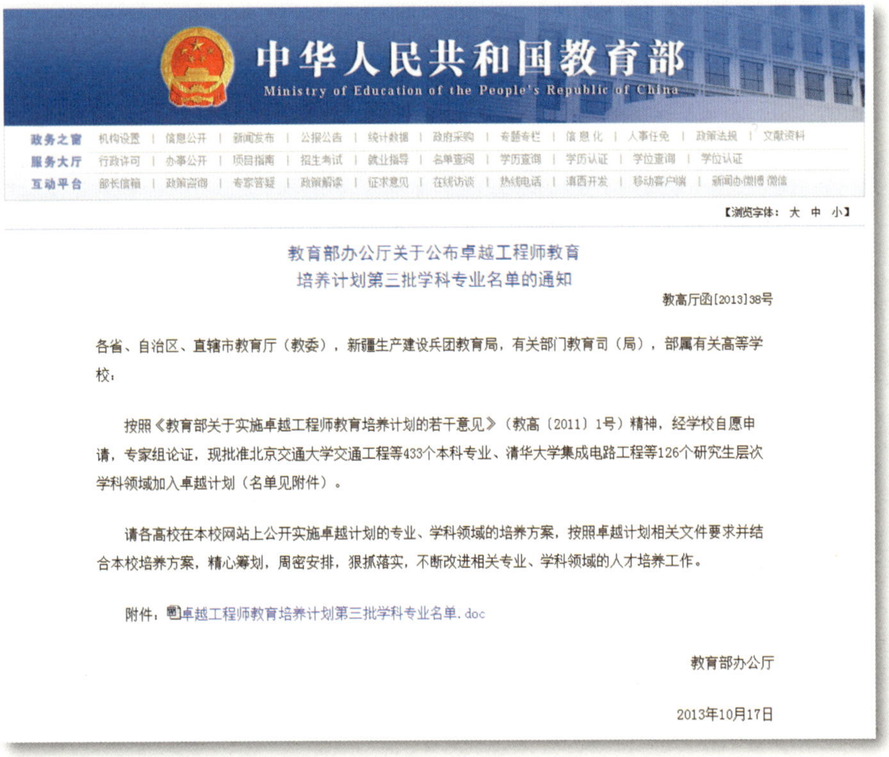

中华人民共和国教育部

Ministry of Education of the People's Republic of China

政务之窗 机构设置 | 信息公开 | 新闻发布 | 公报公告 | 统计数据 | 政府采购 | 专题专栏 | 信息化 | 人事任免 | 政策法规 | 文献资料

服务大厅 行政许可 | 办事公开 | 项目指南 | 招生考试 | 就业指导 | 名单查阅 | 学历查询 | 学历认证 | 学位查询 | 学位认证

互动平台 部长信箱 | 政策咨询 | 专家答疑 | 政策解读 | 征求意见 | 在线访谈 | 热线电话 | 滇西开发 | 移动客户端 | 新闻办微博 微信

【浏览字体： 大 中 小】

教育部办公厅关于公布卓越工程师教育

培养计划第三批学科专业名单的通知

教高厅函[2013]38号

各省、自治区、直辖市教育厅（教委），新疆生产建设兵团教育局，有关部门教育司（局），部属有关高等学校：

按照《教育部关于实施卓越工程师教育培养计划的若干意见》（教高〔2011〕1号）精神，经学校自愿申请，专家组论证，现批准北京交通大学交通工程等433个本科专业、清华大学集成电路工程等126个研究生层次学科领域加入卓越计划（名单见附件）。

请各高校在本校网站上公开实施卓越计划的专业、学科领域的培养方案，按照卓越计划相关文件要求并结合本校培养方案，精心筹划，周密安排，狠抓落实，不断改进相关专业、学科领域的人才培养工作。

附件：卓越工程师教育培养计划第三批学科专业名单.doc

教育部办公厅

2013年10月17日

2013年10月，天津大学6个研究生层次学科领域获批加入“卓越工程师教育培养计划”

2014年4月，天津大学以纪念研究生院建院30周年为契机，召开第三次研究生教育工作会议，出台了研究生教育综合改革方案，推出了8项举措，先后发布了《天津大学关于全面深化研究生教育改革的意见》1个主文件及8个配套文件，全面推动研究生教育在发展方式、类型结构、培养模式和评价机制等方面的根本转变

2015年、**2017**年，两次关于全国工程博士培养的工作研讨会均在天津大学召开。图为**2015**年召开的全国工程博士培养工作研讨会

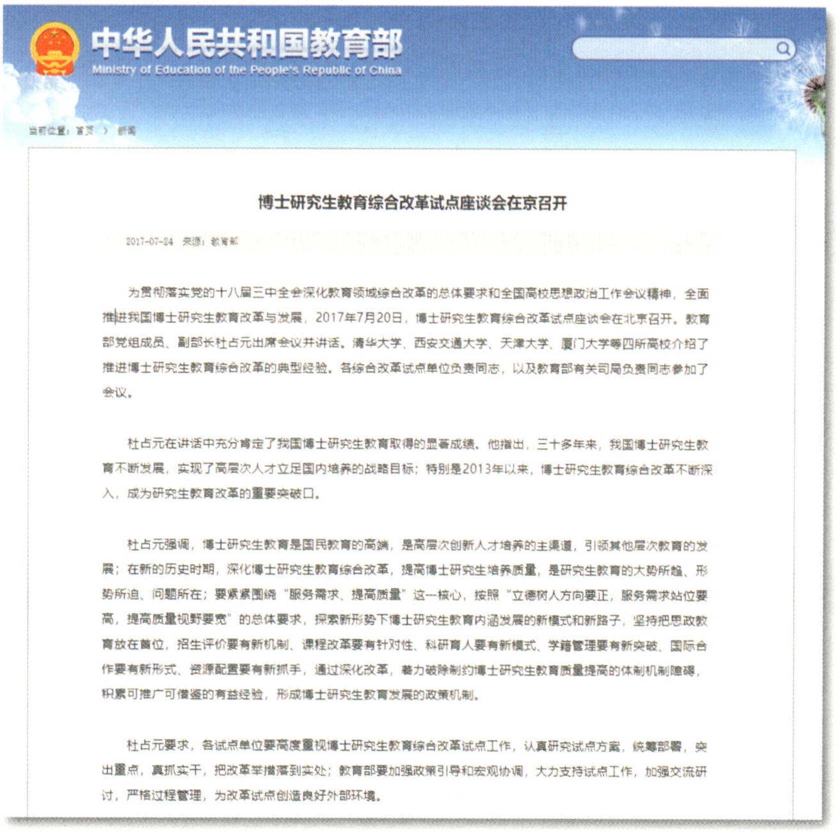

中华人民共和国教育部
Ministry of Education of the People's Republic of China

当前位置：首页 > 新闻

博士研究生教育综合改革试点座谈会在京召开

2017-07-24 来源：教育部

为贯彻落实党的十八届三中全会深化教育领域综合改革的总体要求和全国高校思想政治工作会议精神，全面推进我国博士研究生教育改革与发展，2017年7月20日，博士研究生教育综合改革试点座谈会在北京召开。教育部党组成员、副部长杜占元出席会议并讲话。清华大学、西安交通大学、天津大学、厦门大学等四所高校介绍了推进博士研究生教育综合改革的典型经验。各综合改革试点单位负责同志，以及教育部有关司局负责同志参加了会议。

杜占元在讲话中充分肯定了我国博士研究生教育取得的显著成绩。他指出，三十多年来，我国博士研究生教育不断发展，实现了高层次人才立足国内培养的战略目标；特别是2013年以来，博士研究生教育综合改革不断深入，成为研究生教育改革的重要突破口。

杜占元强调，博士研究生教育是国民教育的高端，是高层次创新人才培养的主渠道，引领其他层次教育的发展；在新的历史时期，深化博士研究生教育综合改革，提高博士研究生培养质量，是研究生教育的大势所趋、形势所迫、问题所在；要紧紧围绕“服务需求、提高质量”这一核心，按照“立德树人方向要正，服务需求站位要高，提高质量视野要宽”的总体要求，探索新形势下博士研究生教育内涵发展的新模式和新路子，坚持把思政教育放在首位，招生评价要有新机制、课程改革要有针对性、科研育人要有新模式、学籍管理要有新突破、国际合作要有新形式、资源配置要有新抓手，通过深化改革，着力破除制约博士研究生教育质量提高的体制机制障碍，积累可推广可借鉴的有益经验，形成博士研究生教育发展的政策机制。

杜占元要求，各试点单位要高度重视博士研究生教育综合改革试点工作，认真研究试点方案，统筹部署，突出重点，真抓实干，把改革举措落到实处；教育部要加强政策引导和宏观协调，大力支持试点工作，加强交流研讨，严格过程管理，为改革试点创造良好外部环境。

2017年，天津大学被教育部确认为**14**所全国博士研究生教育综合改革试点高校之一

中华人民共和国教育部
Ministry of Education of the People's Republic of China

当前位置：首页 > 公开

信息名称：国务院学位委员会关于印发学位授权自主审核单位名单的通知
信息索引：360A22-07-2018-0005-1 生成日期：2018-04-19 发文机构：国务院学位委员会
发文字号：学位〔2018〕18号 信息类别：高等教育
内容概述：国务院学位委员会印发学位授权自主审核单位名单。

国务院学位委员会关于印发学位授权自主审核单位名单的通知

学位〔2018〕18号

各省级学位委员会、有关学位授予单位：

经国务院学位委员会第三十四次会议审议批准，现将可开展学位授权自主审核的单位名单印发给你们。请各单位按照党的十九大关于实现高等教育内涵式发展的要求，根据《博士硕士学位授权审核办法》和《关于高等学校开展学位授权自主审核工作的意见》，做好学位授权点增列工作。

附件：学位授权自主审核单位名单

国务院学位委员会

2018年4月19日

2018年4月，天津大学获批成为全国首批20所学位授权自主审核单位之一

2020年9月13日，天津大学举行“双一流”建设周期总结论证会

2020年9月29日，天津大学召开贯彻落实全国研究生教育会议精神专题研讨会暨天津大学第四次研究生教育工作会议启动会

2020年12月21日，天津大学召开研究生导师求是论坛启动仪式暨新聘导师培训会

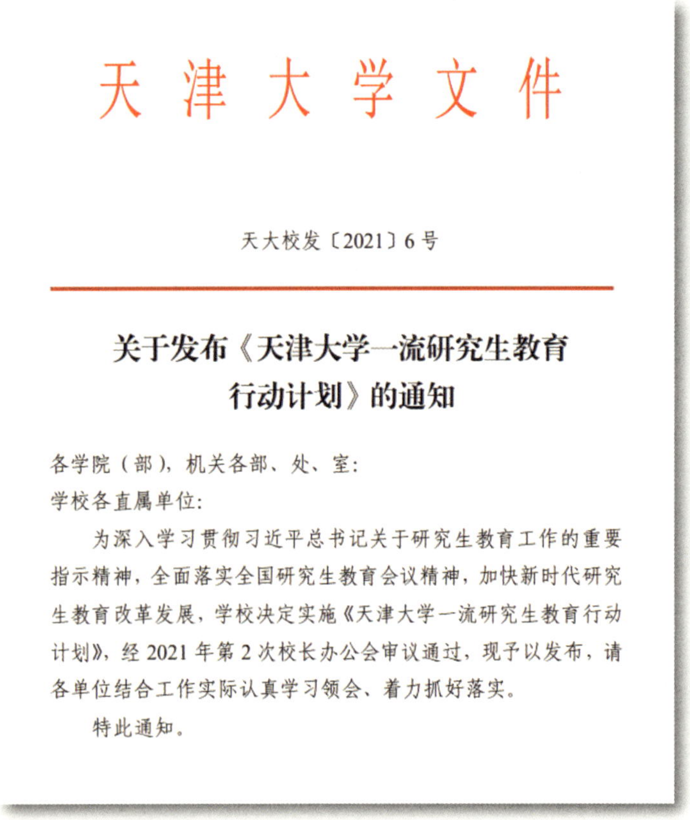

天津大学文件

天大校发〔2021〕6号

关于发布《天津大学一流研究生教育行动计划》的通知

各学院（部），机关各部、处、室：
学校各直属单位：

为深入学习贯彻习近平总书记关于研究生教育工作的重要指示精神，全面落实全国研究生教育会议精神，加快新时代研究生教育改革发展，学校决定实施《天津大学一流研究生教育行动计划》，经2021年第2次校长办公会审议通过，现予以发布，请各单位结合工作实际认真学习领会、着力抓好落实。

特此通知。

2021年，天津大学正式发布《天津大学一流研究生教育行动计划》

2021年7月23日—24日，天津大学承办中国研究生院院长联席会2021年年会暨2021年地方研究生教育管理工作委员会工作会议

2022年9月25日，天津大学学科交叉中心正式揭牌

2023年4月25日，天津大学（天津市）卓越工程师学院正式揭牌

2023年10月26日，天津大学举行“国优计划”签约仪式暨战略合作与发展论坛

2024年4月5日，天津大学举办研究生院建院40周年成就展暨研究生院建院40周年系列活动启动仪式

第二章　研究生指导教师

第一节　院士

中国科学院院士
史绍熙

工程热物理学家、燃烧学家。江苏宜兴人。1939年毕业于北洋大学，获学士学位。1949年获英国曼彻斯特大学博士学位。天津大学教授、内燃机燃烧学国家重点实验室（天津大学）主任。发明了复合式燃烧系统；推导出粒子在气缸内涡流中的运动轨迹方程；提出了周边混合气流形成的原理；发明了柴油机的热混合理论；建立了周期性脉动式流动的能用速度分布方程，并求得了其频率影响的无因次式，从而解决了层流流量计多年来未解决的理论问题和设计问题；研究开发成功我国第一台转速为3000转/分以上的高速柴油机和第一台两级自由活塞式发动机压气机。1980年当选为中国科学院院士（学部委员）。

中国科学院院士
余国琮

著名化学工程专家。1922年11月18日出生于广东广州市。1943年本科毕业于西南联合大学化工系。1945年获美国密西根大学科学硕士学位，1947年获美国匹兹堡大学哲学博士学位。1950年8月返回祖国，1952年起任天津大学化工系教授。多年来，他在教学育人和科学研究方面做出了卓越贡献，1991年当选为中国科学院院士。曾任天津大学化工系副系主任、天津大学化工研究所所长、第八届全国政协常委、第九届天津市政协副主席、民进天津市委顾问。

注：按当选院士时间和姓氏音序排列。

中国科学院院士

周恒

著名流体力学家。1929年11月出生于上海市。1950年毕业于北洋大学水利系并留校任教。1993年当选中国科学院院士。国务院学位委员会第四届学科评议组力学学科评议组召集人。曾任天津大学研究生院副院长、院长，亚洲流体力学委员会副主席，国家教育委员会工程力学专业指导委员会副主任委员，第八、第九届全国政协委员。

中国工程院院士

邹竞

感光材料专家。1936年2月出生于上海市。1960年毕业于苏联列宁格勒电影工程学院电影胶片制造及洗印加工系,获工艺工程师资格。同年回国后进入保定电影胶片厂（现中国乐凯胶片集团公司前身）工作。1994年当选为中国工程院首批院士。曾任天津大学化工学院教授、博士生导师，中国乐凯胶片集团公司教授级高级工程师、中国乐凯集团有限公司研究院首席专家，河北省科学技术协会副主席，第八届全国人大代表，第九届全国政协委员。

中国科学院院士

彭一刚

著名建筑学专家。1932年9月出生于安徽省合肥市。1953年毕业于天津大学土木系并留校任教，1983年晋升为教授。1985年担任博士生导师，同年担任国务院学位委员会第四届学科评议组建筑学学科召集人。1991年享受国务院政府特殊津贴。1995年当选中国科学院院士。2003年获得第二届梁思成建筑奖。曾任第八、第九届全国政协委员，民盟中央委员，民盟天津市委常委。

中国科学院院士

张春霆

著名生物信息学家。1936年出生于山东烟台。1965年毕业于复旦大学，1984年起在天津大学物理系工作。1995年当选中国科学院院士，2001年当选第三世界科学院院士。在 *Nucleic Acids Research*、*EMBO Reports*等期刊以通讯作者发表SCI论文百余篇，为天津大学生物与生物化学、计算机科学、社会科学领域进入ESI全球排名前1%做出了突出贡献。曾获国家自然科学奖二等奖、国家教委科学技术进步奖一等奖、何梁何利基金科学与技术进步奖、天津市自然科学奖一等奖（均为唯一完成人），以及天津市劳动模范、首届中国生物信息学终身成就奖等称号。

中国科学院院士

姚建铨

著名激光与非线性光学专家。1939年1月出生于上海。1965年研究生毕业于天津大学精仪系并留校任教。1997年当选中国科学院院士。曾任中国光学学会理事，曾兼任教育部科技委副主任、教指委主任、全国政协委员（4届）、民进中央常务委员（2届）、天津市政协副主席（2届）、民进天津市委主委（2届）、天津市科学技术协会副主席（2届）。曾获国家技术发明二等奖。荣获“国家级有突出贡献中青年专家”“全国高校先进科技工作者”“全国优秀科技工作者”“天津市特等劳动模范”等称号，享受国务院政府特殊津贴。

中国工程院院士

曹楚生

水工结构专家。江苏省无锡人，1948年毕业于上海交通大学土木系，并留校任助教。历任水电部西北、天津等设计院正、副总工程师等职，创建了混合式抽水蓄能电站、零坍落度碾压式砼坝、微坍落度坝等工程。对水利水电持续向计算机辅助设计、虚拟仿真计算、风险分析等方面进行研究，并在开展风险设计改进优化设计等方面取得重大进展。此外还对三峡水电站、三门峡水电站、龚咀水电站等重大工程进行审查咨询论证评估。撰写论文70余篇，主编《中国大百科全书·水利卷》中水工建筑物分支，编写《中国水利》中“坝工”一章。1999年当选中国工程院院士。

中国工程院院士
沈家祥

药物化学家。出生于江苏省扬州市。1949年获伦敦大学理学博士学位，同年回国参加工作。共获得全国科学大会奖5项（1978年），国家发明三等奖1项（1982年），北京市科学技术进步奖二等奖1项（1999年）。曾历任中国科学院大连化学物理研究所研究员，东北制药总厂中心实验室主任，原化工部北京医药工业研究院副总工程师，原国家医药管理局副总工程师，曾任中国医药研究开发中心主任、名誉主任，天津大学药物科学与技术学院名誉院长。1999年当选中国工程院院士。

中国工程院院士
王静康

著名化工工业结晶专家。1938年4月出生于河北省秦皇岛市。1960年本科毕业于天津大学化工系，1965年研究生毕业于天津大学化工系有机合成专业。先后在贵州工学院、天津纺织工学院、天津大学任教。1999年当选中国工程院院士。现任天津大学化工系教授、博士生导师，被评为全国优秀共产党员、全国教书育人楷模、全国先进工作者、全国三八红旗手、国家“八五”科技攻关先进个人，曾获得全国五一劳动奖章。

中国工程院院士
叶声华

测试计量技术及仪器专家。1934年6月11日出生于湖北省沙市市。1962年研究生毕业于天津大学。曾任天津大学精密仪器系教授、博士生导师，精密测试技术及仪器国家重点实验室主任，是天津大学测试计量技术及仪器国家重点学科学术带头人。1999年获国家科学技术进步奖二等奖，2002年获天津市技术发明奖一等奖，教育改革研究成果获国家级教学成果二等奖。2003年当选中国工程院院士。

中国工程院院士

陈予恕

我国工程非线性动力学的主要创始人。1931年3月29日出生于山东省泰安市，1956年毕业于天津大学机械系并留校工作，1963年获苏联科学院机械所副博士学位，1998年当选俄罗斯应用科学院外籍院士，2005年当选中国工程院院士。2003年获国家自然科学奖二等奖，2005年获国家科技进步奖二等奖，2010年获中国专利优秀奖，2018年获天津市最高科技成就奖。2016年，在中央电视台主办的“2016寻找最美教师”活动中被评为最美教师。

中国工程院院士

余贻鑫

电力系统分析、规划与仿真专家。1936年11月6日出生于北京市。1958年在天津大学本科毕业后留校任教，1963年研究生毕业。2005年当选中国工程院院士。2004年获国家科技进步奖二等奖。2012年获国家技术发明奖二等奖。2005年被评为天津市劳动模范。2001年获天津市自然科学奖一等奖。2013年获全国五一劳动奖章。2015年获“全国先进工作者”荣誉称号。

中国工程院院士

金东寒

动力机械工程专家。1961年1月出生，浙江绍兴人。1978年3月就读于武汉水运工程学院（现武汉理工大学），获学士和硕士学位；1989年5月毕业于中国舰船研究院获博士学位。2004年2月任中国船舶集团公司第七一一研究所所长兼总工程师。2009年当选中国工程院院士。2015年7月至2017年9月任上海大学校长，2017年9月至2019年5月任上海大学党委书记、校长，2019年5月任天津大学校长。兼任中国高等教育学会学术发展咨询委员会副主任，先进内燃动力全国重点实验室主任。中国内燃机学会理事长，国际内燃机委员会（CIMAC）前任主席。国际学术期刊*Energy and AI*（《能源与人工智能》）创刊主编。中国共产党第十八届、第十九届、二十届中央委员会候补委员。

中国工程院院士

钟登华

水利水电工程专家。1963年11月出生，江西赣州人。天津大学建筑工程学院教授，博士生导师。1992年毕业于天津大学，获博士学位。 2009年当选中国工程院院士。获国家科技进步奖二等奖3项、国家级教学成果一等奖1项。2004年获第八届中国青年科技奖。2005年享受国务院政府特殊津贴。2012年获聘“973计划”首席科学家， 2018年获第七届“IET杰出大学校长奖”。曾任天津大学校长，现任中国农业大学党委书记。中国人民政治协商会议第十四届全国委员会委员。中国共产党第十九届中央委员会候补委员。

中国科学院院士

陈永川

组合数学家。1964年3月生于四川省南充市。1984年获四川大学计算机软件专业学士学位， 1991年获美国麻省理工学院应用数学专业博士学位，之后在美国洛斯阿拉莫斯国家实验室从事博士后研究，并于1993年被聘为研究员。1994年回国工作，历任南开大学数学研究所教授、南开大学副校长、天津市政协副主席。2011年当选中国科学院院士，2012年任天津大学应用数学中心主任，2015年当选发展中国家科学院院士。曾任天津市第十七届人大常委会副主任和第十三届全国政协常委。

中国科学院院士

刘丛强

地球化学和表层地球系统科学家。1955年9月生于贵州省遵义市。1982年本科毕业于南京大学地质系，1984年获中国科学院地球化学研究所硕士学位，1991年获日本东京大学化学系博士学位。1986—1996年先后在日本理化学研究所、东京大学和日本国立电气通信大学做访问学者、攻读博士学位、任基础科学特别研究员和副教授。1996年获中国科学院首批“百人计划”资助回国工作。回国后历任中国科学院地球化学研究所所长、贵州省科协副主席和中国矿物岩石地球化学学会理事长，兼任环境地球化学国家重点实验室主任，曾任国家自然科学基金委员会副主任，现任天津大学地球系统科学学院院长。2011年当选中国科学院院士，2015年当选国际地球化学学会会士、爱丁堡皇家学会外籍院士。

中国工程院院士

苏万华

内燃机动力工程专家，1941年出生于黑龙江省佳木斯市。1968年研究生毕业于天津大学内燃机专业。1985—1986年作为访问学者前往挪威理工学院海洋技术中心学习。1994年，作为访问教授前往美国威斯康星大学内燃机研究中心（ERC）工作。2011年当选中国工程院院士。现任中国内燃机学会名誉理事长、中国内燃机学会燃烧节能净化分会名誉主任、中国内燃机学会编辑委员会名誉主任、《内燃机学报》主编、《中国科学：技术科学》编委、国际权威刊物*INT J ENGING RES* 和*INT J AUTO TECH-KOR* 编委。

中国工程院院士

顾晓松

先进医用材料与医疗器械全国重点实验室主任，国家药品监督管理局组织工程技术产品研究与评价重点实验室主任。获首届国家杰出青年科学基金资助。2015年当选中国工程院院士。2019年任中国医学科学院学部委员。三十多年来，他带领学术团队在组织工程与神经再生研究方面取得突出创新性研究成果，为我国组织工程神经的创新与转化应用进入国际领先行列发挥着重要作用。

中国工程院院士

王成山

电力系统配电网技术专家。天津大学电气自动化与信息工程学院教授、博士生导师。1962年11月15日出生于天津市宝坻区。1979—1985年在天津大学电力及自动化系学习，先后获得学士、硕士学位，并留校任教，历任天津大学电力及自动化系助教、讲师、副教授、教授、博士生导师。1991年获得天津大学博士学位。1997—2002年担任天津大学电气与自动化工程学院副院长。2002年担任天津大学电气与自动化工程学院院长。2006年获得国家杰出青年科学基金资助。2021年，当选为中国工程院院士。国家“973”项目首席科学家，入选“国家特支计划”、百千万人才工程。以第一完成人获国家技术发明奖二等奖1项、国家科技进步奖二等奖2项；获何梁何利基金科学与技术进步奖、全国创新争先奖。

中国工程院院士

王树新

专用机械设计与制造专家。天津大学机械工程学院教授、博士生导师。1966年9月出生，河北宣化人。1990年，获天津大学机械制造及其自动化专业工学硕士学位，并留校任职。1994年，获天津大学机械制造及其自动化专业工学博士学位。2017年，任天津大学党委常委、副校长。2021年，当选中国工程院院士。2022年，任重庆大学校长、党委副书记。国家杰出青年基金项目获得者、教育部“长江学者”特聘教授、第二届全国创新争先奖获得者。机构理论与装备设计教育部重点实验室主任、高端装备机构理论与技术基础国家基金委创新群体负责人。先后获国家技术发明奖二等奖2项、国家科技进步奖二等奖1项。2021年获美国ASME DED Leonardo da Vinci 奖。主持研制成功“妙手”微创手术机器人系统，获得国内首个腔镜手术机器人产品注册证；主持研制成功“海燕”系列水下滑翔机，创造下潜深度10 619米的世界纪录。

中国科学院院士

元英进

合成生物学研究者，天津大学教授，国家级教学名师。国家杰出青年基金项目创新群体负责人，国家“973”项目首席科学家，国家重点研发计划项目首席科学家。2021年当选中国科学院院士。教育部“珠峰计划”合成生物学前沿科学中心主任、《合成生物学》主编。主要从事合成生物学研究，建立了酵母基因组混菌标签缺陷定位及双标靶向精准修复方法，成功化学合成出5号和10号两条酵母长染色体。科学研究成果入选“中国科学十大进展”名单。曾获侯德榜化工科学技术成就奖等。

外籍院士

加拿大工程院院士

顾佩华

天津大学教授、博士生导师。1953年2月出生于天津市。1980年获天津大学机械工程专业学士学位，1982年获天津大学机械工程专业硕士学位，1990年获加拿大麦克马斯特大学机械工程专业博士学位。1990年入职加拿大卡尔加里大学。2004年，当选加拿大工程院院士、国际生产工程科学院院士。2011年9月—2018年8月任汕头大学执行校长。现任天津大学新工科教育中心主任、天津大学浙江国际创新设计与智造研究院院长、教育部高等学校机械学科教学指导委员会副主任委员、中国工程教育专业认证协会学术委员会主任、中国CDIO工程教育联盟主席等。主要从事先进设计方法、智能制造关键技术及智能制造系统等方面的研究，深度参与国家新工科建设和工程教育专业认证，连续多年入选爱思唯尔（Elsevier）“中国高被引学者”榜单以及斯坦福发布的“全球前2%顶尖科学家”榜单。

美国工程院院士、中国工程院外籍院士

胡仕新

制造系统领域科学家和教育家。1963年11月生于湖南省常德市。1983年本科毕业于天津大学，1990年获美国密西根大学博士学位。2015—2019任美国密西根大学副校长（主管科研），2019至今任美国佐治亚大学常务副校长，是首位接受中国高等教育并担任世界顶尖大学领导职务的华人校长。长期致力于制造装配系统研究，提出了大型多级装配系统设计与质量管理方法并广泛应用于汽车装配生产系统。2015年当选美国工程院院士，2017年当选中国工程院外籍院士。2012年获美国机械工程师协会（ASME）William T.Ennor制造技术奖，2017年获美国制造工程师协会（SME）金奖、美国机械工程师学会(ASME)Blackall Machine Tool and Gage奖，2021年被美国制造工程师协会（SME）评为全球智能制造领域20位最具影响力的学者之一，2024年获美国机械工程师协会（ASME）DeVor-Kapoor奖章。

加拿大工程院外籍院士、欧洲科学院外籍院士

巩金龙

能源化工领域专家。1979年出生于甘肃兰州。天津大学党委常委、副校长，北洋讲席教授，天津市杰出人才，加拿大工程院外籍院士，欧洲科学院（Academia Europaea）外籍院士。国家首批“万人计划”入选者，国家杰出青年基金获得者，教育部“长江学者”特聘教授，国家自然科学基金创新研究群体负责人，英国皇家化学学会、中国化工学会和中国化学学会会士。主要从事高等教育管理和能源化工领域教学科研工作。先后主持国家重点研发计划项目，国家自然科学基金原创探索计划项目、重点项目30余项。在*Science*、《红旗文稿》国内外重要学术期刊发表论文4 000余篇。申请中国、美国发明专利130余项。曾获高等教育国家级教学成果特等奖、国家自然科学奖二等奖（第一完成人）、何梁何利基金科学与技术创新奖、全国创新争先奖、首届科学探索奖、第十五届中国青年科技奖特别奖。兼任第十三届全国青联副主席，国家级大学生创新创业训练计划专家组组长等。

中国工程院外籍院士

赵华

发动机领域技术专家。1963年3月出生于天津市。1984年本科毕业于天津大学精密仪器专业，并考取天津大学内燃机专业硕士研究生。1989年获得英国利兹大学燃烧学博士学位。英国皇家工程院院士，英国布鲁奈尔大学副校长、教授，天津大学机械工程学院兼职教授。主要从事高效发动机技术、通航动力技术以及替代燃料燃烧技术研究，重点针对我国发动机技术领域空白和薄弱点，开展有针对性的科学理论与应用技术攻关。作为首席科学家承担国家“973”研究计划1项，以负责人身份承担“973”课题3项、海外杰出青年基金项目1项、校企合作项目10余项。发表SCI、EI刊物论文100余篇，国际会议论文100余篇。2020年获天津市政府海河友谊奖，2021年当选中国工程院外籍院士。

第二节 天津大学前五批博士生导师

我国自学位制度创立之初，制定并实行了由国家组织统一审核博士生指导教师的办法。1981年起，经过5批审核，共批准博士生指导教师 8 043名，截至1993年底共培养博士14 000余名。其中，天津大学共获批77名博士生导师（详见表1-2-2-1）。这套集中统一且严格的审核办法，对保证博士生的培养质量，建立完备的博士生培养制度起了重要的作用，也为由博士学位授予单位自行遴选导师积累了宝贵的经验。

表 1-2-2-1 天津大学前五批博士生导师名单

导师批号	指导教师姓名	专业技术职务	学科、专业名称	博士点批号
第一批（1981年11月3日）	贾有权	教授	实验力学	1
	彭泽民	教授	机械制造	1
	蔡其恕	教授	测试计量技术及仪器	1
	孟广喆	教授	焊接	1
	史绍熙	教授	内燃机	1
	贺家李	教授	电力系统及其自动化	1
	刘豹	教授	系统工程	1
	余国琮	教授	化学工程	1
	张建侯	教授	有机化工	1
第二批（1984年1月13日）	周恒	教授	流体力学	2
	张以谟	教授	光学仪器	2
	吕灿仁	教授	工程热物理	2
	吴健生	教授	结构工程	2
	张鎏	教授	工业催化	2
第三批（1986年7月28日）	陈予恕	教授	一般力学	3
	佟景伟	教授	实验力学	1
	刘又午	教授	机械制造	1
	孙家薾	教授	精密仪器及机械	3
	叶声华	教授	测试计量技术及仪器	1
	张文钺	教授	焊接	1
	黄鸿鼎	教授	工程热物理	2
	赵奎翰	教授	内燃机	1
	李光泉	教授	系统工程	1
	彭一刚	教授	建筑设计及其理论	3
	何玉敖	教授	结构工程	2
	严宗达	教授	结构工程	2
	赵子丹	教授	海岸工程	3
	李绍芬	教授	化学工程	1
	王绍亭	教授	化学工程	1
	王世昌	教授	化学工程	1
	陈洪钫	教授	有机化工	1
	郭鹤桐	教授	应用化学	3

续表

导师批号	指导教师姓名	专业技术职务	学科、专业名称	博士点批号
第四批（1990年11月20日）	舒玮	教授	流体力学	2
	秦玉文	教授	实验力学	1
	石则昌	教授	机械学	4
	曾子平	教授	机械制造	1
	王清月	教授	光学仪器	2
	张国雄	教授	测试计量技术及仪器	1
	姜恩永	教授	材料物理	5
	袁启明	教授	无机非金属材料	4
	霍立兴	教授	焊接	1
	魏保太	教授	工程热物理	2
	余贻鑫	教授	电力系统及其自动化	1
	俞斯乐	教授	信号与信息处理	4
	顾培亮	教授	系统工程	1
	聂兰生	教授	建筑设计及其理论	3
	刘锡良	教授	结构工程	2
	王尚毅	教授	海岸工程	3
	胡宗定	教授	化学工程	1
	许锡恩	教授	有机化工	1
第五批（1993年12月11日）	邱家俊	教授	一般力学	3
	陶建华	教授	流体力学	2
	查建中	教授	机械学	4
	彭商贤	教授	机械学	4
	黄田	教授	机械制造	1
	徐燕申	教授	机械制造	1
	李世忱	教授	光学仪器	2
	陈林才	教授	测试计量技术及仪器	1
	杨正方	教授	无机非金属材料	4
	李俊岳	教授	焊接	1
	马一太	教授	工程热物理	2
	刘书亮	教授	内燃机	1
	孙雅明	教授	电力系统及其自动化	1
	王兆华	教授	信号与信息处理	4
	寇纪淞	教授	系统工程	1
	张世英	教授	系统工程	1
	黄为隽	教授	建筑设计及其理论	3
	周锡礽	教授	海岸工程	3
	王静康	教授	化学工程	1
	王树楹	教授	化学工程	1
	刘大壮	教授（兼职）	有机化工	1
	马沛生	教授	有机化工	1
	唐致远	教授	应用化学	3
	秦永宁	教授	工业催化	2
	王明时	教授	生物医学工程	5
特批（1985年12月31日）	姚建铨	教授	光学仪器	2
	王仕康	教授	内燃机	1

第一批

贾有权 教授
实验力学

彭泽民 教授
机械制造

蔡其恕 教授
测试计量技术及仪器

孟广喆 教授
焊接

史绍熙 教授
内燃机

贺家李 教授
电力系统及其自动化

刘豹 教授
系统工程

余国琮 教授
化学工程

张建侯 教授
有机化工

第二批

周恒 教授
流体力学

张以谟 教授
光学仪器

吕灿仁 教授
工程热物理

吴健生 教授
结构工程

张鋆 教授
工业催化

第三批

陈予恕 教授
一般力学

佟景伟 教授
实验力学

刘又午 教授
机械制造

孙家鼐 教授
精密仪器及机械

叶声华 教授
测试计量技术及仪器

张文钺 教授
焊接

黄鸿鼎 教授
工程热物理

赵奎翰 教授
内燃机

李光泉 教授
系统工程

彭一刚 教授
建筑设计及其理论

何玉敖 教授
结构工程

严宗达 教授
结构工程

赵子丹 教授
海岸工程

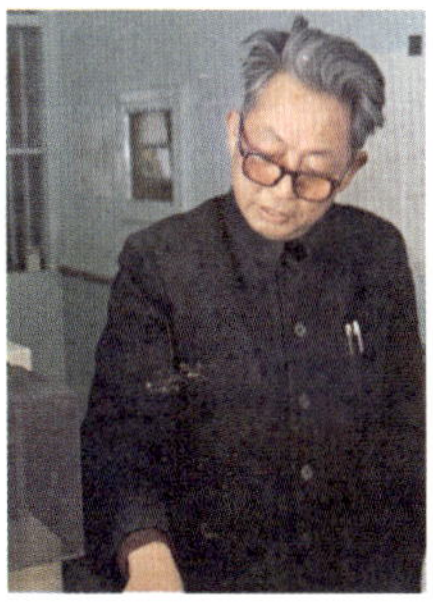

李绍芬 教授
化学工程

王绍亭 教授
化学工程

王世昌 教授
化学工程

陈洪钫 教授
有机化工

郭鹤桐 教授
应用化学

第四批

舒玮 教授
流体力学

秦玉文 教授
实验力学

石则昌 教授
机械学

曾子平 教授
机械制造

王清月 教授
光学仪器

张国雄 教授
测试计量技术及仪器

姜恩永 教授
材料物理

袁启明 教授
无机非金属材料

霍立兴 教授
焊接

魏保太 教授
工程热物理

余贻鑫 教授
电力系统及其自动化

俞斯乐 教授
信号与信息处理

顾培亮 教授
系统工程

聂兰生 教授
建筑设计及其理论

刘锡良 教授
结构工程

王尚毅 教授
海岸工程

胡宗定 教授
化学工程

许锡恩 教授
有机化工

第五批

邱家俊 教授
一般力学

陶建华 教授
流体力学

查建中 教授
机械学

彭商贤 教授
机械学

黄田 教授
机械制造

徐燕申 教授
机械制造

李世忱 教授
光学仪器

陈林才 教授
测试计量技术及仪器

杨正方 教授
无机非金属材料

李俊岳 教授
焊接

马一太 教授
工程热物理

刘书亮 教授
内燃机

孙雅明 教授
电力系统及其自动化

王兆华 教授
信号与信息处理

寇纪淞 教授
系统工程

张世英 教授
系统工程

黄为隽 教授
建筑设计及其理论

周锡礽 教授
海岸工程

王静康 教授
化学工程

王树楹 教授
化学工程

刘大壮 教授
（兼职）
有机化工

马沛生 教授
有机化工

唐致远 教授
应用化学

秦永宁 教授
工业催化

王明时 教授
生物医学工程

特批

姚建铨 教授
光学仪器

王仕康 教授
内燃机

第三节 人文社科资深专家

冯骥才

中国当代作家、画家和文化学者。天津大学冯骥才文学艺术研究院院长，中国文联荣誉委员，中国民间文艺家协会名誉主席，国家非物质文化遗产名录专家委员会主任，中国传统村落保护专家委员会主任。

颜晓峰

天津大学马克思主义学院院长，教授，博士生导师，马克思主义理论研究和建设工程咨询委员会委员，教育部高等学校思想政治理论课教学指导委员会副主任委员，“习近平新时代中国特色社会主义思想概论”分教学指导委员会主任委员，中国历史唯物主义学会副会长，社会主义现代化研究专业委员会理事长，全国党建研究会特邀研究员，国家社会科学基金学科规划评审组专家，国家出版基金评审专家，马克思主义理论研究和建设工程重大项目、国家社会科学基金重大项目首席专家。

孙佑海

天津大学法学院院长，讲席教授，博士生导师，教育部高等学校法学国家教材建设重点研究基地指导委员会委员，国家生态环境保护专家委员会委员，中国法学会常务理事，中国行为法学会副会长，中国法学会环境资源法学研究会学术委员会主任，中共天津市委法律顾问，天津市人民政府法律顾问，天津市法官检察官遴选委员会主任委员，天津市法学会副会长兼学术委员会主任等。

陆小华

天津大学新媒体与传播学院院长，国家社科基金重大项目首席专家，天津市人民政府第一届重大行政决策咨询论证专家库专家。曾任新华社《中国记者》杂志总编辑、新华社新闻研究所所长、新华社音视频部主任、新华社国家高端智库学术委员会专职副主任，享受国务院政府特殊津贴，被评为全国新闻出版行业领军人才。

张维

教育部哲学社会科学重点（培育）实验室主任，教育部创新团队带头人，复旦管理学杰出贡献奖、全国模范教师、天津市五一劳动奖章等荣誉称号获得者。曾任国家自然科学基金委员会管理科学部副主任、天津财经大学副校长、天津大学管理与经济学部首任主任。

张中祥

天津大学卓越教授，马寅初经济学院创院院长，国家能源、环境和产业经济研究院院长，国家科技重大专项实施影响评估专家组组长，亚太政策研究会会士。连续排在经济与金融领域“中国高被引学者”榜单前四位。荣获“薛暮桥价格研究奖”、教育部高等学校科学研究优秀成果奖（人文社会科学）二等奖和天津市社会科学优秀成果奖一等奖。

第三章 研究生教育教学荣誉

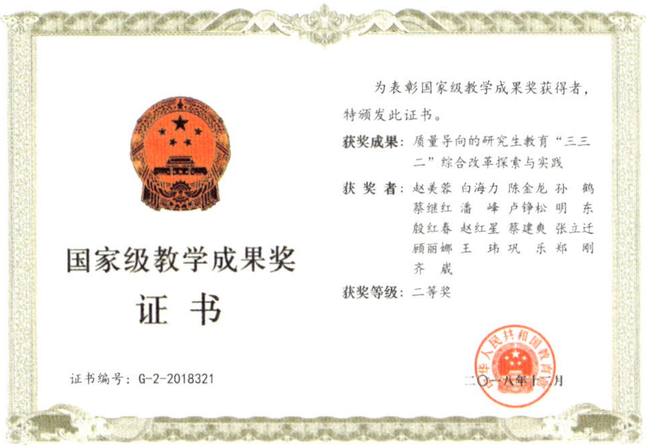

国家级教学成果奖

证 书

为表彰国家级教学成果奖获得者，特颁发此证书。

获奖成果：质量导向的研究生教育“三三二”综合改革探索与实践

获 奖 者：赵美蓉 白海力 陈金龙 孙 鹤 蔡继红 潘 峰 卢铮松 明 东 殷红春 赵红星 蔡建奥 张立迁 顾丽娜 王 玮 巩 乐 郑 刚 齐 崴

获奖等级：二等奖

证书编号：G-2-2018321

二〇一八年十二月

2018年，天津大学研究生教育改革获国家级教学成果奖二等奖1项

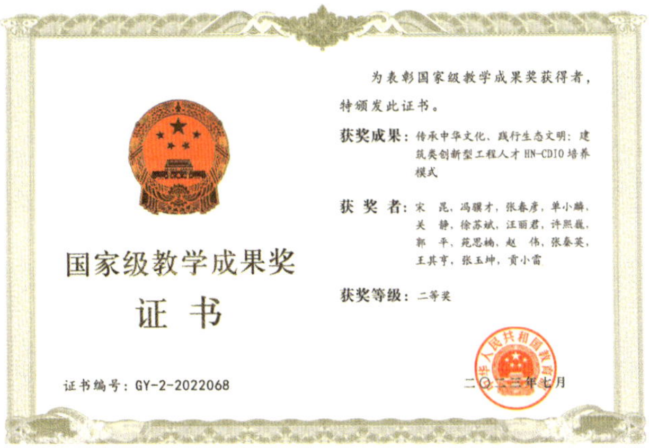

国家级教学成果奖

证 书

为表彰国家级教学成果奖获得者，特颁发此证书。

获奖成果：传承中华文化、践行生态文明：建筑类创新型工程人才HN-CDIO培养模式

获 奖 者：宋 昆，冯骥才，张春彦，单小麟，关 静，徐苏斌，汪丽君，许熙巍，郭 平，苑思楠，赵 伟，张秦英，王其亨，张玉坤，贡小雷

获奖等级：二等奖

证书编号：GY-2-2022068

二〇二三年七月

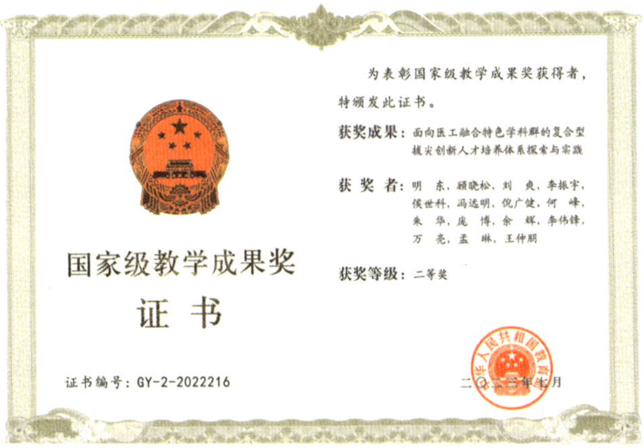

国家级教学成果奖

证 书

为表彰国家级教学成果奖获得者，特颁发此证书。

获奖成果：面向医工融合特色学科群的复合型拔尖创新人才培养体系探索与实践

获 奖 者：明 东，顾晓松，刘 爽，李振宇，侯世科，冯远明，倪广健，何 峰，朱 华，庞 博，余 辉，李伟锋，万 亮，孟 琳，王仲朋

获奖等级：二等奖

证书编号：GY-2-2022216

二〇二三年七月

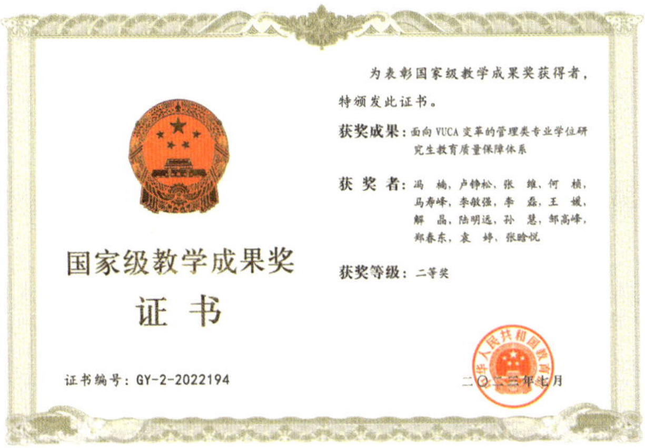

国家级教学成果奖

证 书

为表彰国家级教学成果奖获得者，特颁发此证书。

获奖成果：面向VUCA变革的管理类专业学位研究生教育质量保障体系

获 奖 者：冯 楠，卢铮松，张 维，何 桢，马寿峰，李敏强，李 磊，王 媛，解 晶，陆明远，孙 慧，邹高峰，郑春东，袁 婷，张晗悦

获奖等级：二等奖

证书编号：GY-2-2022194

二〇二三年七月

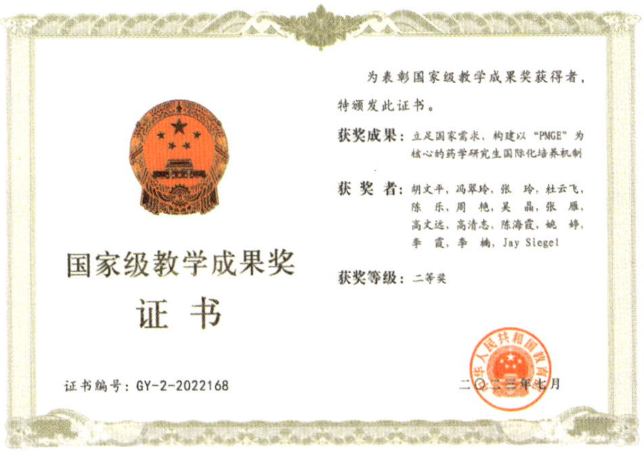

国家级教学成果奖

证 书

为表彰国家级教学成果奖获得者，特颁发此证书。

获奖成果：立足国家需求，构建以“PMGE”为核心的药学研究生国际化培养机制

获 奖 者：胡文平，冯翠玲，张 玲，杜云飞，陈 乐，周 艳，吴 晶，张 雁，高文远，高清志，陈海霞，姚 婷，李 霞，李 楠，Jay Siegel

获奖等级：二等奖

证书编号：GY-2-2022168

二〇二三年七月

2023年，天津大学以第一完成单位获国家级教学成果奖（研究生）二等奖11项，获奖数量在全国高校中名列第一（1）

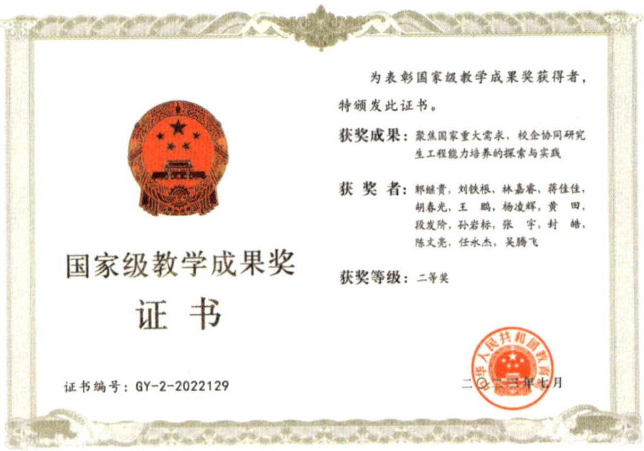
国家级教学成果奖

证 书

为表彰国家级教学成果奖获得者，

特颁发此证书。

获奖成果：聚焦国家重大需求，校企协同研究生工程能力培养的探索与实践

获 奖 者：郑继贵，刘铁根，林嘉睿，蒋佳佳，胡春光，王 鹏，杨凌辉，黄 田，段发阶，孙岩标，张 宇，封 皓，陈文亮，任永杰，吴腾飞

获奖等级：二等奖

二〇二三年七月

证书编号：GY-2-2022129

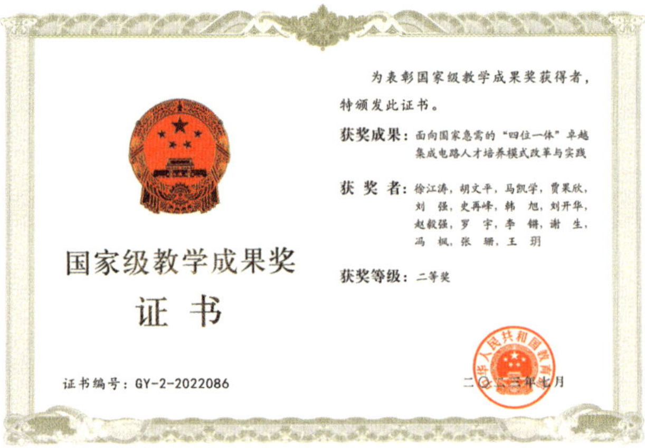
国家级教学成果奖

证 书

为表彰国家级教学成果奖获得者，

特颁发此证书。

获奖成果：面向国家急需的“四位一体”卓越集成电路人才培养模式改革与实践

获 奖 者：徐江涛，胡文平，马凯学，贾果欣，刘 强，史再峰，韩 旭，刘开华，赵毅强，罗 宇，李 锵，谢 生，冯 枫，张 珊，王 玥

获奖等级：二等奖

二〇二三年七月

证书编号：GY-2-2022086

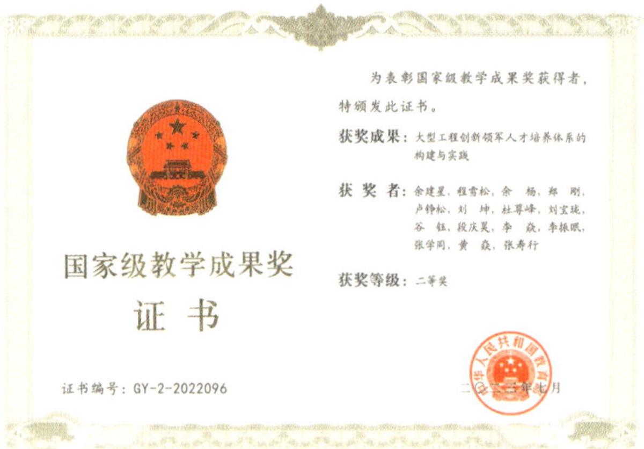
国家级教学成果奖

证 书

为表彰国家级教学成果奖获得者，

特颁发此证书。

获奖成果：大型工程创新领军人才培养体系的构建与实践

获 奖 者：余建星，程雪松，余 杨，郑 刚，卢铮松，刘 坤，杜尊峰，刘宝珑，谷 钰，段庆昊，李 焱，李振眠，张学刚，黄 焱，张寿行

获奖等级：二等奖

二〇二三年七月

证书编号：GY-2-2022096

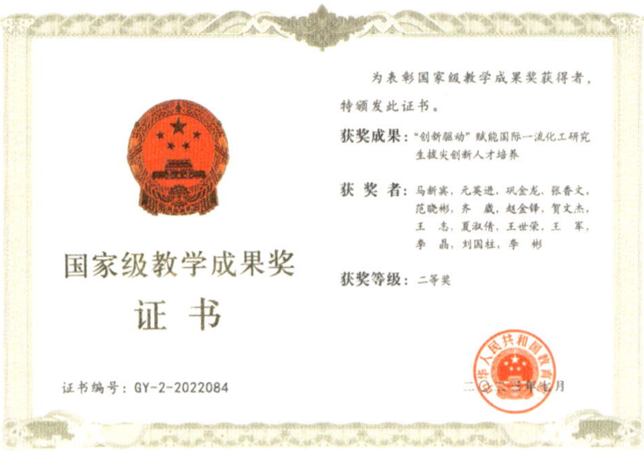
国家级教学成果奖

证 书

为表彰国家级教学成果奖获得者，

特颁发此证书。

获奖成果：“创新驱动”赋能国际一流化工研究生拔尖创新人才培养

获 奖 者：马新宾，元英进，巩金龙，张香文，范晓彬，齐 崴，赵金铎，贺文杰，王 志，夏淑倩，王世荣，王 军，李 晶，刘国柱，李 彬

获奖等级：二等奖

二〇二三年七月

证书编号：GY-2-2022084

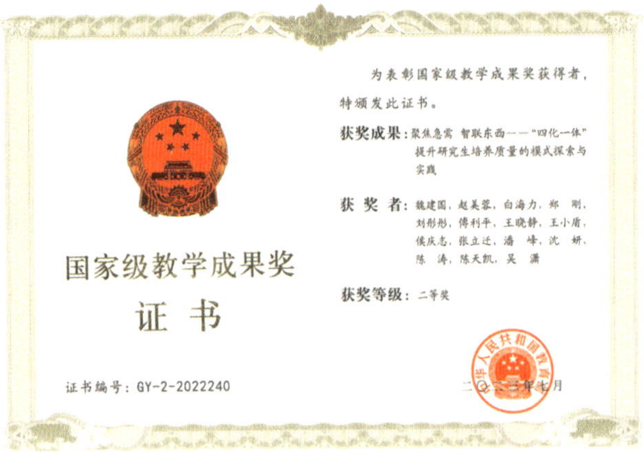
国家级教学成果奖

证 书

为表彰国家级教学成果奖获得者，

特颁发此证书。

获奖成果：聚焦急需 智联东西——“四化一体”提升研究生培养质量的模式探索与实践

获 奖 者：魏建国，赵美蓉，白海力，郑 刚，刘彤彤，傅利平，王晓静，王小盾，侯庆志，张立迁，潘 峰，沈 妍，陈 涛，陈天凯，吴 潇

获奖等级：二等奖

二〇二三年七月

证书编号：GY-2-2022240

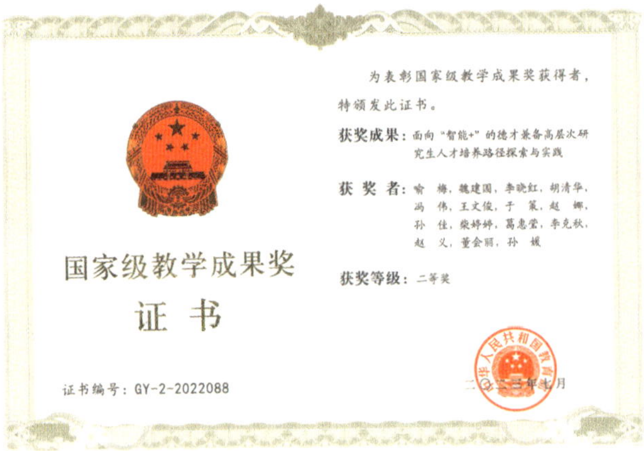
国家级教学成果奖

证 书

为表彰国家级教学成果奖获得者，

特颁发此证书。

获奖成果：面向“智能+”的德才兼备高层次研究生人才培养路径探索与实践

获 奖 者：喻 梅，魏建国，李晓红，胡清华，冯 伟，王文俊，于 策，赵 娜，孙 佳，柴婷婷，葛惠棠，李克秋，赵 义，董会丽，孙 媛

获奖等级：二等奖

二〇二三年七月

证书编号：GY-2-2022088

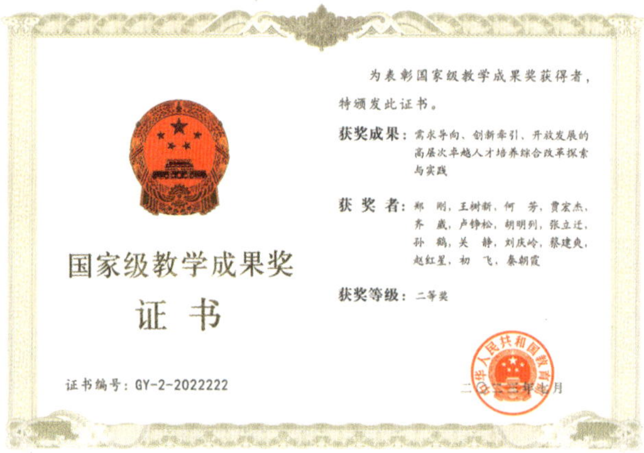
国家级教学成果奖

证 书

为表彰国家级教学成果奖获得者，

特颁发此证书。

获奖成果：需求导向、创新牵引、开放发展的高层次卓越人才培养综合改革探索与实践

获 奖 者：郑 刚，王树新，何 芳，贾宏杰，齐 崴，卢铮松，胡明列，张立迁，孙 鹤，关 静，刘庆岭，綦建良，赵红星，初 飞，秦朝霞

获奖等级：二等奖

二〇二三年七月

证书编号：GY-2-2022222

2023年，天津大学以第一完成单位获国家级教学成果奖（研究生）二等奖11项，获奖数量在全国高校中名列第一（2）

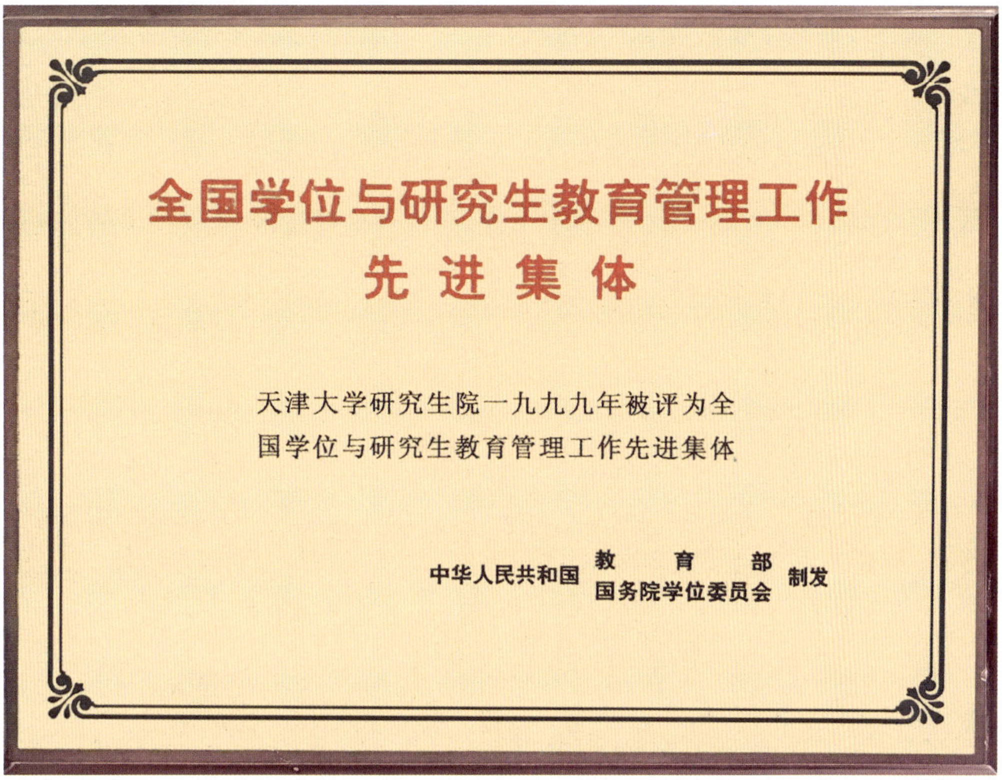

1999年，天津大学研究生院被评为全国学位与研究生教育管理工作先进集体

2021年，建筑学院汪丽君教授主编的研究生教材《建筑类型学》（第3版）获首届全国教材建设奖二等奖

在中国国际大学生创新大赛（2023）中，天津大学研究生获金奖19项、银奖10项

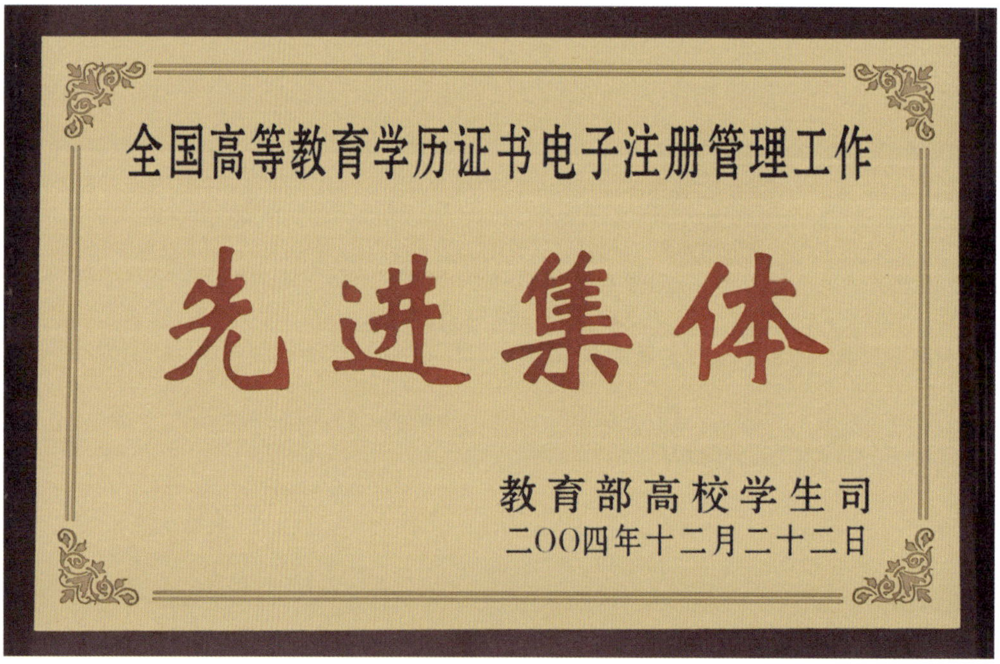

2004年，天津大学被评为全国高等教育学历证书电子注册管理工作先进集体

多次获中国学位与研究生教育学会研究生教育成果奖

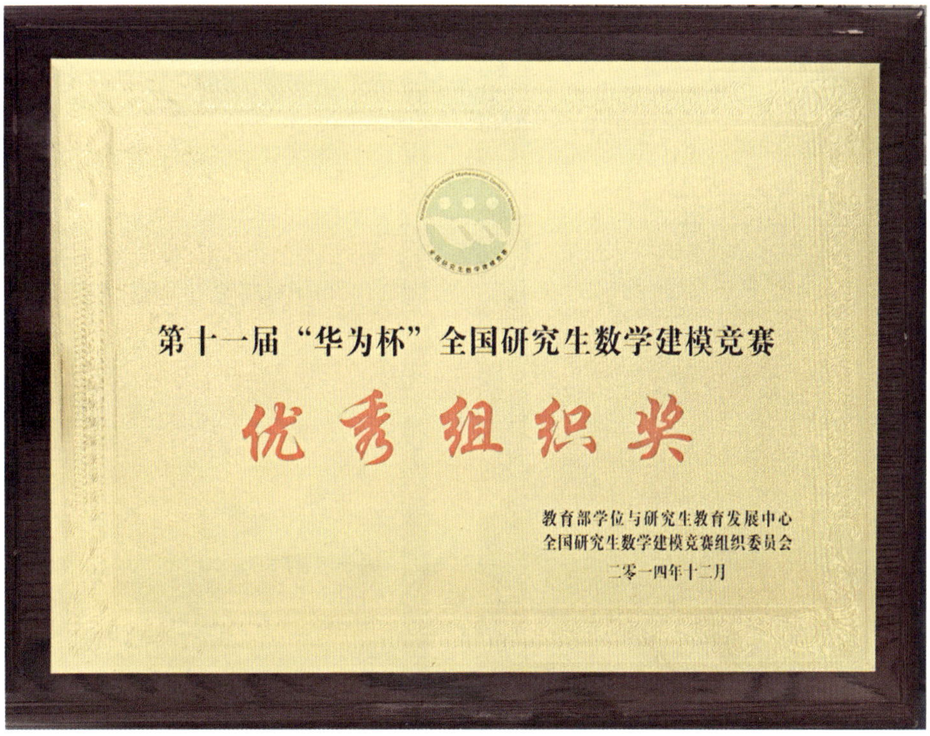

2014年，天津大学获第十一届“华为杯”全国研究生数学建模竞赛优秀组织奖

2016年，天津大学被评为教育部“蓝火计划”博士生工作团优秀组织单位

2018年，天津大学被评为研究生招生工作先进单位

2018年，天津大学获中国研究生创新实践系列大赛优秀组织奖

一九九六年天津市普通高校教学成果

二等奖

天津市人民政府
一九九七年九月

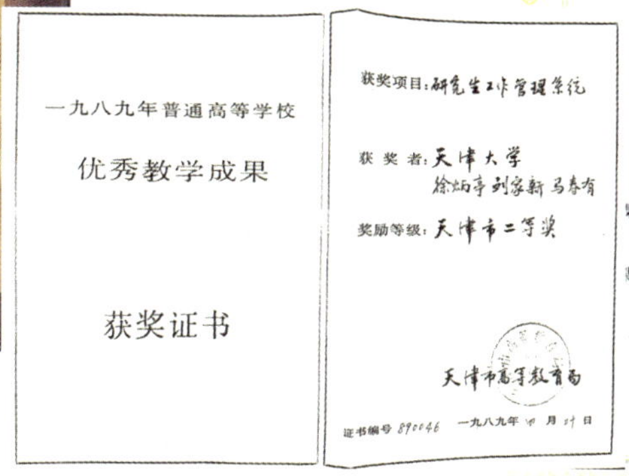
一九八九年普通高等学校
优秀教学成果
获奖证书

获奖项目：研究生工作管理系统
获 奖 者：天津大学
徐炳亭 刘家新 马春有
奖励等级：天津市二等奖
天津市高等教育局
证书编号 890046 一九八九年 月 日

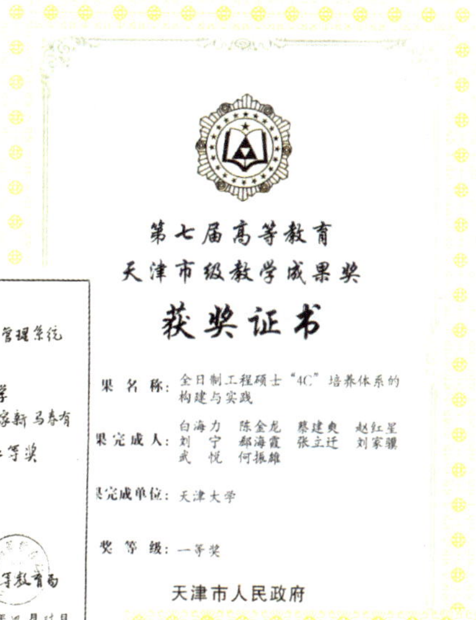
第七届高等教育
天津市级教学成果奖
获奖证书

成 果 名 称：全日制工程硕士"4C"培养体系的构建与实践
成果完成人：白海力 陈金龙 蔡建奥 赵红星 刘 宁 郗海霞 张立迁 刘家骥 武 悦 何振雄
成果完成单位：天津大学
获 奖 等 级：一等奖
天津市人民政府

第八届高等教育
天津市级教学成果奖证书

成 果 名 称：质量导向的研究生教育"三三二"综合改革探索与实践
成果完成人：赵美蓉 白海力 陈金龙 孙 鹤 蔡继红 潘 峰 卢铮松 明 东 殷红春 赵红星 蔡建奥 张立迁 顾丽娜 王 玮 巩 乐 郑 刚 齐 崴
成果完成单位：天津大学
获 奖 等 级：一等奖
二〇一八年四月

高等教育天津市级教学成果奖
获奖证书

成果名称：校企合作工程硕士培养模式的创新与实践
成果完成人：胡小唐 钟登华 李云章 陆培毅 何振雄
成果完成单位：天津大学
获奖等级：一等奖
天津市人民政府
二〇〇九年五月

天津市教学成果奖
（2022）
证书

成 果 名 称：需求导向、创新牵引、开放发展的高层次卓越人才培养综合改革探索与实践
成果完成人：郑 刚 王树新 何 芳 贾宏杰 齐 崴 卢铮松 胡明列 张立迁 孙 鹤 关 静 刘庆岭 蔡建奥 赵红星 初 飞 秦朝霞
成果完成单位：天津大学
获 奖 等 级：特等奖
（天津市人民政府）
二〇二二年十二月
证书编号：TJ-Y-1-2022002

天津大学多次获得天津市级教学成果奖

2011年，天津大学被评为天津市高等教育学籍学历管理工作先进集体

2014年，天津大学研究生院获得天津市教育工会教工先锋号称号

第三篇　组织机构沿革

第一章　学位评定委员会

1981 年,天津大学成为国务院学位委员会批准的首批具有硕士、博士学位授予权的单位之一,同时成立了天津大学学位评定委员会(以下简称校学位评定委员会),规定天津大学硕士学位学术水平的基本要求,并下设学位办公室负责全校学位评定的日常工作。

1997 年,天津大学发布《天津大学学位评定委员会工作条例》(津大校发字〔1997〕55 号),并先后于 2002 年 12 月 4 日和 2005 年 11 月 30 日对该条例进行了两次修订(津大校研字〔2002〕25 号和津大校发〔2005〕55 号)。2010 年 8 月 30 日,学校再次修订该条例,并更名为《天津大学学位评定委员会工作章程》(天大校发〔2010〕20 号),2017 年 7 月 11 日学校对其进行修订,并更名为《天津大学学位评定委员会章程》(天大校发〔2017〕18 号)。2023 年 5 月学校对该章程进行修订,并正式发布《天津大学学位评定委员会章程》(天大校发〔2023〕9 号)。

自 2010 年 9 月开始,校学位评定委员会下设理工学科学位评定委员会和社会科学与建筑学科学位评定委员会两个专门工作委员会,院级单位设立学位评定分委员会,协助校学位评定委员会开展工作。校学位评定委员会审议学位前,理工学科学位评定委员会和社会科学与建筑学科学位评定委员会分别召开会议审议各分委员会提交的学位申请与撤销学位申请。

2017 年 7 月,校学位评定委员会在设立理工学科学位评定委员会和社会科学与建筑学科学位评定委员会两个专门工作委员会的基础上,新设立专业学位评定委员会和学士学位评定委员会两个专门工作委员会。专业学位评定委员会协助审议专业学位授予标准等相关事宜,校学位评定委员会授权教务处成立学士学位评定委员会,负责学士学位授予的审核工作,经校学位评定委员会授权后审定学士学位授予名单。学士学位评定委员会每年定期向校学位评定委员会汇报工作情况,并申请开展下一阶段学士学位授予工作的授权。

2023 年 5 月,天津大学对《天津大学学位评定委员会章程》进行了修订,校学位评定委员会下设的专门工作委员会由 4 个调整为 5 个,分别为理工学科学位评定委员会、人文社科与建筑学科学位评定委员会、学士学位评定委员会、专业学位教育委员会和交叉工作委员会。原专业学位评定委员会更名为专业学位教育委员会。专业学位教育委员会下设电子信息、机械、材料与化工、资源与环境、能源动力、土木水利、生物与医药等 7 个工程专业学位类别专门工作组;交叉工作委员会下设学科交叉、交叉学科、“天智计划”等专门工作组。专门工作组主要协助对应专门工作委员会开展工作,专门审议并规范对应学科专业的研究生培养方案、学位论文基本要求、学位申请标准、发表学术成果的基本条件、导师上岗及招生资格认定办法、招生简章等。

校学位评定委员会是审议和评定天津大学学位与研究生教育相关事项的专门机构,对学位授予、学位授权点及专业类别等的设置调整和导师队伍建设等相关工作履行评定、审议、评估和指导等职责。校学位评定委员会由 25 人组成,任期 4 年,连任一般不超过三届。校学位评定委员会设主席 1 名,副主席若干名。主席由校长担任,副主席由分管研究生培养工作的校领导和由主席指定的校学位评定委员会委员担任。各学位评定分委员会主席为校学位评定委员会当然委员,其他委员在两院院士、国务院学位委员会学科评议组成员、全国专业学位研究生教育指导委员会成员、具有教授职称的负责研究生教育的校主管部门负责人、院级单位负责人和具有教授职称的博士生指导教师中产生。校学位评定委员会组成人员经校长提名，报校长办公会审议通过后公布。校学位评定委员会委员年龄一般限定在任满一届（4年）时未达到退休年龄。校学位评定委员会设兼职秘书1名，由研究生院学位办公室主任兼任。研究生院学位办公室负责处理校学位评定委员会的各项日常工作。第七届至第十三届校学位评定委员会组成名单详见表1-3-1-1。

表1-3-1-1　第七届至第十三届校学位评定委员会组成名单

届别	学位评定委员会组成名单
第七届校学位评定委员会 （1999年1月—2003年2月）	主　席：单　平 副主席：郁道银　胡小唐 委　员：丁润涛　马一太　王静康　王洪礼　苏万华　余贻鑫　张春霆 杨正芳　周锡礽　周　明　胡云昌　姜恩永　唐致远　徐燕申 秦玉文　秦崇仁　陶建华　顾培亮　舒炎泰　彭一刚　姚建铨 霍立兴 秘　书：王洪礼（2000年9月—2002年2月） 姜忠义（2002年1月—2003年2月）
第八届校学位评定委员会 （2003年2月—2006年9月）	主　席：单　平 副主席：郁道银　胡小唐 委　员：王静康　王成山　王化祥　亢一澜　孙　彦　白海力 齐二石　刘昌俊　成国祥　张春霆　张　颀　苏万华 汪　波　余建星　陈士俊　钟登华　赵　康　顾　平 黄　田　舒炎泰　姚建铨　戴居丰 秘　书：姜忠义（2003年2月—2006年4月） 韩金玉（2006年4月—2006年9月）
第九届校学位评定委员会 （2006年9月—2010年8月）	主　席：龚　克 副主席：胡小唐　余建星 委　员：王元战　王成山　王　罡　王静康　刘昌俊　孙　彦 孙济洲　齐二石　张春霆　汪　波　陈士俊　罗纪生 郁道银　侯春萍　姚建铨　赵　康　钟登华　顾　平 崔振铎　黄　田　彭一刚　曾　坚 秘　书：韩金玉（2006年9月—2007年6月） 陈志华（2007年6月—2010年8月）
第十届校学位评定委员会 （2010年9月—2015年3月）	主　席：龚　克（2010年9月—2011年1月） 李家俊（2011年1月—2015年3月） 副主席：胡小唐　余建星 委　员：马建国　王　罡　王成山　王树新　王静康　白海力　孙　彦 齐二石　何　桢　张　维　张春霆　陈冠益　周志刚　练继建 罗纪生　郁道银　姚建铨　赵　康　钟登华　党建武　崔振铎 曾　坚 秘　书：陈志华（2010年9月—2013年5月） 蔡继红（2013年5月—2015年3月）

续表

届别	学位评定委员会组成名单
第十一届校学位评定委员会 （2015 年 3 月—2018 年 12 月）	主　席：李家俊（2015 年 3 月—2016 年 9 月） 钟登华（2016 年 9 月—2018 年 12 月） 副主席：钟登华（2015 年 3 月—2016 年 9 月） 余建星　张　维 委　员：马建国　王成山　王树新　王静康　亢一澜　白海力 刘昌俊　齐二石　闫广芬　李悦生　何　桢　张春霆 张　颀　陈冠益　练继建　姚建铨　党建武　高文远 舒歌群　曾　坚　曾周末 秘　书：蔡继红
第十二届校学位评定委员会 （2018 年 12 月—2023 年 5 月）	主　席：钟登华（2018 年 12 月—2019 年 6 月） 金东寒（2019 年 6 月—2023 年 5 月） 副主席：王树新（2018 年 12 月—2021 年 12 月） 郑　刚（2021 年 12 月—2023 年 5 月） 胡文平　张　维 委　员：马凯学　马新宾　王天友　王成山 王树新（2021 年 12 月—2023 年 5 月）　刘昌俊 闫广芬　孙佑海　孙笑涛　苏万华　李克秋　李悦生 邱顺添（2021 年 7 月—2023 年 5 月） 汪丽君（2020 年 8 月—2023 年 5 月） 张春彦（2020 年 8 月—2023 年 5 月） 张　颀（2018 年 12 月—2020 年 8 月） 陈冠益（2018 年 12 月—2021 年 7 月） 明　东　郑　刚（2018 年 12 月—2021 年 12 月） 练继建　姚建铨　曾周末　霍宝锋 高文远（2018 年 12 月—2021 年 12 月） 高清志（2021 年 12 月—2023 年 5 月） 曾　坚（2018 年 12 月—2020 年 8 月） 秘　书：何　芳（2018 年 12 月—2022 年 3 月） 朱佳雷（2022 年 3 月—2023 年 1 月） 刘庆岭（2023 年 1 月—2023 年 5 月）
第十三届校学位评定委员会 （2023 年 5 月—2026 年）	主　席：金东寒 副主席：胡文平　巩金龙　马寿峰 委　员：马凯学　马新宾　王延辉　叶　升　刘丛强　闫广芬 孙佑海　孙笑涛　杜希文　邱顺添　何　芳　何　桢 余建星　张加万　张春彦　陆小华　范晓彬　明　东 郝继贵　高清志　董　峰 秘　书：刘庆岭

第二章　研究生招生工作领导小组

1999年1月28日,按照教育部和天津市招生委员会的有关部署要求,天津大学决定成立天津大学研究生招生工作领导小组(以下简称研究生招生工作领导小组),并分别于1999年、2000年、2001年、2002年、2004年、2008年、2010年、2011年、2015年、2019年对研究生招生工作领导小组成员进行调整(名单详见表1-3-2-1),以更好地加强对研究生招生工作的领导、统筹和协调。

研究生招生工作领导小组由学校领导和纪检监察机构、研究生院等部门负责人及相关人员组成。研究生招生工作领导小组下设办公室,为天津大学研究生招生办公室,其工作职责有:负责全校研究生招生工作;按照教育部有关招生方针、政策、规定、办法,天津市招生委员会的补充规定,开展招生工作;根据国家核定的招生规模和社会需求,制定本单位的招生方案;审定学校招生简章和招生专业目录;指导做好本单位的招生信息公开工作,并对公开的信息进行解释;维护考生和招生工作人员的合法权益;受理考生申诉,依法依规查处考试招生中的有关问题。

表1-3-2-1　历届研究生招生工作领导小组成员名单

调整时间	研究生招生工作领导小组成员
1999年1月28日	组　长:胡小唐 副组长:钟登华　马一太　钱桂荣 成　员:罗纪生　邢岐荣　李　汛　丁润涛　李忠献　张玉坤　袁希纲　李春阳　熊洪允　张　维　杨丰宁　石凤妍　徐炳亭　李建明 秘　书:李建明(兼)
2000年1月6日	组　长:胡小唐 副组长:钟登华　马一太　钱桂荣 成　员:罗纪生　邢岐荣　李　汛　戴居丰　张玉坤　李忠献　李春阳　熊洪允　汪　波　袁希钢　杨丰宁　王贵书　徐炳亭　李建明 秘　书:李建明(兼)
2001年3月14日	组　长:胡小唐 副组长:钟登华　靳永铭 成　员:陈金水　邢岐荣　王成山　戴居丰　张玉坤　姜忻良　荆洪阳　荣喜民　汪　波　元英进　杨丰宁　王贵书　周志刚　李建明 秘　书:李建明(兼)
2002年4月8日	组　长:胡小唐 副组长:邢　敏　钟登华 成　员:靳永铭　刘习军　徐可欣　夏长亮　侯春萍　张玉坤　冯　平　胡绳荪　白海力　汪　波　元英进　傅利平　周志刚　陈立功　李建明 秘　书:李建明(兼)

续表

调整时间	研究生招生工作领导小组成员
2004 年 3 月 18 日	组　长:单　平 副组长:胡小唐　邢　敏　钟登华　古　瑶 成　员:刘刁军　黄战华　夏长亮　侯春萍 张玉坤　冯　平　曲远方　刘俊吉 汪　波　元英进　韩永进　周志刚 赵　康　朱　能　靳永铭　李建明 办公室主任:靳永铭
2008 年 3 月 31 日	组　长:刘建平　龚　克 副组长:钟登华　邢　敏　白海力 成　员:马春有　韩金玉　宋轶民　黄战华　董　峰 李玲霞　冯　平　刘彤彤　王　志　胡绳荪 汪　波　刘昌龙　蔡文杰　周志刚　赵　康 朱　能　王春艳　冯志勇　任欣荣　蔡继红 办公室主任:任欣荣
2010 年 12 月 30 日	组　长:刘建平　龚　克 副组长:钟登华　汪　曦　白海力 成　员:马春有　宋轶民　赵会娟　董　峰　杨晋生 郑　刚　宋　昆　王　志　罗　震　何　桢 刘昌龙　刘晓纯　米　靖　赵　康　赵　林 王春艳　冯志勇　孙兰英　张加万　任欣荣 蔡继红 办公室主任:任欣荣
2011 年 12 月 29 日	组　长:刘建平　李家俊 副组长:钟登华　汪　曦　白海力 成　员:马春有　王天友　赵会娟　董　峰　杨晋生 丁　阳　宋　昆　张金利　刘家臣　何　桢 刘昌龙　刘晓纯　米　靖　赵　康　赵　林 王春艳　冯志勇　孙兰英　张加万　任欣荣 蔡继红 办公室主任:任欣荣
2015 年 3 月 30 日	组　长:刘建平　李家俊 副组长:钟登华　汪　曦　白海力 成　员: 研究生院、纪委主要负责人,研究生招生办公室主任,各学院(部)主管研究生工作(副)院长; 研究生招生工作领导小组下设办公室,办公室主任由研究生招生办公室主任兼任,负责日常工作。 以上成员采用席位制
2019 年 3 月 1 日	组　长:党委书记　校长 副组长:主管副校长　纪委书记　研究生院常务副院长 成　员: 研究生院、纪委主要负责人,各学院(部)主管研究生工作(副)院长; 研究生招生工作领导小组下设办公室,办公室主任由研究生招生办公室主任兼任,负责日常工作。 以上成员采用席位制

第三章　学科建设工作领导小组

第一节　“一流大学和一流学科建设”领导小组

2017年1月6日，为贯彻落实《统筹推进世界一流大学和一流学科建设总体方案》（国发〔2015〕64号）文件精神，加强对学校“双一流”建设项目的统一领导和协调，保证建设目标的实现，天津大学决定成立“一流大学和一流学科建设”领导小组和工作小组，时任天津大学党委书记李家俊和校长钟登华任组长，并将原“985工程”和“211工程”办公室合并为“一流大学和一流学科建设”办公室。“一流大学和一流学科”领导小组成员采取席位制，成员单位主要负责人为领导小组成员；“一流大学和一流学科”工作小组成员采取席位制，“一流大学和一流学科建设”办公室设在研究生院。

第二节　院级学科建设领导小组

2018年12月28日，为进一步落实党中央、国务院作出的“双一流”建设重大战略决策，全面提升天津大学学科建设工作水平，部署学校、学院（中心、所、系）、学科三级管理体制，强化学校、学院对学科建设的领导，明确学科自我建设的主体责任与职责，天津大学决定成立院级学科建设领导小组、学科建设工作小组和学科评估工作组。学科建设领导小组负责领导学科建设工作小组和学科评估工作组。

同时，为积极落实《天津大学世界一流大学建设方案》，强化学科集群建设，推动学科交叉融合，创新学科领域组织模式，拟定在化工能源、新材料、管理与经济、化学与生命科学、可持续建筑与环境、建设工程安全、智能制造、光电信息、数据科学、环境生态等10个学科领域完成学科建设领导小组和学科评估工作组的建制。

一、学科建设领导小组

1. 主要职责

（1）确保本学院天津市重点学科、硕士博士学位授权一级学科等学科建设标志性工作在各项评估工作中取得好成绩。

（2）提出和实施本学院学科建设发展规划。

（3）负责本学院学科建设项目的遴选，制订经费使用计划。

（4）调配使用本学院各学科资源。

（5）负责天津市重点学科、学位授权点等申报工作。

（6）加强对各学院评估工作的过程指导与监督。

（7）组织和协调跨学科的交叉发展工作。

2. 小组组成要求

学院院长是学科建设工作的第一责任人，各学院须成立以院长为组长的学院学科建设领导小组；成员包括学院党政主要领导、学科负责人和部分专家，由学院党政联席会议提名，报请学校审核公示；设组长 1 名，副组长 1~3 名，成员若干。

二、学科建设工作小组

1. 主要职责

（1）制订和实施本学科的学科建设具体规划。

（2）负责本学科学术团队的建设工作，是本学科人才培养和人才引进的决策者和组织者。

（3）确定和调整本学科研究方向，协调本学科的科学研究工作。

（4）负责本学科与国内外同行及其他学科间的联系和学术交流、合作工作。

（5）按时完成学校职能部门和学院学科建设领导小组下达的其他各项学科建设工作任务。

（6）秘书负责与研究生院学科建设办公室进行日常业务的沟通联络。

2. 小组组成要求

（1）学科负责人的推选条件：①本学科年富力强的中青年学术骨干，一般应具有教授以上职称（或相当职称），年龄一般在 60 岁以下；②在国内外同行中具有较高的学术影响力，学术造诣高，学风端正，学术思想活跃，治学严谨，为人正派；③理解学科建设工作的内涵，具有良好的组织、沟通和协调能力，有为学科建设工作服务的积极性和奉献精神；④有足够的精力切实负担起本学科的日常建设工作，能积极配合学校和学院学科建设领导小组加强本学科的建设工作。

（2）工作要求及成员组成：成立由学科负责人牵头的学科建设工作小组，全面负责本学科的学科建设工作。学科建设工作小组和学科负责人均按一级学科设立，由本学科全体教师提名推选或通过设立岗位竞聘上岗。经学院学科建设领导小组审核批准后，报学校审核公示。学科负责人由本学科 1 名教授（或相当职称）担任，成员若干，秘书 1 名。

三、学科评估工作组

1. 主要职责

（1）配合研究生院学科建设办公室协同推进学科评估工作。

（2）广泛动员本院全体教职工参与评估，梳理学科评估工作中的主要工作任务，细化工作实施方案。

（3）深入理解评估指标体系和内涵，挖掘各学科中能代表学校水平的特色与成果，按照有关时间节点有针对性地、保质保量地做好工作，全面、完整、准确地体现学科实力。

（4）做好归纳总结，形成制度，建立长效机制，完善学科评估管理体系。

（5）秘书负责与研究生院学科建设办公室进行日常业务的沟通联络。

2. 小组组成要求

开展学科评估常态化运行工作，评价学科内涵建设的质量和成效，是统筹构建研究生教育质量保障体系的重要实践。成立院级学科评估工作组，全面推进学院学科评估工作。院级学科评估工作组经学院学科建设领导小组审核批准后，报学校审核公示。院级学科评估工作组组长由主管学科建设工作的院级领导担任，副组长 1~3 名，成员若干，秘书 1 名。

第四章　研究生教育督导组

在研究生教育快速发展的新形势下，为实现学校研究生教育改革与发展的目标，加强研究生教育的督导工作，做到决策、执行和监督相协调，确保研究生培养质量，经学校研究，并经2005年第三次校长办公会讨论，决定成立研究生教育督导组，负责学校研究生培养全过程的质量监督与指导工作。2005年，天津大学印发《关于成立研究生教育督导组的决定》（津大校研〔2005〕1号）。

研究生教育督导组成员由各学院推荐，经研究生院审核聘任。研究生教育督导组成员应是关心热爱研究生教育工作，治学严谨，师德高尚，实事求是，既有丰富的研究生教育经验，又有奉献精神的工作认真负责的在校职工或退休教师。

研究生教育督导组主要工作职责是：面向全校开展研究生培养全过程（主要包括招生录取，课程教学，开题报告、学术报告撰写，以及论文答辩等环节）的监督和指导工作，具体包括以随机听取的方式对教学过程质量进行监控，推进研究生教学改革，参与学校对研究生培养质量的检查与评估等。通过开展监督和指导工作，研究生教育督导组可以及时反馈检查中发现的问题，把握教学动态，总结教学经验，完善教学管理，提出建设性意见与建议，积极挖掘推广在培养和指导研究生过程中的优秀案例，达到促进研究生教学质量提高、推动研究生教育内涵式发展的目的。

研究生教育督导组具有以下权利：开展工作的自主权；对培养过程的听取权；对培养材料的查阅权；对教育活动的评价权；对教育活动的建议权；对教育活动的复查权。研究生教育督导组实施校、院两级管理。各学院（部）及研究生培养单位可根据研究生院的要求成立相应的院级督导组。院级督导组负责本学院研究生教育督导工作，成员由学院聘任，报研究生院审核、批准。

研究生教育督导组一般每4~5年换届一次。第五届校级研究生教育督导组于2021年9月正式成立，成员共65人（名单详见表1-3-4-1），郁道银教授任组长。这一届研究生教育督导组覆盖学院由上一届的18个增加到28个，在职人员比例由上一届的59%增加到72%，进一步壮大了研究生教育督导队伍，为新时期研究生教育督导工作的有效开展打下了良好基础。

表1-3-4-1　第五届校级研究生教育督导组名单

学院	成员
机械工程学院	贾启芬　汪越胜　杨玉虎　张俊红
精密仪器与光电子工程学院	李小英　汪　曦　吴　斌　郁道银
建筑工程学院	王成华　王海军　王元战　徐　慧
建筑学院	刘丛红　夏　青　严建伟
化工学院	马友光　王宇新　吴　洪　张天永
材料科学与工程学院	程方杰　赵乃勤　郑俊萍
管理与经济学部	杜　纲　王世彤　赵道致　赵　涛
理学院	崔建中　刘　迎

续表

学院	成员
教育学院	祝士明
药物科学与技术学院	苏艳芳　王　征
环境科学与工程学院	张欢　张书廷　周志华
马克思主义学院	韩永进　孙兰英　杨文圣
生命科学学院	常　津
海洋科学与技术学院	胡浩丰
法学院	吕　凯　魏健馨
地球系统科学学院	郎赟超
微电子学院	胡　明　李玲霞　刘开华
数学学院	关　静　荣喜民　曾绍标
电气自动化与信息工程学院	金宁德　苏寒松　王化祥　王晓远　周跃庆
分子+研究院	杨永安
分子聚集态科学研究院	李立强
智能与计算学部	李晓红　吴　斌　喻　梅
新媒体与传播学院	陆小华
医学部-医学院	龚燕华　万柏坤　张晓东
外国语学院	王立松　周可荣
国际教育学院	杜修平

第五章　研究生院内部机构

第一节　研究生院机构设置

一、机构设置

天津大学实行校、院两级管理体制。学校设立研究生院，负责研究生教育、学科建设及非学历继续教育管理工作。研究生院院长由分管副校长担任，设常务副院长和副院长各一名。研究生院现下设五个办公室：综合管理办公室、研究生招生办公室、研究生培养办公室、学位办公室、非学历继续教育管理办公室。各办公室机构设置见表 1-3-5-1。

表 1-3-5-1　各办公室机构设置

办公室	科室
综合管理办公室	综合管理科 信息管理科
研究生招生办公室	全日制硕士研究生招生科 全日制博士研究生招生科 非全日制研究生招生科
研究生培养办公室	培养科 学籍教务科 教学质量监督科 国际化教育科
学位办公室	学位管理科 学术质量保障科
非学历继续教育管理办公室	非学历继续教育管理科

二、部门职责

（一）综合管理办公室

1. 综合管理科

（1）负责人事、财务，以及固定资产、仪器设备、物资等的管理和采购工作。

（2）负责各类研究生学费、业务费及其他经费管理和划拨工作。

（3）负责对内、对外的协调、接待和联系工作。

（4）负责印章的管理使用和文件收发、协议管理等工作。

（5）负责制定有关研究生奖助学金管理工作的相关文件，并具体组织落实和实施研究生助学金管理和导师助研工作。

（6）负责研究生院内部文化建设、对外宣传、政策推广、资料汇编以及勤工助学育人基地相关工作。

2. 信息管理科

（1）负责研究生管理信息系统开发的统筹、需求分析、设计规范等管理工作。

（2）负责研究生院各类数据库维护工作，保障研究生管理信息系统的正常运行。

（3）负责研究生院网站、微信公众号等信息平台的维护和网络舆情监管工作。

（4）负责学位与研究生教育相关政策制定的数据分析和信息提供工作，协助上报各类学位与研究生教育数据信息。

（5）负责综合管理办公室和研究生院交办的其他工作。

（二）研究生招生办公室

1. 全日制硕士招生科

（1）贯彻国家招生政策，制订学校全日制硕士研究生招生政策、制度及招生计划。

（2）编制学校硕士研究生招生简章、专业目录，并向社会公布。

（3）负责组织开展硕士研究生招生宣传、咨询工作。

（4）组织硕士研究生入学考试的考务、命题、评卷、复试和录取等工作。

（5）负责学校研究生招生工作领导小组交办的日常工作。

2. 全日制博士招生科

（1）贯彻国家招生政策，制订学校全日制博士研究生招生政策、制度及招生计划。

（2）编制学校博士研究生招生简章、专业目录，并向社会公布。

（3）负责组织开展博士研究生招生宣传、咨询工作。

（4）组织博士研究生“申请-审核”制的招生录取等工作。

（5）负责学校研究生招生工作领导小组交办的日常工作。

3. 非全日制研究生招生科

（1）负责非全日制专业学位研究生的招生工作。

（2）负责在职人员以研究生毕业同等学力申请博士、硕士学位相关工作。

（3）负责拓展办学渠道，签订相关协议。

（三）研究生培养办公室

1. 培养科

（1）负责组织全日制和非全日制博士研究生、硕士研究生（学术学位、专业学位）的课程设置及培养方案的制定、修订工作。

（2）负责学位论文开题、中期考核等培养环节的管理工作。

（3）负责专业学位研究生实践环节管理和实践基地建设工作。

（4）开展研究生教育教学改革和发展研究。

2. 学籍教务科

（1）负责研究生学籍管理和学籍异动工作。

（2）负责研究生学历证书的制作与颁发工作。

（3）负责研究生教学组织和保障工作、成绩管理工作。

（4）负责各类研究生成绩、学籍、学历证明的核查与出具工作。

3. 教学质量监督科

（1）负责开展教学质量监控与评估工作，组织课程和教材专项检查。

（2）负责研究生教学质量保障体系的建设。

（3）负责组织实施研究生创新人才培养项目。

（4）负责遴选和培育研究生教育教学成果。

（5）负责研究生教育督导组的组织和管理工作，以及组织教学督导工作。

4. 国际化教育科

（1）开展研究生教育国际化研究和国际化教学改革。

（2）负责国际化研究生教育教学体系建设工作，开展顶尖博士学位论文国际化培育工作，负责研究生国际学术会议和短期访学资助管理工作。

（3）开展研究生教育国际交流与合作。

（4）负责国际研究生培养质量管理工作。

（四）学位办公室

1. 学位管理科

（1）负责受理博士、硕士学位申请及学位授予相关工作。

（2）负责校内外硕士、博士研究生论文评审的日常管理工作。

（3）负责统计上报学位相关资料和数据信息。

（4）负责制作和颁发各类研究生学位证书。

（5）负责校学位评定委员会的日常事务。

（6）负责天津市工程专业学位教育指导委员会秘书处的日常工作。

2. 学术质量保障科

（1）负责硕士、博士生研究生导师的选聘、培训及考核工作。

（2）负责制定学校研究生学位授予质量的标准和实施质量监控。

（3）负责优秀博士学位论文基金的管理和各级优秀博士学位论文评选工作。

（4）负责学位授权点自主审核、合格评估工作。

（五）非学历继续教育管理办公室

非学历继续教育管理科部门职责如下。

（1）负责学校非学历继续教育的统筹协调和规范管理工作。

（2）负责制定学校非学历继续教育发展规划和管理制度，建立风险防范机制。

（3）负责非学历继续教育项目立项审批、合同事务管理工作，对非学历继续教育项目招生简章、广告宣传等进行审核。

（4）对非学历继续教育办学进行过程指导、质量监督和绩效管理。

（5）负责审核发放非学历继续教育证书。

第二节　研究生院机构变动历程

一、研究生院成立

1984 年 9 月，天津大学正式成立研究生院，成为全国首批成立研究生院的单位之一。同年 12 月 18 日，天津大学举行了研究生院成立大会，宣布由副校长吴咏诗教授兼任研究生院院长，周恒教授、石则昌教授任研究生院副院长。

研究生院的成立标志着天津大学研究生教育事业步入了新的发展阶段，初步建立了管理机构，制定了研究生管理规章制度。在校长领导下，建立由校、系两级管理的职能机构，各系确定了分管研究生工作的系主任和专职教务员，研究生院下设处级单位。

二、研究生院的内设机构

1. 研究生院一处负责研究生培养工作

处内设培养科、学籍管理科。

蔡天益兼任处长（1984 年 12 月—1986 年 9 月）。

张崇文任处长（1987 年 9 月—1992 年 11 月）。

曹丽芬任副处长（1987 年 11 月—1990 年 3 月）。

2. 研究生院二处负责研究生招生、分配工作

处内设招生科（招生办公室）、分配管理科。

张延芬任副处长（1984 年 12 月—1989 年 11 月）。

孙鹏江任副处长（1987 年 1 月—1989 年 9 月）。

3. 研究生院学位办公室负责硕士点、博士点、博士导师申报、学位授予工作

徐炳亭任副主任（1984 年 12 月—1989 年 3 月）。

三、研究生院进行第一次机构调整

1989 年 3 月，为适应研究生招生和培养工作的需要，学校对研究生院机构设置进行了调整，下设研究生院办公室、研究生培养处、学位办公室（后更名为学位与学科建设办公室）、学生工作处（后更名为研究生思想政治工作处，也称研究生工作部、研究生管理处）。

1. 研究生院办公室

安明诚任副主任（1990 年 1 月—1998 年 1 月）。

任菊驰任副主任（招生办公室主任）（1992 年 9 月—1998 年 1 月）。

2. 研究生培养处

孙学珠任处长（1992 年 11 月—1998 年 7 月）。

滕建辅任处长（1998 年 8 月—2000 年 9 月）。

李云章任副处长（1998 年 8 月—2000 年 9 月）。

3. 学位办公室

赵福龙任副主任（主持工作）（1989 年 3 月—1990 年 1 月）。

赵福龙任主任（1990 年 1 月—1992 年 11 月）。

王洪礼任主任（1992 年 11 月—1997 年 1 月）。

李云章任副主任（1989 年 3 月—1998 年 8 月）。

谭欣任副主任（1997 年 10 月—2000 年 9 月）。

靳永铭任副主任（1998 年 9 月—2000 年 9 月）。

4. 学生工作处

孙鹏江任处长兼部长（1989 年 9 月—1998 年 8 月）。

钱桂荣任处长（1998 年 8 月—2000 年 9 月）。

邢金岭任副处长兼副部长（1989 年 9 月—1998 年 10 月）。

刘家新任副处长兼副部长（1990 年 10 月—1997 年 3 月）。

李秀民任副处长（1998 年 8 月—2000 年 9 月）。

四、研究生院进行第二次机构调整

2000年9月，经天津大学党委常委会讨论决定，在校内管理体制改革后，研究生分配就业工作转由学工部负责，研究生院原设的各处级单位建制撤销，研究生院作为处级机构下设四个副处级办公室：研究生综合管理办公室、研究生培养办公室、学位与学科建设办公室、研究生教育管理办公室。

1. 研究生综合管理办公室

负责博士研究生、硕士研究生、非学历研究生及各类研究生招生工作；负责研究生经费、院务及研究生院网站管理工作。

靳永铭任主任（2000年9月—2004年11月）。

任欣荣任主任（2004年11月—2013年5月）。

李云章任副主任（2000年9月—2002年12月）。

2. 研究生培养办公室

负责研究生培养方案、培养计划、课程目录、教学大纲的制定工作；负责教材、研究生和进修生教务学籍的管理及计算机网络管理工作。

李忠献任主任（2000年9月—2001年12月）。

陆培毅任主任（2002年1月—2011年6月）。

陈金龙任主任（2011年6月—2017年9月）。

齐崴任主任（2017年9月—2022年4月）。

关静任主任（2022年4月—）。

3. 学位与学科建设办公室

负责研究生论文审批、学位授予、指导教师增列、资格审查、学科建设、"211工程"建设工作。

王洪礼任主任（2000年9月—2002年2月）。

姜忠义任主任（2002年1月—2006年4月）。

韩金玉任主任（2006年4月—2007年6月）。

陈志华任主任（2007年6月—2013年5月）。

4. 研究生教育管理办公室

负责研究生思想教育和管理、普通奖学金管理、专项奖学金和优秀奖学金评定、各类补助发放、研究生社团活动、研究生院信息报道等工作。

冯翠玲任主任（2000年9月—2002年4月）。

五、研究生院进行第三次机构调整

2002年以后，根据天津大学机构调整意见，研究生教育管理工作转由学工部负责，研究生院增设了专业学位招生办公室。2004年5月8日，天津大学对校机关部分机构进行调整，将"985工程"办公室并入研究生院。

2013年5月，根据关于发布《天津大学机关换届工作实施方案》的通知（天大党发〔2013〕10号、天大校发〔2013〕13号），综合管理办公室中的研究生招生职能被划分出来，与专业学位招生办公室合并为研究生招生办公室；学位与学科建设办公室被分为学位办公室和学科建设办公室。

2013年9月，学校九届第12次党委常委会研究决定，成立高端教育培训办公室。继续教育学院转为办学实体，其原有的非学历、非学位教育培训行政管理职能划入高端教育培训办公室。高端教育培训办公室为副处级机构，隶属研究生院。2017年11月，学校九届第105次党委常委会研究决定，成立天津大学远程与继续教育学院，原高端教育培训办公室所属职能划入天津大学远程与继续教育学院，撤销高端教育培训办公室建制。

1. 专业学位招生办公室

负责各类非全日制专业学位和同等学力申请硕士、博士学位招生工作；负责落实省（区、市）校合作办学相关工作；联络、洽谈、签订合作办学协议；负责开学前的有关筹备工作；负责专业学位新增专业和质量评估工作。

李云章任主任（2002 年 12 月—2011 年 9 月）。

潘峰任主任（2011 年 9 月—2013 年 5 月）。

2. 研究生招生办公室

潘峰任主任（2013 年 5 月—2016 年 11 月）。

孙鹤任主任（2017 年 1 月—2020 年 11 月）。

卢铮松任主任（2020 年 11 月— ）。

3. 综合管理办公室

孙鹤任主任（2013 年 6 月—2017 年 1 月）。

卢铮松任主任（2017 年 8 月—2020 年 12 月）。

张立迁任主任（2020 年 12 月—2024 年 1 月）。

顾雨竹任主任（2024 年 4 月— ）。

4. 学位办公室

蔡继红任主任（2013 年 5 月—2018 年 11 月）。

何芳任主任（2018 年 11 月—2022 年 3 月）。

5. 学科建设办公室

陈志华任主任（2013 年 5 月—2014 年 6 月）。

明东任主任（2014 年 6 月—2017 年 9 月）。

胡明列任主任（2018 年 4 月—2022 年 4 月）。

6. 高端教育培训办公室

制定学校高端教育培训发展规划及相关政策；负责相关高端教育培训项目审批、证书发放、质量监控和评估以及教育培训的理论研究等工作。

殷红春任主任（2013 年 11 月—2017 年 11 月）。

六、研究生院进行第四次机构调整

2021 年 12 月 27 日，天津大学调整研究生院职能及内设机构设置。①按照成立发展规划处、教育质量管理处的要求，调整相关职能、科级干部职数和管理人员编制。②将远程与继续教育学院的非学历继续教育管理职能调整至研究生院，成立非学历继续教育管理办公室，与上述工作职能相关的科级干部职数、管理人员编制划入研究生院。③将研究生院的学科建设办公室与学位办公室合并设置为学位与学科建设办公室。

2023 年 12 月 21 日，学校十一届第 20 次党委常委会研究，进一步优化整合发展规划、“双一流”建设、学科建设等相关职能，推动学科深度交叉融合；研究生院与学科建设工作职能相关的科级干部职数、管理人员编制划入发展规划处（学科建设办公室），研究生院的学位与学科建设办公室更名为学位办公室。

调整后，研究生院下设综合管理办公室、研究生招生办公室、研究生培养办公室、学位办公室、非学历继续教育管理办公室 5 个内设机构。

1. 学科建设办公室（后更名为学位办公室）

朱佳雷任主任（2022 年 4 月—2023 年 1 月）。

刘庆岭任主任（2023 年 1 月—）。

2. 非学历继续教育管理办公室

蔡建爽任主任（2022 年 12 月—）。

第三节　研究生院历任领导

研究生院历任院长、（常务）副院长名单详见表 1-3-5-2 和表 1-3-5-3。

表 1-3-5-2　研究生院历任院长名单

任次	院长	任职时间
第一任	吴咏诗	1984 年 11 月—1986 年 5 月
第二任	周　恒	1986 年 5 月—1993 年 12 月
第三任	李光泉	1993 年 12 月—1996 年 8 月
第四任	郁道银	1996 年 8 月—1998 年 9 月
第五任	胡小唐	1998 年 9 月—2007 年 3 月
第六任	钟登华	2007 年 3 月—2019 年 3 月
第七任	王树新	2019 年 3 月—2021 年 12 月
第八任	郑　刚	2021 年 11 月—2023 年 2 月
第九任	巩金龙	2023 年 2 月—

表 1-3-5-3　研究生院历任（常务）副院长名单

任次	（常务）副院长	任职时间
第一任	周　恒 石则昌	1984 年 11 月—1986 年 5 月 1984 年 11 月—1987 年 5 月
第二任	王世昌	1987 年 5 月—1997 年 12 月
第三任	蔡天益	1986 年 9 月—1992 年 11 月
第四任	赵福龙 马一太 滕建辅	1992 年 11 月—1998 年 1 月 1997 年 12 月—2000 年 9 月 1998 年 8 月—2000 年 9 月
第五任	钟登华 古　瑶 荆洪阳	2000 年 9 月—2004 年 5 月 2002 年 1 月—2007 年 12 月 2004 年 5 月—2005 年 9 月
第六任	白海力 韩金玉 赵美蓉	2007 年 12 月—2017 年 6 月 2007 年 4 月—2011 年 3 月 2011 年 3 月—2017 年 9 月
第七任	郑　刚 贾宏杰	2017 年 9 月—2022 年 3 月 2018 年 5 月—2021 年 4 月
第八任	李　斌 何　芳	2022 年 3 月— 2022 年 3 月—2024 年 4 月

中编

第一篇　学位与研究生教育

第一章　研究生招生

第一节　研究生招生工作简介

一、概述

研究生招生工作是研究生教育的重要环节，也是提高研究生人才培养质量的重要基础。在 1978 年恢复研究生招生制度和 1981 年 5 月 20 日国务院批准《中华人民共和国学位条例暂行实施办法》后，尤其是 1984 年研究生院建立以后，经过四十年的建设与发展，天津大学逐步形成了较为规范的研究生招生制度。

天津大学根据国家有关招生录取工作的方针、政策，从社会主义现代化建设需要出发，结合学校培养研究生学科、专业的指导力量，教学和科研工作基础及物质、设备、需求、生源等条件，统筹考虑制订博士研究生和硕士研究生的各年度招生计划，并报国家主管部门审批下达后执行。

在研究生招生工作中，天津大学紧紧围绕研究生招生工作的关键核心——提高生源质量，不断创新选拔方式，探索选拔规律，完善选拔机制。主要做法有：①紧抓全日制研究生招生工作质量，完善博士研究生多元化选拔机制，健全硕士研究生招生复试制度；②赋予导师和专家团队更大的招生自主权，加大对考生科研能力的考查力度；③加强招生宣传，提高对优秀生源的吸引力，逐步扩大留学研究生招生规模；④在招生计划分配方面，建立以质量为导向的招生计划动态调节机制。

二、研究生招生类型和学科门类

按学习方式，研究生可分为全日制研究生和非全日制研究生两类（详见表 2-1-1-1）。全日制研究生是指在基本修业年限或者学校规定年限内，全脱产在校学习的研究生。非全日制研究生是指在基本修业年限（一般应适当延长基本修业年限）或者学校规定的修业年限内，在从事其他职业或者社会实践的同时，采取多种方式和利用灵活时间进行非脱产学习的研究生。按学位类型，研究生可分为学术学位研究生和专业学位研究生（详见表 2-1-1-2、表 2-1-1-3）两类。

表 2-1-1-1　招生类型

<table>
<tr><td rowspan="2">全日制研究生</td><td>学术学位</td><td></td></tr>
<tr><td>专业学位</td><td rowspan="2">工程硕士、法律、工商管理等 16 种</td></tr>
<tr><td rowspan="2">非全日制研究生</td><td>专业学位</td></tr>
<tr><td>学术学位</td><td>部分单独考试专业</td></tr>
</table>

表 2-1-1-2　专业学位种类

博士	1	工程博士		
	2	风景园林博士专业学位		
硕士	1	工程硕士（ME）	9	翻译硕士（MTI）
	2	工商管理硕士（MBA）	10	药学硕士（M.Pharm）
		高级管理人员工商管理硕士（EMBA）	11	建筑学硕士（MA）
	3	公共管理硕士（MPA）	12	城市规划硕士（MUP）
	4	风景园林硕士（MLA）	13	法律硕士（JM）
	5	金融硕士（MF）	14	教育硕士
	6	工程管理硕士（MEM）	15	国际中文教育硕士
	7	艺术硕士（MFA）	16	应用心理硕士
	8	会计硕士（MPAcc）		

表 2-1-1-3　工程硕士、工程博士涉及的 7 个类别

序号	类别
1	电子信息
2	机械
3	材料与化工
4	资源与环境
5	能源动力
6	土木水利
7	生物与医药

全日制硕士研究生招生分为全国统一考试、应届本科毕业生推免、单独考试三类。天津大学除招收以上三类研究生，还持续招收少数民族骨干计划、援藏计划、退役大学生士兵计划、支教团推免计划、对口支援、联合培养、协同创新中心专项计划等各类“专项”计划研究生。

全日制专业学位研究生可在 16 个专业学位类型招生，其中全日制工程硕士、工程博士涉及 7 个类别。全日制学术学位研究生可在 47 个一级学科范围内开展硕士研究生招生，在 34 个一级学科范围内开展博士研究生招生。

2013 年，研究生录取类型作出重大调整，招生类别由定向、非定向、委托培养、自筹经费调整变化为非定向就业和定向就业两种。2014 年入学的研究生的录取类型统一调整为定向就业和非定向就业两种类型。定向就业研究生毕业后回定向单位就业；非定向就业研究生毕业时采取毕业研究生与用人单位双向选择的方式落实就业去向。《2014 年全国硕士学位研究生招生工作管理规定》明确指出：“国家对所有纳入国家计划的全日制硕士研究生均安排定额拨款，所有纳入国家计划的全日制研究生都要缴纳学费。”

2016 年 9 月，教育部办公厅印发的《关于统筹全日制和非全日制研究生管理工作的通知》，将非全日制硕士研究生与全日制硕士研究生并轨招生，明确全日制和非全日制研究生实行相同的考试招生政策和培养标准，原有单证专业学位研究生取消。

三、研究生招生数量和结构

全日制硕士研究生的招生规模从 1978 年的 108 名，扩大至 2023 年的 4 997 名，增长 47 倍多。累计招收硕士研究生 90 886 人。其中，随着研究生结构的调整和新增全日制专业学位类型，2009 年天津大学实际录取研究生人数较上一年增加 650 人，是学校招生历史上全日制硕士研究生招生计划增幅最大的一年。全日制博士研究生的招生规模从 1982 年的 6 名，扩大至 2023 年的 1 390 名，增长 231 倍多。累计招收全日制博士研究生 21 887 人。近年来，天津大学录取的全日制硕士研究生生源质量显著提高，来自“双一流”高校的学生占比稳定在 75%左右。推免研究生（含直博生）的数量持续攀升，接收校内外推免研究生从 2014 年的 1 373 人迅速攀升至 2023 年的 2 524 人，增长近 1 倍。

从 2017 年开展全日制与非全日制研究生（“双证”）教育以来，截至 2023 年，天津大学累计招收非全日制硕士研究生 9 594 人，非全日制博士研究生 1 594 人。

四、加强招生管理工作，提升研究生招生服务质量

研究生招生工作人员依照国家有关招生政策、法规、招生考试考务规则，制定了一套科学、规范、公正的制度办法；协同纪委、保密办等多部门对考试组织实施、安全保密、考风考纪以及工作人员执法执纪情况实施监察，内容涉及 10 个关键环节、开展 3 项专题教育和签订 4 类责任书；进一步公开研究生招生信息，内容包括学校招生复试录取办法、各学院复试录取办法、拟录取名单，确保研究生招生录取工作规范、透明。

2020—2022 年，天津大学准确识变、科学应变，制定疫情防控常态化下招生录取工作方案以及宣传、报名确认、考试、阅卷、复试等 5 个子方案，实现远程招考模式平稳落地，实践动作走在全国前列。

五、全面实施博士研究生招生“申请-审核”制

在博士招考改革方面，天津大学大胆探索，精心设计，先后在 2011 年建立新的硕博连读选拔体系、2015 年全面推进实施博士研究生招生“申请-审核”制。

博士研究生选拔机制改革工作是循序渐进的。2013 年，博士研究生招生初试笔试科目由三门降至两门，只进行外语和专业基础课测试；原本安排在笔试环节的第三门专业课考试调整至复试中进行，由各学院组织，统称为“3001 专业综合测试”。英语成绩采取认定的办法，可以凭托福、雅思、大学英语六级考试成绩等申请入学资格，也可以通过天津大学研究生数字化教学（E-Learning）平台（以下简称 E-Learning 平台）进行机考，一名考生可以多次考试，成绩通过即可申请入学资格。

2014 年，天津大学宣布将对博士生招生全面实行“申请-审核”制。学校取消统一的笔试，由学院组织综合面试，实现三大转变：一是由研究生院集中管理到各学院、导师自主安排的转变；二是由原来闭卷笔试的单一形式到现场抽题作答、学术报告以及综合面试等多种形式的转变；三是由简单比较考试成绩向全面考查考生科研创新能力和专业学术潜质等综合素质的转变。同时，学校健全导师在招生工作中的责权机制，加大复试的权重，充分发挥学术专家和导师组作用，积极鼓励各学院探索以提高生源质量为核心的人才选拔机制与评价方法。多家国内主流媒体和门户网站对学校实施的博士招考改革进行了报道、转载与评论。

2015 年，通过“申请-审核”制天津大学共录取各类全日制博士研究生 855 人。在招生过程中，学校吸纳在学博士研究生成立学生监督小组，形成与研究生教育督导组并行的两支监督队伍，确保招录过程的公平、公正、公开。2016 年，学校构建以“五项基本制度”为主体的监督机制，在实行“小组初审+导师推选”联合学术审查监督机制的基础上，首次启动院级层面的“申请材料初审小组”，负责考生申请材料的审查、初筛工作。

2017年，天津大学全面修订并形成了一系列招生相关的校发文件，进一步完善博士研究生招生制度；高度概括研究生教育综合改革以来学校博士研究生招生工作经验，在《学位与研究生教育》上发表题为《博士生招生“申请-审核”制的自治路径探析》的学术论文，向全国推广博士研究生招生改革经验做法。

六、实施科学的研究生招生计划分配办法

2014年，天津大学健全招生指标调节机制，出台更为科学的研究生招生计划分配办法，打破了原来每年微调的招生计划分配格局。在尊重历史的前提下，招生计划配置坚持以质量为导向，由招生计划分配小组牵头对博士研究生总计划的20%、硕士研究生总计划的10%进行重新分配。新的招生计划分配办法本着提高培养质量、促进学科建设、推进分类培养和强化导师责任四大基本原则，建立培养质量反馈机制、招生计划奖励机制、额度有偿使用机制和生源动态调控机制四大保障机制，通过增量安排、存量调整的方式，实现动态调控各学院招生计划。

2019年后，随着硕士研究生招生规模趋向平稳，承担国家重大科研任务增多，造成博士研究生招生计划紧张的形势变化，学校再次进行招生计划分配制度的改革。硕士研究生招生计划的动态调整部分降至5%，以保证硕士研究生招生工作的平稳运行。自2021年起，博士研究生动态调整部分提升至40%，到2023年提升至50%。动态调整部分除依据师资队伍、学科建设、培养质量等观测点进行绩效激励外，还有超过20%的计划向承担国家重大项目和面向国家重大需求的团队、平台、课题倾斜，并实行博士研究生培养成本分担机制。此项改革有利于科研资源用于高层次人才培养，加强了重大项目攻关的人才储备和成果产出，促进了博士生培养效率观念的形成，提升了博士研究生培养质量。

第二节　北洋大学时期和新中国成立初期研究生招生

一、北洋大学时期研究生招生

创办之初，北洋大学即以科教兴国为宗旨，引进欧美著名高等学校的培养模式，在国内外享有较高的声誉。北洋大学作为中国第一所现代大学，是国内最早开展研究生招考工作的院校之一。

1934年，北洋工学院成立国立北洋工学院工科研究所，准备招收研究生。1935年，国立北洋工学院工科研究所制定了《国立北洋工学院工科研究所招考研究生简章》，共6条13项。1935年9月，国立北洋学院工科研究所同时在天津、北平、南京三地举行招生考试，原计划招收5名研究生，经过考试招收了首届3名硕士研究生：采矿工程学门的常锡纯、冶金工程学门的谢家兰和丁陈威。

二、新中国成立初期研究生招生

新中国成立后，北洋大学即着手恢复停顿多年的研究生招生培养工作，恢复了北洋大学冶金工程研究所。《北洋大学冶金工程研究所章程》规定，凡在国内外大学或独立学院冶金工程系、矿冶工程系等毕业或对冶金专门业务有特殊贡献或著作发明者，经审查认可，并经本校研究生入学考试合格者，得为本所研究生。研究生研究期限至少2年。

1951年6月11日，中国科学院与中央教育部联合发布《一九五一年暑期招收研究实习员、研究生办法》，总招生人数500名。北洋大学是新中国成立后首批招收研究生的高校之一。北洋大学教务处按中央教育部通知印发了研究生招生简章，规定采取申请推荐审查的办法，申请者条件为思想进步、背景清楚、身体健康、学业优良、有一定研究能力与培养前途的应届高等学校毕业生或未参加工作的历届

毕业生。招生地点设在北京文津街三号中国科学院研究实习员、研究生招收委员会。

1951—1952 年全国高校院系调整，北洋大学与河北工学院合并，更名为天津大学。天津大学化工系招收了 6 名研究生，这 6 名研究生于 1951 年 9 月入学。

1953 年暑期，天津大学接收由高等教育部统一分配的 42 名研究生，其中水利系水利土壤改良专业 14 人，化工系耐火材料专业 8 人、无机物工学专业 10 人、炼焦及产品加工专业 10 人。

1954 年 7 月，根据研究生培养工作上存在的问题，天津大学拟定了《天津大学关于培养研究生的规定》。当年电信系电话电报通信专业录取 4 名研究生。

1955 年 9 月，天津大学招收 7 名研究生。

1956 年，学校依照高等教育部《1956 年中华人民共和国高等学校招收副博士研究生暂行办法》开始招考 4 年制博士研究生，并印制了《天津大学 1956 年招考博士研究生简章》，计划有 12 个专业，招收 16 名博士研究生。全国报考者十分踊跃，有 250 余名登记者，实际 17 人参加考试。学校成立了由校长、教务长、全体导师等组成的研究生招生委员会。研究生招生委员会经过讨论明确了录取标准，各科分数线为政治 60 分、外文 50 分、专业课平均 60 分，按分数线要求录取 6 名研究生。

1957 年，学校根据教育部批准的方案，计划招收四年制研究生 9 名，招生专业有精密机械仪器、化工机械、纤维素化学、化工原理、燃料中间体、基本有机合成、高分子化学工艺学、内燃机。这次招生考试共有 28 人报名，经审查有 21 人获得准考资格。评卷后，研究生招生委员会按照高等教育部“严格保证招生质量”的指示，录取分数线定为政治 60 分、外文 40 分、专业课平均 60 分（每门最低不少于 50 分）；个别考生成绩特别优秀，单科可降低 5 分，最终决定录取研究生 6 名。

1959 年，学校获批的招生数量是 37 名，考生生源不足，教育部分配报考的考生共 33 名，其中应届毕业生 28 名，在职干部 5 名，经审查实际参加考试的仅 25 人。考生考试成绩均较好，录取分数线是政治 60 分、专业课 50 分以上、外文 50 分以上。录取工作按照教育部的精神，坚持“宁缺毋滥”的原则，有 16 个专业，录取研究生 18 名。被录取者必须政治素质高，故全部是党员和团员，其中党员占 40%。

三、研究生招生工作的发展和中断

1960 年，学校在教育部和省、市委直接领导下，积极贯彻执行党的教育方针，全面开展科研工作，研究生招生、培养发展速度较快；同时根据教学和科研的需要，学校扩大研究生招生规模，本年度有 34 个专业招收研究生 76 名。

1961 年，根据教育部《关于 1961 年全国高等学校招收研究生工作的通知》，学校有 33 个专业招收研究生 86 名（其中在职研究生 25 名，均为天津大学青年教师）。

1962 年，学校计划招收研究生 36 名，考生 496 人，是“文化大革命”前报名人数最多的一年，其中本校应届毕业生 461 人，校外在职干部 35 人。经审查获得准考资格的 78 人，其中本校应届毕业生 76 人，校外在职干部 2 人。实际有 17 个专业招收研究生 23 名，完成招生计划的 64%。

1963 年，学校计划招收研究生 38 名，准考考生 311 人，实际有 15 个专业招收研究生 20 名，完成招生计划的 52.6%，研究生指导教师 20 名。其中教授 15 名，分别是张建侯、丁绪淮、王秉周、孙令衔、陈国符、郑兆珍、杜镇福、赵今声、蔡其恕、李佩崑、孟广喆、徐广春、陈容之、潘正涛、史绍熙；副教授 5 名，分别是张鎏、张振西、吴又芝、贾有权、张远谋。

1964 年，经教育部批准，学校有 24 个专业计划招收研究生 37 名。207 人参加入学考试，最终有 16 个专业录取了研究生 21 名，完成招生计划的 57%。

1965 年，学校有 28 个专业计划招收研究生 39 名。报考的 230 名考生中大部分是应届毕业生，只有 12 人是在职人员。

1951—1965 年，天津大学（北洋大学）共招收 354 名研究生（详见表 2-1-1-4）。这些研究生均成为我国高校和研究机构的教学科研骨干，部分研究生在1978年恢复研究生招生制度后成为学校的学科带头人或博士生导师，有的成为两院院士。

表 2-1-1-4 天津大学（北洋大学）研究生招生情况统计（1951—1965年）

年 份	专业数	研究生人数
1951—1952年	4	6
1953年	4	42
1954年	1	4
1955年	2	7
1956年	3	6
1957年	6	6
1958年	—	—
1959年	16	18
1960年	34	76
1961年	33	86
1962年	17	23
1963年	15	20
1964年	16	21
1965年	28	39
合计		354

第三节 研究生教育恢复时期的研究生招生

1978—1983年是学校研究生教育恢复时期，研究生招生培养工作由校科研处负责，下设研究生科，并配备多名专职管理干部。这一时期，学校研究生招生专业、指导教师、考生均偏少，录取人数不多，招生培养工作基本延续了“文化大革命”前的做法，恢复了一些管理规章制度。此后，学校研究生招生培养工作开始步入正轨，为高层次人才的培养发展阶段，并为研究生院的建立奠定了基础。

1966年以来，由于“文化大革命”，天津大学在校研究生被迫中断学习，学校停止招收研究生12年之久。为培养高层次专门人才和满足国家经济建设需要，教育部下发《关于高等学校1978年研究生招生工作安排意见》，决定将1977年、1978两年的研究生招生工作合并进行，这两年招收的研究生统称为1978级研究生。

天津大学从1977年暑期后恢复研究生招生工作，组织各系制订研究生招生计划，印制招生简章、招生专业目录，经天津市普通高等学校招生委员会办公室汇总后寄送全国各省、市招生委员会办公室，供各地考生查阅。

1978年，全国首次研究生入学考试初试科目包括政治理论、外语、基础课和专业课，全部由各招生单位命题。1980年后招收研究生招生简章和招生办法进一步规范，教育部在研究生入学考试科目中增加了一门专业基础课。政治理论课和外语首次实行全国统一命题。研究生入学考试包括初试和复试，招生学校要求通过初试的考生全部来校参加复试。研究生招生选拔录取工作要求坚持“德、智、体全面衡量，择优录取，确保质量，宁缺毋滥”的原则。1978—1983年天津大学硕士研究生招生情况统计见表

2-1-1-5。

表 2-1-1-5 1978—1983 年天津大学硕士研究生招生情况统计

年份	计划招生人数				报名人数			录取人数			
	国内	出国	专业	导师	应届毕业生	在职人员	合计	硕士研究生	出国	在职人员	合计
1978 年	84	0	31	67	48	777	825	99	9	0	108
1979 年	315	0	43	98	46	791	837	64	0	0	64
1980 年	108	0	35	61	62	357	419	52	0	0	52
1981 年	155	31	27	120	667	227	894	130	28	3	161
1982 年	156	33	40	137	983	278	1 261	155	22	3	180
1983 年	255	27	41	160	1 221	716	1 937	239	13	10	262

1982 年,天津大学开始招收博士研究生。博士研究生招生培养初期,招生专业、博士生导师、招生人数均比较少。按照教育部下发的关于博士研究生招生工作的文件和招生计划，1982 年和 1983 年天津大学有 9 个博士专业,共招收博士研究生 11 名(详见表 2-1-1-6)。天津大学实行了严格的入学考试制度,各专业入学考试科目不少于 3 门,考试试题内容经过博士生导师和具有较高学术水平的教授确定。笔试着重考查考生的理论基础知识、专业知识的掌握情况,以及外语的阅读能力与水平。复试着重了解考生分析与解决问题的能力。此外,还要全面审查考生在硕士研究生阶段的学习成绩,以及硕士论文有无创新性,并通过政审了解考生的政治态度和日常表现,以保证博士研究生具有较高的思想品质和业务素质。

表 2-1-1-6 首批录取博士研究生的专业、博士生导师、博士研究生名单

系、所	招生专业	博士生导师	博士研究生
机械制造系	焊接	孟广喆 教授	单平
	机械制造	彭泽民 教授	王光复
	内燃机	史绍熙 教授	张淑蕊、盛宏至
精密仪器系	精密仪器仪表	蔡其恕 教授	胡小唐
化学工程系	化工机械	余国琮 教授	李建隆、张泽廷
	化学工程	张建侯 教授	袁继堂、许文
系统所	系统工程	刘豹 教授	寇纪淞
自动化系	电力系统及自动化	贺家李 教授	宋建文
力学系	实验力学	贾有权 教授	

第四节　研究生院成立后的研究生招生

一、1984—1998 年稳步发展时期的研究生招生

1984 年 12 月 18 日，研究生院正式成立后，研究生招生培养工作开始进入了新的历程。随着研究生教育的发展和招生制度的改革，招生办法日趋完善，招生类型和规格也逐渐多样化。经过多年的招生实践，学校已经形成一套比较系统、成熟的招生办法，如对应届大学本科优秀毕业生实行推荐免试的办法、扩大有实践经验的在职人员的招生比例、对优秀在职人员试行单独考试的办法等。这些招生措施和办法有利于提高生源的数量和质量，满足社会主义经济建设对高级专门人才培养的需要，是合理、公正、客观选拔国家建设人才的有效途径。

研究生院也根据需要不断改革招生类型、培养规格。由于研究生毕业后只能搞“研究”已不能适应社会需要，天津大学开始在招生类型和培养规格上进行“应用型”“工程型”的试点改革，使其培养的研究生不仅能从事科学研究，而且能解决工程技术等问题。

全国统一招生考试按照国家教育委员会文件统一要求和规定进行，研究生院招生办公室根据学校具体情况制定招生计划、招生专业目录，负责招生宣传、报名、考试命题、考务监考、组织阅卷、录取、总结等工作，以及制作各阶段工作进程表，列出完成工作的具体项目、负责人和完成时间。

建院以来，研究生招生办公室组织各有关学院编写了《天津大学招收攻读硕士学位研究生招生专业目录》《天津大学研究生院研究生招生专业简介》《天津大学硕士研究生报考指导》《天津大学硕士招生答考生问》《天津大学研究生院博士专业及导师简介》等 10 余种招生宣传材料，开展不同形式的招生咨询服务，向考生介绍招生的方针政策、招生办法、专业设置、指导教师、研究方向、开设的课程和毕业后的分配去向等内容，吸引更多的考生报考，同时结合学校实际制定了招生规定、招生办法、招生管理的规定和实施细则等文件。

为提高命题质量，明确考试范围，便于考生复习、备考，研究生院组织各学院编写了包含 130 余门课程的《天津大学硕士研究生入学考试业务课考试大纲》，并在试题的印刷、封装、保管、分发，试卷的分类管理、编排密号中，采取严格的保密措施，力求准确无误。在政治理论、外语、高等数学实行全国统一招生考试后，天津大学作为高等数学命题组负责人和成员单位，参加了历年的命题工作，并承担了天津市各招生单位统考英语科目的阅卷工作。

研究生招生工作需要处理大量的数据，1990 年研究生院招生办公室自行开发了硕士研究生招生管理系统，大大提高了工作效率和质量，之后又开发了博士研究生招生管理系统，招生工作全面实现了计算机化管理。以上两个系统于 1997 年与国家教委和兄弟院校实现了计算机联网。

做好硕士研究生录取工作是硕士研究生招生的重要环节。研究生院按照国家教委录取会议精神，根据国家当年提出的统一的“最低录取控制分数线”进行复试。在复试后，研究生院以初、复试成绩为主确定录取名单。研究生院在确定录取名单时，既要看考生业务水平，又要看考生思想政治表现及身体健康情况；既要以考试成绩为主，也要参考平时成绩。对应届本科毕业生还要考查其最后一学期毕业论文（设计）或其他毕业实践环节的质量；对在职人员考生要考查其平时工作表现和业绩。

1998 年，在研究生教育恢复 20 年之际，天津大学召开了纪念恢复研究生教育二十周年大会。天津大学硕士研究生招生从 1978 年的 31 个专业，发展到 72 个硕士研究生专业，37 个博士研究生专业。1999 年计划招收硕士研究生 750 人，是 1978 年的 7 倍；计划招收博士研究生 270 名，是 1982 年的 45 倍。20 年来，天津大学研究生总报考人数达到 34 453 人，居国家部属重点工科院校的前列。天津大学

共录取各类研究生 10 321 名,其中硕士研究生 8 876 名,博士研究生 1 445 名,是“文化大革命”前培养研究生总数的 29 倍。

20 年来,学校累计招收定向生 625 名,委培自筹经费生 1 652 名,取得了较大的社会效益和经济效益。1996 年,国家教委批准学校在大庆石油管理局、长江三峡工程总公司设立两个校外教学点,把硕士研究生正规的学历教育课堂设立在生产第一线。不脱岗攻读硕士学位的办学形式受到用人单位的欢迎,一大批定向生、委培自筹经费生成为业务骨干,有的已担负重要的领导职责。1984—1998 年天津大学硕士、博士研究生招生情况统计见表 2-1-1-7。

表 2-1-1-7 1984—1998 年天津大学硕士、博士研究生招生情况统计

年份	硕士研究生				博士研究生			
	招生专业数	招生计划	报名人数	录取人数	招生专业数	指导教师人数	招生计划	录取人数
1984 年	46	280+20	1 872	387	5	5	6	30
1985 年	51	400+85	1 899	620	14	14	44	42
1986 年	51	450+55	2 189	522	14	16	40	36
1987 年	58	450+20	2 173	489	14	16	36	41
1988 年	60	450	2 280	475	18	34	54	43
1989 年	60	450+10	1 282	415	18	34	54	54
1990 年	65	415	731	415	18	34	64	49
1991 年	66	415	1 308	418	22	52	64	69
1992 年	64	415	1 648	438	22	52	64	89
1993 年	64	600	1 556	625	21	45	75+45	155
1994 年	64	770	1 906	770	21	47	90+70	116
1995 年	74	622	1 725	574	24	70	105+21	122
1996 年	73	650	2 276	691	24	86	110+22	150
1997 年	76	700	2 580	630	29	84	140+50	190
1998 年	78	600	2 855	580	29	114	220+150	248
合计			28 280	8 049				1 434

注:硕士研究生计划招生人数+研究生班数。

二、1999—2009 年快速发展时期的研究生招生

1. 招生规模快速增长

1999 年后,按照教育部下达的招生计划,天津大学以每年增招 13%左右的比例扩大研究生招生规模,研究生教育工作步入了快速发展的轨道。1999 年,天津大学招收硕士研究生 801 名、博士研究生 294 名,分别比 1998 年增加了 38.1%和 18.5%。天津大学 1999—2009 年研究生招生人数见图 2-1-1-1。

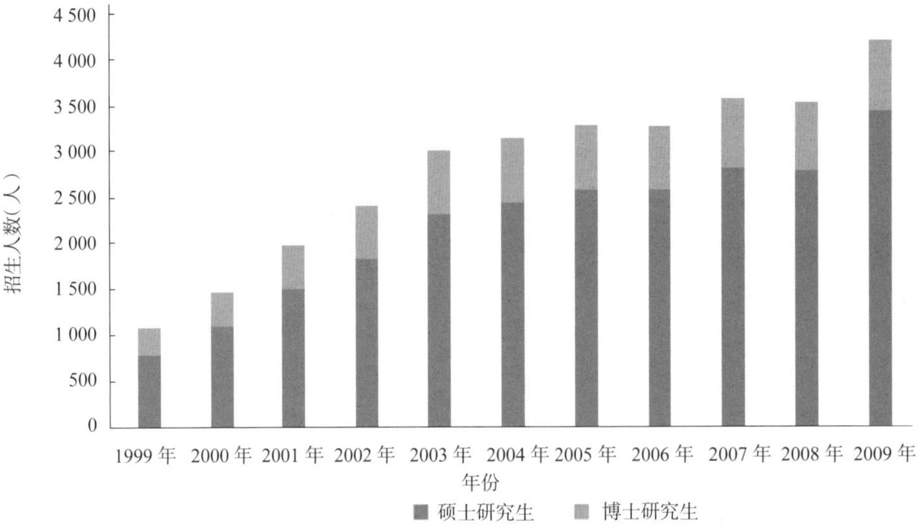

图 2-1-1-1　天津大学 1999—2009 年研究生招生人数

2. 招生类型进一步扩展

2001 年 8 月,天津大学与西藏自治区人民政府就合作培养研究生签署正式协议。2002 年,全国教育支援西藏工作会议召开,根据《教育部办公厅关于做好内地高校援藏研究生招生工作的通知》精神,包括天津大学在内的 8 所高校以单独考试、单独录取的形式,每年在西藏自治区定向招收在职干部攻读研究生,并纳入全国研究生招生计划。

根据教育部对 2003 年硕士研究生推免工作的总体要求,天津大学制定了接收外校推免生工作的具体细则,共接收推免生 132 名。当年,研究生院积极探索、精心操作,克服了非典疫情对招生工作的影响,首次开展推荐免试研究生参加青年志愿者扶贫接力计划研究生支教团,选拔派遣了 4 名支教团成员赴吉林省大安市进行扶贫支教活动。

2009 年,国家对研究生教育结构作出重大调整,将专业学位扩大到全日制研究生,新增加全日制专业学位招生类型。天津大学积极响应教育部要求,大幅扩大招生规模,实现硕士研究生人数较快增长。2009 年,天津大学共招收硕士研究生 3 440 名,其中首度招收全日制专业学位研究生 494 人,硕士研究生招生规模较 2008 年增长近 25%,完成计划比例和人数均位居全国前列。同时,天津大学在全国率先将全日制专业学位奖学金评定纳入研究生奖学金体系,为专业学位与学术学位"同一层次,不同类别"的定位和良性发展奠定了基础。

3. 招生管理机制进一步完善

学校积极稳妥推进研究生招生改革。2003 年,学校重新修订了研究生专业招生简章,以一级学科为基础,共修订 74 个专业考试大纲。当年,学校成为教育部首批自主制定录取分数线的 34 所高校之一。

2005 年,根据教育部要求,为进一步提高自命题科目的命题水平,降低命题和试卷管理过程中出现差错和漏洞的可能性,增加试题的保密安全性,天津大学制定了《天津大学关于研究生招生考试自行命题工作的规定(试行)》,对自命题工作进行了严格、详细的规定。

在博士研究生招生工作中,学校首次将复试成绩计入考生总成绩,复试成绩在总成绩中所占比例达到 40%,大大提高了导师选拔博士研究生的自主权,为保证博士研究生生源质量奠定了良好的基础。2005 年,学校共招收博士研究生 704 人。

2006 年,硕士研究生复试工作在原有基础上增加了实验实践内容,加强了对考生动手操作能力和理论联系实际能力的考核。在录取工作中，学校加大了对各学院招生的自主权，加强对录取工作的宏观指导和调控，同时充分发挥网络资源优势，开发了研究生入学考试成绩网上查询系统，实现在线打印成绩单，进一步方便考生。

2009 年，在博士研究生招生工作中，学校继续加强复试工作，复试成绩在总成绩中所占比例达到 50%，并实行复试不合格的“一票否决制”。学校重新修订了招收硕博连读生、提前攻读博士学位研究生的有关规定，进一步加大导师招生自主权，增加了招收硕博连读生和提前攻读博士学位研究生的比例，为提高培养质量奠定良好基础。

同年，学校的部分硕士、博士研究生专业按一级学科招生。为了提高研究生的生源质量，学校修订了接收推免生的规定，以吸引优秀生源，同时将接收推免生的比例从以前的 30%增加到 50%，人数较 2008 年增加了 300 余人。此外，学校在接收推免生中首次开展了直博生的选拔工作，共选拔首批 56 名直博生。

4. 招生宣传手段进一步丰富

在招生宣传工作上，学校积极改革研究生考试选拔机制，不断加大招生宣传力度，具体包括：全面修订并印发研究生招生专业介绍和考试大纲；在中国教育网发布各类研究生招生信息；热情接待来访人员，认真回复来函、来电考生咨询的问题。经过一系列宣传，考生人数有了新的突破，2005 年报名人数首次超过 10 000 人。

2005 年，研究生院首次派出了三个招生宣传组分别赴东北、华东和西北地区，并在校内举办第一届研究生招生现场咨询会，各学院领导、导师、工作人员与考生面对面咨询。2006 年，研究生院举办了第二届研究生招生现场咨询会，到现场咨询的学生 15 000 余人。为提高在南方考生中的知名度，学校首次参加了中国教育网组织的武汉宣传活动，此后南方高校向学校申请推免生明显增多。研究生院还积极参加教育部首次组织的网上咨询活动，接待咨询考生数千人。

2007 年，研究生院举办了第三届研究生招生现场咨询会，组织各学院有关人员分别赴东北、华东地区进行招生宣传，参加了教育科研网组织的广州宣传活动。

2008 年，研究生院响应国家号召，主动为国家大型企事业单位、边远地区、天津滨海新区培养高层次人才，并促成学校与海南省签署长期合作协议。同年，研究生院举办天津大学第四届研究生招生现场咨询会，为走出去争取优秀生源的学院提供宣传经费支持，并开通语音信箱、网上查询平台、电子邮箱等，以便考生咨询与查询。

2009 年，由于爆发甲型 H1N1 流感，每年在校内组织的“你问我答”大型招生咨询活动，改为在由教育网组织的大型活动中进行面对面现场咨询。研究生院组织三个小组参加了全国大型招生咨询活动，并动员各学院老师积极开展研究生招生宣传工作，给各学院下拨招生宣传专项经费。全年共有约 110 人次到全国各高校开展招生宣传工作。

三、2010 年至今，推动学校研究生招生工作内涵式发展

1. 招生专业结构性调整

（1）招生专业方面。2011 年首次启动工程管理硕士和艺术硕士两类专业学位招生；2014 年首次启动法律硕士专业学位招生；2015 年首次启动会计硕士和教育硕士两类专业学位招生；2017 年首次启动海洋科学与地质学专业和汉语国际教育专业学位招生；2019 年首次启动应用心理硕士专业学位招生；2020 年取消工业工程、物流工程和哲学三个专业学位招生，美术学专业学位招生调整为艺术专业学位招生；2021 年取消资产评估专业学位招生，首次启动救援医学（交叉学科）专业学位招生（仅招收推免生）；2023 年首次启动集成电路科学与工程（交叉学科）、非物质文化遗产学（交叉学科，仅招收推免生）和临床医学专业学位招生（含学术型和专业学位）等。

（2）招生规模方面。2010—2015年全日制硕士研究生招生规模基本保持稳定；随着教育部鼓励扩招及北洋园校区的建成，从2016年起招生规模逐年扩大，其中学术型学位基本稳定，增量主要为专业学位。2011年招收专业学位研究生1 038人，占比30%；2023年招收专业学位研究生2 666人，占比已达53.4%。全日制博士研究生招生规模小幅稳步增长，由2010年的776人增长至2023年的1 118人，年均增长1.53%。2010—2023年全日制研究生招生录取情况见表2-1-1-8。

表2-1-1-8　2010—2023年全日制研究生招生录取情况

年份	2010年	2011年	2012年	2013年	2014年	2015年	2016年	2017年	2018年	2019年	2020年	2021年	2022年	2023年
硕士研究生/人	3 338	3 449	3 579	3 649	3 731	3 794	3 931	3 926	4 431	4 634	4 664	4 796	4 813	4 997
博士研究生/人	776	776	791	794	834	855	883	945	1 025	1 237	1 117	1 183	1 256	1 118

2. 开展立体式招生宣传

经多年发展，学校汇集各方力量开展规范、多元、精准的招生宣传活动，形成了校（宣讲会）、院（夏令营）、师（导师团）、生（研究生招生宣传志愿者协会）四级招生宣传体系。

（1）宣讲会。2011年，多次派团参加中国教育网组织的系列宣传活动，进一步提高学校在南方考生中的知名度。2013年，在成都首次探索自行组织的异地宣讲会模式，先后有8个学院参加。2014年，进一步扩大异地宣讲会范围及规模，组织部分学院赴西安、重庆开展研究生招生专场宣讲会。2015年，开展招生宣传问卷调查，以便有针对性地开展招生宣传工作。2017年，异地宣讲会拓展至西北地区，湖南省，湖北省，江苏省，上海市，东北地区，山东省的12个高校集中城市。2021年，制定以“青云之志”为主题的招生宣传方案，建立校、院两级立体交织的宣传策略；在短视频平台开展宣传活动，通过360教育在线发布电子招生简章，取得了良好的宣传效果。

（2）夏令营。2012年，首次举办研究生招生夏令营活动，由机械学院、经管学部、化工学院、环境学院、计算机学院、药学院等六个单位承办，为2012年学校接收更多优质生源奠定了良好基础。2013年，进一步将研究生招生夏令营打造为学校研招“品牌工程”，专题制作了研究生招生夏令营申请网页，吸引超过2 000名优秀本科毕业生报名。此次夏令营由机械学院等8个单位承办，来自清华大学、浙江大学等89所重点院校的858名学员参加，最终近500人确认报考天津大学。2014年，研究生招生夏令营单位数量和学员规模继续增长，共吸引超过3 000名优秀本科毕业生报名，为471名外校合格学员发放接收函。到2021年，已经有23个学院举办线上招生夏令营，扩大了生源选拔范围。同时严格控制线上夏令营考生数量，针对容易出现超发的情况，将接收函改为合格单，并在2022年进一步将合格单分档，避免了舆情的同时也保证了生源储备。夏令营影响力大、辐射面广、成效显著，使考生来源院校向高层次集中。

（3）导师团。2014年，推出“研究生招生导师团计划”，实行“团队主导、院系服务、学校统筹”的管理模式，深入推进研究生招生制度改革，充分调动导师团队招生积极性，共招收“985工程”院校推免生83名，占学校接收除本校外“985工程”院校生源增量的75%。随后，不断优化管理模式，鼓励导师团队通过举办讲座沙龙、赴重点高校宣讲、委托同行推荐、开放实验室、参与课题项目、课题组内师生推荐等多种方式，接收外校优秀推免生。2020年为招生导师团开发专门网站，一方面鼓励以课题组、系所为单位组团招生宣传；另一方面严格审核团队信息，规范信息公布流程。导师团计划实现了顶尖导师与顶尖学生的精准对接，成为招收高层次推免生的重要途径。

（4）研究生招生宣传志愿者协会。2014年成立研究生招生宣传志愿者协会，从已录取的研究生中招收志愿者，鼓励他们利用业余时间做好学校研究生招生的宣传与咨询工作。研究生招生宣传志愿者协会组织志愿者撰写考研/保研经验以供考生借鉴；对生源学校开展有针对性的宣传活动，如“师兄师姐喊你读天大”活动，积极为学校推荐优秀考生（其下一级学生）；积极配合异地宣讲会活动，发动意向考生参会。志愿者已成为研究生招生宣传工作的重要力量，这种组织形式被大连理工大学等高校借鉴。

至 2018 年，逐步建立了“纵向联动、横向整合、立体交织”的研究生招生宣传特色模式，即推动建立纵向“校-院-师”三级联动的招生管理运行机制，搭建横向整合的资源平台，形成立体交织的招生渠道。

3. 招考制度日臻完善

研究生招生办公室积极落实“建立公平而有质量的教育”总要求，以促进招生公平为重点，创新选拔方式，完善选拔机制，追求生源质量的持续提高。在硕士研究生层面，经多年积累，形成了“天大组考八条”，即坚持组织领导，拉齐“起跑线”；严格制度建设，明晰“规则线”；严格命题管理，紧盯“高压线”；确保试卷安全，看护“生命线”；确保平安考试，守住“安全线”；确保师生健康，构筑“保障线”；确保舆论阵地，筑牢“防护线”；确保公平公正，划好“分数线”。先后克服了考生大规模增长、自命题高压管控、疫情组考三大严峻挑战，打造“多区考务”，建立“自命题打印系统”，开展“互联网+研招”改革，攻克了“史上最难研考”，顺利实现历年平安研考。在博士研究生层面，不断优化“申请-审核”制，形成院校督导组多级联动，确保招生质量和招考纪律。

1）高质量完成考点考务工作

在考务工作中严格采取人防和机防相结合的手段，完善保密室建设和保密廉政建设责任制，有针对性地制定了研究生考试突发事件应急处置预案。有些做法为其他高校提供了有价值的参考。例如，2010 年研究生入学考试前夕，教育部高校学生司副司长姜钢来到天津大学研究生招生保密室现场指导工作时指出，天津大学安全保密工作细致到位，考务安排别有特色，如制作各考场清晰平面图、各考场带照片的桌面贴纸以及带照片的签字单等，这些好做法值得借鉴和推广。

积极推动考务创新。2010 年国内首创录制研究生考务培训视频。根据考试过程中涉及的问题和监考工作要求及操作要领，按照 10 个时间节点，模拟实际情景，拍摄视频，便于监考人员依程序充分履行监考职责，使考场布置工作的出错率大大降低。

积极应对研究生考务改革与考试安全。面对 2013 年研究生考试中“网上阅卷”等重大考试考务改革，研究生院从编制考生编号、编排考场、考务培训等环节入手，作出相应调整变化，确保考试安全；协同校保密办进行专项保密检查工作，抽查了 11 个学院 19 位教师的命题机器，防止涉密人员触碰计算机及网络泄密的“高压线”。学校投入 140 余万元，建设了 67 个教室作为标准化考场，并建设视频监考室。这些硬件设施于 2013 年的硕士研究生入学考试中首次投入使用。2014 年，全新设计和布置考试考务整理操作规程和重点岗位实施培训工作，制定《加强 2014 年硕士生考试安全的实施方案》，并由常务副校长钟登华代表学校向天津市领导进行汇报；同时追加 90 余万元投入，建成 140 个标准化考场，全部使用半球摄像机或高速球，实现全程电子影像监控和远程联网监控，使上级教育考试管理部门对考试进行全程远程监控和应急指挥。

2016 年研究生入学考试，首次在双校区进行。卫津路校区为现场确认主场地，北洋园校区为现场确认分场地。考试期间，学校安排专车接送考生往返双校区考点。2017 年研究生入学考试，学校考点共有 5 648 名考生，首次实施双校区考务模式，制定了以卫津路校区为主、以北洋园校区为辅的考场分配方案。学校动员双校区约 600 名教职工参与监考和后勤保障工作，实现平安研考。研究生入学考试工作案例获评“2016 年度机关十佳集体工作案例”。

2019 年研究生入学考试，学校考点考生数达到 8 617 人，比 2018 年增加了 34%，达到历史最高值。学校继续实施双校区考务模式，整合双校区教室资源，新建 50 个标准化考场，顺利完成考务工作。

2020 年研究生入学考试，天津大学应届毕业的报考外单位的考生首次调整至天津大学考点考试。为承接此类考生，学校开辟天津大学附属小学考区（以下简称附小考区），至此形成一校三区（卫津路考区、北洋园考区、附小考区）考务模式。

2021—2023 年连续三次研究生入学考试恰逢疫情防控期间，组考防疫成为考点考务中的重要内容。为保障考生和工作人员的生命安全和身体健康，根据疫情防控要求安排考生分类考试，实行"一排查二监测三隔离"制度，并按照防疫要求，设置临时隔离点、备用考场等，做好各类应急预案，圆满完成防疫组考任务。

2021 年研究生入学考试，天津大学考点共有 8 536 人参加考试，全校上下明确分工，通力协作，实现了"分类处置""应考尽考"，达到了"平安研考"的总目标。首次开展送考上门服务，连夜为相关考生在隔离点建立远程监控考场，受到天津市教育招生考试院高度赞扬。

2022 年研究生入学考试，天津大学考点共有 8 239 人参加考试。考前内蒙古、浙江、陕西、北京、天津等多个省区市疫情多点散发，为做好考务防疫，天津大学提前利用大数据对考生情况进行详尽摸排，精准区分隔离考区和考场楼，确保所有考生都能联系到人并通知到位。在全校上下的共同努力下，圆满完成组考防疫工作。

2023 年研究生入学考试，被称为"史上最难研考"，考前恰逢疫情快速扩散，考务组织面临巨大挑战。面对疫情的复杂形势，天津大学坚持科学分类，因类施策，共进行了 3 次考场重排，布置 114 个普通考场、31 个专用考场以及 24 个特殊考场，另外开辟 10 个应急备用隔离考场，最终以最小的调整代价，最大限度地做到了各类考生之间互不交叉，再次顺利实现平安研考。

2024 年研究生入学考试，是疫情常态化后的首次研考，为确保平安考试，学校开展作弊防控专项治理工作，所有考场楼均设置智能安检门和单独存包场所，所有考场都安装视频监控设备和电子时钟，并配备防作弊设备，新增专门针对 5G 信号的屏蔽器，首次实现考点零作弊、零违纪。

2）高质量完成自命题工作

自命题工作是提高人才选拔质量的重要环节。研究生院积极探索自命题质量提升路径，从准确性、安全性、科学性三方面开展一系列改进举措。

2014 年，学校系统梳理以往命题、考试实施中容易出现的问题，并进行集中研判和汇总，制定了《天津大学研究生招生考试命题中审题环节注意事项及常见问题》。试题印制工作交由指定保密印刷厂负责，对相关工作人员实行全封闭的入闱管理，增强了命题的安全性。

2019 年，为落实教育部对研究生招生自命题管理工作的要求，学校全面开展自命题质量保障体系建设。学校鼓励按一级学科招生，合并类似科目，科目数减少 24%，有效降低命题风险；命题及保密人员实行选拔推荐制，由各学院组织各学科推荐命题人员，举荐追责、互相监督；落实台账制度，先后设置研究生招生办 18 项审核、命题学院 11 项审核、命题小组 10 项审核、命题科目 35 项审核，要求逐一审核，逐一签字，同时在印制环节制定自命题交接单、印制试卷登记表、保密室进出登记表、保密室值班登记表等，逐项签字，留存记录；开发设计自命题打印系统，将复印模式调整为打印模式。

2021 年，在总结以往命题内容错误的基础上，学校进一步完善自命题审查注意事项，将原有的 35 项审核增加至 48 项。至此，自命题"48 项审核"标准建立，成为命题质量的重要保障。同时学校开展网上阅卷改革，将传统现场阅卷改为电子阅卷，既避免阅卷老师与试卷接触，阻断病毒传播途径，又提高阅卷准确性，首次实现登分、统分零失误。

2023 年，在保证自命题管理质量的基础上，为提高命题质量，学校以提高选材效度为目标，开展"金题"建设项目；以选拔培育一批具有专业代表性的硕士研究生自命题"金题"为抓手，集中精干人员开展科学选材实践探索，有效提升了命题的科学性。

自命题安全保障体系建立以来，学校连续 5 年实现自命题"零失误""零差错""零事故"，相关工作经验在全国研究生招生考试领域被广泛学习、推广。2020 年教育部学生司副司长李强同志来校调研，现场考察了学校自命题质量保障各环节，对学校自命题管理模式给予高度评价。学校应邀在全国研究生招生改革培训班上作主题报告，在天津市研究生招生培训、军队院校研究生招生培训会上做经验交流；自命题打印系统成功申请计算机软件著作权（软件名称：天津大学硕士研究生入学考试初试自命题试卷打印系统，证书号：软著登字第10900257号），该专利成功被中国民航大学等高校引进。

3）高质量完成复试组织工作

学校加强政策培训工作，广泛开展复试录取政策解读，使复试人员各司其职，坚守复试纪律；组织导师参与招生专业目录设置、计划分配、分数线划定、复试方案制定等招生环节的工作，了解招生的全过程；完善信息公开制度，在学院层面同样坚持“谁公开、谁把关”“谁公开、谁解释”的原则；加强监督机制，时刻关注复试录取各环节执行情况，及时处理考生投诉，保证招生过程公平、公正。

2010年，学校首次使用硕士研究生招生复试录取系统，实现了复试、录取工作信息化。该系统进一步提高了数据信息的传递速度和准确性，减轻了各学院教务老师的工作负担。同时，该系统提供工作时间控制功能和实时录取数据统计功能，使研究生院随时掌控有关复试录取情况，实时调整硕士研究生招生计划，显著提高了研究生信息管理工作的质量和效率。

2015年，研究生入学考试成绩公布后，根据招生名额充分测算考试成绩，学校提出三种分数线划线方案，听取各学院反馈意见后，最终确定划线方案。学校提高复试工作要求，要求对复试全程进行录像，并给各学院提供复试场地。

2018年，学校系统化推进复试信息化建设，在硕士研究生复试录取中，秉承“严肃考风考纪、严格考务要求、严把生源质量”的工作要求，合理划定复试分数线，确保复试考核全程录音、录像，新建天津大学硕士研究生复试录取系统，提升管理服务质量。

2020年，为落实教育部对疫情防控期间组织复试的要求，学校首次实施线上复试，联合开展全校性现场防疫、平台操作、复试流程以及网络故障处置大演练，实现复试全程组织有序。这一系列做法得到了《中国青年报》、北方网等主流媒体的报道。学校应邀在教育部组织的全国线上复试培训会做经验交流，并被教育部《教育要情》作为唯一一所高校专门介绍。同年底，教育部组织联合调研组，专程到学校调研研究生招生安全工作。

2021年，除马克思主义学院、文学院和法学院外，学校其他学院全部进行远程复试。为实现复试全程组织有序，线上线下无缝对接，学校制作并规范远程复试流程指南视频；举办了一系列线上培训讲座，为复试专家组在新形势下更科学、更公平地选拔人才助力；按照“分层分批、先易后难、局部先行、前轻后重”的原则，硕士和博士研究生复试召开网络会议近千场。在此基础上凝练的“互联网+”研究生招生改革案例于2021年被评为天津大学“我为师生办实事”优秀案例，2022年被评为天津市高校“三全育人”优秀案例。

2023年，随着疫情防控常态化，研究生复试由远程复试改回现场复试。为保证复试严格规范，研究生招生办公室统一制定复试通知模板，各学院按各自学科特色，制定自己的复试办法，并将公示名单一并提交研究生招生办公室逐一审核。此外，研究生招生办公室还要逐一审核各学院的调剂办法以及公示名单，对考生总成绩逐一进行复核，坚决杜绝招生事故；同时，主动应对舆情，完善新媒体与传播学院开发的舆情监控系统，从而保证在网络舆情发生初期就迅速作出反应。

2024年，新增福州大学城联合研究生院（天津大学）专项，研究生院联合福州国际联合学院，从导师遴选、专业设置、招生计划、录取流程等方面进行一体化设计，采取在相关学院原有专业上增设联合研究生院方向二次征集方向复试录取的方式，共录取278人，圆满完成招生任务。

4）高质量完成推免生接收工作

2011年，学校在推免生接收工作中首次制定并实施了推免生奖励政策，增加了各学院推免生接收比例，允许学院直接同考生现场签订推免生意向书；积极组织相关院系的导师前往生源相对集中的高校进行面试，尝试形成以专业为主体的交流互推机制等，推免生同比有了显著增长。

2012年，在广泛调研各学院接收推免生过程中出现的困难和问题的基础上，学校优化接收推免生流程，提高接收效率和成功率，多数重点高校推免生生源较2011年大幅增长，学校接收外校推免生数较2011年增长近55%。外校推免生主要来自4个渠道：正常来校参加复试、参加研究生招生夏令营、外出宣传异地复试以及卓越联盟计划互推。

2013年，学校大力加强推免生的招生宣传力度，充分调动学院、学科和导师的积极性，采取"走出去"的方式，扩大学校招生工作的影响力。学校提前开通推免生申请系统，共接收网上申请3 423条，这一数字较2012年增加26.8%。当年学校共接收推免生1 237人，其中外校推免生618人。

2014年，教育部办公厅发布《关于进一步加强推荐优秀应届本科毕业生免试攻读研究生工作的通知》。学校在2015级推免生招生工作中抢占先机，设置夏令营、导师团、普通推免3条招生路径；建立奖励机制，调动导师招生积极性，结合招生宣传广泛延揽生源；提前进行面试，为复试合格考生提前发送成绩合格单；首开"午夜抢人大战"，抢抓生源。经过实施以上举措，学校接收推免生数量和质量有了大幅度的提高，推免生占总招生数比例已达45%以上。

2016年，学校提早规划接收本校推免生工作，提前4个月开通推免生复试系统，开展提前复试工作。2017年，为进一步规范招生流程，学校在充分征集各学院和考生意见的基础上重新设计了新版推免生预报名系统，进一步方便考生报考。

2022级硕士推免生接收率达到49.9%（上限50%），创历史新高。为防范超发复试成绩合格单风险，同时避免考生流失，学校在2023级推免生接收工作中，新增《天津大学推荐免试攻读研究生拟录取考生确认承诺书》，要求拟录取考生提前签署承诺书，有效降低了舆情风险。至此，学校形成了广储备、慎承诺、抢录取的推免生招生模式。

2023年首次在2024级推荐免试生中开展本校强基计划学生转段接收工作，经与教务处及各招生学院充分沟通，制定了《天津大学接收2020级本校强基生转段攻读2024级本校研究生章程》，共计接收115人，其中硕士研究生91人，直博生24人。2024级接收硕士推荐免试生2 481人，优质生源比例达83%，本校生留校深造率68%，均创历史新高。

4. 积极开展博士研究生招生机制改革

2010年，学校启动了全新的硕博连读选拔工作体系，把以往硕博连读生和提前攻读博士学位研究生的选拔合二为一。选拔时间为硕士研究生入校第二学年的第一学期，选拔范围没有限制，学生可以跨导师、跨学院乃至跨学科门类申请。面试考核内容在全面借鉴国外先进选拔评价体系的基础上，结合学校以往选拔考核的优良传统，对价值观、学术能力、实践能力、个人综合素质与修养、综合能力等5个大项21个小项依照相应比重考核打分。

学校2010年开始将博士研究生招生计划下发到各学院，并由各学院自行划定复试分数线，复试权重达到60%，大大提高了各学院在博士研究生招生工作中的主动性，充分发挥了博士生导师在招生中的主导作用和选择自主权，更加注重对学生知识、能力和素质的全面考核，打破了跨学院、跨学科申请限制。该项改革成效明显，该年度选拔硕博连读生263人。

2014年，学校发布《天津大学博士研究生招生"申请-审核"制实施办法》，全面推行"申请-审核"制。在2015年博士研究生招生过程中，学校加强导师和专家组的核心作用，吸纳在学博士研究生成立学生监督小组，形成与研究生教育督导组并行的两支监督队伍，确保招录过程的公平、公正、公开。在吸引优质生源方面，学校提早布局，统筹谋划，在做好直博生、校内选拔攻博生提前录取工作基础上，充分发挥研究生招生导师团和研究生招生宣传志愿者协会的作用，积极扩大招生宣传的影响力。

2013年，学校首次与青海民族大学开展博士研究生联合培养工作，十余年来共招收博士研究生76人，为青海民族大学相关学科建设及博士点获批提供重要支撑。2017年，学校首次与海南大学开展联合培养博士研究生工作，至2023年共招收博士研究生21人；积极组织校内各院所参与校所、校企联合培养研究生申报工作，共收到联合培养协议28份并整理上报教育部；分别为考生、教务管理老师汇总梳理了《天津大学博士生招生管理系统使用手册》,使招生考务工作更为规范有序。

博士研究生招生工作是自主培养拔尖创新人才的关键。2021 年,学校新增交叉学科专项招生计划,遴选"人工智能+"和储能技术等交叉学科导师团 39 个,并提前布局专业学位的交叉学科培养体系。2022 年以来,学校先后获批国际产学研用合作专项、工程硕博士试点专项、海南专项、先进技术专项等各类专项招生计划,博士研究生招生规模不断扩大, 2023 年博士研究生招生人数达到 1 743 名,其中学术博士研究生 1 179 名,工程博士研究生 564 名。学校加大招生计划配置改革力度, 2021 年起,博士研究生招生计划动态调整比例扩大到 30%,新增 10%成本分担博士研究生招生计划。2023 年起,博士研究生招生计划动态调整比例扩大到 50%,全面实行博士研究生培养成本分担机制。

5. 其他成就

2012 年,学校成功承办卓越联盟协议高校研究生招生培养工作第三次会议。会上各高校就研究生招生宣传、推免生校级交流、博士研究生招考机制改革等议题集中探讨,在招生、培养有关事项上达成了几点共识:一是建立功能较为完善的卓越联盟研究生招生培养网络平台;二是汇集各校招生宣传咨询日,互派人员参加宣传咨询日相关活动;三是针对卓越联盟内互推不平衡现状,各高校争取拿出专项名额予以推动;四是各高校在研究生招生夏令营中相互支持,促进卓越联盟内成员共享招生优惠条件;五是积极促进建设共有学科博士研究生论坛;六是逐步构建研究生课程学分互认制度体系。

港澳台工商管理硕士招生工作取得较大突破。2014 年管理与经济学部吸引 15 名港澳台硕士研究生报考,最终录取 14 人,形成了工业工程(专业学位)港澳台专班。同时,实行工商管理硕士提前面试制度,对涉及招生政策、面试程序、录取原则、优惠办法、资格审定、分数线划定等方面的细节均进行妥善设计,切实提高了学校工商管理硕士生源质量。

四、工程博士研究生招生开启学校专业学位博士研究生教育新纪元

为满足国家重大工程和建设创新型国家急需高层次应用型人才的需求,完善我国工程技术领军人才培养体系, 2011 年国务院学位委员会批准天津大学在先进制造、能源与环保两个领域享有工程博士专业学位授予权。天津大学成为全国首批 25 所工程博士试点单位之一。

天津大学工程博士采用"申请-审核"制选拔方式。对于通过资格审查的申请人,学院组织相关领域导师团对其进行综合考核及面试,全面考查其专业知识、个人素质、创新能力、实践能力等。对通过综合考核及面试的申请人,天津大学工程博士教育领导小组负责审批,并确定最终录取名单。

2012 年,天津大学首届工程博士开始招生。经过逐级推选、考核和审查,15 名承担着国家科技重大专项的企事业、科研单位的工程技术管理高层次人才,成为天津大学首届工程博士研究生,其中先进制造领域 8 人,能源与环保领域 7 人,录取名单如下。先进制造领域:机械学院聂应新、曹成国、常文芬、赵英民、刘建军,精仪学院李建双、蔡友发、梁仁和。能源与环保领域:化工学院杨永和,建工学院李志刚、李爱东,环境学院张景辉、蔡凌、潘涛、白景峰。

2015 年,为落实教育部相关工作要求,学校在现有生源充足的情况下,首次采取差额复试办法选拔优秀考生。在学院初筛的基础上,有 24 名考生参加复试,最终录取 15 名工程博士研究生。专家组对于选拔形式、生源质量、复试组织模式给予了高度评价。

2017 年,学校新增材料科学与工程学院、建筑学院两个院级单位承担工程博士研究生培养工作;扩大全日制工程博士研究生招生计划,弥补学术型博士研究生资源不足;将招生专业调整扩充为机械、资源与环境、能源动力和土木水利等 4 个领域。通过"扩大内循环、畅通外循环",学校工程博士研究生招生模式持续赋能,着力打通机械、光电、信息、人工智能、能源、功能材料以及脑科学等新工科领域。

2018 年,学校首次以"项目制"形式招收攻读工程博士专业学位研究生,将具有较好工程技术理论基础和实践能力的应届硕士毕业生纳入招生范围;首次增加非全日制学习形式的工程博士招生类型,探

索符合天津大学特色的工程博士人才培养新模式；新增经管学部、智算学部、微电子学院、自动化学院以及医工院等5个院级单位承担工程博士培养工作。

2019年，随着工程博士招生规模的扩大，学校首次从应届硕士毕业生中招收全日制工程博士，顺利完成当年招收250名工程博士的招生计划。通过首届“项目制”招生，学校成功试点工程博士人才选拔新模式，共计录取58人，涉及中国节能环保集团有限公司、中国电子科技集团有限公司、中国汽车技术研究中心有限公司、中国电力科学研究院有限公司等知名龙头企业。

2020年，学校继续增加院级招生单位。新媒体与传播学院、国际工程师学院参与工程博士研究生培养。当年工程博士招生规模继续扩大，已位居全国前列。学校新增中冶建筑研究总院、紫光云技术有限公司以及雄安智慧城市等大中型项目制合作企业，项目制合作企业达到10家，并试点面向天津滨海新区、青岛、开封等支持区域发展的专项招生计划。

2021年，学校工程博士招生规模位居全国第一，形成工程博士“天大品牌”。计划招生425人，报考人数超过800人，生源中包括30余名大型企业总工等高层次人才。项目制合作签约企业增至15家，面向温州、深圳等区域发展和创新创业推出“项目制”招生2.0计划。

2022年，学校获批工程硕博士专项试点单位，与10余家大型企业联合培养国家急需领域工程硕博士。2023年，学校获批国家卓越工程师学院建设单位。学校正沿着新工科背景下产教融合培养卓越工程师的“天大”路径，加大对工程博士的招生培养工作力度。

第五节　在职攻读硕士专业学位招生

一、概述

改革开放以来，随着国民经济的迅速发展，为了适应我国经济建设和社会发展对高层次专门人才，特别是工程技术人才的需要，改变工科院校学位类型比较单一的状况，完善具有中国特色的学位制度，1997年4月国务院学位委员会第十五次会议审议通过了《工程硕士学位设置方案》。1997年11月，经国务院学位委员会办公室批准，学校成为教育部直属重点高校首批招收在职攻读工程硕士的试点单位之一，首批有权授予工程硕士学位的领域有17个，到2006年工程硕士授权领域增至24个。学校还是首批招收在职攻读工商管理硕士（MBA）、高级管理人员工商管理硕士（EMBA）、公共管理硕士（MPA）、风景园林硕士（MLA）试点单位，首批招收中等职业学校教师和高等学校教师在职攻读硕士学位单位。2010年9月，学校在新增硕士专业学位授权点申报工作中取得突破性进展，经国务院学位委员会办公室审核批准新增9种硕士专业学位授权点，2011年招收专业学位种类发展到15种。1997—2013年，学校录取在职专业学位研究生24 346人。

专业学位相对于学术型学位而言属同一层次的不同类型，旨在培养适应特定行业或职业实际工作需要，具有创新能力、创业能力和实践能力的高层次应用型人才。学校于2005年制定、2010年修订的《天津大学关于在职人员攻读硕士专业学位招生工作的暂行规定》，进一步明确专业学位是主动适应我国经济建设和社会发展对应用性、复合型高层次人才需要，丰富、完善和发展我国学位制度所采取的重要改革措施，是构建学习型社会和建设终身教育体系的重要组成部分；与全日制硕士学位是同一层次具有不同特色的学位教育，采取合作办学、在职不离岗的学习方式，面向全国大中型企业、国家机关、科学研究机构和管理部门招收、培养硕士专业学位研究生。

天津大学招收在职攻读硕士专业学位研究生以来，组织开展了一系列创新工作，尤其是工程硕士研究生教育，其招生质量、培养质量得到国务院学位委员会办公室的肯定和高度评价。

学校每年按照国务院学位委员会办公室下达的《关于招收在职人员攻读硕士专业学位工作的通知》精神印制招生简章，开展招生宣传，及时更新招生网站各项内容，保证招生规模数量不断增加，招生质量不断提高。

在职人员攻读硕士专业学位的录取工作由学校自行组织，录取分数线由学校自行确定。学校根据考生入学考试成绩（含专业课考试和面试），择优录取。1997—2013 年，学校合计录取 21 823 人，详见表 2-1-1-9。2002—2012 年，学校通过自主招收方式录取软件工程硕士 2 500 余人。

表 2-1-1-9　1997—2013 年天津大学专业学位硕士研究生及在职申请硕士、博士招生情况统计

年份	工程硕士/人	公共管理硕士/人	工商管理硕士/人	高校教师硕士/人	中职教师硕士/人	风景园林硕士/人	高级管理人员工商管理硕士/人	在职申请硕士/人	在职申请博士/人	合计/人
1997 年			124							124
1998 年	180		61							241
1999 年	292		185							477
2000 年	500		170		117					787
2001 年	591	101	140		108					940
2002 年	700	110	250		120					1 180
2003 年	915	132	264	227	100		27			1 665
2004 年	835	86	289	167	76		39			1 492
2005 年	732	101	141	65	46	10	72	211	149	1 527
2006 年	827	109	111	68	46	20	58	157	213	1 609
2007 年	979	105	121	56	19	24	115	142	75	1 636
2008 年	925	91	89	27	18	26	109	122	147	1 554
2009 年	876	85			29	23	28	88	184	1 313
2010 年	1 221	80			28	33	200	94	172	1 828
2011 年	1 015	55			36	38	165	99	130	1 538
2012 年	1 370	97			39	55	200	52	134	1 947
2013 年	1 468	53			34	61	270	29	149	2 064
合计	13 426	1 106	1 945	610	816	290	1 283	994	1 353	21 823

注：工程硕士人数中不包括软件工程硕士自主招生人数。

二、在职攻读硕士专业学位招生的发展

1. 获批 5 种在职攻读硕士专业学位授予权，招生规模居全国高校前列

1997 年，经国务院学位委员会批准学校首批有权授予工程硕士学位的领域 17 个。1998 年，经入学考试（数学、外语、综合考试），有 8 个工程领域录取首批 180 名工程硕士研究生。1999 年，在原 3 门入学考试科目基础上增加了 2 门专业课，有 9 个工程领域录取 292 名工程硕士研究生。2000 年，在 14 个工程领域录取 500 名工程硕士研究生，比 1999 年增长 71.2%，呈现较快的发展趋势，招生规模居全国高校前列。

2000 年，教育部批准学校成为首批招收、培养中等职业学校教师在职攻读硕士学位的单位。当年

有 295 人报名，教育经济与管理、控制理论与控制工程、机械制造及其自动化 3 个专业实际录取 117 人，录取率约为 40%。

2001 年，经国务院学位委员会批准，学校成为首批招收在职攻读公共管理硕士（MPA）试点单位。初试考试科目共 5 门，其中英语、数学与逻辑、管理学、行政学为全国联考，政治理论由学校自行命题考试。当年有 206 人报名，实际录取 101 名。

2002 年 6 月，学校组织首届自主招生软件工程硕士研究生入学考试，共 210 名考生报名，录取 107 名。

2002 年 7 月，经国务院学位委员会和教育部批准，学校成为我国首批开展高级管理人员工商管理硕士（EMBA）教育的高校之一。

2002 年，学校全年共签订 108 项合作办学协议，增加 51 个合作办学单位，在小鸭集团、中国石油天然气管道局、华北制药集团、北京药品监督管理局、潍柴动力股份有限公司、渤海化工集团等单位建立了工程硕士培养基地。为响应国家开发西部的号召，为西部地区培养高层次人才，学校与新疆、甘肃、宁夏、内蒙古、云南、贵州、广西等地 14 个单位开展合作办学，首次报考人数达到 410 名。2001 年，学校在全国率先与西藏签订合作培养协议，无偿为西藏培养研究生。

2002 年，学校专业学位整体报名人数达到 3 306 人，共录取 1 180 人。其中工程硕士招生领域由 2001 年的 18 个增加到 20 个；报名人数由 2001 年的 909 人增加到 1 982 人，全国排名第三；共招收 700 名工程硕士，高质量地完成了招生计划，录取规模排名由 2001 年的第九位上升到第五位。.

2001 年以来，工程硕士实行全国联考，数学、外语统一命题、阅卷，各学校录取情况对外公布。2003 年，学校获批成为工程硕士招生自定名额单位。至此，学校三种专业学位（工程硕士、公共管理硕士、工商管理硕士）都获得自定招生指标、自定录取分数线的权利。工程硕士当年新增生物工程招生领域，招生领域数在全国并列第二；新增高等学校教师在职攻读硕士学位招生，成为我国首批招收、培养高等学校教师在职攻读硕士学位的院校；首次招收高级管理人员工商管理硕士（EMBA）。学校于当年 5 月开通专业学位招生网和信息管理系统，8 月联考报名总人数达到 3 182 人，其中工程硕士 1 990 人、工商管理硕士（MBA）479 人、公共管理硕士（MPA）196 人、高校教师 374 人、中职教师 143 人。

2. 生源质量不断提高，专业学位研究生教育取得显著成效

2004 年 4 月 9 日，教育部简报〔2004〕第 47 期，以《天津大学突出特色为地方和企业培养工程硕士》为题，报道学校工程硕士专业学位招生和培养工作经验。2004 年 11 月 9 日，《科技日报》刊发《天津大学工程硕士研究生教育抓精品、重质量、创品牌、办特色》，报道学校工程硕士教育情况。副校长兼研究生院院长胡小唐同志荣获 2004 年全国工程硕士研究生教育工作突出贡献奖，专业学位招生办公室主任李云章同志荣获 2004 年全国工程硕士研究生教育工作先进个人奖。

2005 年，学校首次开展工程硕士全面质量评估工作，组织校研究生教育督导组成员对化工学院、建筑学院、建工学院、管理学院、电信学院等单位进行实地检查评估；6 月首次召开专业学位研究生教育工作会议，来自全国 40 余个单位的代表与会；修订学校有关专业学位招生工作的 5 个管理文件，为专业学位招生工作提供制度保障。

同年，经国际项目管理专业资质认证中国认证委员会同意和项目管理领域工程硕士职业资质认证评估专家委员会评审，学校成为全国首批 8 所获得认证合作资格的培养单位之一。学校还在全国高级管理人员工商管理硕士（EMBA）专业学位教育质量评估验收和全国公共管理硕士（MPA）专业学位教育质量评估中，获得优秀单位评价。

2006 年 8 月，学校召开年度专业学位研究生教育工作研讨会，来自全国 40 余个单位 100 多名校内外代表与会。当年，学校主办生物医学工程领域工程硕士协作组工作研讨会，承办生物化工领域工程硕士协作组工作研讨会。

2008年，经全国工程硕士专业学位教育指导委员会评选，全国共有181名工程硕士获得“做出突出贡献的工程硕士学位获得者”荣誉称号，天津大学倪照鹏、黄键、吴仕岩、吴洪波、雷廷宙、薛京生、盛天宝、张涛、经建生等9名工程硕士获此殊荣。

在2008年专业学位研究生教育工作研讨会上，学校明确指出合作办学单位必须把声誉放在首位，坚持正确的指导思想和办学理念，服务国家和社会需求。会上，研究生院副院长韩金玉从六个方面回顾总结了学校专业学位研究生教育工作取得的成绩，副校长钟登华对学校专业学位研究生工作和合作单位所取得的成绩表示肯定，并对专业学位工作提出了新的要求，即“规范管理、创新机制、提高质量”。

3. 规范管理、创新机制，推进专业学位研究生教育改革创新

自确立专业学位工作思路以来，学校进一步加强校企合作，挖掘办学潜力，注重办学的社会效益和经济效益，将目标定位于培养具有复合知识结构的高素质应用型人才，不断推进工程硕士专业学位研究生教育改革创新。

2011年1月，经全国工程硕士专业学位教育指导委员会审议通过并下发文件，学校被评为“全国工程硕士创新院校”，化学工程、水利工程、项目管理三个领域被评为“全国工程硕士特色领域”。同年，学校在调整招生种类重点和重点地区布局的基础上，重点做好高级管理人员工商管理硕士、软件工程硕士的自主招生工作。

2012年，研究生院常务副院长白海力在年度专业学位研究生教育工作研讨会上作了题为《提高认识、凝聚共识，进一步做好专业学位研究生教育工作》的报告。当年，学校新签订合作办学协议70份，共有2 831人报名在职攻读硕士学位全国联考。学校进一步规范招生考务工作，编写《天津大学在职人员攻读硕士学位第二阶段考试考务工作手册》，对天津大学在职研究生招生信息网进行版本升级，提供在线报名、缴费、打印准考证、成绩录入及录取信息查询等功能。

2013年，学校首次承接在职攻读硕士学位全国联考天津考区的考试工作；签订合作办学协议74份，开班20余个。

2013年5月，专业学位招生办公室与综合管理办公室招生科合并为研究生院招生办公室，招生网站合并为天津大学研究生招生网。

4. 顺利收官在职硕士录取，开启非全日制研究生招生新模式

2014年，国务院学位委员会印发《关于2014年招收在职人员攻读硕士专业学位工作的通知》（学位办〔2014〕18号）指出，为统一管理各类研究生招生工作，从2016年起，不再组织在职人员攻读硕士专业学位全国联考，除高级管理人员工商管理硕士外，其他类别的在职人员攻读硕士专业学位招生工作，将以非全日制研究生教育形式纳入国家招生计划和全国硕士研究生统一入学考试管理。2016年，教育部印发《关于进一步规范工商管理硕士专业学位研究生教育的意见》（教研〔2016〕2号），明确从2017年起，高级管理人员工商管理硕士统一纳入全国硕士研究生考试招生。

根据招生政策的调整，学校一方面积极应对，就在读硕士研究生如何进行下一步学习、合作办学单位如何合作转型等出台了系列措施，确保平稳过渡；另一方面根据非全日制研究生教育的特点，积极制定招生考试方案，高标准建设研究生考试标准化考场，实现研究生招生考试全程录音录像，探索符合工科特点的非全日制研究生招生新模式。学校实施积极调剂政策，加大招生宣传力度，非全日制研究生招生计划人数根据前三年在职人员攻读硕士专业学位录取人数情况确定，学校获招生计划人数为1 929名，入围全国前四，为开启非全日制招生新模式奠定了良好的基础。最终在2017年完成了国家下达的招生计划，共录取非全日制研究生1 929人。此外，录取同等学力在职申请硕士学位55人，同等学力在职申请博士学位91人。

研究生院协同学工部、区域研究院及相关学院（部），坚持“质量为上、追求卓越、办出特色”的理念，发布多个文件，统筹保障非全日制研究生教育改革平稳落地，构建非全日制研究生培养“质量保障体系”“过程改革体系”“辅助支持体系”“教育管理体系”等 4 个体系，对提升非全日制研究生教育质量起到了积极的推动作用。

2019 年，教育部在硕士研究生招生规定中明确“原则上非全日制硕士研究生只招收在职定向就业人员”。学校通过与近百家用人单位开展方案论证和学生座谈，于 2021 年创造性地提出“入职即入学”模式，即校企协同育人的非全日制硕士研究生定向培养模式。2021 年，学校以滨海工业研究院为平台，共遴选飞腾信息技术有限公司、松正电动汽车技术股份有限公司、天津航空机电有限公司等 19 家企业参与此项目试点工作。2022 年共录取 69 名此类研究生，2023 年录取 74 名此类研究生，这种培养模式为非全日制研究生招生培养探索了一条新路，受到天津滨海新区和用人单位的广泛好评。

第二章　研究生培养

第一节　培养目标与学习年限

一、培养目标

1. 发展现状

随着我国研究生教育结构的调整，学校研究生培养的结构布局和定位发生了很大变化。在硕士研究生层次，专业学位（包括全日制和非全日制）已经成为培养的主体类型。研究生通过专业学位教育，成为专业人才，满足社会对高层次应用型人才的需求。学术学位硕士在保证学科发展、师资队伍建设需要的前提下，将逐步成为过渡学位，多数学术学位硕士研究生将以“直博”或“硕博连读”的形式攻读博士学位研究生。

同时，针对这两种不同类型的研究生，学校提出了具体的培养要求：对于学术学位研究生，强调突出科教结合，强化知识更新力、学术创新力和国际竞争力的培养；对于专业学位研究生，强调产学结合，强化知识迁移力、实践创新力和职业胜任力的培养。

2020 年 9 月—2021 年 1 月，天津大学召开第四次研究生教育工作会议。此次会议对落实全国研究生教育会议精神，加快学校新时代研究生教育改革发展进行了部署，提出了新时期学校研究生教育的培养目标——促进研究生德智体美劳全面发展，培养具有“家国情怀、全球视野、创新精神和实践能力”的高层次人才。

2. 发展历史

20 世纪 30 年代，国立北洋工学院就开展了研究生培养工作，成为中国学位与研究生教育的开拓者之一。

新中国成立后，北洋大学的教学组改为教研组，要求教师不仅要搞好教学，还负有研究的重任。1947 年，北洋大学建立了冶金工程、土木工程、采矿工程、水利工程、化学工程五个研究所。《北洋大学冶金工程研究所章程》第一条规定：本校为培养新中国冶金工程建设研究人才设立冶金工程研究所。该章程对研究生入学、学程（学习年限）、导师、考试等都做了比较完整、明确的规定。由此可见，北洋大学当时是新中国建设所需高级人才——研究生的培养基地，培养目标是：培养新中国建设所需的高级人才。

院系调整后，天津大学在全面开展科研工作的基础上，逐步扩大研究生培养规模。当时对研究生的培养目标是：培养具有雄厚的科学理论基础，掌握科学研究的基本方法和技能，能独立进行科学研究的科学人才。

1978 年，学校恢复硕士研究生招生和培养工作。当时的研究生培养目标是：培养具有社会主义觉悟，比较熟悉马克思主义，具有系统而坚实的理论基础、专业知识和科学实验技能，懂得两门外语，能独立进行科学研究工作和相应的教学工作,身体健康的人才。

1982 年,学校开始招收博士研究生。博士研究生的培养目标是:培养德智体全面发展,在本门学科上掌握坚实的基础理论知识和系统深入的专门知识,具有独立从事科学研究工作的能力,在科学或专门技术上取得创造性成果的,“又红又专”的高级科技专门人才。

1983 年,学校出台《关于攻读硕士学位研究生培养工作暂行规定》,提出硕士研究生培养工作要达到的标准:具有为国家富强和人民富裕而艰苦奋斗的献身精神和实事求是、独立思考、勇于创新的科学态度;在本门学科内掌握坚实的基础理论知识、系统的专门知识以及现代实验方法和技能,熟悉所从事研究方向的科学技术的现状和动向,具有实事求是、严谨治学的科学作风;具有从事科学研究、教学工作或担负专门技术工作的能力;掌握一门外国语;身体健康。

改革开放以来,学校为适应国家经济建设和社会发展对高层次人才培养的需要,不断更新人才培养理念,创新人才培养模式。

20 世纪 80 年代末,天津大学在全国率先提出了“综合性,研究型,开放式”(后加入了国际化)的一流研究型大学的办学理念。学校将这一理念逐步融入学校的人才培养理念,在研究生教育和培养方面进一步结合时代发展的需要进行积极改革实践。

2003 年,天津大学第七次党员代表大会明确将建设“综合性、研究型、开放式、国际化”的世界一流大学确立为学校的发展目标,提出了实现这一目标的“三步走”战略。

2007 年,在天津大学第八次党员代表大会上,学校将培养具有社会责任感 、全球视野和创新精神的高素质拔尖创新人才确立为建设一流大学的根本任务,同时针对创新型国家和科学发展对研究生培养的需要,积极围绕培养具有社会责任感、实践能力、创新精神、全球视野、人文素养、开放合作意识的高素质拔尖创新人才进行探索和实践。

2008 年,学校实施研究生培养机制改革,确立了以科研为导向的研究生培养新模式,使人才培养与科学研究紧密结合,进一步调动和激发研究生主动参与科学研究的积极性。

2014 年 4 月 19 日,学校召开第三次研究生教育工作会议暨研究生院建院三十周年大会。在此次会议上天津大学对研究生教育 30 年的历史成就进行了回顾,部署了深化研究生教育改革的方案和措施,提出了研究生教育新的培养目标:培养具有家国情怀、全球视野、创新精神和实践能力的卓越人才,为加快学校国内外知名高水平大学建设提供有力支撑和坚强保障。同步出台《天津大学分类推进研究生培养模式政策的实施方案》《天津大学研究生培养质量保障体系建设暂行规定》等文件,推进和落实研究生分类培养和保障体系建设。

2020 年 9 月 29 日,学校召开第四次研究生教育工作会议启动会,学习贯彻习近平总书记关于研究生教育工作的重要指示精神和李克强总理批示精神,全面落实全国研究生教育会议精神和要求,深入推进新时代研究生教育改革。此次启动会后,全校上下围绕深入推进研究生教育改革开展多层次、多维度、多样化的矩阵式讨论,三个多月内召开校院两级研讨会百余场,解放思想,凝聚共识,形成研究生教育改革合力。

2021 年 1 月 15 日,第四次研究生教育工作会议胜利闭幕。在全面总结研讨成果的基础上,学校进一步深化认识,形成改革共识,会后正式发布《天津大学一流研究生教育行动计划》。该计划以培养造就德才兼备的高层次人才、实现世界一流研究生教育为目标,以构建和完善立德树人的思政教育体系、创新引领的教学育人体系、全面保障的质量管理体系为主要内容,重点从思想政治教育、资源配置优化、课程体系建设、导师队伍建设、学科交叉培养、国际合作培养、分流选择机制、分类评价机制八个方面推进新时代研究生教育改革,形成以“一个目标、三个体系、五个统一、八个任务”为核心的改革框架和总体要求,为新时代天津大学研究生教育改革发展提供重要的指导。

2024 年,天津大学推进落实《天津大学一流研究生教育行动计划》,全面开展学术学位与专业学位研究生培养方案修订工作,实施高层次人才分类培养的“拔尖计划”和“卓越计划”。以研究生培养方案修订为契机,天津大学深化研究生教育教学改革,以提高拔尖创新人才自主培养质量为目标,推进和落实研究生分类培养模式改革,完善高层次拔尖创新人才分类培养体系,着力培养未来学术领军人才和行业产业领军人才,构建学术学位与专业学位培养并重的育人格局,全面提升学校高层次人才自主培养质量。

二、学习年限与培养方式

1. 发展现状

目前,研究生基本学习年限按学科和专业有所不同,硕士研究生以 3 年为主,博士研究生以 4 年为主,硕博连读生、直博生一般为 5 年。

2. 发展历史

1947 年,《北洋大学冶金工程研究所章程》第四章“学程”对研究生学习时间有了明确要求:“研究生研究期限至少二年,助教兼在本所学习之研究期限至少四年。”

1961 年 9 月,学校制定了《天津大学关于培养研究生的实施办法》。研究生分在职研究生和脱产研究生两种。在职研究生学习期限 3~5 年,脱产研究生学习期限 3 年。

1978 年,学校恢复研究生招生后,硕士研究生学制为 2~4 年。两年制研究生课程学习为 3 个学期,第三学期除安排课程,还做科研及论文的准备工作。第四学期全部做科研及撰写论文。三年制研究生课程学习及做科研、写论文各为三个学期。

1982 年,学校开始招收博士研究生。博士研究生学习年限一般为 2~3 年。学习期间主要做科学研究和撰写学位论文。

1983 年,学校出台的《关于攻读硕士学位研究生培养工作暂行规定》将脱产硕士研究生学习年限定为 2.5 年。在职硕士研究生学习年限可延长半年至一年。

1997 年,学校全面修订研究生培养方案。硕士研究生培养年限由原来的 2.5 年,缩为 2~2.5 年。课程学习 1 年,论文撰写 1~1.5 年。

2005—2008 年,学校研究生学制改为两年制。

在实行两年制期间,针对硕士研究生两年的单一学制不能满足不同学科研究生培养需求的具体问题,为保证硕士研究生的培养质量, 2008 年研究生院通过调研、分析、总结,制定了研究生培养弹性学制方案,经校学位评定委员会讨论和校长办公会讨论通过, 2009 年开始实施硕士研究生 2~3 年弹性学制方案。

与按一级学科招生相对应,经校学位评定委员会审议通过,化学、机械工程、光学工程、仪器科学与技术、电气工程、信息与通信工程、控制科学与工程、水利工程、船舶与海洋工程、生物医学工程等博士一级授权学科按一级学科进行博士和硕士研究生的培养。计算机科学与技术、马克思主义理论等硕士一级授权学科按一级学科进行硕士研究生的培养,其他学科仍按照二级学科进行研究生的培养。

2012 年以前,学校博士研究生基本学习年限为 3 年。根据校学位评定委员会第 86 次会议精神,为进一步提高博士研究生的培养质量,满足培养创新能力和提高学位论文质量的要求,同时为完善和优化培养环节打好基础,学校将博士研究生的基本学习年限调整为 3~4 年。

2022 年,为适应新时期下研究生培养的新要求,进一步保障人才培养质量,经校学位评定委员会审议通过,对博士研究生和硕士研究生的基本学习年限进行了进一步调整, 2023 年起,硕士研究生以 3 年为主,博士研究生以 4 年为主。

研究生因特殊原因未能在规定的基本学习年限内完成学业,可以申请适当延长学习年限。全日制硕士研究生最长学习年限(含休学时间)为在基本学习年限基础上延长 1 年,非全日制硕士研究生、博士研究生最长学习年限(含休学时间)为在基本学习年限基础上延长2年。

2019年以来,为加强研究生培养过程管理,解决研究生超期滞留问题,畅通分流选择渠道,学校建立以学生成长发展为中心,以提高培养质量为目的的分流选择机制。实行全日制硕士N+1+1、非全日制硕士N+2+1、博士N+2+2的柔性分流机制。通过延期、结业、结业证换发毕业证,最大限度地为分流的研究生提供可行的出路。

2024年,学校修订了《天津大学研究生学籍管理办法》(天大校研〔2024〕3号),其中增加了博士研究生分流选择内容,组织学院制定完善博士研究生分流选择实施细则,明确了博士研究生资格考试、学位论文开题报告、学位论文中期考核、学位论文答辩等考核环节和考核要求。两次未通过考核的博士研究生,将依据学业进展情况,按照博转硕、结业或者退学的方式进行分流。

第二节　研究生培养方案与课程体系

一、现行研究生培养方案

培养方案是研究生培养的基本依据。制定科学合理的研究生培养方案和课程体系是提高研究生培养质量的重要保证。学校一贯重视研究生培养方案对研究生培养的重要作用,定期修订研究生培养方案,以适应学科发展和人才培养的需要。

研究生培养方案主要包括培养目标、培养方式和年限、课程设置、开题报告和学位论文等研究生培养过程和基本环节。

课程设置是研究生培养的基本环节,在培养研究生的创新能力方面发挥重要作用。课程体系建设应该有利于培养研究生的创新意识和创新能力,完善知识结构、能力结构和思维方式。

现行研究生培养方案是2018年修订的版本。本次方案修订按照"夯实数理基础、规范培养环节、优化课程体系、加强科研实训、提升综合素养、体现发展变化"的指导思想,对研究生培养环节和课程体系进行梳理和完善,具有两个突出变化和创新点。

一是推进课程体系更新优化,突出学科交叉培养。着眼于新工业革命对高层次人才的需求,开展研究生新工科课程建设,提供更丰富优质的课程资源,拓宽研究生学术视野,激发研究生创新意识,建成首批21门研究生新工科课程并相继开课。二是进一步完善研究生培养过程,规范培养环节。将以往的学术会议、学科前沿讲座、开题报告、中期考核等培养环节纳入培养方案学分体系;同时,新增了文献阅读、研究进展报告撰写、科研项目申请书撰写等培养环节,进一步加强研究生培养过程的学术训练,强化过程管理。

2020年,为适应工程专业类别调整后的研究生培养需要,学校在2018年研究生培养方案修订的基础上对工程专业学位研究生培养方案进行了调整。根据全国工程专业学位研究生教育指导委员会相关指导意见,按照适应专业学位培养需求、突出天津大学培养特色的原则,学校制定了工程专业学位研究生培养方案修订的总体要求,指导学院制定完成工程类硕博全日制、非全日制专业学位研究生培养方案。该培养方案经学校学位评定委员会审议通过后,自2020级专业学位研究生实施。本次培养方案调整,除了按新的工程专业类别和领域设置外,还鼓励学院在选修课模块中设置跨学科的课程模块,构建多学科交叉培养的课程体系,进一步引导工程专业学位研究生进行交叉学习。针对校企联合培养的项目制工程博士培养方案,学校鼓励在选修课中设定个性化、订单式的课程和培养计划。

2024年2月,为适应新时代国家经济社会发展对高层次人才的需求,学校启动新一轮培养方案修订工作,全面开展学术学位与专业学位研究生培养方案修订工作。本次修订聚焦拔尖创新人才培养,进一步落实研究生分类培养模式改革，实施学术学位“拔尖计划”与专业学位“卓越计划”，分类制定培养目标、培养方式、课程体系、学位论文评价等要求，组织学院同步制定落实专业学位培养改革方案。同时，学校通过优化学分要求和课程设置、开放选课等改革，赋予学院、学科和导师更大的培养权限，给予研究生更多的自主学习空间。同时，学校加强培养过程的学术训练和关键节点的质量控制，优化培养与考核环节，建立博士研究生分流选择机制，提高研究生培养质量和效率。

二、发展历史

《北洋大学冶金工程研究所章程》第四章“学程”规定：研究生须修习本所课程至少十八学分（五十四学习小时）及本所指定之大学部课程六至九学分（十八至二十七学习小时），并将研究心得撰写论文及参加第六章考试。

1961 年 9 月，学校制定了《天津大学关于培养研究生的实施办法》，对研究生的学习内容、论文要求、时间进度以及对导师的要求都做了具体的规定。

1978 年，在恢复硕士研究生招生和培养工作初期，学校开设的研究生基础课主要有工程数学、分析力学、电动力学、量子力学、热力学、统计力学、固体物理等；外语课主要有英、日、俄等语种；政治理论课主要有自然辩证法；技术基础课和专业课一般开设 2~4 门，因专业而异，由各系安排。

1980 级研究生开始采用学分制。二、三年制研究生课程要求修 40~50 学分。学校统一组织两门公共必修课：自然辩证法（每周 3 学时，一学期学完，计 3 学分）和第一外国语（每周 4 学时，一年学完，计 8 学分）。两门公共选修课：数学 6 学分，物理 6 学分，各专业根据需要选修。各系和各专业间可互相选课，要求选修课不低于 12 学分。

1982 年，学校开始招收博士研究生。博士研究生的课程学习以自学方式为主，学位课程有马克思主义理论课、基础理论课和专业理论课、第一外国语、第二外国语。

1983 年，学校《关于攻读硕士学位研究生培养工作暂行规定》对研究生的培养目标、学习年限、培养方式、课程设置和学分规定、专业培养方案和培养计划、学位论文工作等进行了全面详细的规定，将研究生课程分为学位课、选修课、必修考查课三种，要求总学分不少于 29 学分，其中学位课不少于 17 学分。必修考查课包括体育课、教学实践和学术报告。对于跨学科研究生，其培养计划应包括本专业大学最主要的专业课及专业课基础课 3 门。

1984 年，研究生院成立后，开始进行研究生培养工作改革。研究生课程有针对性地按照内容的深度、学时的长度进行设置，以满足不同学生的需求；同时为使研究生适应科学技术的发展，加强跨学科的新公共基础课的教学，如改善和提高测量技术、传感技术、信息技术、微机技术等课程质量。在课程学习方面，对各专业学分和课程性质等进行规定：必须修够 32 个学分以上的研究生课程；学位课程必须考试，不少于 23 学分；专业课、专业基础课的必修学分不少于 8 学分。学校还重视研究生体育教育，制定了研究生学术报告制度，并将教学实践、体育课一起列为全校研究生公共必修考查课。

1993 年，学校修订博士研究生培养方案。调整博士研究生课程设置，也实行学分制，总学分为 18~19 学分。在国内率先为博士研究生开设了非线性数学基础课程，另增设了科学与工程计算现代方法、计算机物理模拟技术、混沌物理概论、现代光学基础等选修课。

1995 年，学校加大了博士研究生培养工作的改革力度。开设科学计算宣讲专题、随机过程、多元统计分析等数学课程，供博士研究生选修。举办“现代物理学与高新技术”系列讲座。在学位课中，加强对学科前沿讲座课的要求，要求博士研究生从入学第二学期起，每学期做一次学术报告，并将学术报告作为必修课学分项。同时加强博士研究生外语应用能力的培养，要求博士研究生在学期间通过全国大学英语六级考试，并用英语撰写一篇学术报告。

1998 年，学校全面修订了研究生培养方案。硕士研究生学习年限由原来的 2.5 年缩为 2~2.5 年，总学分压缩至 28~30 学分。取消了教学实践，增设了实验技能或工程训练课。开设了 6 门管理类或经济类课程，要求硕士研究生必须选修一门。进一步完善博士研究生培养方案，开设 1 学分的学科前沿讲座课、3 学分的数学课，设立 2~3 学分的选修课，加强博士研究生跨学科学习。同时，制定了 9 个工程领域的工程硕士培养方案。

2002 年，学校修订硕士、博士生研究生培养方案。新的培养方案在课程设置上进行了重大改革，增加多门学位课、必修课，使研究生有更多的选择。同时，为提高研究生专业外语水平，增加了双语教学课程。对全校约 1 500 门研究生课程重新编制了课程目录、教学大纲。增设了一批反映当时高新技术的公共选修课程，如小波分析、MATLAM 及其应用、数字信号处理技术、神经网络、计算机网络、Linux 系统等。

2005 年，学校修订两年制硕士研究生培养方案。从 2005 年秋季起，学校硕士研究生的学制由 2.5 年调整为 2 年。为保证两年学制的顺利实施，学校本着“注重基础理论、拓宽知识结构”的原则全面修订硕士研究生培养方案，增设了一些跨学科、跨专业的公共必修课和选修课，使硕士研究生在系统掌握本学科专业知识的同时，具有多学科的基础理论，成为满足国家社会经济发展需要的高级人才。为与新的培养方案相一致，研究生院还组织各学院对全校硕士研究生课程进行了整合和更新，并编写了新的硕士研究生课程教学大纲和课程总目录。

2008 年，学校修订博士研究生培养方案和单证工程硕士培养方案。新的博士研究生培养方案突出对博士研究生创新能力的培养。对数学课进行改革，针对工科院校的特点增加了数学课的数量，加强数学基础与专业知识的结合。新的工程硕士研究生培养方案和课程体系的设置，强调根据企业的实际需要制定“菜单式”选课方案，拓宽了校企合作培养应用型人才之路。

2009 年，学校制订《全日制工程硕士暂行培养方案》，用于指导首批 466 名全日制工程硕士的培养。在课程设置上注重理论性与应用性的有机结合和合理分配，突出应用实践类课程，增加培养过程中实践环节的学时数和学分比例，着重培养学生分析和解决工程实际问题的能力和创新意识。

公共基础课程主要偏重于工程性；学位课程增设管理类和信息类公共课程，培养学生的综合能力，以适应新形势下社会对工程应用型人才的需求；必修课包括 1 年的工程应用实践和学术交流、学术报告、讲座等内容，全面提高学生的实践能力、创新能力以及综合素质。

2010 年，学校分类修订硕士研究生培养方案。本次修订工作根据硕士研究生学制和一级学科培养硕士研究生的基本要求进行，同时分类制定学术学位与专业学位研究生培养方案。在学术学位硕士研究生方案修订上，鼓励有一级学科授予权的学科制定一级学科培养方案。在全日制工程硕士专业学位培养方案修订中突出各工程领域培养特点，增加实践教学在整个培养过程中的比重。

2013 年，学校再次对研究生培养方案进行全面修订，同时制定了英文版研究生培养方案和教学大纲。博士研究生培养方案增加了英语课程种类，以供不同基础和需求的博士研究生选修，并将“参加国际学术会议”和“英语交流与应用”等列入博士研究生培养的必修课程；增加了选修课学分和跨学科课程的比重，促进学科交叉和知识面扩展，注重个性化培养；将“学术道德规范讲座”列入必修课程，进一步加强学术规范和道德教育；突出直博生的精品化培养，单独制定了直博生的培养方案。硕士研究生培养方案于 2015 年完成修订，着力构建学术学位与专业学位协调发展的分类培养体系。对于学术学位研究生，通过创新（Innovation）能力导向、国际化（Internationalization）和多学科交叉（Interdisciplinarity），构建“3I”培养体系，在课程设置上实现硕博贯通，加强课程的前沿性和交叉性；对于专业学位研究生，通过分类（Classification）指导、能力（Capability）导向、协同（Collaboration）培养和内涵（Connotation）引领，构建“4 C”培养体系。在课程设置上实行模块化管理，加大实践课程、行业前沿课程的开发与建设力度。

2018 年，学校全面修订硕博研究生培养方案。本次修订在更新优化研究生课程体系，丰富课程资源，提高课程质量基础上，进一步规范研究生培养环节，将学术会议、学科前沿讲座、开题报告、中期考核等培养环节纳入培养方案学分体系；同时，新增文献阅读、研究进展报告、科研项目申请书撰写训练等培养环节，强化培养过程的学术训练和质量控制。

2021 年，学校启动研究生学科核心课程建设，发布《天津大学研究生学科核心课程建设实施方案》，明确了以学科知识地图构建为导引，开展核心课程遴选、建设与改革，建成“厚基础、有深度”核心课程的建设目标，并从教学团队、课程设计、教学内容、教学模式、考核评价等方面，系统实施课程建设与教学改革，全面提高课程质量与教学效果。研究生学科核心课程建设分为前期规划建设阶段（启动建设至 2021 年底）、中期全面建设阶段（2022—2023 年）和长期改进建设阶段（2024 年至“十四五”结束）三个阶段实施。截至 2024 年 5 月，学校已完成研究生学科核心课程遴选工作，并开展持续建设，分三批完成 234 门研究生核心课的督导与验收工作，并逐步建立起核心课程校级评价、院级评价、教师评价、学生评价“四位一体”评价模式，推动学院根据学科发展及新时代人才培养需求，适时更新核心课程目录和教学内容，系统优化、全面构建高质量的研究生课程体系。

第三节　培养过程与学籍管理

一、培养过程管理

1. 教学管理

1）发展现状

目前，学校研究生课程教学按照《天津大学研究生课程教学管理规定》（天大校研〔2015〕5 号），实行校、院两级管理。研究生院负责各类公共课程的教学安排，各学院负责本学院专业类课程的教学管理。

各学院开设研究生课程，须经研究生院审批，并有详细的课程介绍和教学大纲。研究生课程任课教师一般应具有副教授及以上（或相当）职称，具有较深的学术造诣，授课水平高，任课资格由学院审批并报研究生院备案。在教学安排上，任课教师须签订教学任务书，并提交课程教学计划。对于因教学内容陈旧、选课人数少等原因连续两年以上没有开设的课程，应予以调整。

目前，研究生新生入学后在导师指导下，制订学习计划和选课，这些均在网上进行。

研究生课程考核分为考试、考查两种。核心课程一般应采用考试形式，平时成绩可按一定比例计入总成绩。研究生课程考试时间以课程学时为依据确定，一般 32 学时以下（含 32 学时）的课程，考试时间为 120 分钟；32 学时以上的课程，考试时间为 150 分钟。缺课 1/3 者，不得参加所选课程的考核。对于严重违反考核纪律或者作弊的，该课程考核成绩记为无效，并视其情节严重程度，依据《天津大学学生考试工作规定》给予相应的纪律处分。

2）发展历史

北洋大学时期，学校就对课程学习提出严格的要求。《北洋大学冶金工程研究所章程》第六章“考试”规定：研究生所修习之课程均应按时参加平时及学期考试，其学业成绩七十分为及格，不及格者不得补考，但可请求研究生委员会批准后重修。

1961 年 9 月，学校制定的《天津大学关于培养研究生的实施办法》对脱产研究生的学习做了详细安排：每学年学习及考试时间共 38 周，生产实习及劳动时间 4 周，假期 10 周；三年中，前一年半学习哲学、外文和基础理论课，后一年半进行科学研究和论文写作。对于第一学年学习的基础课程，脱产研究生应当在两年内全部考试或补考及格，否则取消其研究生资格。研究生入学后，在教师的指导下制订学习计划，送有关教研室和系审核，报主管校长批准。已批准的学习计划，未经主管校长同意不得变动。

1963 年 6 月，学校制定的《天津大学研究生学则（草案）》规定：学习课程的考试、考查凡有一门不及格或不合格者，一律不得补考，责令退学。学生如有特殊原因，经系同意、校长批准，可以补考一次，补考仍不及格或不合格者，学校责令其退学。学生入学一年后，学校对每个研究生的政治表现、学习情况和健康状况进行一次全面考核，决定是否对其继续培养。

1984 年，研究生院成立后，为保证研究生质量，明确规定每个学生在校期间必须至少主持两次以上的学术报告会；明确考试不能只采取闭卷笔试，而应采取笔试、口试、开卷、闭卷、集中或分散等多种形式，同时严格考试纪律。

2010 年，学校修订的《天津大学研究生课程教学管理规定》整合了之前有关研究生课程管理、任课教师资格、考试管理等文件的内容，对研究生课程设置、任课教师、教学任务、选课、考试以及成绩管理等内容进行了系统、明确的要求，规范研究生课程教学各环节，保障了研究生课程教学的有序进行。

2020 年，根据疫情防控需要，研究生课程教学采用线上或线上与线下结合的方式进行。校院两级密切协同，多措并举，做好研究生课程线上教学组织与保障工作，在广大教师的积极响应和努力配合下，研究生课程线上教学平稳有序运行，顺利实现“停课不停教、停课不停学”的工作目标。

2022 年以来，以相关文件为根本依据，学校推出“研究生课程教学运行十要点”，并向各学院宣讲，对研究生课程日常教学管理提出简洁、明确、规范的具体要求。

2. 培养环节管理

一直以来，在研究生的培养过程中，学校都重视中期考核、学术报告、论文选题等培养过程和环节的管理和考核。研究生在学期间须完成一定数量的学术报告。从 20 世纪 90 年代初开始，学校每年进行在校研究生的学位论文开题和中期考核工作。

2014 年，学校出台的《天津大学研究生培养质量保障体系建设暂行规定》对研究生课程学习之外培养的关键环节提出了更为明确的要求。这些培养环节主要包括综合考评、学术报告、学位论文开题和中期检查等。

学位论文开题要以学术活动的方式在一级学科（暂时不具备条件的可在二级学科）范围内公开进行，由以研究生导师为主的小组（至少 3 人）进行评审。学位论文选题要体现学术学位和专业学位不同类别研究生的培养特点。从学位论文开题通过到申请答辩不得少于学校规定的时间。2012 年开始，研究生院启用天津大学研究生学位论文开题报告管理系统，进一步规范、加强对研究生学位论文开题报告工作的管理和监督，提升了研究生培养管理过程的信息化水平和管理效能。

2018 年开始，天津大学研究生学位论文开题报告管理系统对研究生学位论文开题报告的提交、导师评阅及审核过程实现统一信息化管理，并纳入整个研究生信息管理系统。天津大学研究生学位论文开题报告管理系统在每学期的前 2 个月定期开放一次。所有研究生在学位论文开题阶段均要登录该系统提交开题报告，经导师和评议组组长网上审核同意后，方可进入论文撰写阶段。

中期检查工作一般在学位论文开题后的半年进行，主要内容包括对学位论文工作进行阶段性总结，对后续工作计划和研究内容进行论证。

二、学籍管理

1. 发展现状

目前，学校研究生学籍管理工作主要包括建立研究生基本学籍档案，办理研究生证，办理休学、退学、转专业、转导师、延期毕业、提前毕业等学籍异动手续，制作、颁发研究生学历证书，开具学历证明等。研究生学籍管理工作为维护正常的教学秩序和保障培养工作的顺利进行具有重要作用。

2012 年以来，研究生院加强对研究生学籍状态的监控与预警，把学籍状态监控时间点进一步前移至学生的基本学制之内，同时通过在几个关键的时间节点（超出基本学习期限、临近最后学习期限、超出最后学习期限）监控学生学籍状态，提前预警告知，督促学生做好学习和科研规划，把握进度，按时完成学业。对于在学校规定的最后学习期限内仍未答辩的学生，研究生院以书面形式通知学生本人和导师，并根据学籍管理有关规定予以处理。

2020 年，研究生院启动学籍异动“线上申请、线上审批”模式，保障学籍业务顺利开展，并引入“人脸识别”技术，完成新生入学资格复查工作。

2. 发展历史

为贯彻“高校六十条”和教育部颁布的《高等学校培养研究生工作暂行条例（草案）》，建立和健全研究生培养制度，1963 年 6 月，学校制定了《天津大学研究生学则（草案）》，共分“入学”“学习”“成绩考核”“休学、复学、延长学习期限、退学”“毕业”“学习纪律”“奖励与处分”等 7 个部分 28 条。

1978—1981 年，学校陆续制定了《天津大学研究生学籍管理暂行规定》《关于颁发研究生毕业证书的办法》等，逐步加强和完善了对研究生的教学和管理制度，为以后扩大研究生招生规模和建立研究生院奠定了基础。

1985 年，学校研究生教育工作会议对以往制定的有关制度进行了审查和修改，充实了各项规章制度，使研究生管理制度得到初步完善。1985 年，学校修改了《天津大学研究生暂行学则》。

2010 年，研究生院加强对超过学校规定学习年限研究生（特别是博士研究生）的学籍清理工作，下发学籍异动通知书 280 多份。此项工作促进有限教育资源的公平分配，推动研究生培养过程中的分流机制建设，进一步强化导师的责任感和研究生有效利用学习时间的意识，使学校的有限资源在人才培养上发挥更大的作用。

2017 年，学校依据《普通高等学校学生管理规定》（教育部令第 41 号）制定新的《天津大学研究生学籍管理办法》，实现对学籍状态的全过程监控，进一步规范了工作流程，指出关键时间节点，明确学院责任，形成校、院两级的管理模式，保障学籍管理工作的有序化、规范化。

2022—2023 年，学校加强学籍预警机制，完成研究生超期清退任务。经 2 次预警机制和院、校两级公示，法制办合法性审查，研究生院审核，校长办公会审议，学校清理近 9 年超期研究生 205 人，其中申请办理结业和退学的研究生 136 人，清退研究生 69 人。

第四节　教学改革与教学质量保障

提高质量是新时期研究生教育工作的主要任务。2014 年 3 月 17 日，国务院学位委员会、教育部正式发布《关于加强学位与研究生教育质量保证和监督体系建设的意见》，研究生教育质量保障体系建设有了基本规范。2020 年 9 月，国务院学位委员会、教育部下发《关于进一步严格规范学位与研究生教育质量管理的若干意见》，对加强研究生教育管理提出 8 个方面 29 条细化举措。天津大学以统筹构建“三层次、四维度、全覆盖”的研究生教育质量保障体系为总体思路，不断推进研究生教学改革与质量保障工作。

一、教学改革

课程教学是研究生培养的基础。提高课程教学质量对保障研究生培养质量具有重要作用。一直以来，学校坚持把加强教学改革与研究作为提高研究生课程教学质量的重要手段，在不同时期，进行不同的研究生课程教学改革与研究。

1. 公共课教学改革

1980 年,学校发布《关于改进研究生外语教学的几点意见》,明确了研究生外语教学的要求,即两年制研究生要求熟练掌握一门外国语,三、四年制研究生必须掌握两门外国语,同时对研究生外国语的学习、考试和通过标准做了详细安排。

1985 年,为促进研究生基础课教学,提高研究生教学质量,研究生院制定了《基础课教师科研基金条例》,鼓励研究生基础课任课教师从事科研工作。

为提高研究生的英语应用水平,加强英语听说能力和写作能力的培养,从 1999 年上半年开始,学校开设了听说课、外贸英语课、英语概论课,取消了英语精读课。

2002 年,博士研究生英语首次采取集中授课,由外教任教,以提高博士研究生的英语听说能力。

2005 年,为提高硕士研究生实际运用英语的水平和能力,硕士研究生英语实行分类教学,根据学生英语水平和需要,开设了英语听说、英语翻译、管理英语、商务英语、英美文化、高级听说、综合英语等多种英语课。

2005—2009 年,学校聘请外教在暑期为硕博连读生进行英语听说能力集中培训,探索英语教学新形式,提高研究生的英语运用能力。授课以"教师主导、学生主体"为原则,通过课堂问答、角色扮演、口语演讲比赛和模拟国际会议等形式进行。天津电视台、中央人民广播电台、《科技时报》等媒体对此次教学改革进行了宣传报道。

2008 年,博士研究生英语实行分层次教学。学校根据博士研究生的入学英语水平和专业划分班级,进行分班教学。在教学内容上,教师对科技论文写作、编译和国际会议交流实用英语进行重点指导和训练,取得了良好效果。

2009 年,硕士研究生英语实施"项目"教学,由研究生自选题目、确定内容和形式,通过团队合作集体完成,以项目汇报或情景再现的形式参加结项考试。将学术报告暨英语演讲比赛作为每学期的硕士研究生英语教学规定环节,建立英语能力测试标准化试题题库,实现英语期末考试在线测试。教学改革增强了英语课程的吸引力,提高了研究生的英语写作和口语能力,培养了团队合作精神。

2013 年,博士研究生英语实行改革,取消了统一的公共英语课,各学科可开设全英文学科专业课或英文科技论文写作课供博士研究生选修学习。同时,为了提高博士研究生英语实际应用能力,开设了由外教授课的英语交流与运用课程(20 学时)。

2018 年以来,学校持续加强研究生公共选修课建设,形成近 60 门研究生公共选修课课程库。课程内容涵盖新工科、经济管理、创新创业、美学艺术、社会科学等方面,进一步丰富了研究生课程学习资源,帮助研究生拓展学术视野、提升人文素养、培养创新能力,为研究生学术创新和未来职业发展奠定基础。

2. 教学改革立项

长期以来,学校通过教改立项资助的形式,推动任课教师在研究生教学方法和教学模式上进行探索和研究,双语式、互动式、研究型等教学模式被引入课堂,取得了一批新编教材、国外原版教材、新编教学大纲、案例库等教改成果,促进了研究生课堂教学质量的提高。

1993 年开始,学校先后组织编写《应用数学基础》《科学技术论与方法论纲要》《计算机技术及应用基础》等研究生公共基础课教材。

1997 年,学校重新制定了研究生教材出版和自编教材印刷的暂行办法,设立研究生教材基金,当年出版 2 本研究生教材。

1999 年,学校组织编写《应用随机过程》《数字信号处理器的原理与开发技术》教材;同时,资助研究生体育教材和 MBA 专业英语教材的出版,安排硕士应用数学基础教材等的编写。

2000 年以来,研究生院每年投入一定经费立项资助研究生课程教学改革,鼓励教师探索新的教学方法和教学模式,更新教学内容,提高教学水平。主要立项资助的类型有多媒体课件、教学改革、教材建设和课程建设。不同时期的课程建设又有所侧重，主要是双语课、精品课和学科核心课建设。

2000—2005年，教学改革立项资助重点是研究生课程的多媒体课件。同时学校利用“985工程”经费资助出版一系列研究生教材。2005年，研究生院推荐申报的2部研究生教学用书入选2004—2005年度教育部学位管理与研究生教育司推荐的“研究生教学用书”。

2008—2013年，学校利用“211工程”和“985工程”三期创新人才培养项目重点资助研究生核心课程建设、教材出版和原版教材引进。

2013年，学校首次开展“研究生教学成果奖”申报工作。以研究生教育为基础的项目获天津大学一等奖6项、二等奖16项，获第七届高等教育天津市级教学成果一等奖1项、二等奖2项。

2014年以来，学校进一步加强研究生创新人才培养教学改革项目建设，特别是2017年后将研究生教学改革作为“双一流”拔尖创新人才培养的重要建设内容之一；聚焦公共课程体系和学科核心课程建设，通过项目建设进一步完善研究生分类培养课程体系，突出专业特色，提高课程质量和教学效果；“十三五”期间，实施教学改革项目155项、教材建设项目77项，建成高质量研究生“新工科”课程30门，受到各界媒体广泛关注；获得国家级教学成果二等奖1项，中国学位与研究生教育学会研究生教育成果二等奖2项，天津市级教学成果一等奖1项、二等奖3项。

2020年开始，学校通过项目建设进一步完善研究生教育教学体系，设立专项加强研究生课程思政建设，分批立项建设52个项目，落实“三全育人”，打造课程思政示范课程和优秀教材。2021年，研究生课程——结构现代设计方法入选首批国家级课程思政示范项目，学校推荐的4门优秀研究生课程和4本优秀研究生教材分别被认定为天津市高校课程思政示范课程和优秀教材。

2021年，为进一步加强研究生教材建设，学校启动首届“天津大学研究生求是教材奖”评选活动，评选出优秀教材37项，其中特等奖1项、一等奖10项，充分发挥典型示范引领作用。建筑学院汪丽君教授主编的《建筑类型学》获首届全国教材建设奖二等奖。

2022年，研究生院启动建设研究生课程思政示范学院工作，已分批立项建设研究生课程思政示范学院11个，将思想政治教育贯穿人才培养体系，全面推进研究生课程思政建设工作。

2023年，教育部公布2022年高等教育（研究生）国家级教学成果奖名单。学校以第一完成单位身份共获评国家级教学成果（研究生）二等奖11项，获奖数量在全国高校中名列第一。获奖成果覆盖急需高层次人才培养、推进科教融合、深化产教融合、强化培养过程管理等多个方面，充分体现了学校落实立德树人根本任务、深化研究生教育教学改革、构建一流研究生教育体系取得的成效，是对学校高层次卓越人才培养工作和研究生教育教学改革成果的集中检阅和充分肯定。

2023年，为全面深化研究生教育教学改革，培育一批高水平的教学成果，推动研究生教育事业发展，天津市教育委员会（以下简称天津市教委）首次开展“天津市高等学校研究生教育改革研究计划项目”。天津大学共获批43项，其中包括“面向国家战略需求的‘ELITE’卓越工程人才培养模式改革与实践”“交叉融合，创新引领：高质量学科交叉中心建设助推拔尖创新人才培养”“高水平实施‘国优计划’项目，高质量服务教育强国建设”“交叉创新，产教融合：双碳战略下，储能交叉学科本硕博贯通式人才培养体系创新与实践”等重大项目4项，重点项目16项，一般项目27项，获批立项总数位居天津市第一。

3. 数字化教学平台建设

2008年，学校把数字化教学研究作为教育信息化的突破口和教学改革的基石，列入“211工程”三期建设项目。经过前期基本建设和试运行，2010年6月E-Learning平台正式启用。

E-Learning平台通过推进混合教学模式改革，促进优质教学资源共享，实现了研究生课程教学和导师指导工作的数字化、网络化。E-Learning平台作为课堂教学的补充与延伸，创新培养方式，推进实施研究型、自主学习模式，提升了研究生的培养质量。

E-Learning 平台的硕士研究生英语网上测试、研究生开放课程、学术道德规范教育课程、学术报告登记、网上问卷调查等功能和教学资源在研究生培养过程中发挥着重要作用。

2014 年，学校将研究生课程教学改革项目的实施与网上数字化课程的建设相结合，进一步提高 E-Learing 平台数字化课程建设水平。

2015 年，E-Learning 平台手机应用上线，为研究生进行自主学习提供方便。为配合博士研究生招生“申请-审核”制的实施，E-Learning 平台新增博士招生英语入学水平测试功能。

2016 年，学校优化在线视频会议系统的功能和性能，为师生远程交流提供条件。教育学院在职研究生在该系统中顺利完成开题报告和预答辩汇报，国际工程师学院通过该系统成功实现法方教师为近 60 名学生的同步授课。

2017 年，“E-learning 在线教学平台在研究生教育实践中的应用与创新”获教育部在线教育研究中心优秀项目奖，机械学院姜楠老师获在线教育先锋教师奖。

2020 年，疫情防控期间，学校自主建设的 E-Learning 平台和一批在线开放课程在研究生教学保障中发挥了重要作用。“学堂在线”平台的 10 门研究生在线课程，面向全国学生开放，助力研究生课程学习，选课总人数达 7 万余人。学校新涌现出一大批优秀在线课程，评选出 32 门 2020 年天津大学研究生优秀在线课程。由于研究生课程在线教学工作取得显著成效，学校受邀在全国性的教学平台作了 5 场报告，与超星集团联合举办在线教学管理与运行经验交流“天津大学研究生院专场”。

2023 年，天津大学的工程类专业学位研究生在线课程中的流动测试理论与方法、数据挖掘、神经工程学、结构现代设计方法、创新理论方法与生态文明建设实践 5 门课程入选全国首批工程类专业学位研究生在线示范课程。

二、教学质量保障

严格遵守教学要求是学校研究生课程教学一贯坚持的方针。在教学过程中，学校定期开展教学检查，规范教学环节，强化学风建设，提高培养质量。

1. 教学质量督导评价

学校早在 2003 年就成立了研究生教学督导小组，加强对研究生教学工作进行检查、评估、指导和信息反馈。2004 年以来，学校逐步建立和完善研究生教学环节检查的常态化机制，对研究生的上课情况、考试情况及学术报告、开题报告情况等进行抽查。针对教学检查中发现的问题，学校及时整改，增强任课教师和管理人员的责任意识，规范研究生教学。

2005 年 3 月，学校正式成立研究生教育督导组，负责对研究生培养全过程进行质量监督与指导。随之，各学院也相继成立了院级研究生教育督导组。同年，学校制定和规范了各类检查指标和表格，包括教学评价指标、教师总结表、学术报告检查表、上课情况检查表等。研究生教育督导工作由此全面展开。

2005 年，研究生教育督导组对研究生培养方案的修订工作进行调研，对已答辩的研究生论文进行抽查，对建筑学院、建筑工程学院、管理学院、电子信息工程学院的工程硕士教学质量自评工作进行了集中检查。

2006 年，研究生教育督导组对机械工程学院、精密仪器与光电子工程学院、自动化学院、环境学院和管理学院的约 60 门课进行课程管理情况检查，检查内容包括教学大纲、教学计划、考试试卷、成绩档案等。在扎实推进研究生教育督导工作的基础上，2006 年 10 月中旬学校召开第一届研究生教育督导工作总结大会。龚克校长为第二届研究生教育督导组专家颁发了聘书，并就研究生培养质量问题作了重要讲话。

2007 年，天津大学研究生教育督导网上线。同时，天津大学第三届研究生教育督导组成立。

2010 年 9 月，研究生教育督导组对各学院研究生的课程教学、学术报告、开题报告、中期考核、实践环节、质量监督、教学管理等进行检查，促进研究生培养过程的科学化、规范化和制度化。各学院成立了以主管院长为组长的检查组。学校对各学院的教学质量检查情况，特别是博士研究生学位论文开题报告、全日制工程硕士实践教学等进行了访查和抽查。

2011 年 11 月，学校召开了第三届研究生教育督导组全体会议，在总结往届工作的基础上，进一步明确督导组职责和工作方向；年底，组织研究生教育督导组专家完成数字化教学平台“研究生开放课程”的验收工作。

2012 年，学校利用天津大学研究生学生论文开题报告管理系统，抽查了机械工程学院、化工学院、理学院等 7 个学院的开题报告开展情况，对开题报告的实施过程、实际效果进行考查；同年开始对博士研究生学术论坛进行督导巡视，对论坛开展的形式、内容，以及导师、博士研究生的参与度进行考查，在此基础上总结、推广好的经验和做法。

2015 年，学校制定《天津大学研究生教育督导工作条例》，明确研究生教育督导组工作职责，有效保障其在研究生教育督导过程中的各项权利。

2016 年，学校对申请教学质量评价的研究生课程进行检查，评价结果首次应用于教师职称评定工作，进一步强化了对研究生课程教学的重视程度。

2017 年起，研究生教育督导组将哲学社会科学类课程的教学情况纳入重点检查范围，将师德表现纳入研究生课程教学质量评价体系，要求各学院将思政督导工作作为工作重点。

2019 年，学校进一步加强对马克思主义理论类课程的督导，组织相关学院全面清查在哲学、经济学、法学、管理学等学科专业建设中马克思主义理论类课程的设置情况，认真核查课程大纲、讲义、教案。

2021 年，天津大学第五届研究生教育督导组成立。进一步创新组织形式，按学科领域分为五个工作小组，同时成立政策咨询组，为学校顶层设计提供决策建议、发挥智库作用，推动研究生教育督导工作的有效开展。

3. 学风建设

良好的学风是研究生培养工作的重要内容，也是培养创新人才的重要保证。学校在研究生教学和科研中一贯注重加强科学道德和学风建设，倡导诚信求实的学术准则。

近年来，天津大学学术委员会和学位评定委员会连续制定了一系列管理办法，进一步规范学术行为。学校对出现学风问题的研究生和导师，都进行了相应处理。学风问题成为一条碰不得的“高压线”。

2011 年，中国科学技术协会和教育部发布《关于开展科学道德和学风建设宣讲教育活动的通知》。研究生院将学风建设教育纳入研究生培养的重要环节。

2013 年，新修订的博士研究生培养方案中，学科前沿及学术道德规范讲座被列入博士生的必修课程，占 1 个学分。

为便于研究生自主学习，研究生院还在 E-Learning 平台开设了学术道德规范教育网上课程，设立了文件规定、新闻报道、讲座视频、案例选登、自检测验等主题。

2019 年起，为了贯彻落实“科学道德和学风建设宣讲教育”相关文件精神，学校将“学术道德规范”作为必修课加入研究生培养方案，进一步强化研究生培养中科学道德和学风建设教育；建设和开放新版科学道德规范教育网上课程，增强研究生自我教育和自我规范的意识；组织研究生收看全国和天津市科学道德和学风建设宣讲教育报告会；依托研究生学术文化促进会开展“研途半小时”“研学苑”“国奖大咖”等品牌活动，营造良好学风，提升科研创新能力。此外，学校还通过研讨会、座谈会、培训会等多种方式开展师德学风和学术道德规范教育，营造诚信创新、严谨治学的学术氛围。

科学道德和学风建设宣讲教育活动，促进了学校科学道德和学风建设水平，营造了风清气正、诚信严谨的学术氛围，进一步提高了研究生培养质量。

第五节　专业学位研究生培养

秉承服务国家和社会的办学理念，学校多年以来充分发挥学科优势和特色，与地方和企业合作，发展专业学位研究生教育，同时通过灵活的办学机制和严格的办学要求保证办学质量，打造天津大学专业学位研究生教育的品牌和特色。

2014 年，天津大学第三次研究生教育工作会议明确了今后学校专业学位研究生教育的重点和方向。专业学位研究生将成为硕士研究生培养的主体类型，通过大力提升专业学位教育质量，实现职业对接，满足社会对高层次应用型人才的需求。非全日制研究生作为专业学位教育的重要组成部分，将逐步被纳入现行的研究生培养管理体系，实现分类培养下的统一管理。

一、非全日制专业学位研究生培养

1998 年，学校招收首批工程硕士，开始了专业学位研究生培养。

2000 年，学校实行工程硕士订单式培养，即结合企业实际，制订专门的培养计划，根据工矿企业或工程建设部门的实际需要设置课程，并将新材料、新技术、新工艺等以讲座的形式列入培养方案。

在教学上，由科研能力强、有工程实践经验的优秀教师授课，教学适当降低理论推导证明部分的比例，增加方法应用部分的内容。针对工程硕士研究生"进校不离岗"的学习方式，学校组织教师编写专门教材和教学课件，发放给学员预习，然后由教师授课、答疑，克服了工程硕士生集中学习时间紧的困难，提高了教学效果，保证了教学质量。在论文工作上，天津大学建立了工程硕士论文评阅指标体系，并首创"双导师制"，由两位导师联合把关，要求学位论文要有实践背景，保证工程硕士学位论文质量。在教学组织和管理上，学校创立了"双班主任制""班委会制"，对数学、英语等基础课采用教学与考试分离的方式，对教学情况进行随机抽查，对任课教师进行教学评价和调查等一系列措施，促进教学质量的提高。

2004 年 4 月 9 日，教育部下发简报《天津大学突出特色为地方和企业培养工程硕士》，介绍学校多年以来发挥学科优势和特色，与地方和企业合作开展工程硕士教育，取得良好的社会效益。

2008 年，学校举行全国"做出突出贡献的工程硕士学位获得者暨天津大学工程硕士杰出校友荣誉证书颁发仪式"。倪照鹏、黄键、吴仕岩、吴洪波、雷廷宙、薛京生、盛天宝、张涛、经建生等 9 名工程硕士获得全国做出突出贡献的工程硕士学位获得者荣誉称号。建筑工程学院李忠献、韩庆华、毕继红、于敬海，化工学院孙多先、贾绍义，管理学院寇纪松 、李从东，电气与自动化学院马一太等 9 名硕士导师为全国做出突出贡献的工程硕士学位获得者的指导教师。合作办学单位的张璠琦、黄忆龙、赵国旗、韩占先、袁朵香、谢德龙、王金凤、王吉树、王学媛等 9 名企业专家为全国做出突出贡献的工程硕士学位获得者的企业指导教师。建筑工程学院、化工学院、管理学院、电气与自动化学院被评为天津大学工程硕士研究生教育先进单位。

2010 年，天津大学被评为全国工程硕士研究生教育创新院校，化学工程、水利工程、项目管理 3 个专业领域被评为全国工程硕士研究生教育特色领域。

2010 以来，学校进一步改进非全日制专业学位研究生培养模式和教学方式，利用 E-Learning 平台，在保证面授学时的基础上，引导研究生充分利用课余时间加强自学；尝试网上教学与面授教学有效结合的方法；鼓励教师在使用国家指定教材，保证基本教学内容的同时，根据专业的实际情况选择辅助教材，选择与专业学位研究生的工作实际相关内容教学；积极探索多种形式的考核模式，实行"考"与"教"分离制度，保障课程教学质量。

学校规范非全日制专业学位研究生教学管理，对校内班，重点规范考场秩序，督促各学院做好考务安排和考前动员工作，通过抽查将校内散生纳入统一监管体系；对校外班，做好开班等环节的管理工作，密切联系合作单位，通过及时反馈信息避免培养环节中可能出现的问题。此外，学校将成绩归档作为课程学习的关键节点，严格掌控非全日制研究生的成绩归档时间，完善课程成绩预警机制，督促学生按时完成课程学习，保证学位论文工作顺利进行。

2017 年，1 900 余名首批“双证”非全日制专业学位硕士研究生和 4 800 余名全日制硕士研究生，在卫津路校区、北洋园校区、天津大学（武清）前沿技术研究院和天津大学青岛研究生院同期入学。通过对教育部相关文件的深度剖析和理性思考，学校协同学工部、区域研究院及相关学院（部），坚持“质量为上、追求卓越、办出特色”的理念，发布了《天津大学关于依托学校科研机构培养非全日制专业学位硕士研究生的实施意见》《天津大学研究生院分支机构管理办法》《天津大学非全日制硕士研究生教育管理指导意见》等文件，统筹保障全日制和非全日制研究生教育改革平稳落地，积极探索具有天津大学特色的非全日制研究生人才培养模式。

高质量的非全日制专业学位研究生教育不仅培养了大批高层次人才，而且为天津大学全日制专业学位研究生教育奠定了良好的基础。

二、全日制专业学位研究生培养

2009，学校开始全日制专业学位研究生培养工作，当年招收 494 名首届全日制专业学位硕士研究生。

在全日制专业学位研究生的培养理念和目标上，天津大学基于对专业学位研究生与学术型研究生是“同一层次，不同类型”这一定位的深刻认识，秉持“一视同仁，同等对待”的原则，无论是实施研究生培养机制改革，还是制定各项政策，都对专业学位研究生同等对待，创造和谐平等的学习环境，为专业学位研究生教育质量的提高提供最基本的保障。同时，对于全日制专业学位研究生，学校明确提出注重创新思维和创新能力的培养。

2009 年 4 月，研究生院制定《全日制工程硕士暂行培养方案》，用于指导 2009 级入学的全日制工程硕士的培养。10 月，根据教育部和全国工程硕士专业学位教育指导委员会相关文件的精神，研究生院又组织开展了全日制工程硕士培养方案的重新修订工作。新的培养方案在课程设置方面注重和强调理论性与应用性有机结合和合理分配，突出应用实践类课程，加大实践环节的学时数和学分比例，着重培养学生分析和解决工程实际问题的能力和创新意识。其侧重点有别于非全日制（单证）工程硕士和全日制工学硕士，主要偏重于工程性（应用性）。

研究生院还积极开展教学实践基地筹建工作，把保证实践教学环节的质量作为提高全日制工程硕士培养质量的保障。

学校利用多年来开展非全日制专业学位教育所积累的良好声誉和合作关系，以“单证带双证”的模式，与知名企业合作建立一批全日制专业学位研究生教学实践基地；同时，制定了《天津大学全日制专业学位研究生校外实践教学基地建立及管理实施办法（草案）》等相关文件，规范管理，保障实践教学基地建设工作稳步开展。

2010 年，为全面推进校内外全日制专业学位研究生教学实践工作，研究生培养办公室研究制定《全日制工程硕士研究生实践教学管理办法》，明确研究生实习过程的考核方法和经费等，对实践教学采用集中实践和分段实践相结合的模式，保障实践教学的实效性，落实校外参加实践教学的研究生“人身意外伤害保险”。2010 年，已有 6 个实践基地正式挂牌，签订 8 个校级实践协议、30 个院级实践协议。

2011 年，研究生院完善培养体系，探索全日制专业学位研究生培养新模式；完成新增全日制专业学位研究生培养方案的制定工作;加大全日制专业学位研究生实践教学基地建设力度;通过组织申报、反复论证,最终确定13个学院的15个实践教学基地项目为首批重点资助建设对象;组织各学院以实践基地项目中期阶段总结报告的形式进行汇报,年底完成结项验收工作。

2012年,学校推动校内实践基地建设,建立机械、内燃机、热能联合实践基地等示范性校内实践基地,构建和完善构建校内校外互补的多层次实践基地体系;同时,加强对全日制专业学位研究生实践环节的检查和管理,学校针对实践过程中存在的问题和学院进行研讨,为进一步完善实践环节做好前期准备工作。

2012年,学校在先进制造、能源与环保两个工程博士专业学位领域招收和培养15名工程博士。学校紧密围绕国家重大科技专项,致力于培养具有解决重大工程实际问题、具有国际化视野的领军人才。学校已初步构建了工程博士专业学位研究生培养方案与质量评估,并按照国家重大技术专项需求设置模块化的课程体系,围绕国家重大科技专项制订个性化计划,鼓励企业导师和校内导师共同商定实践教学内容等。

2013年,学校设立300万元的实践基地建设专项经费,开展全日制专业学位研究生实践基地建设和实践教学改革工作。经项目申报、学院审核、专家组评审,最终有66个项目获批立项,其中实践教学基地建设项目47项、实践教学课程建设项目11项、实践教学讲座7项、企业案例库建设项目1项。学校对赴校外进行实践教学的研究生提供差旅补助。这项措施为研究生实践教学培养提供了保障。2012级全日制专业学位研究生赴校外实践比例达65%。

2013年,学校机械工程、动力工程、仪器仪表工程、电子与通信工程、集成电路工程、计算机技术6个研究生层次学科领域获批加入卓越工程师教育培养计划。这是学校研究生层次学科领域首次被纳入卓越工程师教育培养计划,标志着学校卓越工程师教育培养体系进一步完善,对调整学校人才培养结构,提高拔尖创新型人才培养质量具有重要意义。

2014年,天津大学与潍柴动力股份有限公司共建的动力工程专业研究生实践教学基地被评为全国示范性工程专业学位研究生联合培养基地,1名全日制工程硕士被评为第一届工程硕士实习实践优秀成果获得者,4名工程硕士被评为第二届做出突出贡献的工程硕士学位获得者。在第九届全国工程专业学位教育工作研讨会上,天津大学应邀作题为《工程硕士联合培养基地建设的实践与思考》的报告,充分展示了学校在实践基地建设方面取得的成绩。

2015年,学校开始实施"实践创新力提升计划"(P计划),推进专业学位研究生"4C"培养体系的构建。建筑学院与天津大学建筑设计规划研究总院共建的研究生联合培养基地被评为首批全国示范性风景园林专业研究生联合培养基地。

2016年,学校开展专业学位研究生课程建设,重点实施行业职业类和案例教学类两类课程建设,对15门行业职业类课程和12门案例教学类课程给予立项资助,进一步明确研究生分类培养和教学的理念,构建适应专业学位研究生培养的课程体系,推动学校研究生分类培养模式改革。在此基础上,学校申报教育部2016年研究生课程建设试点项目,获立项资助。此外,在2016年全国工程专业学位研究生教育指导委员会公布的在线课程立项建设中,学校3门课程入选全国工程硕士专业学位研究生教育在线课程重大建设项目名单,22门课程入选全国工程硕士专业学位研究生教育在线课程重点自建项目。精密仪器与光电子工程学院与天津九安医疗电子股份有限公司共建的"天津大学-九安研究生校外创新实践基地"被评为第二届全国示范性工程专业学位研究生联合培养基地。

2017年,电气自动化与信息工程学院联合国网天津市电力公司共建的"国网天津市电力公司-天津大学研究生联合培养中心"被评为第三届全国工程专业学位研究生联合培养示范基地,该项目已连续三届入选。

2018年7月,教育部学位中心公布全国首次专业学位水平评估结果,学校MBA项目获评A类、

MPA 项目获评 B+类，均位居前列。

2020 年，学校修订工程专业学位研究生培养方案。根据全国工程专业学位研究生教育指导委员会的要求，从 2020 级开始工程类专业学位研究生按新专业类别进行培养。研究生院组织和指导各学院完成工程类硕士、博士专业学位研究生培养方案制定工作，并向校学位评定委员会汇报。方案修订工作按照适应需求、突出特色、明确要求、规范环节的原则，引导各工程专业学位类别结合领域特点和发展方向，确定具体的培养目标、专业领域以及相适应的课程体系。学校鼓励校企双方协同制定工程博士项目制培养方案，设立个性化、订单式的课程。

2022 年，学校获批工程硕博士培养专项试点改革高校，通过加强校企对接、优化培养方案、落实入企实践等举措，推动专项试点工作稳步实施。

2023 年 4 月，天津大学（天津市）卓越工程师学院成立，聚焦国家重大战略需求，搭建校企深度融合、紧密协同的新型产学研用育人实体平台，致力于培养家国情怀深厚、数理基础扎实、工程实践与创新能力突出、国际视野宽广的卓越工程师、卓越工程管理者和卓越工程科学家。9 月，天津大学入选国家卓越工程师学院建设高校名单。

2024 年，为贯彻落实《教育部关于深入推进学术学位与专业学位研究生教育分类发展的意见》文件精神，研究生院以培养方案修订为契机，实施学术学位人才培养“拔尖计划”和专业学位人才培养“卓越计划”；同时，针对专业学位研究生，进一步明确培养具备扎实系统专业基础、较强实践能力、较高职业素养的实践创新型人才，通过加强校企共建课程建设、做实校企双导师和一线工程实践、改革专业学位论文评价标准等举措，推进和落实专业学位研究生分类培养模式改革，推动专业学位研究生培养更加符合国家和社会需求。

第六节　创新人才培养

创新能力是研究生培养质量的核心体现。2008 年，结合“211 工程”三期“创新人才培养”项目的立项工作，研究生院将提高培养质量作为研究生培养主要任务，提出了创立博士研究生学术论坛、增进国际化交流、建立教学基地和全校研究生教学平台等推进创新人才培养的思路和方案。

2014 年，学校第三次研究生教育工作会议以来，针对提升学术学位研究生学术创新力的培养目标，推动研究生学术交流、全方位加强氛围营造，成为创新人才培养的主要内容和方向。

一、博士生学术论坛

2009 年以来，天津大学博士生学术论坛成为博士研究生创新能力培养的重要平台。研究生院出台《天津大学博士研究生学术论坛工作细则》，同时将参加该论坛活动作为博士研究生培养的一个基本环节，博士研究生通过参加论坛可取得相应学分。

博士生学术论坛由研究生院主办，各学院轮流承办，博士研究生策划、组织和实施。该论坛模拟国际学术会议的形式，主题突出学科前沿和科技发展的最新趋势，促进多学科领域的交叉融合。该论坛为博士研究生提供了一个展示自我、共同学习、交流提高的学术平台，促进了博士研究生学术创新能力、学术交流能力和综合素质的提高，已成为校内外具有影响力的学术活动品牌。

2009—2014 年，共举办 40 场博士生学术论坛。在此过程中，承办学院不断创新论坛组织形式，全力打造高水平的学术交流平台。例如，机械工程学院尝试了“5+1”形式的分会场，即设立 5 个专业分会场和 1 个包括多个专业的综合分会场，使不同学科的博士研究生能够交流和学习。自动化学院特邀优秀专家、校友为博士研究生作学术报告。精密仪器与光电子工程学院注重科学创新和技术创新能力的培养,设立了企业现场考察分会场,组织研究生深入企业了解仪器仪表企业现状及企业技术创新特点。

2014—2020 年,共举办 77 场博士生学术论坛。该论坛坚持突出学术与创新、特色与融合、交流与开放,推动跨学科、跨院校交流,促进学科领域的交叉融合,为博士研究生搭建展现能力、交流思想、启迪智慧的学术平台。该论坛在举办过程中体现出以下特点:①过程更加规范,组织更加有序,管理更加完善,导师参与度提高;②各论坛积极吸纳其他高校博士研究生参与,邀请校外专家作报告,促进了学校博士研究生与本领域同行的学术交流,进一步体现出论坛的开放性;③在保持论坛独立性的同时,探索与高水平学术会议的衔接和融合,扩大规模和影响力。学校研究生教育督导组成员深入各论坛进行督导,通过总结和推广成功经验,不断提高论坛的质量。

2021 年以来,博士生学术论坛规模不断扩大,每年举办 17 场以上。2021 年以“新时代下的学术交叉与融合创新”为主题,学校举办首届天津大学博士生交叉学术论坛,着力搭建全校性的高端平台,增进跨学科领域的学术交流,培养符合新时代要求的高层次复合型创新人才。

二、教育部研究生教育创新计划

2005 年开始,为加强研究生创新能力培养,进一步提高培养质量,教育部开始实施研究生教育创新计划,对全国性的研究生教育创新计划项目进行立项并给予资助,如举办全国博士生学术论坛、开设全国研究生暑期学校等。

研究生院积极组织申报教育部研究生教育创新计划项目,取得了良好效果,同时,组织研究生参加国内其他高校举办的各类研究生教育创新计划项目。项目的申报和实施既推动了研究生创新能力的培养,也提高了学校的知名度。

2005 年,教育部研究生教育创新计划项目——全国博士生学术论坛(化学工程学科)在天津大学举办。这是我国化学工程与技术学科的首届全国博士生学术论坛。此次论坛由国务院学位委员会办公室和教育部学位管理与研究生教育司主办、天津大学承办。中国科学院院士余国琮、费维扬,中国工程院院士王静康、欧阳平凯、杨锦宗、魏可镁、邹竞、刘昌孝、王玉明和近 20 位国家杰出青年基金获得者和港台地区的杰出中青年学者出席了会议。来自全国各有关高校和科研院所的 200 多位优秀博士研究生参加了论坛。中共天津市委相关领导和天津大学校长单平出席开幕式并讲话。此次论坛共收到来自天津大学、清华大学、香港科技大学、上海交通大学、大连理工大学等高校和科研院所的在读博士研究生提交的 200 多篇论文。论文涵盖化学工程与技术学科领域的各个方面,集中反映了我国化学工程与技术学科博士研究生学术研究的前沿动态和最新成果。

2008 年,全国研究生暑期学校——建筑学名师讲堂是教育部依托天津大学建筑学的优势办学资源开创的辐射全国的创新教学模式,是工程技术领域建筑类的首届全国研究生暑期学校,对提高全国建筑学领域研究生教学水平具有重要示范意义。教育部对建筑学名师讲堂的组织和实施给予了充分肯定,尤其是组织学员针对汶川大地震设计一批抗震民居的实践活动。

三、研究生科研创新实践项目

为深化研究生培养模式变革,推动科教融合和学科交叉培养,提升研究生创新精神和创新能力,天津大学 2019 年开始实施研究生科研创新实践项目。研究生作为项目负责人,聚焦重大项目和关键问题,独立自主开展科研工作。63 个项目获准立项,其中 52 项获批天津市研究生科研创新项目,获批率 83%,远高于其他高校。

2020 年,学校继续优化资助培育流程,以质量为导向对项目进行后激励资助,通过中期和结项检查实现项目质量的动态监测,共有 19 个学院(部)申报项目 131 项。天津市教委首次开展人工智能专项申报工作,学校申报的 15 项中有 11 项获得天津市教委正式立项,另外还有 74 项普通项。

2021 年，天津市教委引入航空航天专项申报工作。学校 24 个学院（部）共申报研究生科研创新实践项目 156 项，其中 119 项普通项、22 项智能网联汽车专项、8 项航空航天专项获天津市教委正式立项获批立项。

2022 年，天津市教委设立服务产业专项，学校共获批一般项目 126 项、服务产业专项 24 项。至 2024 年，学校共获批立项研究生科研创新实践项目 436 项，其中普通项 371 项、专项 65 项。

四、研究生创新创业教育

天津大学一直致力于研究生创新创业体系的构建与实施，通过创新创业课程、科创项目、创新创业大赛等，实现由氛围营造到知识输入，从项目实践到自主创业的阶梯式培养目标。

（1）课程体系。2023 年，为全面响应党的二十大精神，服务国家创新驱动发展战略，培养具有家国情怀、全球视野、创新精神、实践能力，并能引领未来的卓越人才，研究生院联合宣怀学院推出“创新创业微学历”项目。该项目课程设计围绕技术交叉、创新应用、产业交流、实践模拟等 4 个维度展开，将课堂教学延伸至创业实战，将理论教学与产业实景叠加，将科研成果转化与人才培养融合，提升创新创业的意识与能力。学校面向硕、博全学段学生设计开发创新创业课程项目，项目分为三大模块，共设 20 个学分，修满 10 个及以上学分的学生可申请“创新创业微学历”项目证书。

（2）双创大赛。学校以研究生创新实践系列大赛和中国国际大学生创新大赛为抓手，引导学生面向国家经济社会发展、产业发展需求和国家重大战略发展开展创新创业活动。在第八届中国国际大学生创新创业大赛中，学校取得了 3 金 3 银 4 铜的好成绩，斩获天津大学参赛以来首个“青年红色筑梦之旅”赛道金奖、首个产业命题赛道金奖、首个本科生赛道金奖，实现了全新突破，连续五年斩获“互联网+”大赛金奖，累计获得 8 金 11 银 16 铜。2023 年，天津大学斩获 23 项金奖、13 项银奖，金奖总数全国排名第一，并第一次站在了冠军争夺赛的舞台上，取得了历史性突破。

第七节　国际合作培养

高水平研究生教育需要置身于国际合作与交流的环境中，用国际一流标准引领拔尖创新人才培养。学校较早引进发达国家的研究生培养经验，如聘请国外著名教授担任天津大学名誉教授、客座教授。从 2008 年开始，利用“211 工程”三期创新人才培养项目基金和天津大学健坤学生国际交流基金，积极创造条件，开展研究生教育国际化培养。2014 年，学校第三次研究生教育工作会议提出了国际竞争力提升计划，设立研究生国际学术交流基金用于开展研究生联合培养、参加国际学术会议和短期访学等交流活动，以提高研究生海外访学经历比例和培养质量。

1. 推动国际学术交流

鼓励并资助研究生参加国际学术会议和国际竞赛，提高学术水平和国际交流能力。

2010 年，学校资助 30 余名研究生参加国际太阳能十项全能竞赛。这是学校研究生历史上首次大规模组团出国参加专业竞赛，锻炼了研究生的创新实践能力，推动了建筑学院、建筑工程学院等学院学科交叉研究，以及教学、科研与实践的结合。

2011 年，为确保天津大学健坤学生国际交流基金资助工作的规范运行，研究生院承担了资助研究生出国参加高水平国际学术会议的审核、遴选等工作，制定了相关管理办法，明确了资助条件、资助范围、资助程序。各学院根据会议重要性建立了国际会议分级目录，作为资助标准的重要依据，形成了从资助申请到总结报告的完整管理程序。2011 年度，天津大学健坤学生国际交流基金提供了 4 个批次的资助，帮助 9 个学院的 22 名研究生先后参加了在美国、英国、日本、新加坡等国家举办的国际学术会议，资助金额共计 24.53 万元。

学校实施“博士生海外访学激励项目”和“天津大学研究生国际学术交流基金项目”，鼓励博士研究生向高水平国际会议投稿并作宣讲报告，引导博士研究生走向国际学术舞台；为赴国外一流大学短期访学和参加联合培养项目的博士研究生提供资助，提高博士研究生的国际学术交流和创新研究能力。2015 年至今，以上两个项目共支持 800 余名博士研究生参加国际学术交流，拓宽了他们的国际学术视野，提升了学术创新和国际交流能力，赴境外参加学术交流的人数和比例实现逐年递增。

2. 开展全英文专业及课程体系建设

天津大学从 2015 年起支持研究生全英文课程体系建设，以首批入选中国高校国际化示范学院的药学院作为试点，建立了全国首个药学“本-硕-博”全英文教学体系，不断增加研究生全英文专业和课程的数量，提升学科专业招收培养国际研究生的能力。截至 2023 年，学校共支持建设了 23 个研究生示范性全英文专业，覆盖半数以上一级学科，全校共开设研究生全英文课程 244 门，每年受益的中外研究生 5 000 余人次。

2019 年，学校着力培育国际化精品教材和在线课程，至今共支持编写全英文教材 16 本和建设全英文精品在线课程 15 门，推动优质教学资源走向国际。

3. 研究生教育国际合作

天津大学不断深化战略合作伙伴关系。2020 年，在深圳市政府支持下，天津大学与美国佐治亚理工学院联合举办的中外合作办学机构正式获批，天津大学佐治亚理工深圳学院（简称深圳学院）正式成立。天津大学与美国佐治亚理工学院原有电子与计算机工程（ECE）中外合作办学硕士学位项目的规模不断扩大，并于 2021 年新增计算机科学、数据科学和环境工程中外合作办学硕士学位项目。工业设计硕士学位项目也于 2022 年开始招生。天津大学与新加坡国立大学共同建设的“天津大学-新加坡国立大学福州联合学院”（简称联合学院）自 2019 年起联合培养博士研究生。天津大学与新加坡国立大学联合举办的化学、物理学及化学工程硕士研究生中外合作办学项目于 2022 年获批。

4. 国际培育和国际评审

2018 年，学校依托博士研究生教育综合改革试点工作，着力改革博士研究生国际联合指导和培养模式，创新开展博士学位论文国际培育与国际评审工作，推进高层次人才培养的国内国际评价双轨并进。

博士学位论文国际培育计划通过建立和完善海外专家联合指导、博士研究生海外访学、学位论文海外评审与海外专家参加答辩等国际联合培养机制，打造天津大学国际联合培养的品牌项目。

博士学位论文国际评审项目要求博士研究生以英文撰写学位论文，由国际一流专家组成评审团队对学位论文进行评价。截至 2023 年，已对 108 人开展博士学位论文国际评审，其博士学位论文水平得到了国际同行专家的充分肯定，有效提高了学科国际影响力。

第三章　研究生学位授予

第一节　学位制度建立历程

20 世纪 30 年代，我国就有了学位授予的相关规定，新中国成立后也曾多次酝酿拟定学位制度，但由于经济和教育还比较落后，该项工作始终未能实现。1980 年 2 月 12 日，中华人民共和国第五届全国人民代表大会常务委员会第十三次会议审议通过了《中华人民共和国学位条例》，并于 1981 年 1 月 1 日起施行。同年 12 月 1 日，国务院批准成立国务院学位委员会。

1981 年，我国正式建立学位制度，颁布了《中华人民共和国学位条例》和《中华人民共和国学位条例暂行实施办法》，为我国学位体系的建立奠定了法律基础和制度保障，完善了高等教育体系。此后相关规章制度共同构成了具有中国特色的学士、硕士、博士三级学位制度、学位授权审核制度和学位授予制度，学位与研究生教育开始步入了正轨。

天津大学作为中国第一所现代大学，研究生教育历史悠久。早在北洋大学创立之初，盛宣怀就制订了留学培养研究生的计划。20 世纪 30 年代，国立北洋工学院工科研究所录取了首批 3 名研究生。经教育部核准，研究生期满考试及格由本院发给证书，通过毕业论文后被授予硕士学位。天津大学培养出了中国最早一批硕士研究生，成为中国学位与研究生教育的开拓者之一。

一、起步时期

新中国成立后，北洋大学作为教育部所属高校自 1951 年开始招收研究生。但是当时学校尚未建立学位制度，研究生毕业只颁发毕业文凭，不授予学位。1951—1978 研究生招生情况详见表 2-1-3-1。

表 2-1-3-1　1951—1978 年研究生招生情况

年份	招生情况
1951—1952 年	院系调整后，天津大学化工系招收 6 名研究生（原为南开大学研究生，全国院系调整后转来）
1953 年	接收由高等教育部统一分配的 42 名研究生
1954 年	录取 4 名研究生
1955 年	招收 7 名研究生
1956 年	开始招收副博士研究生，招收 6 名研究生
1957 年	招收 6 名研究生
1958 年	未招生
1959 年	招收 18 名研究生
1960 年	招收 76 名研究生

续表

年份	招生情况
1961 年	招收 86 名研究生
1962 年	招收 23 名研究生
1963 年	招收 20 名研究生。全校共有 54 个研究生专业、82 名研究生导师，在校研究生 172 名
1966 年	研究生教育被迫中断
1978 年	恢复研究生招生，招收 108 名研究生
1981 年	具有硕士、博士学位授予权，招收 116 名研究生

注：① 1956 年和 1957 年，学习苏联培养研究生制度，分别招收 1 名和 5 名副博士研究生，不久又都改为普通研究生；

② 1961 年 9 月，学校制定了《天津大学关于培养研究生的实施办法》，对研究生学习内容、论文要求、时间进度以及导师要求等做了具体的规定；

③由于“四清”运动的开展，1965 届研究生被全部派到农村，几乎没有学习课程和撰写论文工作。

1981 年，学校成为国务院学位委员会首批批准的具有硕士、博士学位授予权的单位之一，自此开始进入学位制度探索过渡时期。

二、探索过渡时期

1981 年，天津大学开始具有硕士、博士学位授予权，至此才开始实行学位制，同时成立了校学位评定委员会，规定学校硕士学位学术水平的基本要求，并下设学位办公室负责全校的学位评定日常工作。为彰显工科为主和工、理、文、管多学科互相渗透综合性大学的特色，保证研究生的质量，学校在课程学习和学位论文方面严格管理。

课程学习方面，学校试行学分制。学校对各专业学分、课程性质、门数的相关规定：必须修满 32 学分以上的研究生课程；学位课程必须考试，且不少于 23 学分；专业课、专业基础课（不少于 2 门）的必修学分不少于 8 学分。

学位论文方面。学校对学位论文有如下要求：第一，学位论文应由研究生本人独立完成、内容应有新的见解、篇幅应适中、技术指标应满足一般科研论文的技术要求；第二，严把学位评审关，先由指导教师写出全面评语，再经教研室审核，请评阅人采取密封方式评阅。论文答辩等由系审核把关，学位评定分委员会批准。学位评议之前，学位申请、评阅、答辩等有关材料须经学位评定分委员会秘书审核，提前两周分发给学位评定分委员会委员评阅。学位评定分委员会委员主要进行论文水平及答辩情况的具体审查，通过评议投票作出授予硕士学位的建议，而学位评定委员会负责做出授予硕士学位等决定。

同时，学校努力办好《研究生学报》，为研究生提供交流论文的园地；开展评选优秀论文工作，依据论文的学术水平、贡献大小、经济效益高低给予奖励，优秀论文作者还可被推免攻读博士学位。

1982 年 2 月，天津大学制定《研究生暂行学则》，在第五章“论文答辩和授予学位”中规定：研究生只有按课程学习计划完成规定的学分，才能进行学位论文答辩。如提前完成学分也可提前进行论文答辩。答辩合格者按《天津大学硕士、博士学位授予工作试行细则》的规定获得相应的学位。答辩不合格者获得结业证书，如经论文答辩会同意，可在一年内修改论文，重新答辩，答辩合格后按《天津大学硕士、博士学位授予工作试行细则》的规定获得相应的学位。3 月，为贯彻执行中央有关学位条例的文件，学校结合自身培养研究生的情况进一步制定了《硕士、博士学位授予工作试行细则》。

1983 年底，随着研究生数量的大幅增长，研究生管理工作压力增大，原有的研究生学位授予模式已经不再适用，研究生学位改革被提上议事日程，至此进入学校研究生建设的快速发展期。

三、快速发展时期

1984年12月,天津大学研究生院正式成立。研究生院院长由副校长吴咏诗兼任。研究生院下设一处(培养处)、二处(管理处)和学位办公室3个处级单位,每个处级单位下设若干科。研究生院的成立使得天津大学培养高层次人才的各项机制得到逐步改进和完善。学位制度持续完善,包括以下三部分。

(1)专业学位。1990年为满足经济飞速发展的社会对应用型高级人才的迫切需求,我国开始实行专业学位制度,国务院学位委员会第九次会议审批了我国第一个专业学位——工商管理硕士(MBA)。1991年3月,经国务院学位委员会批准,天津大学成为首批可以开展工商管理硕士(MBA)教育的9所院校之一。

(2)第二学士学位。1996年为适应"四化"建设的高层次专门人才要求,国家制定了第二学位制度。培养第二学士学位生,与培养研究生一样,是培养高层次专门人才的一种途径。根据教育部《高等学校培养第二学士学位生的试行办法》等相关法规,一般地凡是已修完一个学科门类中的某个本科专业课程,已准予毕业并获得学士学位,再攻读另一个学科门类中的某个本科专业,完成教学计划规定的各项要求,成绩合格者,准予毕业,可授第二学士学位。鉴于高等学校的容量有限,而培养本专科生的任务又很重,第二学士学位生只能根据国家的特殊需要有计划地按需培养,不大面积铺开,招生规模要从严控制,原则上限在部分办学历史较久、师资力量较强、教学科研水平较高的本科院校中试行。

(3)同等学力。1988年,国务院学位委员会颁布《关于授予成人高等教育本科毕业生学士学位的暂行规定》。1991年3月29日,国务院学位委员会发布《关于授予具有研究生毕业同等学力的在职人员硕士、博士学位的暂行规定》及其实施细则。

1992年2月24日,国务院学位委员会办公室、国家教委学位办公室联合发布《关于制发学士学位证书的通知》,就高等学校本科毕业证书与学士学位证书分开制发的有关问题做了规定。全国统一印制的学士学位证书自1992年应届毕业生起使用。1999年2月23日,国务院学位委员会、教育部联合下发《关于下放学士学位授予单位审批权的通知》。2008年国务院学位委员会第二十五次会议在北京召开,会议审议并原则通过了《博士、硕士学位授权审核办法改革方案》。天津大学自成立研究生院以来,一直遵循国家的政策进行学位管理工作。

1985年,天津大学修改了《天津大学研究生暂行学则》,如原《天津大学研究生暂行学则》规定,只要成绩及格答辩通过就可授予学位,但是这样无法区分学生水平的高低,修改后的《天津大学研究生暂行学则》规定,经过审查,研究生按课程计划修满规定的学分,学习成绩和论文答辩合格者,学校准予其毕业并为其颁发毕业证书。准予毕业的研究生,其学位课的平均成绩在75分以上者,符合《天津大学硕士、博士学位授予工作实施细则》规定的,授予相应的学位,并发相应的证书。学习成绩合格但毕业论文答辩不合格者,按结业处理,发结业证书。《天津大学硕士、博士学位授予工作实施细则》中,对于硕士学位获得者既有政治上的要求,又有学术上的要求;在学术上既要有理论知识又要有实践能力。要求研究生通过课程学习掌握坚实的基础理论和系统的专业知识,通过参与科研工作具有新的见解和从事科学研究工作或独立担负专门技术工作的能力。以上要求对学校研究生培养质量的提高起到了积极的作用。学校又根据国务院学位委员会、教育部的相关文件精神,结合学校实际,于1997年、2002年、2005年、2008年、2010年、2017年、2020年对《天津大学硕士、博士学位工作实施细则》进行了多次修订,且2020年修订后将其更名为《天津大学硕士、博士学位授予工作实施细则》。

历年来,为切实贯彻党和国家的教育方针,进一步规范和完善学位评定工作,学校根据《中华人民共和国学位条例》和《中华人民共和国学位条例暂行实施办法》的有关规定和国务院学位委员会、教育部的相关文件精神,结合实际情况,制定了《天津大学学位评定委员会工作条例》,对学位评定委员会及学位评定分委员会的组成、主要职责、日常工作等做了规定，通过学位评定委员会管理学位授予的相关内容。学校分别于1997年、2002年、2005年、2010年、2017年和2023年对《天津大学学位评定委员会工作条例》进行了修订，并在2010年修订时将其更名为《天津大学学位评定委员会章程》。

第二节　学位管理相关规定

1954年，天津大学首次拟定了《关于培养研究生的规定(草案)》，这是学校制定最早的研究生管理规章制度。1960年学校制定《天津大学关于培养研究生的实施办法》，对研究生的学习内容、论文要求、时间进度以及导师的要求进行了具体规定。1963年，为贯彻“高校六十条”和教育部颁布的《高等学校培养研究生工作暂行条例(草案)》，学校建立和健全研究生培养制度，加强研究生工作管理，以提高研究生培养工作的质量。1963年6月，学校制定《天津大学研究生学则(草案)》和《关于研究生毕业论文和答辩工作的几项暂行规定(草案)》。当时由于尚未建立学位制度，学校在研究生毕业时只为其颁发毕业文凭，不授予其学位。

一、文件依据

1980年，全国人民代表大会常务委员会正式通过《中华人民共和国学位条例》，并于1981年1月1日开始正式实施，2004年8月28日第十届全国人民代表大会常务委员会第十一次会议对《中华人民共和国学位条例》进行了修订。1980年12月15日至18日，在北京举行的国务院学位委员会第一次(扩大)会议审议通过《中华人民共和国学位条例暂行实施办法》(报国务院批准后公布)和《国务院学位委员会关于审定学位授予单位的原则和办法》(报国务院备案后即下达)，1981年5月20日国务院批准《中华人民共和国学位条例暂行实施办法》正式发布并开始正式实施。

二、体系规范

1981年，天津大学成为国务院学位委员会首批批准的具有硕士、博士学位授予权的单位之一。在加强组织保证的同时，天津大学加强规章制度管理，使各项工作有章可循，依章办事。为此，在20世纪90年代初学校陆续制定了《天津大学研究生暂行学则》《天津大学攻读硕士学位研究生培养工作的暂行规定》《天津大学硕士、博士学位授予工作试行细则》等近20个管理办法及规章制度。

1982—1985年，学校共授予博士学位51人，授予硕士学位2 108人。

1989年，学校举行首次着装授予博士学位仪式，9名博士研究生被授予学位。

2005年，研究生院再次召开全院会议对研究生教育管理系列文件开展专题研讨和修订工作，并根据需要起草了部分新的文件。经天津大学第12次校长办公会议讨论通过，涉及研究生招生、管理、培养、学籍、导师管理、学位授予等方面的29个文件正式发布。

2007年，教育部开始实施研究生培养机制改革，对研究生教育发展战略思维进行重大调整。学校审时度势，从2008年起，较早实施研究生培养机制改革，修订完成《天津大学硕士、博士学位工作实施细则》《天津大学博士生指导教师选聘与考核工作实施细则》，制定硕士研究生实施弹性学制与按一级学科实施研究生培养工作相应的实施意见和细则，确保学校研究生培养机制改革的顺利推进。

为了推动学科建设，提高研究生培养质量和学位授予质量，研究生院根据国务院学位委员会、教育部《关于修订学位授予和人才培养学科目录的通知》(学位〔2009〕28号)和《学位授予和人才培养学科目录设置与管理办法》(学位〔2009〕10号)文件精神，本着对国家、学校及相关学科高度负责的态度，经过认真思考，科学、客观、合理地提出了调整建议，形成了学位授予和人才培养学科目录的调整建议，撰写了《学科门类调整建议书》和《一级学科调整建议书》；同时，对新增的全日制专业学位硕士研究生和学制调整后的学术学位硕士研究生的学术论文发表要求做出了相应调整。经校学位评定委员会审议通过，学术论文的发表要求为：至少发表学校界定的“一般学术期刊论文”1篇，且各学位评定分委员会可根据具体情况提出更高的要求。

为进一步保证研究生学位论文质量，学校又在2009年引进中国知网（CNKI）研发的“学位论文学术不端行为检测系统”，并针对学位论文学术不端行为检测系统的使用和学位论文学术不端行为的监控制定了相应措施和规定。为保障博士学位论文的质量，学校严格实行博士学位论文抽查盲审制度。

2010年7月，学校再次组织研究生院全体教职工、各二级学院研究生教育主管院长、教务秘书和合作单位代表等近100人，结合研究生教育的实际，对《研究生教育工作文件汇编》进行全面探讨，做到从细节着手、规范管理，在此基础上形成《天津大学研究生管理规定》和《天津大学研究生课程管理规定》等文件。9月，学校颁布经过修订的36个关于研究生教育的文件。研究生院不断完善相关文件和规定，共修订6个学位授予相关工作校级文件，以适应新形势下学位管理及质量保障要求，进一步规范程序，保证学位授予质量。学校积极推动各学位分委员会制定本分委员会学位申请标准，并对各学位分委员会制定的标准进行审核把关，最终形成比较完善的各学位分委员会学位申请标准，提交学校审议通过后予以发布。

2013年，学校根据2012年11月教育部发布的《学位论文作假行为处理办法》（教育部令第34号）对学校2010年发布实施的《天津大学研究生学术规范》进行了修订，并更名为《天津大学学位论文及研究生学术规范》。

2014年，国务院学位委员会、教育部发布《博士硕士学位论文抽检办法》（学位〔2014〕5号），开始每年对已授学位的硕士、博士学位论文进行抽检，博士学位论文抽检由教育部负责，硕士学位论文抽检由各省（自治区、直辖市）的学位委员会负责。学校根据教育部的文件精神和学校实际制定了《天津大学博士硕士学位论文抽检评议结果处理办法》，明确了对在抽检中被认定为存在问题论文的处理办法。

2017年，研究生教育快速发展，教育部和社会对研究生教育提出更高的要求，为此学校对学位方面的相关规定进行修订完善，修订了《天津大学学位评定委员会章程》《天津大学硕士、博士学位工作实施细则》《天津大学研究生学术规范》《天津大学博士硕士学位论文抽检评议结果处理办法》《天津大学研究生学位论文暂不公开管理规定》《天津大学研究生优秀学位论文评选办法》6个文件，以满足新形势下学位管理及质量保障要求，进一步规范程序，严格把关，保证学位授予质量。

2018年，学校继续完善学位工作相关程序及规定，修订并发布了研究生学位申请审批材料（评阅书、审批书、答辩评议书及表决票）和《天津大学研究生学位论文评阅意见处理办法（试行）》，以满足新形势下学位管理及质量保障要求，进一步加强过程管理，严格把关，保证学位授予质量。

2019年为研究生院“质量年”。研究生院不断完善学位论文质量保障体系，进一步梳理学位论文质量全过程关键节点，优化监控机制，压实各级责任，实行博士学位论文初审制、负面评价积分制、存疑论文报告制、增加同等学力博士送审专家数、分委会督导列席制等多项措施，进一步修订《天津大学博士硕士学位论文抽检评议结果处理办法》。

2020年面对疫情带来的挑战，研究生院积极调整应对，创新工作方法，简化工作流程，制定线上送审及答辩等工作方案，线上答辩增加了院级督导及校级督导，有效保证了线上答辩的规范性和质量；规范学位审批书内容，优化存档材料提交流程；对《天津大学硕士、博士学位工作实施细则》进行修订，并更名为《天津大学硕士、博士学位授予工作实施细则》，修订后新增了工程博士申请学位的相关要求，对学位授予的关键节点进行了规范，规定了各级审核把关责任，并明确涉及学位申请人切身利益的相关处理的申诉途径，最大限度保障学位申请人相关权益。根据《中华人民共和国学位条例》和《高等学校预防与处理学术不端行为办法》（教育部40号令）等相关规定，在调研在社会上造成较大影响的撤销学位的司法案例的基础上，在学校法制办的指导下，研究生院重新梳理了撤销学位的流程，进一步规范撤销学位程序，在调查过程中给予当事人充分的陈述权和申辩权，并充分尊重学术委员会的判断。7月，研究生院开始要求单证工程硕士学位论文全部参加校级盲审。自2019年实行论文初审和校级盲审学位论文积分制以来，校级盲审首次送审出现负面评价的学位论文数量占比下降近一半，而获得全A评价的学位论文数量同比增长超过70%。

2021年，学校正式发布《天津大学硕士、博士学位论文校级盲审办法（试行）》，压实各级主体责任，明确论文质量优劣的奖惩机制；根据国务院学位委员会《涉密研究生与涉密学位论文管理办法》（学位〔2016〕27号）文件的规定，配合保密办对涉密学位论文的撰写、评阅、答辩、存档及涉密学位论文的质量管理工作进行了规范，对涉密学位论文的管理文件进行了修订，将其更名为《天津大学涉密研究生与涉密学位论文管理规定》；对2011年制定的论文评阅、答辩费用标准进行了调整，明确了相关费用的支出来源和支出方式，并正式下发《天津大学关于调整硕士、博士学位论文评阅与答辩费用标准的通知》（天大校研〔2021〕7号）。

2021年，为深入贯彻落实党的十九大精神和习近平总书记在全国教育大会和2018年两院院士大会上的重要讲话精神，根据中共中央、国务院印发的《深化新时代教育评价改革总体方案》和教育部、科技部印发的《关于规范高等学校SCI论文相关指标使用 树立正确评价导向的若干意见》等相关文件要求，结合学校整体部署，研究生院牵头对《天津大学关于学术期刊论文界定的有关规定》（天大校研〔2010〕13号）进行修订。本次文件修订旨在破除论文"SCI至上"等不良导向，探索建立更加科学的学术论文评价体系，鼓励广大师生积极发表高质量学术期刊论文，为学校营造良好的创新和育人环境，提升论文创新水平和学术水平，推进中国特色世界一流大学建设。修订稿征求各学院、教代会及相关部处意见后，于2022年5月通过校长办公会审议更名为《天津大学高水平学术期刊与学术会议目录规定》并正式发布。

2023年，研究生院对《天津大学学位评定委员会章程》进行修订，并完成学位评定委员会换届工作。

三、学位申请基本要求

1. 发表学术论文的界定

1996年，学校发布《关于对"重要期刊论文"和"一般期刊论文"界定的通知》（津大校发字〔1996〕27号），明确了研究生申请学位发表学术论文的界定范围。

2003年，学校发布《天津大学关于重新界定"重要学术期刊论文"和"一般学术期刊论文"的通知》（津大校发字〔2003〕7号）。同年，为进一步提高《天津大学学报》的办刊质量，使《天津大学学报（英文版）》及新创刊的《纳米技术与精密工程》期刊能尽快地进入国际知名的文献检索系统，学校发布了《天津大学关于进一步加强学报建设全面提高学报水平的决定》（津大校发〔2003〕56号），鼓励学校科研人员为《天津大学学报》提供高水平的学术论文，凡学校师生在《天津大学学报（自然科学版、英文版）》《燃烧科学与技术》和《纳米技术与精密工程》上刊登的论文均视为重要期刊论文。2004年，为提高《天津大学学报（社科版）》的办刊质量，学校发布《关于进一步加强和改进《天津大学学报（社科版）》工作的决定》（津大校发〔2004〕56号），规定学校师生在《天津大学学报（社科版）》上刊登的论文均视为重要期刊论文。

2005年，为进一步加强学校学科建设和教师队伍建设，提高人才培养质量，提升科研水平，促进学校师生发表高水平学术论文，满足学术评价体系及学科评估的要求，学校对上述《天津大学关于重新界定"重要学术期刊论文"和"一般学术期刊论文"的通知"》（津大校发〔2003〕7号）进行调整，发布了《天津大学关于学术期刊论文界定的有关规定》（津大校研〔2005〕19号），并将发表的学术论文界定为高水平学术期刊论文，被SCIE、EI、SSCI和A&HCI收录的论文，核心学术期刊论文，一般学术期刊论文，共四个档次。但对管理学院、建筑学院、社会科学与外国语学院和职业技术教育学院，其学术期刊论文除参照本规定外，还可参照《天津大学关于重新界定“重要学术期刊论文”和“一般学术期刊论文”的通知”》（津大校发〔2003〕7 号）进行界定。对于发表在《天津大学学报》期刊群上的学术论文，仍按照津大校发〔2003〕56 号和津大校发〔2004〕56 号文件进行界定。

2010 年，学校再次对学术期刊论文界定文件进行了修订，并发布了《天津大学关于学术期刊论文界定的有关规定》（天大校研〔2010〕13 号）。对学术论文的界定仍与《天津大学关于学术期刊论文界定的有关规定》（津大校研〔2005〕19 号）的界定相同。

2012 年，校学位评定委员会第 89 次会议对《天津大学关于重新界定“重要学术期刊论文”和“一般学术期刊论文”的通知”》（津大校发〔2003〕7 号）的应用情况进行了审议，全体参会委员同意废除该文件；同意建筑学院、管理与经济学部和教育学院等有博士学位授权点的学院（社会科学与建筑学科学位评定委员会所属学院）根据自身特点单独制定新文件，经学校审查后备案，从下个学位授予周期开始执行。

2010 年后，校学位评定委员会陆续审议通过了学术论文界定的补充规定，如：同意增列《海洋工程》为学校认可的核心期刊；已录用但未被收录的 SCI 学术论文在申请博士学位时有效；在核心期刊增刊上发表的学术论文视为学校界定的一般期刊论文；等等。

2022 年，学校修订《天津大学高水平学术期刊与学术会议目录规定》（天大校发〔2022〕7 号）并正式发布。该文件规定：学校的高质量学术期刊和学术会议目录原则上按照“顶级学术期刊与学术会议”“高水平学术期刊与学术会议”“一般学术期刊与学术会议”三个等级制定；高质量学术期刊和学术会议目录的制定工作由各学术委员会负责，并经校学术委员会审议通过后施行。

2. 申请学位发表学术成果要求

1998 年，学校发布的《天津大学攻读硕士学位研究生培养工作暂行规定》（津大校发字〔1998〕23 号）和《天津大学攻读博士学位研究生培养工作暂行规定》（津大校发字〔1998〕24 号）规定：硕士研究生要结合论文工作发表学术论文，在学期间要求至少发表一篇学术论文，要求在正式学术期刊上发表，或在国际和全国性会议上发表，并收入论文集；博士研究生要结合论文工作发表学术论文，在学期间至少发表 3 篇学术论文，其中至少一篇在重要期刊上发表，一篇在一般期刊上发表，另一篇可在全国和国际会议上发表，但必须收入会议论文集；发表论文不符合要求和未取得全国大学英语考试六级证书者，可以进行答辩，但学校暂不向其颁发硕士、博士学位证书。

2001 年，学校发布《天津大学关于硕士、博士研究生发表论文和英语水平要求的规定》（津大校发字〔2001〕71 号）。2002 年，学校发布《天津大学关于博士研究生发表论文和英语水平要求的规定》（津大校发字〔2002〕11 号），对 1996 年秋季及之后入学的博士研究生申请学位发表学术成果和英语成绩要求进行了规定，明确了申请博士学位的有效期限为 6 年（从博士研究生入学开始计算，总期限不得超过 6 年），提高了对博士学位申请人发表学术论文的要求，对建筑学一级学科博士学位申请人发表学术论文单独进行了规定，同时对超过 40 岁且第一外国语为英语的博士学位申请人可不要求其通过全国大学英语六级考试，但须增加 1 篇 SCI 或 EI 检索源期刊上发表的论文。

2002 年，学校发布《天津大学关于研究生发表 SCI 与 EI 检索论文的奖励办法（试行）》（津大校发字〔2002〕16 号），鼓励学校师生发表 SCI 和 EI 检索的论文。

2003 年，学校发布《天津大学关于对全日制硕士研究生发表论文和外语水平要求的规定》（津大校研〔2003〕9 号），对全日制硕士研究生申请学位发表学术论文和外语水平要求进行了明确。

2005 年，为进一步提高学校研究生的培养质量，引导和促进博士研究生在高水平学术期刊上发表学术论文，并适应学校硕士生研究学制改革的需要，学校对硕士、博士研究生发表学术论文的要求进行修订，并下发《天津大学关于硕士、博士研究生发表学术论文要求的规定》（津大校研〔2005〕20 号）。该文件明确，学校的规定为最低要求，各学位评定分委员会可根据具体情况，适当提高对博士研究生发表学术论文的要求，并形成书面文件上报研究生院学位与学科建设办公室备案后执行。从2005级研究生开始，研究生申请学位时不再要求外语水平。

2010年，为进一步提高研究生的培养质量，引导和促进博士研究生在高水平学术期刊上发表学术论文，并适应学校硕士研究生学制改革的需要，学校对硕士、博士研究生发表学术论文的要求规定进行修订，并于8月下发《天津大学关于硕士、博士研究生发表学术论文要求的规定》（天大校研〔2010〕11号）。

2010年后学校未再修订关于研究生发表学术成果的文件，但学校一直认可各学位评定分委员会制定高于学校基本要求的研究生学位申请基本要求，且提交校学位评定委员会审核备案通过后即可施行。2016年1月15日，校学位评定委员会第98次会议审议决定：同意由校学位评定委员会授权各学位评定分委员会自行制定研究生发表学术论文要求，并不得低于《天津大学关于硕士、博士研究生发表学术论文要求的规定》（天大校研〔2010〕11号）的要求。同时，本次会议还审议通过了《天津大学工程博士专业学位授予实施细则》。

2019年8月23日，校学位评定委员会第108次会议审议通过了各学位评定分委员会提交的全日制研究生学位申请成果基本条件，自2019级研究生开始，校学位评定委员会不再按照《天津大学关于硕士、博士研究生发表学术论文要求的规定》（天大校研〔2010〕11号）执行。且自2019年开始，研究生院每年发布修订学位申请成果基本条件的通知，各学位评定分委员会可以针对即将入学的研究生修订学位申请成果基本条件，提交校学位评定委员会备案后执行。

四、校学位评定委员会审议学位次数

校学位评定委员会审议学位的时间与学校研究生学制息息相关。校学位评定委员会从成立之日至2022年底，共召开了125次会议（历次校学位评定委员会会议召开时间详见附件），其中90%的会议都审议学位申请的议题。2020—2023年连续4年，每年审议5次学位，很好地满足了学校研究生的就业和继续深造需求。2002年至今校学位评定委员会每年审议学位的次数如表2-1-3-2所示。

表2-1-3-2　2002年至今校学位评定委员会每年审议学位次数

<table>
<tr><th>年份</th><th>每年常规授予学位次数</th><th>每年授予学位时间</th><th>备注</th></tr>
<tr><td>2002—2006年</td><td>2</td><td>3月、9月</td><td rowspan="5">2011年之前有3月入学的春季博士研究生；
2004级及之前的硕士研究生：2.5年学制，3月正常毕业；
2005—2008级硕士研究生：2年学制；
2009级硕士研究生：2、2.5、3年学制，从2009级之后2.5年学制硕士研究生调整为1月正常毕业</td></tr>
<tr><td>2007—2009年</td><td>3</td><td>3月、7月、9月</td></tr>
<tr><td>2010年</td><td>4</td><td>3月、6月、9月、12月</td></tr>
<tr><td>2011—2017年</td><td>2</td><td>1月、6月</td></tr>
<tr><td>2018—2019年</td><td>3</td><td>1月、6月、11月</td></tr>
<tr><td>2020年</td><td>3</td><td>1月、6月、7月、8月、11月</td><td>因疫情影响，7月和8月各增加一次</td></tr>
<tr><td>2021—2023年</td><td>4</td><td>1月、3月、6月、8月、11月</td><td>因疫情影响，8月增加一次</td></tr>
</table>

第三节　优秀论文激励机制

一、实施优博基金资助政策

自2001年开始，为了鼓励博士研究生开发具有前沿性、创新性和开拓性的博士学位论文选题，支持博士研究生的创新性学术思想，进一步提高学校博士学位论文水平，学校设立“天津大学优秀博士学位论文基金”（以下简称“优博基金”），并于2002年发布《天津大学优秀博士学位论文基金实施细则》，该细则规定优博基金每年评审一次，每年资助项目不超过20个，每个项目资助额度一般不超过2.5万元。2003年12月，优博基金资助项目数和资助额度有所调整，每年资助项目10个左右，资助基金分两部分支付：一部分以科研经费的形式划拨给导师，不固定金额1.0万元；一部分以研究生“三助”基金（助研基金、助管基金、助教基金）形式发放给博士研究生，正常学制内资助金额为400元/月，延期期间受资助博士研究生每月可获得1 500元生活补助，学校提供免费住宿，给予教授借书待遇。

2009年，学校对优博基金政策进行调整，每年资助约20个选题，提高了对受优博基金资助者发表学术成果的要求。每项基金由两部分组成：科研基金和“三助”基金。科研基金划拨给导师，为固定金额2.0万元；以“三助”形式发放给博士研究生的金额为800元/月。受资助的博士研究生在校学习在3年以上，按工作需要对课题仍需做更深入研究的，可申请延长学习期限，最多可延长2年。延长期内，受资助博士研究生可获得2 000元/月的“三助”基金，学校提供免费住宿，给予教授借书待遇。

2010年4月，教育部发布《关于设立博士研究生学术新人奖并开展试点工作的通知》，天津大学为首批试点单位。2010年学校推荐了20名学术新人奖博士研究生。2011年，学校将教育部博士研究生学术新人奖与学校优博基金联合评选，并制定《天津大学博士研究生学术新人奖及优博基金评选办法》，办法规定获得博士研究生学术新人奖的20人同时获得优博基金奖，另外未获得博士研究生学术新人奖的20人获得优博基金提名奖。博士研究生学术新人奖由国家财政奖励经费和“三助”基金支持，学校每月发给受资助者800元，且在正常学制期满后最长可延期2年，延长期内每月资助2 000元；优博基金提名奖只获得“三助”基金支持，学校每月发给受资助者800元，发放至学制期满为止。教育部博士研究生学术新人奖2010—2012年每年评选一次，学校共有60名博士研究生获得该奖。

2013年，学校评选出20名优博基金奖获得者和20名优博基金提名奖获得者。2014年开始，学校每年资助20个左右的优博基金奖获得者。2015年，学校修订《天津大学优秀博士学位论文基金评选办法》，提高资助额度，缩短资助期限，提高受资助者发表学术成果的要求。优博基金奖获得者的资助额度提高至3 000元/月，资助最长时间不超过12个月，且受资助者的博士学位论文必须送校级盲审。

2018—2020年，学校对优博基金进行了国内同行专家评审和国际同行专家评审的双轨评价机制改革，即受资助者的学位论文须同时接受国内同行和国际同行专家的评审。受资助者除享受3 000元/月的优博基金资助外，如博士学位论文通过国际同行评审，还可以享受每月2 000元的资助，且国际同行专家评审费由研究生院下拨至各学院作为专项经费支出。2018年有16名博士研究生通过了国际同行专家评审，相关论文均获得了国际同行专家的一致好评。

2021年，学校再次优博基金进行改革，受资助者的奖励由常规资助和后期卓越奖励组成。常规资助为一次性支付3万元奖励，后期卓越奖励2万元；同时不再强调优博基金奖获得者发表学术成果的数量，更加注重其学位论文质量。优博基金奖获得者的博士学位论文首次送审校级盲审所获专家评阅意见的总体评价必须在85分及以上，未达到要求的退回常规资助，收回优博基金奖。满足以下两项条件之一的可以申请后期卓越奖励：一是学位论文校级盲审首次送审所获全部评阅意见不低于90分并获评校级优秀博士学位论文；二是资助期间至少取得一项所属学位评定分委员会界定的学科领域内公认的标志性成果。

2022—2023 年，学校继续对优博基金进行改革，增加资助项目数（每年资助 40 个左右），降低常规资助额度（2 万元），加大后期卓越奖励（3 万元）力度，不再要求优博基金奖获得者的学位论文送国际同行专家评审，但增加送国内同行专家评审的数量（由 3 个增加至 5 个），并提高对学位论文总体评价分数的要求，要求优博基金奖获得者的博士学位论文首次送审所获全部评阅意见的分数（评阅总分，不计单项评分，下同）不低于 85 分且至少 2 份评阅意见的分数不低于 90 分。后期卓越奖励的申请条件也调整为满足以下条件之一即可申请：一是学位论文校级盲审首次送审每份所获评阅意见的分数均不低于 85 分且至少有 4 份评阅意见的分数不低于 90 分，至少获得校级优秀博士学位论文；二是资助期间至少取得一项所属学位评定分委员会界定的学科领域内公认的标志性成果。

二、推选各级各类优秀学位论文

1. 全国优秀博士学位论文评选工作

全国优秀博士学位论文评选是在教育部和国务院学位委员会的直接领导下，由教育部学位管理与研究生教育司组织开展的一项工作，旨在加强高层次创造性人才的培养工作，鼓励创新精神，提高我国研究生教育特别是博士研究生教育的质量。全国优秀博士学位论文评选是对博士培养质量进行监督和激励的一项重要举措，对培养和激励在学博士研究生的创新精神，提高我国博士研究生的培养质量具有积极的作用。全国优秀博士学位论文评选工作自 1999 年开始，2013 年以后不再开展。

全国优秀博士学位论文评选工作每年进行一次，每次评选出的全国优秀博士学位论文不超过 100 篇。根据《全国优秀博士学位论文评选办法》，全国优秀博士学位论文经过推荐、初选和复评产生。参评论文由学位授予单位向其所在省（自治区、直辖市）的学位委员会推荐；省级学位委员会对推荐学位论文进行初选。教育部学位管理与研究生教育司对通过初选出论文组织复评，复评工作包括同行专家通讯评议和专家审定会审定。教育部学位与研究生教育发展中心受教育部学位管理与研究生教育司委托，承担同行专家通讯评议和管理工作。为鼓励、支持全国优秀博士学位论文作者在高等学校不断取得创造性成果，教育部还设立了高等学校全国优秀博士学位论文作者专项资金，对在中国内地高等学校工作的全国优秀博士学位论文作者给予 5 年的研究资金资助。

1999—2013 年，学校共有 13 篇博士学位论文获得全国博士学位论文奖、29 篇博士学位论文获得全国博士学位论文提名奖，具体清单如表 2-1-3-3 和表 2-1-3-4 所示。

表 2-1-3-3　天津大学获得国家优秀博士学位论文奖清单

年份	题目	作者	导师	学院	学科名称	获奖级别
2003 年	二维超音速混合层增强混合的研究	曹伟	周恒	机械工程学院	流体力学	全国入选
2004 年	弱非线性水波和海流在非平整海底上的传播及其混沌动力学	黄虎	周锡礽	建筑工程学院	港口、海岸及近海工程	全国入选
2004 年	电力系统小扰动稳定域的研究	贾宏杰	余贻鑫	电气自动化与信息工程学院	电力系统及其自动化	全国入选
2005 年	流化床吸附分离蛋白质的基础研究	佟晓冬	孙彦	化工学院	生物化工	全国入选
2005 年	制造质量在线测控技术的研究	曲兴华	叶声华	精密仪器与光电子工程学院	测试计量技术及仪器	全国入选

续表

年份	题目	作者	导师	学院	学科名称	获奖级别
2007 年	飞秒激光脉冲在光子晶体光纤中传输特性的研究	胡明列	王清月	精密仪器与光电子工程学院	光学工程	全国入选
2008 年	基于时间序列矩属性的金融波动模型研究	许启发	张世英	管理学院	管理科学与工程	全国入选
2008 年	等离子体处理制备高效催化剂的基础研究	邹吉军	刘昌俊	化工学院	化学工艺	全国入选
2010 年	化学气相沉积法原位合成碳纳米管增强铝基复合材料	何春年	赵乃勤	材料科学与工程学院	材料学	全国入选
2010 年	快速全光谱反射差分光谱仪的研究	胡春光	胡小唐	精密仪器与光电子工程学院	测试计量技术及仪器	全国入选
2011 年	新碳纳米材料及其生物应用探索	范晓彬	张凤宝	化工学院	化学工程	全国入选
2013 年	酵母对纤维素水解液中复合抑制剂耐受的系统分析与解耦	丁明珠	元英进	化工学院	制药工程	全国入选
2013 年	弦支穹顶结构施工控制理论与温度效应研究	刘红波	陈志华	建筑工程学院	结构工程	全国入选

表 2-1-3-4　天津大学获得国家优秀博士学位论文提名清单

年份	题目	作者	导师	学院	学科名称	获奖级别
2003 年	骨折内固定用复合材料的性能控制及溶胀/降解行为的研究	万怡灶	王玉林	材料科学与工程学院	材料学	全国提名
2003 年	二氧化碳和环氧乙烷合成碳酸乙烯酯负载型双核桥联配合物催化剂的研究	高健	钟顺和	化工学院	工业催化	全国提名
2003 年	自启动飞秒(10^-15 秒)太瓦(10^12 瓦)激光放大系统的研究	王勇	王清月	精密仪器与光电子工程学院	光学工程	全国提名
2004 年	固体催化剂机械强度的基础研究	吴东方	李永丹	化工学院	工业催化	全国提名
2004 年	非线性相位匹配飞秒光参量放大器的研究	庞冬青	章若冰	精密仪器与光电子工程学院	光学工程	全国提名
2005 年	近红外光谱分析中若干关键技术的研究	李庆波	徐可欣	精密仪器与光电子工程学院	测试计量技术及仪器	全国提名
2006 年	蛋白质色素亲和色谱理论研究	张松平	孙彦	化工学院	生物化工	全国提名
2006 年	原核生物基因识别算法研究和基因组进化分析	欧竑宇	张春霆	理学院	生物物理学	全国提名
2008 年	水电站泄洪雾化理论及其数学模型的研究	张华	练继建	建筑工程学院	水利水电技术	全国提名

续表

年份	题目	作者	导师	学院	学科名称	获奖级别
2008年	基于液滴分析技术和液滴指纹图的液体识别方法的研究	宋晴	张国雄	精密仪器与光电子工程学院	测试计量技术及仪器	全国提名
2008年	原核生物蛋白质编码区识别及基因组序列分析	郭锋彪	张春霆	理学院	生物物理学	全国提名
2009年	类质同晶甾体化合物的分离过程研究	聂强	王静康	化工学院	化学工程	全国提名
2009年	超音速平板边界层从层流到湍流的转捩机理及湍流特性	黄章峰	周恒	机械工程学院	流体力学	全国提名
2009年	高功率连续运转全固态蓝光、红光激光器研究	周睿	姚建铨	精密仪器与光电子工程学院	物理电子学	全国提名
2009年	DNA序列分段新算法及其在基因组分析中的应用	高峰	张春霆	理学院	生物物理学	全国提名
2009年	基于组件树模型和双向迭代技术的暂态稳定仿真方法研究	杨晓东	房大中	电气自动化与信息工程学院	电力系统及其自动化	全国提名
2010年	头孢噻肟钠结晶技术研究	张海涛	王静康	化工学院	化学工程	全国提名
2011年	柴油机高效清洁燃烧方式基础理论研究	郑朝蕾	张惠明	机械工程学院	动力机械及工程	全国提名
2011年	爆炸荷载作用下钢筋混凝土结构的动态响应行为与损伤破坏机理	师燕超	李忠献	建筑工程学院	结构工程	全国提名
2011年	全光子晶体光纤飞秒激光放大系统的研究	刘博文	王清月	精密仪器与光电子工程学院	光学工程	全国提名
2012年	高纯少壁碳纳米管的功能化及其光电应用	冯奕钰	封伟	材料科学与工程学院	材料科学与工程	全国提名
2012年	CO_2催化转化的理论与实验研究	潘云翔	刘昌俊	化工学院	化学工程与技术	全国提名
2012年	高超音速圆锥边界层的转捩预测及e-N方法的改进	苏彩虹	周恒	机械工程学院	力学	全国提名
2012年	少自由度机器人机构一体化建模理论、方法及工程应用	刘海涛	黄田	机械工程学院	机械工程	全国提名
2012年	Hopfield神经网络动力学分析与应用	郑鹏升	唐万生	经济与管理学部	管理科学与工程	全国提名
2012年	基于非线性光学频率变换的人眼安全、中红外激光及太赫兹辐射源的研究	钟凯	姚建铨	精密仪器与光电子工程学院	电子科学与技术	全国提名
2013年	多芯光子晶体光纤飞秒激光系统及其在频率变换中的应用	方晓惠	王清月	精密仪器与光电子工程学院	光电子技术	全国提名

续表

年份	题目	作者	导师	学院	学科名称	获奖级别
2013 年	光注入半导体激光器的非线性动态特性及其应用研究	张明江	刘铁根	精密仪器与光电子工程学院	光学工程	全国提名
2013 年	两相流复杂网络非线性动力学特性研究	高忠科	金宁德	电气自动化与信息工程学院	检测技术与自动化装置	全国提名

2. 天津市优秀博士、硕士学位论文评选

2014 年以前天津市并未单独组织优秀博士、硕士学位论文评选工作，天津市优秀博士论文评选工作与全国优秀博士论文评选工作一起推进。通过天津市学位委员会办公室上报教育部参加全国优秀博士学位论文评选的论文，即被认定为天津市优秀博士学位论文。2014 年开始，由于不再开展全国优秀博士学位论文工作，天津市学位委员会办公室于 2014 年、2015 年、2019 年、2022 年单独组织天津市优秀博士、硕士学位论文评选工作，每次评选均给定优秀博士、硕士学位论文的推荐名额，各学校根据给定的推荐名额申报。

3. 校级优秀博士、硕士学位论文评选

为了鼓励博士学位申请者做好学位论文工作，不断提高学位论文水平，确保学位授予质量，天津大学自 2003 年正式开展校级优秀博士学位论文评选工作，并制定了《天津大学关于下发优秀博士学位论文评选和奖励办法的通知》（津大校研〔2003〕10 号），后于 2005 年、2010 年和 2017 年分别对该文件进行了修订。2003—2009 年，学校每年开展一次校级优秀博士学位论文评选工作，每年评选 10 篇校级优秀博士论文，并对获奖的学生和导师给予奖励。2010—2016 年，学校每年评选 10~20 篇校级优秀博士学位论文，流程均为学院（部）申报—学校组织专家评选—报学校批准后公布，学校也会给予获奖学生和导师奖励。2017 年，研究生院发布《天津大学研究生优秀学位论文评选办法》（天大校研〔2017〕4 号）。此后，学校开始每年同时开展优秀硕士、博士学位论文评选工作，由各学院（部）按照不超过授予硕士、博士学位数的 5%的比例进行推荐，公示无异议后报研究生院，研究生院审核公示无异议后上报学校，经批准后公布。按照《天津大学研究生优秀学位论文评选办法》的规定，学校不再对获得优秀学位论文的学生和导师给予物质奖励。

4. 其他各级各类优秀学位论文

自 2014 年教育部不再组织评选全国优秀博士学位论文后，教育部鼓励全国各级各类学会组织评选优秀学位论文。随后全国高等学校思想政治教育研究会、全国风景园林专业学位研究生教育指导委员会、中国复合材料学会、中国电子学会、中国计算机学会、中国图象图形学学会、中国力学学会、中国光学工程学会等陆续开展优秀学位论文评选工作，天津大学积极组织申报，2017 年至今，天津大学已有百余名研究生的学位论文被评为全国一级学会/协会的优秀学位论文。

第四节　学位信息管理工作

一、学位管理系统

为优化学位管理流程，提高工作效率，实现学位管理全面自动化目标，学校开发了学位管理系统

（简称 TMIS 系统）。2000—2005 年为学位管理系统试运行阶段，在此期间绝大部分学位申请与授予从学位管理系统申请与上报，从 2005 年开始，所有学位申请均通过学位管理系统上报，且从 2011 年开始学位申请与授予、优博基金评审、优秀博士论文评审等工作都实现了网上运行。

二、学位信息上报

1988—2007 年，研究生院学位办由国务院学位办授权挂牌"学位与研究生教育信息天津工作站"，承担收集、整理、汇总、上报天津市所有高校的学位信息的任务。

学校自 1995 年开始将学位信息上报国务院学位委员会备案。在 2008 年及之前，学校每年通过刻盘的方式上报学位信息；2008 年 9 月 1 日之后，国务院学位委员会委托教育部学位与研究生教育发展中心开发学位授予信息报送（备案）系统，学校通过该系统每学期上报学位授予信息。

自 2015 年 1 月起，学校所有授予学位学生的学位信息上报备案工作均由学位管理科负责。学位管理科积极开展信息收集、核对与统计工作，确保学位信息上报质量，通过学位授予信息报送（备案）系统和全国同等学力人员申请硕士学位管理工作信息平台完成每学年各批次研究生学位授予信息上报工作。

2015 年，国务院学位委员会、教育部印发《学位证书和学位授予信息管理办法》（学位〔2015〕18 号），对学位授予信息管理工作进一步进行了明确。2020 年，国务院学位委员会办公室印发《学位授予信息管理工作规程》（学位办〔2020〕8 号），对学位授予信息的上报等工作进行了细化，明确要求在学位授予决议生效起 30 日内将学位评定委员会批准授予学位决议（含学位获得者名单）的电子扫描件及相应学位授予信息，通过学位授予信息报送（备案）系统上报至省级学位委员会办公室。

三、学位证书管理

2015 年 12 月 31 日以前，学位证书由国务院学位委员会办公室统一印制，国务院学位委员会办公室每年向各学校征订一次学位证书。2015 年 7 月，国务院学位委员会、教育部印发的《学位证书和学位授予信息管理办法》（学位〔2015〕18 号）规定：自 2016 年 1 月 1 日起，学位证书由各学位授予单位自行印制，国务院学位委员会办公室印制的学位证书不再使用。

2015 年 10 月，研究生院和教务处联合启动学位证书设计征集工作，面向全体师生和校友征集设计作品。经过作品初选、网络评选、会议评审等程序，最终遴选了天津大学新版学位证书（图 2-1-3-1）。

图 2-1-3-1　天津大学新版学位证书

天津大学新版学位证书以"博士红""硕士蓝""学士绿"三种识别色区分不同学位层次，融合了学校特有的形象标识和历史元素，体现了“继往承今、向海而行”这一主题。从1895年光绪皇帝御笔朱批北洋大学堂创立至今，天津大学（北洋大学）120年来栉风沐雨、砥砺前行，始终以“兴学强国”为使命；弦歌不辍、玉汝于成，始终与国家和民族的命运紧紧联系在一起；渊源接续、薪火相传，校址几经变迁，始终与海有着不解之缘。从历史沿革上讲，中日甲午战争使得北洋大学堂创始人盛宣怀毅然决定按着“西学体用”的模式立校；从地理位置上讲，天津位于渤海之滨，新建成的北洋园校区位于天津城区与滨海新区之间。天津大学正如一艘乘风破浪的巨轮，在中国高等教育的浩瀚海洋中，沿着建设世界一流大学的航线疾速前行。

学位证书采用竖向构图，上部结合卫津路校区主楼屋顶的建筑形象，整体轮廓形似北洋大学颁发的中国第一张大学文凭，与学位证书的功用和意义契合。

图框采用中国传统雕刻艺术中的海棠纹，代表天津大学的校花海棠，呼应校歌“花堤蔼蔼”。底纹采用与中国第一张大学文凭底纹相同的海水波浪的元素，呼应校歌“北运滔滔，巍巍学府北洋高”，同时寓意学校乘风破浪，再创辉煌。

学位证书以天津大学发展历程上的三座标志性建筑——北洋大学时期的北洋亭、新中国成立后建成的卫津路校区九楼和2015年建成的北洋园校区主楼为设计元素，象征着天津大学125年来继往承今，开拓创新。学位证书上九楼屋顶的五角星相对放大，象征学校由国家举办，致力于培养具有家国情怀、全球视野、创新精神和实践能力的卓越人才。

学位证书底部的北洋园校区主楼图案，形似敞开的大门迎接莘莘学子；内框相对闭合，代表学生在学校经历数年的培养和训练；顶部卫津路校区主楼歇山屋顶形似桂冠，象征学生圆满完成学业获得学位；顶部屋脊四只飞鸽，象征学生学业已成，即将展翅高飞。

天津大学学位证书在国内率先使用二维码技术，采用专用纸张、特殊制版、专版专墨印刷工艺，综合使用曲线浮雕、缩微文字、图像版画、水印、彩纤、紫外荧光等多项隐形防伪技术，力求将美观与防伪完美结合，在防伪检验灯的照射下，如碧海星空，让人心驰神往。

天津大学根据新版学位证书样式，对原学位证书封套进行了重新设计。封面为烫金校徽标志和天津大学博士、硕士、学士学位证书字样。内页为天津大学校训和校歌。封套和证书色系一致，以区分学位层次。

自2016年1月开始，学校使用自行设计的新版学位证书。

四、学位证书编号

20世纪80年代，学位证书编号由学位授予单位自行编制，学校当时的学位证书编号由5位或6位数字组成。

国务院学位委员会、国家教育委员会印发的《关于调整学位证书格式的通知》（学位〔1998〕4号），《国务院学位委员会办公室、教育部学位办公室关于调整和制发专业学位证书的通知》（学位办〔1998〕40号）、《国务院学位委员会办公室、教育部学位办公室关于具有研究生毕业同等学力人员所获学位证书编号的通知》（学位办〔1999〕27号）等文件，对学位证书的编号方式进行了统一规定。为便于全国计算机联网检索查询和实现防伪技术，学位证书采取全国统一编号。双证学术学位研究生证书编号为十二位数：前五位数为学位授予单位代码；第六位数为授予学位的级别（如博士为2、硕士为3、学士为4）；第七、八位数为授予学位的学年度（如1998年为98、2000年为00）；后四位数为各校按授予人员排序的顺序号码。专业学位证书编号位置印有汉语拼音缩写的“Z”字样，后续编号为十二位数：前五位数为学位授予单位代码；第六位数为授予学位的级别（博士为2、硕士为3、学士为4）；第七、八位数为授予学位的学年度（如1998年为98、2000年为00）；最后四位数为各校按授予人员排序的顺序号码，后四位数中的第一位数根据不同专业学位用其中一个汉语拼音字母缩写加以区别（如临床医学博士和硕士为L、工商管理硕士为S、法律硕士为F、教育硕士为Y、建筑学硕士和学士为J、工程硕士为C)。对具有研究生毕业同等学力人员所获学位证书的编号规定:在编号位置先用汉语拼音缩写的"T"字与其他学位证书加以区别;后续编号为十二位数,前五位数为学位授予单位代码,第六位数为授予学位的级别(博士为2、硕士为3),第七、八位数为授予学位的学年度(如1999年为99、2000年为00),最后四位数为各单位授予人员排序的顺序号码。

2005年,由于我国高等教育发展迅速,当时施行学位证书编号位数无法涵盖部分学位授予单位授予学位人数。为了解决这一问题,经研究,国务院学位委员会印发《关于调整学位证书编号方式的通知》(学位〔2005〕48号),决定对学位证书编号方式做调整如下。

(1)普通博士、硕士、学士学位证书(以下简称三级学位证书)编号调整为十六位数:前五位数为学位授予单位代码;第六位数为授予学位的级别(博士为2、硕士为3、学士为4);第七至十位数为授予学位的年份(如2005年授予的学位为2005);后六位数为学位授予单位授予学位人员的顺序号码。

(2)专业学位证书编号位置印有汉语拼音缩写的"Z"字样,其后续编号改为十六位数。除第十一位数根据不同专业学位用一个汉语拼音字母加以区别外,其余与三级学位证书编号方式相同。具体字母按照《关于预订2004/2005学年度专业学位证书的通知》(学位办〔2004〕32号)的规定填写。

(3)具有研究生毕业同等学力人员所获学位证书的编号在起始位置用汉语拼音缩写的"T"字与其他学位证书加以区别,后续编号方式与三级学位证书编号方式相同。

调整后的学位证书编号方式自2006年开始使用。

2015年,国务院学位委员会、教育部发布关于印发《学位证书和学位授予信息管理办法》的通知(学位〔2015〕18号),明确自2016年1月1日起,学位证书由各学位授予单位自行印制,国务院学位委员会办公室印制的学位证书不再使用。学位证书编号统一采取十六位阿拉伯数字的编号方法,前五位为学位授予单位代码;第六位为学位授予的级别(博士为2、硕士为3、学士为4);第七至第十位为授予学位的年份(如2016年授予的学位为2016);后六位为各学位授予单位自行编排的号码。该编码规则沿用至今。

五、学位信息认证

1998年,北京、广东、上海、湖北、湖南等地公安机关相继破获伪造、买卖学历、学位证书的案件。由于当时此类违法犯罪活动严重干扰了国家学历、学位证书管理工作,损害了国家学历、学位教育声誉,给用人单位的人事管理造成混乱,所以教育部、公安部发布《关于加强学历、学位证书管理和严厉打击伪造、买卖学历、学位证书的通知》(教学〔1998〕9号),国务院学位委员会办公室发布《关于开展学位证书认证咨询工作的通知》(学位办〔1998〕60号),要求各学位授予单位要加强学历、学位证书的管理工作,并授权高等学校与科研院所学位与研究生教育评估所(简称评估所)为国内学位的认证咨询机构。用人部门在招聘、录用人员时,对应聘人员的学位证书如有疑问,可直接向有关学位授予单位查询,也可向评估所咨询,评估所将对送鉴的学位证书进行审查鉴定,并及时向用人部门返回认证结果。由此拉开了学位认证的序幕。

2013年5月前,研究生学位认证工作均由教育部学位与研究生教育发展中心(原高等学校与科研院所学位与研究生教育评估所)负责,且均通过人工认证方式申请学位认证。2013年5月,国务院学位委员会办公室发布了《关于开展学位证书网上查询工作的通知》(学位办〔2013〕17号),正式开启网上查询学位证书的篇章。同时,教育部学位与研究生教育发展中心下发了《关于做好学位证书网上查询试运行工作的通知》(学位中心〔2013〕40号),开发了学位证书网上查询系统,并于2013年5月28日—2013年10月27日试运行,试运行结束后学位证书网上查询系统(学位网)正式运行。2008年9月1日之后被授予学位的研究生均可直接通过学位网进行查询认证,2008年9月1日之前被授予学位的研究生仍需通过申请人工认证的方式进行学位认证。2020 年 12 月之前，教育部学位与研究生教育发展中心均通过给学校发送纸质认证件或电子邮件的方式进行学位认证，2020 年 12 月以后，教育部学位与研究生教育发展中心给学校的不同部门（研究生院、教务处、档案馆、远程与继续教育等）在学位网分配了认证账号，学校只需要登录学位网即可进行认证操作，极大地提高了认证效率。

2022 年 8 月，学位信息认证的具体负责单位由教育部学位与研究生教育发展中心变更为教育部学生服务与素质发展中心（原全国高等学校学生信息咨询与就业指导中心），所有已授学位研究生的学位认证工作均由学位网调整至学信网。

第五节　参与全国标准制定工作

天津大学作为牵头单位与上海交通大学共同承担全国工程专业学位教育指导委员会重大课题——工程类专业学位硕士论文基本要求及培养方案优化研究，按照分类编写、明确要求、突出质量、有机衔接的原则，组织专家组编写面向国内所有高校的《工程类专业学位硕士论文基本要求》。2023 年 12 月 28 日国务院学位委员会办公室正式发布《关于转发工程类专业学位类别硕士学位论文基本要求（试行）的通知》（学位办〔2023〕19 号）。

作为牵头单位，天津大学联合上海交通大学共同承担全国工程专业学位研究生教育指导委员会重大课题——工程类硕士专业学位授权点专项核验体系研究，完成制定工程类硕士专业学位授权点专项核验工作方案，并在 2023 年学位授权点专项核验工作中实施，得到了全国工程专业学位研究生教育指导委员会和高校同行的高度认可。

第四章　导师队伍建设

教师的师德水平是教学质量的决定性因素之一，高水平的师资队伍是高素质拔尖创新人才培养体系的重要支撑点。天津大学一直视师德建设为培养高素质拔尖创新人才的生命线，将师德文化作为教师队伍建设的核心内容，坚持“以师德之优创天大之优”的理念，把天津大学“实事求是”的校训、“严谨治学”的校风和“爱国奉献”的传统融入师德文化建设。

20 世纪 60 年代，在校长李曙森的领导、倡议和支持下，天津大学遴选了 80 名德才兼备的教师进行重点培养，其中骨干教师 18 名、青年教师 62 名。18 名骨干教师被广大师生赞誉为“十八罗汉”，均成为国家教育科学事业的栋梁，他们是陈荫谷、陈容之、徐庆春、史绍熙、王守融、许镇宇、刘豹、吴又芝、贾有权、李金锷、徐中、赵祖武、舒扬棨、潘正涛、张建侯、丁绪淮、陈国符、余国琮。

1978 年恢复研究生招生时，学校只有 67 人指导教师，现已有 3 116 名（在岗硕士生导师、博士生导师），其中博士生导师从研究生院成立时的 14 人发展至 2023 年的 1 985 人（在岗），形成了学科分布广泛、科研气氛浓厚、学术水平较高的导师队伍。

新中国成立时，北洋大学在校教师 133 人（教授、副教授 64 人，讲师 11 人，助教 58 人）、职员 99 人。两年以后，教师人数已增至 179 人。教授、副教授增至 102 名，占教师队伍的 57%。新聘任的著名教授、学者有曾鼎禾、胡刚复、谢家兰、胡振渭、项任澜、史绍熙、叶培大等。

1952—1961 年，天津大学教师人数增长了几倍。1955 年天津大学第六次校务会议通过《关于培养与提高师资工作的决议》，该决议针对学校师资发展的不平衡状况提出了四项决定。在此后的近十年时间里，学校采取了选送部分新老教师出国进修、到兄弟院校进修、在职培养和开展科学研究等多项措施，使师资水平有了很大提高，1961 年初，全校教师总数已达 1 341 名。但由于学校规模迅速扩大，增设专业较多，青年教师在师资队伍中所占比重加大，从提高教学质量、培养研究生、完成科研任务等方面看，新老教师的教学水平和能力都不能完全满足工作的要求。特别是新教师和青年教师，其理论基础、外文水平、教学能力和科学研究能力，都亟须提高。为此，学校根据“高校六十条”的精神，结合本校的具体情况，于 1961 年 11 月发布《关于师资培养提高工作的决定（草案）》，提出“全面安排、长期稳定、重点培养、普遍提高”的师资培养方针，从教授、副教授、讲师中审慎地遴选一部分理论基础好、在教学或科学研究方面有成绩、造诣较深的教师作为重点培养对象，以树立学术水平标兵，打造学术核心力量。《关于师资培养提高工作的决定（草案）》规定：遴选必须重点突出，不怕冒尖，不搞平均主义；要严格要求，人数不宜过多；这些重点培养的教师，可以不承担对一般大学生的教课任务，而集中精力开展科学研究工作、培养研究生和青年教师、编写高质量教材或举办反映近代科学技术成就的学术讲座。

学校对重点培养的教师实行“三定、三保证、两落实”政策。“三定”即定发展方向、定任务、定长远规划和近期计划。“三保证”即在时间上保证用于提高工作，在组织上保证党、团、民主党派的工作一人不超过一职，在制度上保证定期检查。“两落实”即落实培养提高计划，落实图书、资料、设备、助手等基本条件。重点培养提高教师的名单由系提出，学校批准。各系从讲师和工作两年以上的助教中，选择一批政治条件好、业务能力强、有发展前途的教师，推荐为脱产研究生或在职研究生。这一工作分批进行，不能影响教学质量。

1962 年 9 月，经过校、系反复酝酿，学校确定 80 名重点培养教师，其中老教师 18 名，中青年教师 62 名，并做出具体规定：减免一半教学工作量和其他工作；兼职（实职）不超过一个；严格控制校内外的社会活动，受邀参加会议须经校长批准。学校允许重点培养的老教师不承担本科生教学任务，集中精力进行科研、培养研究生和青年教师、编写高质量教材、开设提高课和学术讲座等。根据实际情况，学校允许他们建立专用的研究实验室，并在图书、资料上优先保证他们使用，尽可能为他们配备一两名助手。这批重点教师的培养工作取得了很大成效，有 3 人成为中国科学院院士，约 20 人成为博士生导师，还有的成为大学校长、院长、研究所所长、系主任等，为我国教育事业和科学技术发展做出了贡献。

经过近两年的师资培养提高工作的实践与总结，1963 年 12 月，校务委员会讨论通过《天津大学师资培养提高工作暂行办法》。该暂行办法包括师资培养提高工作的方针、原则、具体要求与进修方式、条件与措施、考核、领导管理等六个部分，确定了在“全面安排、长期稳定、重点培养、普遍提高”的方针下，教师进修提高应遵循的六个原则：正确处理红与专的关系；正确处理进修提高与完成教学任务的关系；理论与实践相结合；长远规划与短期安排相结合；个人钻研与导师指导相结合；个人钻研与领导督促检查相结合。

根据教育部要求高等学校制定今后十年（后改为五年）培养提高师资规划的通知精神，天津大学于 1964 年 3 月 5 日制定《天津大学师资培养提高五年规划（草案初稿）》。这个规划包括三个部分：现有师资队伍情况的简要分析；五年内对培养提高师资的基本要求；培养提高师资的原则、基本途径和主要措施。当时天津大学全校共有 1 496 名教师（不包括内燃机研究所专职研究人员），其中教授、副教授 102 人，讲师 477 人，助教 906 人，教员 11 人。《天津大学师资培养提高五年规划（草案初稿）》制定后不久，全国教育界的形势又发生了大变化，开始实行新的“教学改革”，致使这个规划未能执行下去。

“文化大革命”结束后，随着教师队伍的不断壮大，教师素质的不断提高和系科的不断更新、增加，学校根据国务院批转教育部《关于高等学校恢复和提升职务问题的请示报告》精神和《高等学校教师职务名称及其确定与提升办法的暂行规定》，于 1978 年 12 月建立了教师职务提升评议委员会。1979 年，学校提升教授 14 名、副教授 195 名、讲师 890 名；1980 年，提升教授 8 名、讲师 185 名；1981 年，提升教授 7 名、副教授 93 名、讲师 9 名。全校教师达 2 230 余人，其中教授、副教授 385 人，讲师近 1 200 人。提升教师职务制度恢复后，学校进一步调动广大教师的积极性。许多教授、副教授担任了校、系和教研室的领导，在教学、科研第一线发挥着学科带头人的作用。同时，学校为讲师、助教制定了在学校工作的奋斗目标，激励他们加倍努力，提高自己的政治觉悟和业务水平。

1981 年，学校开始招收第一批博士生。根据教育部《关于招收攻读博士学位研究生的几项原则规定》的文件精神及学校招收博士生导师的意见，学校建立了 9 个博士点。第一批博士生导师有贾有权、彭泽民、蔡其恕、孟广喆、史绍熙、贺家李、刘豹、余国琮、张建侯。1978—1981 年硕士生导师由 96 名教授、副教授担任。1984 年，学校有 13 个博士专业，博士生导师 14 人，他们是史绍熙、吕灿仁、彭泽民、孟广喆、蔡其恕、张以谟、刘豹、贺家李、张建侯、张鎏、余国琮、贾有权、周恒、吴健生。

研究生培养质量的关键是导师队伍。恢复研究生教育工作以来，学校加强导师队伍建设，健全了导师审批制度，提高了导师素质，扩大了导师队伍规模，扩展了研究方向。1981 年，学校只有 34 个硕士研究生招生专业，53 个研究方向，67 名指导教师。1985 年，学校已有 42 个硕士招生专业，215 个研究方向，357 名指导教师。1985 年与 1978 年相比，指导教师人数增加了 4.3 倍，研究方向增加了 3.1 倍，招生专业增加了 8 个。但是随着研究生数量的增长，导师队伍近年发展也较快，出现了一些不适应形势发展需要的新问题，主要表现在导师的学术水平、科研能力和表率作用等方面。为尽快建立一支高水平的博士生、硕士生导师队伍，学校制定了《关于加强重点学科博士生导师队伍建设的几点意见》和《硕士学位研究生指导教师条例》，对指导教师所具备的条件提出了硬性要求。《关于加强重点学科博士生导师队伍建设的几点意见》规定：在编制上，给每位博士生导师配备教学科研助手一人；允许博士生导师每三年休学术假半年;减少博士生导师的行政兼职,以便其集中精力在学术上取得成就,对于确需兼职的要配备助手;创造条件让他们到国外访问、讲学、合作搞科研和参加国际会议,对于导师后备人员,给予出国深造和在国内进行业务进修的优先权,对其住房问题给予优先考虑。学校从发展基金中拨款作为重点学科人员的图书资料补助费,博士生导师每人每年 150 元,导师后备人选每人每年 100 元。仅 1985 年,研究生院就发放了 20 万元基金,16 个系级单位 25 人获青年基金,12 人获基础课教学科研基金。学校这些实实在在的支持,为研究生工作的开展增加了后劲,使研究生教育工作取得了显著的效果。

为扶植研究生导师后备力量,天津大学建立了研究生院青年科学基金。研究生院青年科学基金的申请条件是:年龄在 45 岁以下,所选科研课题研究的目的和意义明确,具体有发展前途,可在 1~2 年取得实质性进展,申请人在同辈人中是拔尖人才。这些做法旨在创造条件,建立起一支基础扎实、思想活跃、年富力强的导师队伍。

1988 年,学校学位评定委员会通过了一项具有里程碑意义的决定,首次暂停了两位博士生导师的招生资格,这一举措标志着学校在导师考核制度上的重大变革,打破了传统的导师终身制。该事件被新闻媒体以“天大率先打破导师终身制”为题广泛报道传播,体现了学校对提升研究生教育质量的坚定决心。

进入 21 世纪,天津大学的师德建设工作继续与时俱进。2001 年,天津大学在全国率先推出了师德建设工程,成立了天津大学师德建设领导小组和天津大学学风建设领导小组,并先后出台了《天津大学师德规范》和《天津大学科学道德与行为规范》,统筹学校的师德建设和学风建设,对不遵守师德规范的教师在职称晋升时实行“一票否决”和“转岗解职”两项制度,形成了包括领导体系、协调机制、工作规范、评价标准、激励机制等在内的完整体系,使教书育人、管理育人、服务育人制度化、规范化。2006 年,学校又提出了“忠诚不倦、业务精湛、挚爱学生、率先垂范”的师德建设目标。

在教师队伍建设方面,天津大学着重抓好以下四个环节。

一是加强学术领军队伍建设。学校以海外高层次人才引进计划为契机,制定了海外高层次人才引进工作“按需引进、突出重点、尽力而为、量力而行、以用为本、做好服务”的指导原则,采取切实有效措施将高层次人才引进工作抓紧抓好抓实。学校在院级单位制定天津大学“海外高层次人才引进服务专员”制度,要求服务专员负责为海外高层次人才提供政策咨询、接待洽谈、合同签订、报到上岗、手续办理、考核监督等一系列行政服务,进一步提高学校引进人才服务水平和工作效率;通过工作合同中的约定,明确人才培养、科学研究、学科建设、国际合作等方面的职责和任务;根据学科特点和个人情况,制定差异性的目标、任务、要求以及可考核的工作任务书,并实施由年度报告、中期评估和期满考核构成的考核评价体系。评价结果作为学校对海外高层次人才续聘与进一步支持的重要依据。

二是坚持严格的评价体系,采用国际通用学术评价体系,强调质量,突出同行评议、学术贡献与影响,注重选拔青年才俊,强调学术道德和治学态度。学校启动了“北洋学者·优秀青年学者计划”和“北洋学者·青年骨干教师计划”,分别针对不同发展阶段青年教师队伍的需求和特点,力求搭建系统的、与国家各级各类人才计划紧密衔接、相互促进的青年教师发展支持体系;同时实施青年教师培养基金计划(青年教师自主创新基金),实现青年教师启动基金的全覆盖。

三是每年进行导师考核。导师考核综合考虑导师在考核周期内的科研水平和培养学生能力,强调师德与学风、科研水平、教学方法、时间保证等要素。学校明确了申请晋升教学科研系列正高级职务人员的定性总体水平要求和定量业绩累积水平要求,建立了灵活的破格申请机制,通过严格的评审程序保证晋升人员质量,并在考核时引入学生评价指标。此外学校还建立了专业技术职务评聘的流转机制和在合同管理基础上的退出机制。

四是严格导师培训。博士生导师队伍建设是博士研究生培养质量的重要内部保障。近年来,天津大学按照“控制规模,提高质量”的遴选原则,充分利用学科建设管理平台,综合考虑师德、学术和实践创新水平,高质量、高效率地做好新聘博士生导师遴选工作。同时,学校连续举办多场新聘博士生导师培训会,使新聘博士生导师熟悉博士生培养过程的各个环节,明确岗位职责,深化对人才培养、师德和学风建设重要性的认识,切实提高博士研究生培养质量。导师队伍培训常态化已经成为学校最具特色的质量保障环节之一。导师培训一般由校长、院士和优秀博士生导师作专题报告并完成研究生院发放的培训试卷。通过培训的导师方可被列入招生简章,正式招收博士研究生。

2010 年,学校修订《天津大学博士生指导教师选聘与考核工作实施细则》,以“三个突破”为指导,对高端人才和承担重大科研任务的教师给予政策倾斜,并首次引入企业技术专家,建立结构合理的硕士研究生指导教师队伍,保证硕士研究生的培养质量。为进一步满足高水平研究生培养的需要,构建导师队伍建设的信息化平台,校学位委员会办公室开发了天津大学学科建设系统,主要包括教师学科工作管理等内容。

为深化导师评定制度改革,实现研究生导师由“资格”向“岗位”的转变, 2014 年学校出台了《天津大学关于研究生指导教师岗位选拔的意见》,建立了以能力为导向、能上能下的导师动态管理和竞争上岗机制。在研究生院建院三十周年大会上,学校表彰了 30 名杰出博士生导师,以此肯定他们在研究生教育和科研领域作出的突出贡献。同时,为加强导师队伍建设,明确导师在研究生培养中应履行的职责,学校制定了《天津大学研究生指导教师岗位职责暂行规定》,从思想政治教育、招生、培养、论文指导和奖惩制度五个方面强化导师岗位责任制。

自 2014 年起,学校实施研究生导师遴选体系改革,致力于构建基于学术自治的研究生导师遴选体系。2019 年是博士生导师选拔制度改革的第五年,经过五年的不断实践、完善,学校博士生导师岗位选拔制度更加健全,改革初见成效。

(1)导师岗位选拔工作由校学位评定委员会下发至各学位评定分委员会,进一步强化了学位评定分委员会在导师岗位选拔上的自主性。各学位评定分委员会可根据自身情况开展导师岗位选拔工作。2015—2023 年导师岗位数量如表 2-1-4-1 所示。

表 2-1-4-1 2015—2023 年导师岗位数量

单位:个

年份	学术型博士生导师岗位			专业型博士生导师岗位			学术型硕士生导师岗位	专业型硕士生导师岗位
	独立指导岗位	正副导师岗位	导师团岗位	独立指导岗位	正副导师岗位	导师团岗位		
2015 年	762	93	84				1 569	1 266
2016 年	881	92	95				1 804	1 483
2017 年	887	130	105	543			1 903	1 569
2018 年	1 046	118	112	670	18	13	2 621	1 953
2019 年	1 084	110	197	599	15	16	2 933	2 054
2020 年	1 035		366	581		112	2 991	1 944
2021 年	1 158		382	692		177	3 167	2 090
2022 年	1 248		478	822		216	3 319	2 162
2023 年	1 312		555	909		256	3 543	2 465

(2)博士生导师年龄趋于年轻化,平均年龄不断下降,增强了导师队伍活力。2015—2023 年博士生导师年龄情况如表 2-1-4-2 所示。

表 2-1-4-2　2015—2023 年博士生导师年龄情况

年份	博士生导师队伍的平均年龄/岁	年龄 40 岁以下的年轻博士生导师占导师队伍比例/%
2015 年	50.3	15.8
2016 年	474	28.2
2017 年	46.8	30.4
2018 年	47	30.1
2019 年	46.6	28.8
2020 年	45.9	35.1
2021 年	45.7	30.6
2022 年	45.7	31.8
2023 年	45.4	28.1

（3）实施导师动态竞争上岗机制，增强导师竞争意识。2015—2023 年博士生导师竞争上岗情况如表 2-1-4-3 所示。

表 2-1-4-3　2015—2023 年博士生导师竞争上岗情况

年份	未通过博士生导师岗位选拔人数	新上岗博士生导师人数
2015 年	64	166
2016 年	85	198
2017 年	109	212
2018 年	142	280
2019 年	165	290
2020 年	261	284
2021 年	156	328
2022 年	79	214
2023 年	93	254

根据 2015—2019 年的改革摸索，基于政治素质过硬、师德师风高尚、业务素质精湛这三大研究生导师必须满足的基本素质要求，2020 年学校开始推行导师岗位选拔周期聘任和招生资格认定年度考核相结合的办法。岗位选拔实行周期聘任制（五年一选拔）和分类选拔制（根据不同类型制定不同的上岗条件）；招生资格认定工作每年都开展，且每年对导师履职情况进行考核，考核不合格的导师暂停其招生资格。同时新办法进一步明确导师权利、义务及奖惩办法，并将研究生培养及学位论文质量纳入学院年终绩效考核，充分调动导师及各学院（部）的积极性。

在新时代研究生教育面临更高要求和重要转型的背景下，学校一直致力于研究生导师制度改革与探索，持续优化与完善导师评聘及管理制度，明确导师作为研究生培养第一责任人的主体地位，以保障研究生教育质量稳步提升。2020 年，学校进行导师岗位选拔与招生资格认定制度改革，出台《天津大学研究生指导教师岗位选拔与招生资格认定办法》，打破导师终身制，将导师岗位和招生资格分离，导师岗位试行聘期制，招生资格实行年审制，考核不合格的导师暂停其招生资格。

由于研究生教育面临新的形势，对导师提出更高的要求，因此必须尽快建立更加科学合理的研究生导师培训体系。由于学校原有的导师培训体系和培训内容较片面、培训方式较传统，研究生院与党委教师工作部密切合作，着手重新构建适用于学校导师队伍建设、更加科学和全面的2020年导师培训体系，实现对研究生导师的全员培训和全周期培训。新的导师培训体系可概括为1个目的、2个对象、3个核心、5个板块。1个目的：全面落实研究生导师立德树人职责，提高导师队伍整体素质与质量。2个对象：新聘导师与在岗导师。3个核心：以团队学习为基础，以校级培训为主导，以学院培训为特色。5个板块：思政教育、文件解读、能力提升、法律普及、心理培训五位一体的培训板块。新的导师培训体系力求培训广度与深度相结合，兼顾各学科特色，力争做到专业化（Specialization）、人性化（Humanization）、系统化（Systematization），简称SHS培训体系（图2-1-4-1）。

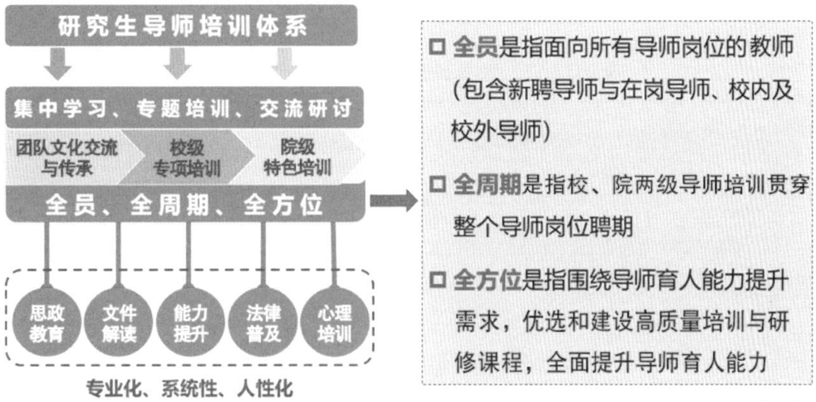

图2-1-4-1 SHS培训体系

2020—2023年，学校成功举办两届研究生导师求是论坛，校院协同导师培训体系初见成效；增强研究生导师培训靶向性，实现特色精准培训，保证研究生导师培训效果，提升研究生导师的育人能力和水平；进一步加强线上研修课程建设，已优选、建设92门线上培训课程，涵盖思政教育、师风师德、能力提升、心理育人、政策文件解读等内容，其中2022年度特别录制了创新创业系列课程（包括卓越创业与教育转型、投融资逻辑等6门）及科技哲学相关导师培训课程。近1 200名新聘导师完成线上/线下合格培训，总体满意度达到96%。全体在岗导师须在2023年3月前完成线上培训。各院级单位根据要求相继举办了研究生导师求是分论坛，开展针对性强且有实效的导师研修与培训活动，着力提高导师育人能力。2022年，学校启动了导师创新创业能力提升计划，提升导师创新创业能力。来自材料科学与工程学院、建筑学院等多个学院的共10个创新创业导师团队入选首期工作坊活动。今后学校将积极拓展个性与特殊培训资源，继续开展心理健康教育、创新创业教育、国际传播能力提升等线上/线下活动。

2022年是天津大学研究生导师队伍建设年，学校以学生发展为中心，加强导师队伍建设，按照"四指导"（思想引领、学业指导、人文关怀、职业领航）、"十掌握"（思想动态、专业志趣、学业目标、课题进展、学业难题、能力素养、爱好特长、个人情况、心理健康状况、职业发展规划）的要求，全面落实导师立德树人根本任务，提升立德树人成效。

完善评价体系，建立长效机制。学校进一步完善考核评价体系，将导师师德师风及立德树人职责落实情况、育人成效等情况纳入导师招生资格认定考核评价体系，持续完善考核评价体系。学校经过多轮研讨，建立了导师指导胜任力指标体系，该指标体系包括4个一级指标、10个二级指标及36个三级指标；经过两轮专家论证及对相关指标进行修改，编制完成导师指导胜任力调查问卷（导师自评版、在读学生版、毕业生版），侧重在思想政治、学业指导、人文关怀、职业领航等4个方面对导师的指导责任落实情况和指导效果进行评价，做到研究生评价和导师自我评价相结合、客观评价与主观评价相结合、在学研究生评价与毕业生评价相结合、年度评价与聘期评价相结合。学校根据调查问卷结果，完善导师考核评价工作，构建适合天津大学的导师评价指标体系，使其发挥诊断、反馈和指挥棒作用，营造导师愿指导、会指导、敢指导的良好氛围，保障导师立德树人职责落实落细。

选树育人典型,加强正面激励。在构建导师精准培训体系基础上,学校激励导师切实履行立德树人职责,增强导师使命感、责任感、荣誉感,完善导师荣誉体系并持续改进,推动研究生教育高质量发展。2022 年 10 月,学校以强化育人为导向,开展首届求是导师和求是导师团队评选工作,评选出政治立场坚定、师德师风高尚、学术造诣深厚、业务能力精湛、热爱教育事业、育人成效显著、热心公共服务、助力学校发展的求是导师和求是导师团队(详见表 2-1-4-4),积极引导导师切实履行立德树人职责,积极投身教书育人事业,并为推荐天津市及全国优秀导师和导师团队候选人做好准备。2022 年 12 月,天津市学位与研究生教育学会启动了天津市优秀青年研究生指导教师的评选工作,天津大学 10 名导师被评为天津市优秀青年研究生指导教师(详见表 2-1-4-5)。

表 2-1-4-4 求是导师和求是导师团队名单

荣誉	姓名
求是导师	尧命发
	杨全红
	孙佑海
	刘从强
求是导师团队	江俊峰、刘铁根、刘琨、张红霞、程振洲、贾大功、桑梅、徐天华
	李忠献、丁阳、师燕超、李宁、石运东、宗亮、崔健、苏俊省
	姜忠义、吴洪、杨冬、潘福生、石家福、何光伟、张润楠、Michael Guiver
	李立强、张小涛、杨辉、纪德洋、任晓辰、王以轩、孙雅静
	颜晓峰、杨文圣、马明、李孟国、张鶱、董鹏林

表 2-1-4-5 天津市优秀青年研究生指导教师获奖名单

序号	姓名	学院	专业技术职务
1	仇巍	机械工程学院	教授
2	胡明列	精密仪器与光电子工程学院	教授
3	范晓彬	化工学院	教授
4	宋照亮	地球系统科学学院	教授
5	高宇	电气自动化与信息工程学院	英才副教授
6	何春年	材料科学与工程学院	教授
7	刘伟华	管理与经济学部	教授
8	童银栋	环境科学与工程学院	教授
9	吴奕飞	数学学院	教授
10	赵高峰	建筑工程学院	教授

强化导辅协同,提升导师育人效果。学校以研究生导辅协同育人试点学院为依托探索导辅协同育人长效体制机制改革。2022 年,学校开展导辅协同育人工作,评选 17 个导辅协同育人试点学院(详见表 2-1-4-6),改进导学关系,增强导师和辅导员立德树人、培育人才的责任感和使命感,切实提升学校研究生教育水平和培养质量。

表 2-1-4-6　研究生导辅协同育人试点学院名单

序号	学院(部)
1	机械工程学院
2	精密仪器与光电子工程学院
3	建筑工程学院
4	化工学院
5	材料科学与工程学院
6	管理与经济学部
7	理学院
8	外国语学院
9	药物科学与技术学院
10	环境科学与工程学院
11	生命科学学院
12	地球系统科学学院
13	微电子学院
14	电气自动化与信息工程学院
15	分子+研究院
16	智能与计算学部
17	人文艺术学院

2024 年 4 月 9 日，天津大学国家卓越工程师学院与研究生院联合召开天津大学国家卓越工程师学院首批博士生导师选聘会，通过导师申报、院级初选环节，共有 40 位博士生导师参与最终校级评审。

中国工程院院士、天津大学校长金东寒出席会议并担任评审专家组组长。受邀的评审专家包括天津大学党委常委、副校长马新宾、国家超级计算天津中心主任杨灿群、天津七一二移动通信股份有限公司总工程师董国军、天津市特种设备监督检验技术研究院总工程师王泽军、中国北方发动机研究所(七〇所)科技带头人王增全、中国电子科技集团首席专家许强、中国电子科技集团第十八研究所副主任刘雪省、中国天辰工程有限公司工艺系统部副部长郭启迪、天津大学精密仪器与光电子工程学院教授李醒飞、天津大学化工学院教授张香文。首批博士生导师名单详见表 2-1-4-7。

表 2-1-4-7　天津大学国家卓越工程师学院首批博士生导师名单

序号	姓名	学院(部)	序号	姓名	学院(部)
1	宋康	机械工程学院	9	李斌	电气自动化与信息工程学院
2	高卫国		10	贾宏杰	
3	徐德刚	精密仪器与光电子工程学院	11	刘艳丽	
4	郗继贵		12	王守相	
5	马雷		13	徐江涛	微电子学院
6	江俊峰		14	马凯学	
7	胡春光		15	孟凡易	
8	张效栋		16	李克秋	智能与计算学部

续表

序号	姓名	学院(部)	序号	姓名	学院(部)
17	冯伟	智能与计算学部	25	刘永长	材料科学与工程学院
18	胡清华		26	刘家臣	
19	陈志华	建筑工程学院	27	徐连勇	
20	李明超		28	潘莉	
21	姜忠义	化工学院	29	吕石磊	环境科学与工程学院
22	赵玉军		30	范秋筠	医学院
23	郝红勋		31	李伟强	海洋科学与技术学院
24	许春建		32	于一夫	分子+研究院

注:以上排序不分先后。

第五章　研究生教育经费管理

第一节　研究生奖励资助

一、天津大学研究生奖励资助体系的基本概况

学校致力于构建“奖、助、勤、贷、补”五位一体的研究生奖励资助体系，该体系分为研究生奖励和研究生资助两部分。研究生奖励包括研究生国家奖学金、学业奖学金、专项奖学金和论文奖励等；研究生资助包括研究生助学金、助管基金、助教基金、助困基金、国际学术交流基金和专项助学金等。资金来源以政府投入为主，按规定统筹学校自筹经费、科研经费、社会捐助等资金。研究生奖励资助体系既保障研究生基本生活，又加大对优秀研究生的激励力度，通过建立健全多元奖励资助政策体系，提高研究生待遇水平，切实发挥资助制度的激励和导向作用，做到“资以助人，助以育人”，实现与研究生培养质量共生共荣。

1. 组织架构

天津大学研究生奖励资助工作组织架构如图 2-1-5-1 所示。研究生院、学工部、教务处、财务处等部门共同组成天津大学研究生奖励资助工作领导小组。其中，研究生院负责国家及学校助学金的管理，学工部负责国家奖学金、学业奖学金、助管基金、助困基金以及各类单项奖学金、单项助学金、单项励学金（以下简称单项奖、助、励学金）评选，教务处负责助教基金的管理，财务处负责执行各种奖助学金发放工作，各部门统筹设计、分头管理、协同推进，以保障研究生奖励资助体系的高质量运行。

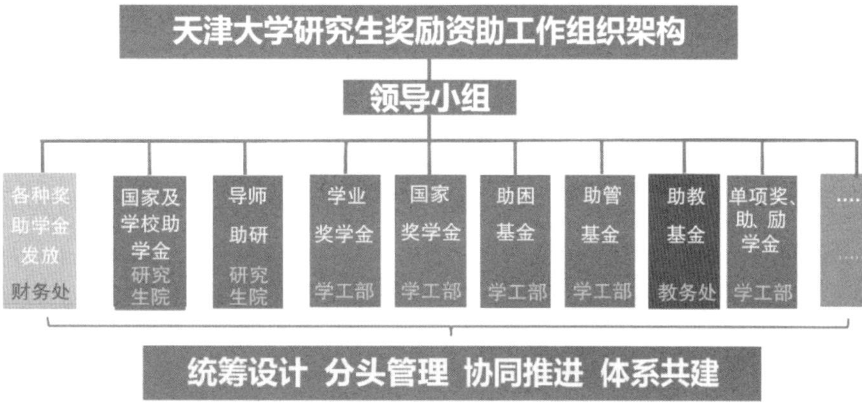

图 2-1-5-1　天津大学研究生奖励资助工作组织架构

2. 发放标准

1）研究生国家助学金和学校助学金发放标准

学校硕士、博士研究生助学金发放标准如表 2-1-5-1、表 2-1-5-2 所示，其中国家助学金（硕士、博士

研究生）部分为国家专项拨款，博士研究生学校助学金由学校筹措资金投入部分。

表 2-1-5-1　天津大学硕士研究生助学金发放标准　　单位：万元/年

类别	第一年			第二年		
	国家助学金	导师助研	总额	国家助学金	导师助研	总额
A 类	0.60	≥0.24	≥0.84（含推免）	0.60	≥0.36	≥0.96
B 类	0.60	≥0	≥0.60	0.60	≥0.12	≥0.72
				0.60	≥0	≥0.60

表 2-1-5-2　天津大学博士研究生助学金发放标准　　单位：万元/年

类别	国家助学金	学校助学金	导师助研+助教+助管	总额
A 类	1.5	0.6	≥1.8	≥3.9
B 类	1.5	0.6	≥1.2	≥3.3
C 类	1.5	0.6	≥0.6	≥2.7
硕博连读生	0.3	0.3	≥0.3	≥0.9

2）研究生学业奖学金发放标准

国家拨款标准：博士生 1 万元/年，获奖比例为 70%；硕士生 0.8 万元/年，获奖比例为 40%。学校多方筹措经费增加拨款，将研究生学业奖学金覆盖率提升到接近 90%。天津大学研究生学业奖学金发放标准见表 2-1-5-3。

表 2-1-5-3　天津大学研究生学业奖学金方案

奖学金等级	博士研究生		硕士研究生	
	奖励额度/（万元/年）	获奖比例/%	奖励额度/（万元/年）	获奖比例/%
一等	1.8	10	0.9	10
二等	1	70	0.45	60

博士研究生学业奖学金拨款标准如下。前 5%的推免直博新生：1.2 万元/年。其他博士研究生：一等奖学金 1.8 万元/年，拨款比例 10%；二等奖学金 1 万元/年，拨款比例 70%。

硕士研究生学业奖学金拨款标准如下。前 5%的推免硕士新生：1.2 万元/年；其他推免新生：0.8 万元/年。非推免硕士新生：一等奖学金 0.9 万元/年，拨款比例 10%；二等奖学金 0.45 万元/年，拨款比例 60%。其他非硕士新生：一等奖学金 0.9 万元/年，拨款比例 13.5%；二等奖学金 0.45 万元/年，拨款比例 60%。学校可根据实际情况，对研究生学业奖学金覆盖率、等级和奖励标准进行动态调整。

3. 执行情况

全面完善研究生资助体系，严格执行助学金发放政策。2020 年，学校统计、核对并发放了 28 002 万元助学金，其中发放学校助学金 14 211.5 万元、导师助研出资 13 790.8 万元，涉及 3 772 名博士研究生、13 185 名硕士研究生。学校每月根据学籍异动情况调整助学金，定期汇总统计导师助研不符合标准情况，推动预警与负面清单相结合的机制，提高研究生资助水平；推动研究生助学金资助体系的全线上管理，实行校、院两级实时监控，建设智能化助学金资助治理体系。

2021 年，学校发放国家奖学金 724 万元，学业奖学金 9 167.5 万元，研究生助学金 15 028 万元，单项奖、助、励学金共 218.2 万元，助管基金 167.2 万元，助教基金 200 万元，合计 25 504.9 万元。此外，导师助研出资 16 157.7 万元，与 2020 年相比，增加 2 366.9 万元，增长率为 17.2%。

2021 年，学校研究生资助体系累计投入 4.16 亿元，比 2020 年增加 3 915 万元，其中学校筹措事业发展经费 5 686.3 万元（包括博士研究生学校助学金 2 323.1 万元，补充学业奖学金 2 996 万元，助管基金 167.2 万元，助教基金 200 万元）。

通过全资助统计分析（只统计 2021 年在校满一年的研究生），博士研究生的资助平均值为 4.95 万元，比 2020 年的 4.7 万元，增加 0.25 万元；硕士研究生的资助平均值为 1.66 万元，比 2020 年的 1.4 万元，增加 0.26 万元。2021 年研究生资助情况如图 2-1-5-2 所示。

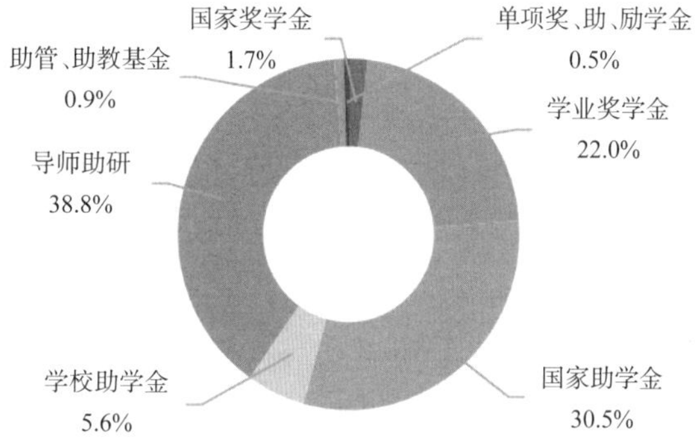

图 2-1-5-2　2021 年研究生资助情况

研究生院实行优秀人才培育基金计划，支持高水平导师执教任教和研究生院勤工助学基地建设；同时，启动研究生“育人金点子”项目，推动建设属于研究生群体的研究生教育新型基地，拓展资助育人渠道。

二、天津大学研究生奖助学金管理的发展历程

（一）研究生培养机制改革前的变迁

研究生奖助学金项目作为提高研究生培养质量的重要保障之一，经历了三个主要发展阶段。

一是人民助学金阶段（新中国成立后至 20 世纪 90 年代初）：在全面免除学费的基础上，研究生可享受由政府财政统一负担的不低于同等级机关干部工资标准的人民助学金。

二是普通奖学金和优秀奖学金并存阶段（20 世纪 90 年代初至 2007 年）：鼓励研究生从事助研、助教、助管工作。

三是以奖代免阶段（2007 年至今）：研究生教育实施培养成本分担机制，研究生付费接受研究生教育，有利于激发研究生参与科研的积极性和主动性。

作为 17 所研究生培养机制改革试点高校之一，天津大学从 2007 年开始进行研究生奖助学金改革。根据教育部有关部署，天津大学于 2007 年 9 月制定了《天津大学研究生奖学金暂行管理办法》（津大校研〔2007〕7 号），于 2008 年实施研究生培养机制改革。此阶段，天津大学设立奖学金，将奖学金分为培养费和生活费两部分，分担培养成本。博士生导师根据博士研究生助研综合表现，支付导师助研经费。奖学金用于资助优秀研究生，其资金来源主要有：国家下拨的研究生培养专项经费、学校投入的培养经费和导师科研项目经费。

学校按照学年设置了相应的研究生奖学金管理办法，一年一评定，动态调整。硕士研究生入学后的

第一学年主要依据其入学的初试和复试成绩来评定奖学金等级（详见表 2-1-5-4），推免生可直接获得二等奖学金。硕士研究生入学后的第二及以后学年的奖学金设立四个等级（详见表 2-1-5-5）。

表 2-1-5-4　硕士研究生第一学年奖学金体系一览表

获奖等级	获奖比例/%	奖学金/（万元/年）			备注
		培养费	生活费	总额	
二等奖	60	1	0.36	1.36	学校资助培养费和生活费
三等奖	10	1	0	1	学校资助全部培养费
四等奖	30	0.15	0	0.15	学校资助部分培养费

资料来源：《天津大学研究生奖学金暂行管理办法》（津大校研〔2007〕7 号）。

表 2-1-5-5　硕士研究生第二及以后学年奖学金体系一览表

获奖等级	获奖比例/%	奖学金/（万元/年）			备注
		培养费	生活费	总额	
一等奖	15	1	0.48	1.48	学校资助培养费和生活费
二等奖	45	1	0.36	1.36	
三等奖	10	1	0	1	学校资助全部培养费
四等奖	30	0.15	0	0.15	学校资助部分培养费

资料来源：《天津大学研究生奖学金暂行管理办法》（津大校研〔2007〕7 号）。

针对博士研究生学校设立三个等级的奖学金。硕博连读生最高可申请一等奖学金，提前攻读博士学位的研究生最高可申请二等奖学金，其他博士研究生一般申请三等奖学金。博士研究生奖学金一年一评，入学第二、三学年的资助标准，可动态调整（详见表 2-1-5-6）。

表 2-1-5-6　博士研究生奖学金体系一览表

获奖等级	奖学金/（万元/年）			备注
	培养费	生活费	总额	
一等奖	1.2	1.44	2.64	学校资助全部培养费；生活费由学校每年出 0.84 万元、导师每年出 0.6 万元
二等奖		0.96	2.16	学校资助全部培养费；生活费由学校每年出 0.6 万元，导师每年出 0.36 万元
三等奖		0.6	1.8	学校资助全部培养费；生活费由学校每年出 0.36 万元、导师每年出 0.24 万元

资料来源：《天津大学研究生奖学金暂行管理办法》（津大校研〔2007〕7 号）。

同时学校还设有由企业或个人设立的单项奖、助、励学金及困难补助金等奖励或资助，制定了《天津大学勤工助学岗位管理办法》，鼓励研究生申请“三助”岗位，为家庭经济困难的学生提供助学贷款。

（二）建立以科学研究为导向的导师责任制和导师资助制

2009 年为使研究生奖学金管理工作更加科学和规范，天津大学对《天津大学研究生奖学金暂行管理办法》(津大校研〔2007〕7 号)进行了修订,制定了《天津大学研究生奖学金暂行管理办法》(天大校研〔2009〕1 号),以满足创新人才培养的要求。此阶段,天津大学旨在建立以科学研究为导向的导师责任制和导师资助制,增加资助额度和扩大资助覆盖面,一等奖、二等奖奖学金的资助比例显著提高。硕士研究生奖学金取消入学第一学年和入学第二、三学年不同的资助标准,降低二等奖和三等奖的额度,提高了四等奖的额度。导师资助标准提高。博士研究生奖学金增加导师助研的资助额度,学校资助部分统一为 500 元/月,不再区分等级。学校不断完善评选流程和奖励机制,优化培养过程和提升培养质量。

硕士生入学后第一学年的奖学金评定,主要以入学后的初试和复试成绩排名为准,第二学年及以后学年的奖学金评定,主要以其学习成绩和综合表现加权评分,由其所在学院或学科负责(详见表 2-1-5-7)。

表 2-1-5-7　硕士研究生奖学金体系一览表

获奖等级	比例(四等奖人数除外)/%	奖学金/(万元/年)	备注
一等奖	≤20	1.48	须同时满足(一等奖+二等奖)80%
二等奖	≤80	1.16	
三等奖		0.84	
四等奖		0.4	四等奖人数由学校根据实际招生数确定

资料来源:《天津大学研究生奖学金暂行管理办法》(天大校研〔2009〕1 号)。

针对博士研究生学校设立了三个等级的奖学金。博士研究生入学后的第一学年奖学金评定要充分考虑导师意见,同时参考其入学的初试和复试成绩,一、二等奖的获奖比例不得低于 10%和 50%。博士研究生入学后的第二及以后学年的奖学金评定由导师根据博士研究生在学期间的综合表现,从思想品德、课业成绩、学术表现、学术潜力、社会集体活动等方面进行考核,评定等级和比例不做硬性要求(详见表 2-1-5-8)。

表 2-1-5-8　博士研究生奖学金体系一览表

获奖等级	获奖比例/%	奖学金/(万元/年)			备注	
		培养费	生活费	总额		
一等奖	≥10	1.2	1.44	2.64	学校资助全部培养费,生活费由学校资助 0.6 万元/年	导师资助 0.96 万元/年
二等奖	≥50		1.08	2.28		导师资助 0.48 万元/年
三等奖			0.84	2.04		导师资助 0.24 万元/年

资料来源:《天津大学研究生奖学金暂行管理办法》(天大校研〔2009〕1 号)。

教育部、财政部《关于提高中央部委所属普通高等学校博士研究生奖学金标准的通知》(教财〔2009〕20 号),要求适当提高博士研究生奖学金标准,以鼓励博士研究生勤奋学习、刻苦钻研。2010 年 8 月,学校制定了《天津大学研究生奖学金暂行管理办法》(天大校研〔2010〕6 号),进一步提高了资助金额和资助覆盖比例,增加了硕士研究生一、二、三等奖的资助额度。学校资助博士生部分由 500 元/月提高到 800 元/月(详见表 2-1-5-9、表 2-1-5-10)。

表 2-1-5-9　硕士研究生奖学金体系一览表

获奖 等级	比例 (四等奖人数除外)/%	奖学金/(万元/年)	备注
一等奖	≤20	1.6	须同时满足 (一等奖+二等奖)80%
二等奖	≤80	1.36	
三等奖		1	
四等奖		0.4	四等奖人数由学校根据实际招生数确定

资料来源:《天津大学研究生奖学金暂行管理办法》(天大校研〔2010〕6 号)。

表 2-1-5-10　博士研究生奖学金体系一览表

<table>
<tr><th rowspan="2">等级</th><th rowspan="2">比例/%</th><th colspan="3">奖学金/(万元/年)</th><th colspan="2" rowspan="2">备注</th></tr>
<tr><th>培养费</th><th>生活费</th><th>总额</th></tr>
<tr><td>一等奖</td><td>≥10</td><td rowspan="3">1.2</td><td>1.8</td><td>3</td><td rowspan="4">学校资助,生活费由学校资助 0.96 万元/年</td><td>导师资助 0.96 万元/年</td></tr>
<tr><td>二等奖</td><td>≥50</td><td>1.44</td><td>2.64</td><td>导师资助 0.48 万元/年</td></tr>
<tr><td>三等奖</td><td></td><td>1.2</td><td>2.4</td><td>导师资助 0.24 万元/年</td></tr>
<tr><td colspan="5">硕博连读生享受博士研究生三等奖学金</td><td>导师资助 0.12 万元/半年</td></tr>
</table>

资料来源:《天津大学研究生奖学金暂行管理办法》(天大校研〔2010〕6 号)。

(三)研究生教育收费改革及奖助学金统筹管理阶段

2012 年 3 月,教育部印发《关于全面提高高等教育质量的若干意见》(教高〔2012〕4 号),指出加大研究生教育财政投入力度,建立研究生教育收费与奖助学金相结合制度;同时,依托导师科学研究或技术创新等经费,增加研究生的资助额度。改革奖学金评定办法,重在以激励为导向,健全奖学金发放和管理制度,注重公平公正。增设国家奖学金,用于奖励学业优秀、科研成果显著或社会公益活动表现突出的研究生。

2012 年 8 月,天津大学对《天津大学研究生奖学金暂行管理办法》(天大校研〔2010〕6 号)进行修订,制定《天津大学研究生奖助学金暂行管理办法》(天大校研〔2012〕4 号),发布《2012 年天津大学研究生国家奖学金评审方案》(天大校研〔2012〕30 号),设立研究生助学金,将研究生纳入国家助学体系。此阶段特点如下。

首先,学校将奖学金更名为奖助学金,取消了各个等级的比例。其次,学校大幅度增加资助额度,将学费、社会捐助等经费投入奖助学金体系。学校资助标准统一提高到 1 500 元/月,导师助研额度也有大幅度提高。最后,学校设立基础学科资助基金,保障不因学科差异而降低资助标准(详见表 2-1-5-11~表 2-1-5-13)。

表 2-1-5-11　硕士研究生奖助学金体系一览表

<table>
<tr><th rowspan="2">奖助学金
类别</th><th rowspan="2">奖助学金总额
/(万元/年)</th><th rowspan="2">助学金/(万元/年)</th><th colspan="2">奖学金/(万元/年)</th><th rowspan="2">比例/%</th></tr>
<tr><th>校拨</th><th>导师配套</th></tr>
<tr><td>A 类
(推免生)</td><td>2.1</td><td>1.5</td><td>0.36</td><td>0.24</td><td rowspan="2">70</td></tr>
<tr><td>B 类</td><td>1.86</td><td>1.5</td><td>0.36</td><td>0</td></tr>
</table>

续表

奖助学金类别	奖助学金总额/(万元/年)	助学金/(万元/年)	奖学金/(万元/年)		比例/%
			校拨	导师配套	
C类	1.5	1.5	0	0	30

表 2-1-5-12　硕士研究生第二及以后学年奖助学金体系一览表

奖助学金类别	奖助学金总额/(万元/年)	助学金/(万元/年)	奖学金/(万元/年)		比例/%
			校拨	导师配套	
A类	2.22	1.5	0.36	0.36	无比例限制
B类	1.98	1.5	0.36	≥0.12	
C类	1.86	1.5	0.36	0	

资料来源:《天津大学研究生奖助学金暂行管理办法》(天大校研〔2012〕4号)。

表 2-1-5-13　博士研究生奖助学金体系一览表

奖助学金类别	奖助学金/(万元/年)			备注
	助学金	奖学金	总额	
A类	2.8	0.3×12＝3.6	6.4	学校资助助学金;奖学金由学校每月出1 500元,导师每月出1 500元以上
B类	2.8	0.25×12＝3	5.8	学校资助助学金;奖学金由学校每月出1 500元,导师每月出1 000元以上
C类	2.8	0.2×12＝2.4	5.2	学校资助助学金;奖学金由学校每月出1 500元,导师每月出500元以上
硕博连读生硕士阶段享受奖学金		0.15×6＝0.9	0.9	学校资助助学金;奖学金由学校每月出1 000元,导师每月出500元(硕士阶段:3~8月)

资料来源:《天津大学研究生奖助学金暂行管理办法》(天大校研〔2012〕4号)。

(四)多元奖励资助体系阶段

2014年,按照财政部、国家发展改革委、教育部出台的《关于完善研究生教育投入机制的意见》(财教〔2013〕19号)要求,天津大学在总结以往奖助学金政策制定和执行过程中的经验的基础上,出台了《天津大学研究生奖励资助体系管理规定》(天大校〔2014〕22号),旨在建立健全以政府投入为主、受教育者合理分担培养成本、学校多渠道筹集经费的研究生教育投入机制,全面激发研究生教育的活力,促进研究生教育持续健康发展,正式确立了天津大学研究生奖励资助体系由研究生奖励和研究生资助两个部分组成的奖励资助格局,构建多元奖励资助政策体系。

与此同时,学校先后发布了《天津大学研究生助学金管理暂行办法》(天大校发〔2014〕26号)、《天津大学研究生学业奖学金管理暂行办法》(天大校发〔2014〕25号)、《天津大学研究生国家奖学金管理暂行办法》(天大校发〔2014〕24号)等文件。

2015年,学校为做好研究生助学金管理工作,提高研究生助学金管理的效益和效果,修订了《天津大学研究生助学金管理暂行办法》(天大校发〔2014〕26号);为规范导师助研以及助学金管理细节,发布了《天津大学研究生助学金管理暂行办法》(天大校研〔2015〕7号);首次推出研究生助学金管理信息系统,并通过研究生助学金管理系统与财务系统的实时数据交换,实现了导师助研的动态调整,以及全校研究生助学金发放的系统化和无纸化管理。

2017 年春季学期起，国家决定提高博士研究生国家助学金资助标准，由 1.2 万/年·生提高到 1.5 万/年·生，为研究生综合改革夯实基础。学校随后发布了《天津大学研究生助学金管理暂行办法》（天大校研〔2017〕11 号）。同年，学校修订《天津大学研究生奖励资助体系管理规定》（天大校发〔2014〕22 号），首次将学费管理纳入研究生奖励资助体系，并发布《天津大学研究生奖励资助体系管理规定》（天大校发〔2017〕20 号）。

2018 年，学校修订《天津大学研究生学业奖学金管理暂行办法》（天大校发〔2014〕25 号），对学业奖学金获奖比例等做了详细的规定，并发布《天津大学研究生学业奖学金管理暂行办法》（天大校研〔2018〕8 号）。同时，为进一步做好天津大学研究生国家奖学金评审工作，学校修订了《天津大学研究生国家奖学金管理暂行办法》（天大校发〔2014〕24 号），发布了《天津大学研究生国家奖学金管理暂行办法》（天大校研〔2018〕7 号）。

2019 年，为规范学校研究生教育收费管理制度，满足各类型研究生实际学习需求，学校修订了《天津大学研究生奖励资助体系管理规定》（天大校发〔2017〕20 号）第二章“学费”中有关研究生退学退费相关内容，印发《天津大学研究生奖励资助体系管理规定》（天大校研〔2019〕4 号）。

同时，研究生院受教育部学位管理与研究生教育司委托，在全国范围内开展研究生奖助体系相关调研工作，完成《我国研究生资助体系现状及绩效情况调研汇报》调研报告。调研报告有关内容被全国研究生教育会议采纳，为我国研究生奖助体系改革提出理论依据和发展思路。

三、近年来，研究生奖助工作的新增特色项目

（一）“榜样的力量”主题资助育人活动

作为学校研究生资助育人系列活动的亮点之一，2021 年 10 月，研究生院创新发起“榜样的力量”主题资助育人活动，全面反映奖励资助的治理效能和育人功能。2021 年，“榜样的力量”主题资助育人活动共遴选出 30 名研究生作为榜样群体对象，充分发挥他们的标杆和示范作用。他们的事迹先后在“天津大学研究生教育”“天大学工”“天津大学报”以及各学院（部）微信公众平台上得到广泛宣传，并被刊发于《天津大学报》《中国研究生》上，在全国范围内引起较大反响，获得校内外广泛关注。基于该活动形成的案例，获评 2022 年度天津市学校“三全育人”优秀工作案例。

2023 年，研究生院创新开设“榜样的力量”专栏，组织研究生撰写“我身边的天大故事”主题稿件，7 个赛道并行，拓展展示形式和体裁，通过重塑管理流程和评价改革方法，全面提升奖励资助的治理效能和育人功能。“榜样的力量”专栏开设以来，共收到 350 篇作品，学校组织评委专家从中评选出 108 篇获奖作品：一等奖 11 篇，二等奖 25 篇，三等奖 72 篇，并根据稿件数量和优秀率，评选出“十佳组织单位”。获奖作品先后在“天津大学研究生教育”“天大学工”以及各学院（部）微信公众平台上以专题形式推出，单篇最高阅读量约 3 300 次，切实发挥“身边的榜样”示范作用，全面服务研究生成长成才。

（二）科研育人费成本分担机制

2019 年，为服务于博士招生计划分配改革、全成本分担（执行）制度，研究生院实施科研育人费成本分担机制。2019—2023 年，涉及导师人数分别为 41 人、139 人、243 人、812 人和 935 人，分担办学成本分别为 49 万元、367 万元、1 134 万元、2 300 万元和 3 549 万元。

5 年来，在参与导师数量和总额实现“双升”的基础上，研究生院不断健全博士研究生培养经费成本分担机制，运用 PDCA 循环对科研育人费收缴情况进行质量检测和进度控制，采用闭环循环方式强化科研育人费过程质控，推进网格化管理、精细化服务、信息化支撑的科研育人费治理平台建设。研究生院还积极与财务处、科研院、人事处等部门沟通，拓宽科研经费卡使用范围，服务博士招生计划分配改革，健全博士研究生培养经费全成本分担机制。

（三）研究生文理拔尖创新奖励计划

为深入贯彻落实习近平总书记给《文史哲》编辑部全体编辑人员重要回信精神及在清华大学考察时的重要讲话精神，依照《天津大学一流研究生教育行动计划》（天大校发〔2021〕6 号）的指导意见，2021 年研究生院牵头设立天津大学研究生教育专项基金（以下简称研究生教育专项基金），健全完善学校研究生教育投入分配机制，同时为加大对人文社科、基础研究、新兴交叉学科与关键核心领域研究生培养的支持力度，建设一流研究生导师队伍，优化研究生奖励资助体系。重点项目资助标准为 24 000 元/年，一般项目资助标准为 18 000 元/年，资助期限为 4 年（学制非 4 年的，按实际学习年限执行）。资助经费中，导师培养经费与博士研究生助研资助额度配比为 1∶1。

项目执行期间，学校将针对项目进展和完成情况分别组织中期评审答辩、结项验收答辩，并实施分阶段资助，根据答辩评定情况进行绩效拨款。学校要求各学院（部）认真做好研究生教育专项基金的项目实施与经费管理工作，充分发挥项目对高层次人才培养的引领带动作用，扎实推进研究生教育高质量发展。

2021 年，经学院初评及公示、学校复评及公示，22 个学院（部）的 56 名博士生导师（导师团队）及博士新生获准立项，其中重点项目 30 个，一般项目 26 个。同年，学校出台《天津大学关于公布 2021 年研究生教育专项基金项目立项名单的通知》（天大校研〔2021〕14 号）。

为体现研究生教育专项基金对于人文社科、基础研究人才培养的专项激励作用，自 2022 年起，研究生教育专项基金正式更名为研究生文理拔尖创新奖励计划。2022 年和 2023 年研究生文理拔尖创新奖励计划分别批准立项 52 个和 54 个。

同时，研究生院针对 2021 年立项的 56 个项目组织中期评审答辩，围绕政策、投入、转化等三个要素，创新引入"互评"模式和方法，并将 2021 年中期考核的 11 个优秀项目打磨成典型案例，通过微信公众号逐篇发送，有力地提升了博士研究生教育的交叉创新和育人水平。

第二节　研究生学费管理

一、学校研究生教育学费管理政策变迁

2014 年秋季学期，财政部、国家发展改革委、教育部联合印发《关于完善研究生教育投入机制的意见》（发改价格〔2013〕887 号），明确从 2014 年秋季学期开始，按照"新生新办法，老生老办法"的原则，向所有被纳入全国研究生招生计划的新入学研究生收取学费，这标志着我国研究生教育正式从公费制度转为全面收费制度。

高校办学经费的主要来源有三个：财政拨款、学费收入和社会捐赠。其中，学费收入按属地化原则管理。2014 年 2 月，根据上级指导意见，天津市发展和改革委员会、天津市财政局、天津市教委三部门联合发布《关于加强我市研究生教育收费管理的规定》（津发改价费〔2014〕93 号），明确了天津市各类研究生教育学费标准，制定了学费标准新增及调整申请备案制度，在招生前一年，由高校向市教委、市发展改革委、市财政局申报审核；同时制定了学费标准公开制度，要求高校在招生简章及录取通知书中必须注明研究生收费项目及标准，并将审核通过的研究生收费项目、标准主动向学生及社会公开。

2014—2018 年，学校严格按照《关于加强我市研究生教育收费管理的规定》，依据培养成本及时调整备案各类研究生教育学费标准，主动做好收费标准公开及宣传解释工作，实现研究生全面收费制度平稳过渡。

2018 年 12 月，为完善研究生教育投入机制，深化高等教育领域“放管服”改革，天津市发展和改革委员会、天津市财政局、天津市教委发布《关于我市加强研究生教育收费管理有关问题的通知》（津发改价费〔2018〕898 号），明确按照专业大类重新核定全日制专业学位研究生教育学费标准，并简化研究生收费审核手续，可按照相应类别学费标准，综合考虑学科特点、办学条件、教育培养成本及招生生源等因素，自行制定具体学费标准。此次政策变革，有力促进了学费标准市场化和研究生教育质量提升。

二、天津大学研究生学费管理工作

1. 规范研究生教育收费管理

2019 年，学校出台《天津大学关于加强学校研究生教育收费管理的通知》（天大校研〔2019〕8 号），完善研究生教育收费管理有关事项。全日制学术学位研究生和专业学位研究生学费按政府指导价管理，非全日制研究生学费按市场调节价管理。各学院（部）综合考虑学科特点、办学条件、生均教育培养成本以及生源状况等因素自行确定学费标准。关于新增研究生专业或教育培养成本变化较大的专业，需在规定范围内确定、调整学费标准的，各学院（部）应于招生前一年的 12 月 31 日前向研究生院提出新增、调整学费标准申请，并于招生简章公布当年的 3 月 31 日前完成相关申请材料报送工作。学费标准确定时间不得晚于当年招生简章公布时间，研究生招生简章中应当明确标注下一年度研究生新生的学费标准。

2. 完善学籍异动等学费变更

2019 年 4 月，为规范学校研究生教育收费管理制度，满足各类型研究生实际学习需求，学校发布《天津大学研究生奖励资助体系管理规定》（天大校研〔2019〕4 号），修订了第二章“学费”中有关研究生退学退费的相关内容。《天津大学研究生奖励资助体系管理规定》指出，研究生在规定学制年限内按照每学年学费标准足额缴纳学费，须在每学年第一学期报到注册规定日期内交齐，并对研究生保留入学资格、休学、出国参加联合培养、退学、转学、提前毕业等情况的学费处理方式进行了规定。《天津大学研究生奖励资助体系管理规定》和 2021 年修订的《天津大学正式教职工攻读本校非全日制研究生减免学费管理规定》（天大校研 2021〔12〕号），为学校研究生学籍异动等学费变更提供了制度依据。

3. 优化学费收入分配机制

为充分发挥研究生教育收费的使用效益，学校自 2002 年起对在学的同等学力硕士、博士研究生，在职硕士、博士研究生以及部分高培养成本的全日制专业研究生的教育收费采用比例分配的方式，给予各学院经费支持，大大提升了各学院教育收费使用的灵活性，激发了各学院的办学热情。

近年来，研究生院协同财务处等多部门，依据生源质量及办学成本等因素不断调整教育收费分配比例，提出扩大教育收费分配试点专业范围，在 2022 年发布的《天津大学收入分配管理办法（试行）》（天大校财 2021〔7〕号）中明确规定：研究生办学中非全日制研究生学费、同等学力人员申请硕士学位及博士学位学费、全日制人文社科类专业学位硕士学费收入，40%作为学校公用经费，60%作为办学经费。将全日制人文社科类专业学位硕士学费纳入分配管理范围，为推动学校理科及人文社科类学科发展，进一步夯实人才培养质量提供保障与支撑。

4. 强化研究生学费数字化管理

为推进高质量研究生教育管理，实现学费数据的精细化管理与研究生培养全过程的深度融合，研究生院协同财务处全面优化升级了研究生学费管理系统，并于 2022 年 8 月正式上线。一方面，新老教学管理系统与财务处缴费数据实现同源同步，从根源上解决了缴费数据无法共享的问题；另一方面，新的学费管理系统依托教育教学管理系统，实现了研究生学费管理与研究生培养环节全过程的联管联控，促进了研究生学费的科学化、规范化及精细化管理。

5. 开展研究生欠费专项治理

为改善研究生拖欠学费情况，研究生院将新的学费管理系统中的选课、毕业答辩等培养环节与学费管理审核进行全过程绑定，同时加强研究生院、财务处、学工部，以及各学院（部）的协同联动，发挥管理合力和治理效能，有效推动业财融合。2022 年催缴学费 7 200 万元。2023 年，研究生院针对无故欠费情况进行信息化治理。研究生院通过加强过程管理强化学生的自觉缴费和自我管理意识，实现外在管理与内在完善相辅相成的研究生诚信教育。两年来，通过催缴学费和欠费治理，学校全面增强了研究生按时缴费意识，为教学管理服务和研究生学业的正常进展提供了支持与保障。

三、近年研究生教育学费收入概况

自 2014 年研究生全面收费制度实施以来，学校研究生学费年度总收入呈逐年上涨的趋势（图 2-1-5-3）。2022 年学费收入涨幅均高于以往年度，欠费治理举措成效显著。目前，面对研究生培养成本不断提升、学费收入涨幅逐渐平稳的现状，为支撑高质量的研究生培养质量保障体系运行，优化学费管理举措、完善成本分担机制，以及提升院级学费收入使用效益等，将成为学校下一步需着力推动的重点工作。

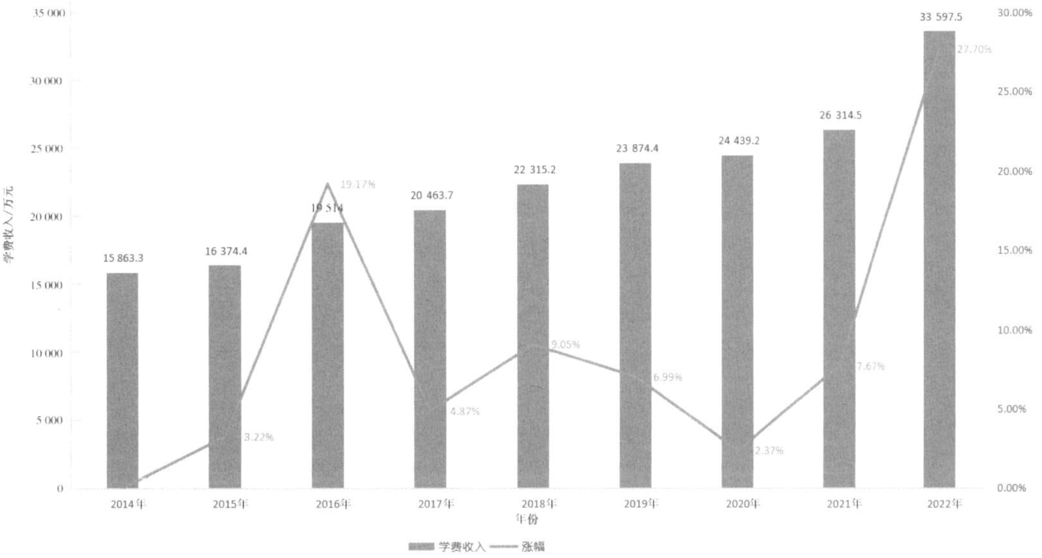

图 2-1-5-3　2014—2022 年研究生学费收入及其涨幅

第二篇　学科建设

第一章　学科建设历史沿革

天津大学的学科建设历史可分为多个阶段，即初创时期（1895—1916 年）、专办工科时期（1917—1936 年）、抗战时期（1937—1944 年）、理工结合时期（1945—1948 年）、建设多科性工业大学时期（1949—1978 年）。自 1984 年研究生院成立之后，天津大学的学科建设进入新的发展阶段。

一、理工结合发展时期（1984—1995 年）

改革开放后天津大学提出了建设理工结合的综合性大学发展规划，大胆调整系科设置，开设管理专业、理科专业和理工结合的新专业，加强基础理论和技术方法教学。

1984 年，经国务院批准，天津大学成为首批 22 所试办研究生院单位之一。研究生院自建立以来，以“服务需求，提高质量”为主线，以“加强学科建设”为工作重点，全力提升研究生教育培养质量。

沿着综合发展的思路，天津大学制定了《天津大学面向 21 世纪的战略发展目标》明确了天津大学学科建设的目标是：“充分发挥并加强现有重点学科、优势学科的优势与作用，积极支持高新技术的发展和壮大，努力促进薄弱学科的加速成长。争取到本世纪末，逐步建立起一批以工科为主，理、工、文、管、经、法、教育等学科门类比较齐全、相互渗透、综合协调发展的学科体系，争取更多的国家重点学科、重点实验室、博士点和博士后科研流动站。瞄准国际水平，建设适应国家经济建设、社会发展和科技进步需要，基础学科强大，学科门类比较齐全，自身特色明显，整体达到国内先进水平，部分达到世界先进水平的学科体系。”

1995 年是天津大学百年校庆之年，也是学位授权点审核年。在组织学位授权点申报工作中，天津大学充分发挥其学科发展综合与交叉的整体优势，申报了 14 个博士学位授权点和 6 个硕士学位授权点。申报的博士学位授权点专业有：应用数学，光学，金属材料及热处理，复合材料，电力传动及其自动化，电子材料与元器件，自动化仪表及装置，计算机应用，管理工程，建筑技术学科，环境工程，近海工程，生物化工，船舶与海洋结构设计、制造。申报的硕士学位授权点专业有：物理化学、有机化学、生物物理、专门用途外语、教育管理学、科学学与科学管理。

经过国务院学位组织的同行专家通讯评议，天津大学申报的 14 个博士学位授权点中有 8 个获得通过，申报的 6 个硕士学位授权点中有 5 个获得通过。自此，天津大学建立“综合协调发展的学科体系”的目标基本实现。

二、综合协调发展时期（1995—1999 年）

天津大学根据“211 工程”建设总体规划报告的精神和 1996 年天津大学学科建设工作要点的安排，经校长办公会议研究决定，成立天津大学学科建设委员会。1996 年 11 月，学科建设委员会召开了第一次全体会议，确定了天津大学学科建设的思路：利用国家“211 工程”建设所投入的资金，重点建设 3~5 个优势学科，争取在 2000 年达到或接近世界先进水平；要面向 21 世纪世界科技发展的重点领域，立足学科发展前沿来规划天津大学高新技术学科的发展；加强理科建设，尤其是应用理科的建设，以支持学校工科学科的发展，为其增加发展后劲；调整学科结构，扶植经、管、文、法学科建设。传统学科和薄弱学科可选择其中具有优势的研究方向，异军突起，予以适当支持，促使其快速发展。同时，为了加强学科建设管理，在继续充实和加强校、院两级管理的基础上，各学科实行学术带头人和学科负责人制度，以加强各学科的建设和发展。研究生院将学位办公室更名为学位与学科建设办公室。由此，天津大学的学科建设由注重结构调整转向注重内涵发展。

1997 年 3 月，国家计委正式批复了《天津大学“211 工程”建设项目可行性研究报告》，天津大学开始全面实施“211 工程”建设。天津大学在“九五”“211 工程”建设中着重对以下学科进行重点建设：现代传质理论与分离技术、高效洁净化工新工艺研究、精密测试计量技术及仪器、光学技术科学、内燃动力工程、城市地热利用系统的节能与保护、系统工程与现代管理学科。天津大学“211 工程”建设成效显著，重点建设的优势学科已成为天津大学学科结构的支柱，带动了天津大学学科的整体发展。2001 年 6 月，天津大学顺利通过了教育部专家组的验收，并得到了“全面、高质量地完成建设任务”的高度评价。

1997 年，学校开始推行学院制改革，实行校、院两级管理体制，将原有的办学系和所组建为 11 个学院，为学院自主发展扩展了空间。

三、新世纪新的发展时期（2000—2012 年）

2000 年 12 月，教育部与天津市人民政府共同签署了重点共建天津大学协议，天津大学跻身建设国内外知名高水平大学的行列。自 2000 年 12 月启动为期 3 年的“985 工程”一期建设以来，天津大学的学科建设取得了突飞猛进的发展。

在全面、高质量地完成“九五”“211 工程”建设任务的基础上，天津大学于 2002 年 10 月顺利通过了教育部专家组的立项审核，并于 2003 年 11 月经国家发展改革委批准正式立项，被列入国家“十五”“211 工程”建设行列。在学科建设方面，天津大学对以下学科进行重点建设：现代化工技术与绿色产品工程、生物分子工程与中药现代化、光电子信息关键技术及其应用、现代科技中若干新检测技术、新一代内燃机燃烧理论及相关技术研究、先进材料科学与工程、近海海洋环境及工程灾变研究、超高压电力系统安全稳定性分析与控制、生态建筑与城市空间的可视化研究系统、现代管理系统分析与决策。

天津大学“985 工程”二期建设于 2004 年 11 月获教育部、财政部批复立项，主要建设内容包括队伍建设，绿色化学化工和精密测试技术 2 个Ⅰ类科技创新平台，内燃动力工程、港口与海洋工程、绿色建筑设计理论与工程技术、电气工程安全与控制、先进材料加工、化工过程工程化等 6 个Ⅱ类科技创新平台，以及现代企业管理技术哲学社会科学创新基地和两校合作办学等建设项目，总投资 4.21 亿元。在“985 工程”一期建设成效的基础上，经过为期 4 年的“985 工程”二期建设，至 2008 年项目结束时，天津大学在科研、教学、师资队伍建设、学科建设和人才培养等各个方面都取得了长足的进步，综合实力显著提高，已成为我国高层次创造性人才培养和知识创新的重要基地。

经过全校师生的共同努力，天津大学已圆满完成“985 工程”二期建设目标和建设任务。其中绿色化学化工、精密测试技术、内燃动力工程和港口与海洋工程等高水平科技创新平台达到（或接近）国家实验室或国家重点实验室水平，学校围绕科技创新平台和哲学社会科学创新基地建设，建成了以 4 个教育部“长江学者和创新团队发展计划”创新团队为代表的一批高水平创新团队，取得了一系列重大科技成果，使化学工程与技术、仪器科学与技术、光学工程、水利工程、电力系统及其自动化等优势学科达到或接近世界一流学科水平。学校在队伍建设、学科建设、科学研究、人才培养及整体办学水平等各方面均取得了一系列丰硕的建设成果。

四、学科内涵式发展时期（2013 年至今）

2014 年 4 月，天津大学召开了第三次研究生教育工作会议，制定了《天津大学关于全面深化研究生教育改革的意见》，确定了学科发展的总体思路。一是优化学科总体布局。充分发挥学科的人才培养和知识创新的平台和载体作用，面向国际学术前沿和国家重大需求，不断优化学科布局。巩固工学学科优势，大力发展基础学科和人文社会科学学科，推进新兴学科建设和学科交叉。统筹实施“211 工程”“985 工程”和“2011 计划”等重点建设项目，促进学科综合协调发展。二是推动学科内涵发展。以学科内涵建设和质量提升为牵引，进一步凝练学科方向，汇聚学术队伍，构筑学科平台。重视学科评估，通过评估促进学科在人才培养、师资队伍建设、科学研究等方面水平的提升。加强优势学科与其他学科交叉、融合，形成学科新的增长点，促进学科可持续发展。

2015 年，研究生院以国家启动“双一流”建设为契机，深挖学科建设内涵，高质量编制学校“十三五”学科建设发展规划，系统筹备“双一流”建设实施方案。同时，研究生院通过开展学科评估课题研究与学科国际同行评议、深入推进二级学科自主设置及试点院校申报、大力推进学科质量信息平台建设等措施，强化顶层设计，提升学科建设水平。

2016 年，研究生院围绕建设“双一流”的重点任务汇聚优质资源，改革体制机制，完善支撑保障条件，巩固加强一批顶尖优势学科，夯实提升一批潜力新兴学科，以学科交叉融合提升创新能力，通过协同创新中心建设聚焦国家重大需求和科学前沿，进一步发挥学科国际同行评议、一级学科水平评估及专业学位水平评估的诊断作用，以评促改、以评促建，进一步激发学科发展的内生动力，努力构建内部质量保证与外部质量监督兼顾的学科建设质量保障体系。

2017 年，研究生院统筹编制了《天津大学世界一流大学建设方案》，该方案得到教育部专家委员会的高度认可。最终天津大学成功入围全国一流大学建设高校，且为 36 所 A 类高校之一，自主建设 10 个一流学科领域。瞄准学校“新三步走”发展战略，研究生院在优化横向学科布局、加强内部质量保证、借力外部质量监督等三项学科建设的基础性工作方面持续发力；积极申请学位授权自主审核单位资格，扎实推进“兴医”规划，明确指出新布局学科的发展方向，逐步推进学科的综合协调发展；完善精准投入，切实提高“双一流”建设效益；持续开展学科国际同行评议，完成学科质量信息管理平台建设，充分发挥学科评估评审的诊断作用。2017 年 5 月，天津市教委公布了天津市重点学科申报结果，天津大学上报的 30 个一级学科全部入选，涵盖了理、工、管、医、教育 5 个学科门类，其中，生物学、物理学、药学 3 个一级学科均为首次入选。

2018 年，研究生院坚持以“服务需求、提高质量”为主线，按照学校“新三步走”发展战略，在优化横向学科布局、加强内部质量保证、借力外部质量监督等三项学科建设的基础性工作方面持续发力：推进二级学科自主设置和专业学位授权点调整工作、实施顶尖学科建设计划，动态推进学科内涵式高质量发展、科学规划“双一流”经费预算分配，有效推动建设绩效考评。研究生院逐步完善学科内部治理体系，不断完善内外兼顾的学科建设质量保障体系，瞄准国家一流学科建设方向，打造天津大学一流学科“第一阵营”，完善学科生态体系建设，加强学科协同交叉融合，为推进世界一流大学建设良好开局奠定了坚实基础。

2019 年，研究生院认真落实建设方案，统筹规划“双一流”经费分配；坚持多元综合评价，有序推动“双一流”绩效评价；聚焦资源配置改革，完善内部项目管理体系建设，全面建立 2020—2022 年一流大学建设项目库；稳步推动“2+5+X”一流学科行动计划，扎实推进二级学科自主设置工作，不断强化学科顶层设计，优化学科综合布局；推动学科深度剖析，精心筹备下一轮学科评估和专业学位水平评估筹备工作，深入挖掘学科建设成效和社会服务典型案例；累计向天津市教委填报并报送了 108 份天津市高等学校社会贡献典型案例和 20 份天津市一流学科建设进展报告，为学科建设提供了重要参考依据。

2020 年，“双一流”建设周期总结工作圆满完成。9 月 18 日，由 10 位校内外院士、专家组成的专家组及 11 位校领导参加“双一流”建设周期总结工作会，专家组对天津大学“双一流”建设阶段性成绩给予充分肯定。2020 年是学科建设年，天津大学围绕“强工、厚理、振文、兴医”的发展思路，持续推进学科交叉，强化融合发展，着力支持更多学科进入世界一流行列。在 2020 年 QS 世界大学学科排名中，天津大学 12 个学科上榜，学科上榜数量达到历史最高水平，医学、农学与林学两个领域首次上榜；在 2020 年软科世界一流学科排名中，天津大学 2 个学科进入世界前 10 名，8 个学科进入世界前 50 名；在泰晤士首届中国学科评级中，天津大学 8 个学科进入 A+，A+学科总数居中国内地高校第九位，按总体评级排序居中国内地高校第十位。

2021 年，研究生院积极布局新一轮“双一流”建设，化学工程与技术等 5 个学科紧密对接天津市“1+3+4”现代工业产业体系，4 个学科群入选天津市高校服务产业特色学科群建设名单；试点推进“天智计划”，连续两年遴选支持 55 个交叉导师团，合作导师 106 人次；协同天津市教委，积极推动天津市医工交叉示范中心建设，打造医工结合新范式；制定《天津大学“十四五”期间新增与重点培育博士学位授权点遴选办法（试行）》，分类别做好博士学位授权点的重点培育和建设质量管理；通过自主审核机制上报新增药学、地球系统科学、电子信息 3 个博士学位授权点，新闻传播学等 5 个硕士学位授权点。2021 年 7 月，地球科学（Geosciences）领域首次进入 ESI 全球排名前 1%。

2022 年，研究生院积极布局新一轮“双一流”建设，化学工程与技术、化学、材料科学与工程、管理科学与工程、动力工程及工程热物理等 5 个一级学科入选第二轮“双一流”建设。2022 年 1 月，天津大学数学（Mathematics）领域首次进入 ESI 全球排名前 1%。2022 年 9 月，天津大学学科交叉中心正式成立，先行建设储能技术、智能建设与安全、医工融合、智能+、文化遗产保护、应用数学 6 个学科交叉分中心。2022 年 11 月，天津大学计算机科学（Computer Science）领域进入 ESI 全球排名前 1‰，成为继化学、材料科学、工程学之后，天津大学第 4 个进入 ESI 全球排名前 1‰ 的学科领域。

2023 年，天津大学 14 个学科领域进入 ESI 全球排名前 1%，4 个学科领域进入 ESI 全球排名前 1‰，工程学科领域继续保持全球前 1‱，其中经济与商业（Economics & Business）领域首次进入 ESI 全球排名前 1%；14 个学科上榜 QS 世界大学学科排行榜，其中建筑与建造环境位居全球第 30 名；36 个学科上榜软科世界一流学科排行榜，其中化学工程等 3 个学科位居全球前 10 名。

第二章　学科建设现状

一、学科布局

1. 学科发展总体思路

天津大学的学科建设坚持走以质量提升为核心的内涵式发展道路，不断优化学科布局，明确学科方向，加强学科内涵建设。2020 年 9 月，天津大学启动第四次研究生教育工作会议，最终形成并出台《天津大学一流研究生教育行动计划》，确定了学科发展的总体思路。一是加快学科专业结构调整。统筹"强工、厚理、振文、兴医"发展格局；优化学科结构，按照"扶优、扶强、扶特、扶需"的发展思路，重点支持国家急需、战略新兴、学校特色学科发展，加强对专业学位设置的研判和规划，快速响应社会需求；继续推进"2+5+X"一流学科行动计划，打造高峰学科凸起、高原学科林立、特色与基础学科稳固的学科生态；加强基础学科建设，强化应用学科的基础能力培养，推动理工学科的人文素养水平提升；改革学科绩效评价机制，根据不同学科的特点与内涵，探索推进分类、分档、分贡献的学科绩效评价模式；健全学科动态调整机制，对于发展乏力、质量不佳的学科，进行归并、撤销，保障学科建设水平。二是加强交叉学科建设。通过新兴交叉学科带动传统学科的改造升级；聚焦国家重大战略、经济社会需求和科学技术前沿，立足学科基础及优势特色，加强学科交叉的顶层设计，强化学科对复合型人才培养的支撑；推进文、理、工、医跨门类结合，加大对人工智能+、储能等领域的支持力度，重点实施"天智计划"；探索新兴交叉学科管理模式，实现招生、培养、学位等环节的有机衔接和科学评价；加强学科交叉融合的理论与实践研究，推进交叉学科中心建设，创新学科交叉理念，探索交叉学科发展的有效机制。

2. 学科建设总体规模

目前，天津大学形成了以工为主、理工结合，经、管、文、法、医、教育、艺术等多学科协调发展的学科布局。近年来，学校坚持"强工、厚理、振文、兴医"的学科发展理念，积极推动学科布局调整：为强化工科优势，重组电气信息类学院，增设网络空间安全、食品科学与工程等一级学科硕士学位授权点；为加强理科建设，成立地球系统科学学院、数学学院等理科学院和多个研究机构，增设物理学一级学科博士学位授权点和地理学、海洋科学等一级学科硕士学位授权点；为推进特色文科建设，成立马寅初经济学院、新媒体与传播学院，增设马克思主义理论、法学、教育学等一级学科博士学位授权点和中国语言文学、外国语言文学、心理学、新闻传播学等一级学科硕士学位授权点；为开启新医科建设，组建医学部，增设药学、临床医学等一级学科博士学位授权点，率先建设智能医学工程本硕博人才培养体系，获批临床医学本科专业，拥有 13 家附属医院及医学中心；为促进学科交叉融合，培养更多堪当时代重任的复合型、创新型人才，成立天津大学学科交叉中心，组建管理与经济学部、智能与计算学部，增设集成电路科学与工程地球系统科学等一级交叉博士学位授权点和救援医学、非物质文化遗产学、储能科学与工程等一级交叉硕士学位授权点，支持建设分子化学与材料、无人驾驶汽车、纳米颗粒与纳米系统等 13 个学科交叉平台。

截至 2024 年 5 月，天津大学有 34 个博士学位授权一级学科、47 个硕士学位授权一级学科、7 个一级学科国家重点学科、8 个二级学科国家重点学科、2 个国家重点（培育）学科、30 个天津市重点学科、20

个天津市一流学科、11 个天津市高校顶尖学科培育计划学科、10 个天津市高校服务产业特色学科群。

二、学科评估

2012 年，天津大学在第三轮学科评估工作中共有 23 个学科参评，其中 14 个学科（约 60%）进入全国前 10 名，较上一轮增加 2 个；8 个学科（约 35%）进入全国前 5 名，较上一轮增加 1 个。化学工程与技术学科再次蝉联全国第一名，实现三连冠；管理科学与工程学科由上一轮的全国第八名升至全国第二名；仪器科学与技术、光学工程和建筑学等 3 个学科分别位居全国第三名；船舶与海洋工程学科位居全国第四名；水利工程和风景园林学等 2 个学科分别位居全国第五名。

2017 年，第四轮全国学科评估结果正式公布。天津大学在本轮学科评估中共有 25 个一级学科参评，进入 A 类学科数达到 14 个。其中，化学工程与技术学科进入 A+档、4 个学科进入 A 档（2%~5%）、9 个学科进入 A-档（5%~10%）。与第三轮学科评估结果相比，进入前 5%的学科数增加 3 个，进入前 10%的学科数增加 8 个。按照进入 A 类学科总数排名，天津大学在 E9 高校中排第二名，在工学门类学科评估结果中名列全国第四。

2022 年，第五轮全国学科评估和全国专业学位水平评估结果以文件形式通知参评高校，天津大学评估结果喜人，实现多项新的突破。

第三篇　研究生管理与研究

第一章　研究生教育教学研究

学校高度重视研究生教育教学研究，先后承担了多项研究课题，发表研究生教育管理的学术论文百余篇。

一、承担的研究课题

2014 年，承担教育部人文社会科学研究专项任务项目“工程博士创新培养模式探索与研究”。

2014 年，承担全国工程专业学位研究生教育指导委员会项目“工程博士与工学博士培养及发展质量的比较分析”等研究课题 3 项。

2015 年，承担天津市教委课题“关于加强资助育人工作的研究”。

2015 年，承担天津市教委课题“关于高校学科建设绩效动态监测机制的研究”。

2015 年，承担天津市教委课题“高校研究生奖助学金方案设计项目质量控制研究”。

2015 年，“自治与监督并举：综合改革背景下博士招生制度设计研究”获批中国学位与研究生教育学会自选课题。

2015 年，“高校研究生资助制度对培养质量影响的实证研究”获批中国学位与研究生教育学会面上课题。

2015 年，“大数据时代的研究生质量监测与信息服务研究”获批中国学位与研究生教育学会面上课题。

2017 年，“研究生招生计划配置对我国研究生教育公平与效率的影响及作用机制”获批中国学位与研究生教育学会重点课题。

2019 年，“紧密结合国家重大需求的专业学位博士培养模式探索”获批中国研究生院院长联席会重大课题资助项目。

2019 年，受中国学位与研究生教育学会评估委员会委托的“社会贡献评价”专题，形成多份成果报告。

2019 年，参与教育部学位与研究生教育发展中心承担的国家自然科学基金“基于大数据的一流学科水平评估与绩效评价研究”课题研究。

2019 年，完成教育部学位管理与研究生司“研究生奖助体系调研”课题报告，主要观点形成研究生教育工作会议主文件相关内容。

2020 年，“天津大学研究生学风建设风采全媒体传播”获批中国科学技术协会学风传承项目。

2021 年，完成国务院学位委员会办公室委托重点课题“冷门绝学学科的内涵界定及发展机制研究”，为《加快推进急需高层次人才培养行动方案（2021—2025 年）》《国家重点支持的学科专业清单管理办法》等多份国家政策文件提供重要资政建议。

2021 年，“研究生学科核心课程建设标准和质量评价研究”获批中国学位与研究生教育学会 2020 年面上课题。

2021 年，“国际视野下研究生教育国际合作与交流的发展研究及新形势下路径的创新探索与实践”获批中国学位与研究生教育学会 2020 年重点课题。

2021 年，“博士研究生分流退出机制研究”获批中国学位与研究生教育学会 2020 年重点课题。

2022 年，承担中国研究生院院长联席会“博士研究生培养质量调查及对策研究”项目。

2023 年，“研究生教育高质量发展视域下天津市导师队伍建设提升机制及实现路径研究”获批天津市教委社会科学重大项目。

二、发表的学术论文

[1] 林瑞泰. 改革教学方法提高研究生教学质量的一点初步探讨[J]. 学位与研究生教育，1985(2)：60-63.

[2] 徐炳亭. 切实加强硕士生导师队伍的建设[J]. 学位与研究生教育，1987(1)：37-41.

[3]《研究生档案与成绩管理系统》通过鉴定[J]. 天津大学学报，1987(1)：36.

[4] 张金梅. 对招收在职人员攻读硕士学位的探讨[J]. 学位与研究生教育，1987(6)：57-58.

[5] 张崇文，李云章，曹丽芬. 解析研究生被退学的原因 改进和加强研究生工作[J]. 学位与研究生教育，1988(1)：37-39.

[6] 徐炳亭，刘家新. 研究生工作微机管理的探讨[J]. 学位与研究生教育，1988(2)：39-41.

[7] 曹丽芬，张崇文. 调查与思考 分析与启示：留学英国、联邦德国教师座谈会追记[J]. 学位与研究生教育，1988(3)：72-73，58.

[8] 徐炳亭，李云章，刘琮英. 筛选制中课程学习成绩考核方法的研究[J]. 学位与研究生教育，1988(6)：50-52，75.

[9] 张崇文，张晓峒，张季人，汪波. 中加管理硕士教育对比研究[J]. 学位与研究生教育，1990(2)：49-54.

[10] 李云章，赵福龙，王世昌. 市场经济与发展研究生教育[J]. 学位与研究生教育，1994(2)：35-37.

[11] 马荣魁，曾绍标，韩秀芹，熊洪允. 优化硕士生数学知识结构 提高数学台阶：天津大学硕士生数学课程的改革与实践[J]. 学位与研究生教育，1994(4)：16-18.

[12] 祝士明，任菊驰. 谈硕士研究生入学考试业务课命题问题[J]. 学位与研究生教育，1997(1)：27-30.

[13] 郁道银，孙学珠，王舜，马荣魁，赵福龙.21 世纪需要什么样的博士生[J]. 科学学与科学技术管理，1998(2)：35-37.

[14] 祝士明，李建明，汤齐，王连英. 关于我国研究生教育信息计算机管理的探讨[J]. 学位与研究生教育，1999(1)：33-36.

[15] 孙鹏江，怀丽. 高校机构改革与研究生院建设[J]. 学位与研究生教育，1999(5)：47-50.

[16] 任欣荣，孙国喜，马一太. 初论一流大学与研究生院建设的关系[J]. 学位与研究生教育，2000(1)：51-53.

[17] 钱桂荣. 现代科技发展与博士生综合素质培养若干问题探讨[J]. 学位与研究生教育，2000(4)：9-13.

[18] 刘宗瑛，李云章. 工程硕士学位的设立与培养模式研究[J]. 天津大学学报(社会科学版)，2001(1)：86-88.

[19] 冯翠玲，李义丹. 高等院校德育评估研究[J]. 天津大学学报(社会科学版)，2001(3)：270-273.

[20] 怀丽. 研究生审美教育的内在需求与途径[J]. 思想教育研究，2002(10)：32-34.

[21] 怀丽，李咸英. 培养研究生终身体育的意识[J]. 学位与研究生教育，2004(1)：25-27.

[22] 王丰童，李云章，杨文生. 基于工程硕士专业学位教育的产学合作培养应用型研究生有效模式[J]. 科学管理研究，2005(3)：78-79，86.

[23] 马莉萍. 浅析研究生学位论文评审及主要方法[J]. 科技管理研究，2005(10)：135-137，139.

[24] 马莉萍. 研究生学位论文质量评价体系的构建[J]. 天津理工大学学报，2005(6)：85-88.

[25] 古瑶，杨秋波. 工程硕士研究生教育内控机制的建构及思考[J]. 学位与研究生教育，2006(3)：50-52.

[26] 柳洲，古瑶，马莉莉. 强化我国研究生跨学科教育的对策分析：美、英、法等国跨学科教育启示[J]. 高等理科教育，2006(6)：56-60.

[27] 古瑶. 高校学科建设评价指标体系的构建[J]. 学位与研究生教育，2007(5)：56-59.

[28] 怀丽，卢铮松，武斌，李方朔. 实现研究生课程网上教学评价的研究[J]. 学位与研究生教育，2007(7)：46-49.

[29] 顾丽娜. 高校研究生教育国际化策略研究[J]. 学位与研究生教育，2007(S1)：111-112.

[30] 卢铮松，刘宁. 使用 AHP 方法评估研究生课程研究[J]. 学位与研究生教育，2007(S1)：100-103.

[31] 张春华，沈美庆，周晓，王军. 完善研究生创新机制 合理规避创新风险[J]. 学位与研究生教育，2007(S1)：45-47.

[32] 何振雄. 优化研究生培养方案 促进研究生创新能力的提高[J]. 学位与研究生教育，2007(S1)：36-37.

[33] 何振雄. 整合不同类型研究生培养模式 满足社会发展对各类人才的需求[J]. 学位与研究生教育，2007(10)：52-55.

[34] 任菊驰，李云章，王聿童. 适应需求 校企合作培养工程硕士[J]. 学位与研究生教育，2007(12)：49-52.

[35] 古瑶，蔡继红. 当代技术自主创新的趋势与工科研究生的培养[J]. 科学管理研究，2007(6)：101-104.

[36] 甘伟峰. 建筑工程项目投资风险应对策略研究[J]. 今日科苑，2008(2)：97-98.

[37] 古瑶，李云章. 当代产学结合的亮点：工程硕士教育与企业技术自主创新能力的提升[J]. 科学管理研究，2008(3)：50-52.

[38] 卢铮松，李珂珂. 基于人工神经网络的研究生课程评价模型[J]. 现代教育技术，2009，19(10)：53-57.

[39] 李秀兵，姚秀颖，何振雄，李玉兰，邵福球. 我国高等工程人才培养的现状调查与问题分析[J]. 学位与研究生教育，2010(4)：66-71.

[40] 胡小唐，钟登华，李云章，陆培毅，何振雄，杨秋波. 校企合作培养工程硕士的创新与实践[J]. 学位与研究生教育，2010(9)：15-18.

[41] 张立迁，王娟，权威. 高校新入职师资培训的实证分析：以天津大学 2008 年创新能力与职业发展培训为例[J]. 天津大学学报(社会科学版)，2010，12(6)：522-526.

[42] 任欣荣，肖凤翔，张立迁. 全日制专业学位硕士生招考工作问题之归因[J]. 学位与研究生教育，2011(5)：55-60.

[43] 秦岭. 信息化环境中的研究生教育[J]. 长春理工大学学报，2011，6(5)：25-26.

[44] 李云章. 以质量为核心 培养高质量工程硕士[J]. 学位与研究生教育，2011(6)：14-17.

[45] 李传波，石丽梅. 非全日制专业学位研究生收费工作的实践与思考：以天津大学为例[J]. 教育教学论坛，2011(26)：87-88.

[46] 卢铮松. 研究生奖学金的决策树分类数据挖掘研究[J]. 计算机工程与应用，2012，48(26)：139-143.

[47] 张立迁，任欣荣. 博士生奖学金体系在构建和谐师生关系中的作用分析[J]. 化工高等教育，2011，28(6)：100-103，108.

[48] 张立迁. 博士生奖学金体系的构成要素分析[J]. 合肥工业大学学报(社会科学版)，2012，26(2)：143-148.

[49] 张立迁. 博士生教育中引入淘汰机制的应然考量[J]. 研究生教育研究,2012(2):15-18.
[50] 怀丽,夏军,卢铮松. 构建数字化教学平台 创新研究生教学模式[J]. 学位与研究生教育, 2012(5):63-66.
[51] 张立迁. 博士生招生中若干重点关切问题探究[J]. 高校教育管理,2013,7(1):107-111.
[52] 肖凤翔,付卫东,赵美蓉. 我国工程博士教育发展的背景、机遇与挑战[J]. 现代教育科学, 2013(7):75-79.
[53] 李传波,潘峰. 自主与自律:美国博士生招生申请机制的显著特征[J]. 学位与研究生教育, 2014(4):69-72.
[54] 赵美蓉,陈金龙,蔡建爽,赵红星,何振雄,郄海霞. 以互哺模式构建工程硕士研究生实践创新培养体系[J]. 研究生教育研究,2014(3):82-85.
[55] 肖凤翔,张宇,赵美蓉. 英国工程博士研究生招生特色及其对我国的启示[J]. 学位与研究生教育,2014(8):67-71.
[56] 肖凤翔,董显辉,付卫东,潘峰. 工程博士专业学位研究生培养现状及应注意的问题[J]. 学位与研究生教育,2014(03):43-47.
[57] 付卫东,张立迁. 我国博士生入学"申请制"模式探析[J]. 高校教育管理,2015,9(2):107-113.
[58] 赵美蓉,潘峰,武悦,沈妍. 工程博士专业学位研究生培养方案的创新探索与实践[J]. 天津大学学报(社会科学版),2015,17(1):81-85.
[59] 孙颖,安俐静,怀丽. 博士生学术道德意识建构及学术道德教育的启示[J]. 教育科学,2015,31(1):63-67.
[60] 孙颖,田蕊,怀丽. 研究生对学术不端行为进行道德判断的心理分析[J]. 学位与研究生教育, 2015(4):30-35.
[61] 杨秋波,陈金龙,王世斌. 职业能力导向的专业学位研究生培养目标生成机制研究[J]. 高等工程教育研究,2015(3):102-107.
[62] 张立迁,孙颖. 对高校缩减"在职博士"招生现象的几点思考[J]. 研究生教育研究,2015(3):27-32.
[63] 肖凤翔,张宇,赵美蓉. 英国工程博士研究生招生经验及其教育效果[J]. 高等工程教育研究, 2015(5):122-126.
[64] 陈涛,潘峰,王聿童,张立迁."四位一体"迎接非全日制工程硕士教育的春天[J]. 中国研究生, 2015(10):44-46.
[65] 白海力,赵美蓉,明东,朱莎,陈天凯. 质量为重 特色为先 改革驱动 内涵发展:天津大学"211工程"建设的回顾与展望[J]. 研究生教育研究,2016(1):7-10.
[66] 张立迁,白丽新. 硕士研究生招生考试自命题安全保密工作探究[J]. 中国考试,2016(4):46-50.
[67] 陈涛. 在职人员攻读硕士专业学位全国联考并入全国统考刍议[J]. 中国考试,2016(10):58-63.
[68] 孙颖,杨楠,怀丽. 博士生学术不端行为态度的影响因素研究[J]. 研究生教育研究,2016(5):17-22.
[69] 张立迁,靳鹏霄. 研究生创新人才培养:基于科学研究的视角[J]. 重庆高教研究, 2016, 4(6): 121-127.
[70] 白海力,赵美蓉,孙鹤,赵红星,卢铮松. 基于i-PDCA模型的研究生教育综合改革方案设计与实践[J]. 学位与研究生教育,2016(12):5-9.
[71] 赵美蓉, 陈金龙, 孙鹤,蔡继红,明东,殷红春,卢铮松. 迈向世界一流的学位与研究生教育[J]. 中国研究生, 2017(10):4.
[72] 靖永坤,张立迁. 澳大利亚博士研究生教育体系管窥[J]. 世界教育信息,2017,30(5):29-33.
[73] 张立迁,梁候明,陈冠云. 从"管理"到"治理":高校研究生招生组织运行模式嬗变[J]. 黑龙江高教

研究,2017(5):45-48.

[74] 潘峰,张立迁. 博士生招生“申请-审核”制的自治路径探析[J]. 学位与研究生教育，2017(03):15-20.

[75] 张颖,孙鹤,卢铮松,马德刚. 高校研究生生态化资助体系的构建与实践[J]. 学位与研究生教育,2018(1):5.

[76] 陈睿,白丽新,张立迁. 硕士研究生招生考试自划线问题探析[J]. 研究生教育研究,2018(1):55-59.

[77] 李传波,孙鹤. 构建博士生招生“申请-审核”制公平性保障机制[J]. 中国考试，2018(5):43.

[78] 顾丽娜,刘家骥,蔡继红. 研究生导师遴选体系构建与实践:天津大学基于学术自治的改革[J]. 学位与研究生教育,2018(6):27-32.

[79] 廖素娴,张立迁,王顶明,王弘幸. 高校研究生招生计划分配及其优化研究[J]. 学位与研究生教育,2018(7):28-33.

[80] 张立迁,袁本涛. 研究生教育学之发展理路及未来省思[J]. 研究生教育研究,2018(4):60-65.

[81] 刘宁,沈妍,赵红星,陈金龙,赵美蓉,朱金明. 知识生产模式Ⅱ视角下“3I·4C”研究生分类培养体系的构建与实践[J]. 学位与研究生教育,2018(11):45-50.

[82] 姚婷,张立迁,童俊,张玲. 博士“申请-审核”制招生面试的探索与实践:以天津大学药物科学与技术学院(中国高校国际化示范学院)为例[J]. 教育教学论坛,2019(15):147-149.

[83] 吴潇,卢铮松,张颖. 立德树人视阈下研究生奖助政策评估体系的构建[A]//中国学位与研究生教育学会评估委员会 2019 年学术年会论文集,2019:205.

[84] 张颖,卢铮松,吴潇. 研究生资助体系助力研究生教育“质”“量”并举的思考[A]//立德树人,内涵发展,提高工科研究生教育质量. 北京:清华大学出版社,2019:443-447.

[85] 赵红星,沈妍,初飞,齐崴,贾宏杰. 推进实施博士教育综合改革,培养高水平拔尖创新人才[A]//立德树人,内涵发展,提高工科研究生教育质量. 北京:清华大学出版社,2019:121-126.

[86] 陈天凯,董玮,张立迁,刘晓,胡明列,贾宏杰,郑刚. 基于需求导向的一流学科建设路径分析[J]. 学位与研究生教育,2020(3):13-18.

[87] 张立迁.“严进严出”应成研究生教育共识 [N]. 中国教育报.2019-11-12(2).

[88] 黄成德,蔡建爽. 研究生课程《电极过程动力学》混合教学模式的探索与实践[J]. 教育教学论坛,2019(16):128-130.

[89] 张立迁. 高校博士研究生招生宣传革新的新思维探讨[J]. 大学(研究版),2020(5):36-40.

[90] 张立迁 . 工程博士培养助力强国战略[N]. 中国教育报.2020-10-20(2).

[91] 张立迁，沈妍 . 高等学徒制:赋传统以新生 [N]. 光明日报.2020-11-26(14).

[92] 李永刚,孙鹤,周柯. 基于供给效率的研究生招生计划分配标准与调节改革研究[J]. 学位与研究生教育,2021(2):58-64.

[93] 胡伟力,张立迁. 我国硕士研究生初试自命题工作的现实困境及对策研究[J]. 学位与研究生教育,2021(2):53-57.

[94] 刘海波,苏丹,缪楠,张立迁,白海力. 新时代研究生教育质量保障体系的构建:以天津市为例[J]. 学位与研究生教育,2021(4):52-57.

[95] 翟通,陈天凯,李文兰. 基于文献计量的科研机构学术成长性评价研究[J]. 图书情报导刊，2021，6(5):54-61.

[96] 陈天凯,张立迁. 与导师和谐相处,你准备好了吗[J]. 中国研究生,2021(8):58-60.

[97] 陈天凯,翟通,胡明列. 我国高校教师队伍建设现状分析与策略探究:基于“怎么引“”怎么用“”怎么评”等三个维度[J]. 教育探索,2021(10):73-75.

[98] 顾晓蕙，董玮，胡明列，高耀."双一流"背景下学科建设成效的评价体系[J]. 天津大学学报(社会科学版)，2021，23(6)：517-524.

[99] 何希，陈天凯，张立迁，董玮，胡明列. 学科国际评估驱动一流学科建设的实践探索：基于天津大学"SPI-IP"国际评估模式[J]. 天津大学学报(社会科学版)，2022，24(2)：125-130.

[100] 李媛，赵铭，杨阮，陈天凯，张立迁. 协同共治视野的中国特色研究生教育评价体系构建[J]. 中国考试，2022(5)：12-18.

[101] 陈涛，卢铮松，陈冠云，张立迁. 工程类博士专业学位考试招生制度改革路径研究[J]. 天津大学学报(社会科学版)，2022，24(3)：230-236.

[102] 林梦泉，张瑾，郑刚，高耀，李永刚. 中国特色研究生教育与学科建设交融互促策略探究[J]. 国家教育行政学院学报，2022(6)：17-27.

[103] 吴潇，张颖，张立迁. 以榜样为镜，全面服务研究生成长成才[J]. 中国研究生，2022(6)：77-79.

[104] 陈天凯，翟通，胡明列，贾宏杰，郑刚. 螺旋上升式学科自评价模型的实施构想与价值意蕴[J]. 科技管理研究，2022，42(13)：73-79.

[105] 沈妍，齐崴，贾宏杰，郑刚，张立迁. 研究生国际化教育发展行动框架构建的探索与实践[J]. 学位与研究生教育，2022(7)：28-35.

[106] 陈天凯，翟通，张立迁，何希，李媛. 基于教育管理视角探索构建和谐导学关系[J]. 未来与发展，2022，46(9)：65-70.

[107] 李传波，卢铮松，谷青，张舒亮. 六西格玛管理方法在硕士研究生招生初试自命题管理质量改进中的应用[J]. 中国考试，2022，367(11)：18-23.

[108] 秦岭，种泽鹏，齐崴. 必修环节信息管理系统：一种研究生过程管理的工具[J]. 天津大学学报(社会科学版)，2022，24(6)：512-517.

[109] 何希，李媛，陈天凯，等. 二级交叉学科的布局结构、学科关联与发展路径研究：基于高校设置交叉学科的实证分析[J]. 学位与研究生教育，2023(2)：16-25.

[110] 陈天凯，李媛，刘晓等. 学科交叉人才培养的实践探索与改革路径：以天津大学为例[J]. 学位与研究生教育，2023(4)：27-33.

[111] 胡伟力，张立迁. 新时代研究生招生工作职能研究[J]. 学位与研究生教育，2023(6)：35-41.

[112] 顾丽娜，朱佳雷，何芳，等. 立德树人视角下的导师队伍建设：以天津大学为例的实践与思考[J]. 天津大学学报(社会科学版)，2023，25(4)：329-335.

[113] 耿涵，孟兆熙，陈天凯. 作为交叉学科的非物质文化遗产学：理念、框架与路径[J]. 天津大学学报(社会科学版)，2023，25(4)：299-305.

[114] 白丽新，李传波，张立迁，等. 非结构化测评在推荐免试研究生招生复试中的应用探析[J]. 研究生教育研究，2023(4)：70-75.

[115] 耿涵，陈天凯. 非物质文化遗产学的学科价值归向和人才培养取径[J]. 民间文化论坛，2023(1)：122-130.

第二章　研究生思政工作

学校努力打造一支体现全员育人理念的思想政治教育队伍，将研究生的理想信念和社会主义核心价值观教育贯穿在研究生培养全过程，大力加强校园文化建设，努力提高研究生党建工作水平，同时，通过日常管理服务，增强研究生的获得感、幸福感，切实加强和改进学校研究生思想政治教育工作。

一、思想政治教育队伍建设

学校坚持“全员育人、全程育人、全方位育人”理念，全面落实立德树人根本任务，把研究生思想政治教育工作融入研究生培养全过程，加强研究生思想政治教育队伍建设，充分发挥研究生课程教师、研究生导师、研究生辅导员、研究生教育教学管理人员等各类人员作用，全方位保障研究生思想政治教育工作。

二、理想信念和社会主义核心价值观教育

学校构建思想引领、素质提升、成长保障“三位一体”的研究生思政教育体系，通过思想政治理论课程及教材建设、课程思政建设、科学道德和学风建设等途径，充分发挥研究生导师、课题组、实验室在研究生思想政治教育中的作用，全面开展理想信念和社会主义核心价值观教育。

（一）思想政治理论课程及教材建设情况

开设博士研究生思政理论公共课“中国马克思主义与当代”，硕士研究生思政理论公共课“中国特色社会主义理论与实践研究”“自然辩证法概论”“马克思主义与社会科学方法论”。

牵头组织编写天津市研究生思政课的习近平新时代中国特色社会主义思想“三进”教学指导用书，组织天津市研究生思政课教学展示与教学竞赛活动。

（二）课程思政建设情况

学校开展研究生课程思政建设，强化课程在立德树人方面的重要作用，将思政教育与专业教育有机融合，推动研究生课程思政示范课程建设，切实将思政工作贯穿研究生教育教学过程，完善“三全育人”工作格局。

（三）科学道德与学风建设情况

强化研究生科学道德与学风建设教育，将学术道德规范教育列入研究生培养必修环节，贯穿研究生培养全过程。持续建设和完善“学术道德规范”线上课程，提升研究生自我教育与自我规范意识。组织研究生收看全国及天津市科学道德与学风建设宣讲教育报告会，依托研究生学术文化促进会开展“研途半小时”“国奖大咖”“研学库”“话学术”等品牌活动，营造良好学风，提升科研创新能力。通过研讨会、座谈会、培训会等多种方式开展师德学风和学术道德规范教育，营造诚信创新、严谨治学的学术氛围。

（四）导师、课题组、实验室思政育人情况

探索导师育人路径，完善导师育人体系。落实《天津大学关于全面落实研究生导师立德树人职责的实施意见》（天大校研〔2018〕4 号），从学生主导、导师主导、师生互动等多个维度探索导师育人有效途

径，建立由导师参与的思想政治教育工作体系，包括举办“我心目中的好导师”评选活动、开展“导师与辅导员面对面”活动、创办“北洋导师讲坛”系列活动，开展“研究生导辅协同育人优秀工作案例”评选等，充分发挥导师立德树人主导作用。天津大学着力构建研究生导师立德树人工作体系被教育部“一线采风”报道。

挖掘实验室育人功能，打造实验室育人阵地。为拓展研究生思想政治工作阵地，探索导师在实验室实行浸润式思想政治教育模式，开展“活力实验室”评选活动。通过微信推送、线上投票、现场评选、宣传展览、跟踪走访等一系列举措，鼓励导师在实验室科学实践中强化学生的科学精神、人文情怀和诚信品格，培养研究生严谨的治学态度与良好学风。

（五）“三全育人”“五育并举”体系建设

学校坚持办大学就是办氛围，通过完善“三全育人”“五育并举”体系、开展主题教育、建设研究生培养质量文化等途径，加强校园文化建设，营造培养一流拔尖创新人才育人氛围。

学校继续深化“三全育人”“五育并举”人才培养综合改革，构建新时代学校思政工作体系。按照“重点突破，加快补齐短板；面上铺开，分层培育试点；提升质量，巩固优势成果”的总体思路，设立改革试点学院、启动精品项目、建立工作台账。扎实开展爱国主义教育，近年来聚焦纪念抗战胜利 75 周年、中国人民志愿军抗美援朝出国作战 70 周年、十九届五中全会、党的二十大等重大主题主线，组织大学习大宣讲、讲好爱国奋斗故事、发挥文化育人作用、开展主题实践教育、做实网上主题教育，激励广大师生坚定“四个自信”，为实现中华民族伟大复兴的中国梦贡献“天大力量”。同时做好全国文明校园建设工作，在天津市文明校园建设中取得突出成绩。

（六）研究生党建工作情况

学校选优配强研究生党支部书记，在科研团队、学术梯队中建立党支部，全面提高研究生党建工作水平。

一是做好教育部“研究生党建双创活动”推荐工作，部分研究生及研究生党支部获得全国“百名研究生党员标兵”和“百个研究生样板党支部”荣誉称号。启动校级种子选拔与培育专项工作，对照全国“双创”标准，选拔出多个样板党支部种子和党员标兵种子，实行学工部“种子培育”—天津大学“对标争先”—天津市“领航工程”—教育部“研究生党建双创”闭环培育。

二是开展研究生示范组织生活评选。开展“明德工程”研究生思想政治主题教育案例创建评选工作，推进研究生思想政治全员、全过程、全方位育人工作，扩大研究生参与主题教育的覆盖面。通过评选，选树一批组织活动开展规范、形式新颖、示范效果强的案例，进行推广宣传，形成示范效应。

三是组建成立校院两级“思想领航”研究生党员理论宣讲团。研究生党员走进乡村、社区、企业、中小学、高校，以青年视角阐释新思想核心要义，以青年之声宣讲新思想深刻内涵，以青年行动践行使命担当，在“学”与“讲”的过程中努力成为新思想的坚定信仰者、积极传播者、忠实践行者。

四是举办研究生党支部书记沙龙。通过经验分享、理论培训、问题研讨、实践参观等形式，提升研究生党支部书记的工作能力与水平。

（七）日常管理服务工作

加强日常管理服务工作，依托学院开展“导师与辅导员面对面”、引渠工程“四个一”活动，加强导辅协同；通过心理健康教育中心对研究生开展心理健康教育，并提供心理咨询、心理健康讲座等服务；设立研究生助管岗位，充分调动研究生力量参与学校治理，通过研究生社团活动，发挥研究生的主观能动性；加强制度建设，促进研究生日常管理工作规范化，努力构建研究生培养过程中全链条的思想政治教育管理服务体系，切实增强研究生的获得感与幸福感。

第三章　研究生组织与社团

天津大学研究生会(以下简称研会)创立于1982年,至今已历经40余年,是全国范围内成立最早的研究生会之一。研会是学校党委领导下的主要学生组织,是学校联系广大研究生的桥梁和纽带。研会以习近平新时代中国特色社会主义思想为指导,以加强对学生的政治引领为根本,以全心全意服务学生为宗旨,及时向学生传达党的声音和主张,引导广大学生自觉把个人理想融入党和人民的共同奋斗之中。

自成立以来,研会坚持"全心全意服务同学"的宗旨,通过有效开展各类活动,服务研究生。研会始终牢牢把握其是广大研究生的引领者、服务者、代言人的定位,主动协助学校开展研究生思想教育,主动引导研究生思想成长方向,引导广大研究生听党话、跟党走;在研究生群体内创造良好学术氛围,发挥桥梁纽带作用,收集研究生的普遍需求和现实困难,及时反馈给学校,帮助学校有效解决问题,并提供有针对性的生活服务。研会主持开展的品牌活动有以下几项。

一、"金点子"提案大赛

"金点子"提案大赛为同学们打通了有序参与学校治理、为美丽校园建设建言献策的通道,将研究生学术交流、课程实践、体育健康等方面的优质提案进行现场交办,为服务同学成长发展与校园建设贡献青年智慧。该大赛秉承认识校园、建设校园、服务校园的宗旨,以撰写提案、跟进提案、推动提案的方式,锻炼同学们的基础调研能力、问题分析能力和表达沟通能力,激发同学们的爱校荣校情感和主人翁意识,为校园建设发展和同学成长成才提供青年视角、贡献青年力量。

二、天津大学研究生骨干训练营

天津大学研究生骨干训练营,是以研究生学生组织的角度出发,为培养具有家国情怀、全球视野、创新精神和实践能力的卓越骨干人才贡献力量,力求使研究生骨干从理论中汲取知识,从实践中提高能力,从交流中收获友谊,从学习中感受力量。该训练营制定了详尽的培养方案,结合研究生骨干的自身需求,制定明确的目标,建立健全制度,同时通过有计划、有步骤、有跟踪、有反馈地开展相关工作,不断完善培养体系,逐步形成天津大学研究生骨干人才梯队。

三、校领导接待日

天津大学学生专题"校领导接待日"活动自2009年4月第一期开始至2023年已成功举办63期,并于2020年调整为师生"周五午餐会"的形式,成为促进广大同学与校领导沟通交流的重要平台,为同学们提供与校领导面对面交流的机会,促进双方共同就关心问题进行讨论。"校领导接待日"以做好同学和校领导沟通的桥梁为原则,以促进同学和校领导的相互了解为目标,以创造和谐的新校园管理文化氛围、推动校园民主的建设为己任,是研会运作成熟、影响广泛的精品活动之一。

四、“北洋同心圆”青年沙龙

“北洋同心圆”青年沙龙旨在搭建起中外天大学子学习交流的校园平台，为中外天大学子提供共同成长进步的机会。来自 13 个国家的 50 余位中外学子在“北洋同心圆”青年沙龙共同探讨交流，前往“学习强国”津青驿站，其相关事迹获得学习强国平台、《中国青年报》、《天津日报》等媒体报道。

五、学术就业系列活动

研究生学术就业系列活动聚焦学子在学术、就业等各方面的需求，包括“职者面对面”“青椒沙龙”“国奖大咖分享会”“专利写作营”等多项“我为同学做实事”品牌项目，涵盖奖学金、求职信息、科研学术等多个学术就业板块，通过一批“小而实”的常态化服务项目，帮助广大研究生解决学习、求职等现实需要。

六、天津市玫瑰园大型联谊交友活动

“玫瑰园”是研会于 1998 年创办的一个大规模、综合性、具有广泛影响的系列交友活动，至 2023 年已经成功举办 22 届。“玫瑰园”活动旨在通过丰富多彩的活动为高校单身同学（研究生为主）创造相互沟通和交流的机会，搭建交友平台。经过二十余年的发展与改革，“玫瑰园”活动已形成“八分钟约会”、联谊舞会以及天大版“非诚勿扰”相结合的大型联谊交友活动。

第四章　研究生日常管理

1978 年天津大学恢复研究生招生后，研究生思想政治工作处于 1989 年成立，负责研究生政治思想教育和管理、三好学生与奖学金评定、毕业生鉴定、毕业生分配等工作。2002 年，由于学校机构改革，研究生思想教育和管理工作由研究生院转到学工部，研究生院主要负责研究生学籍和教学管理工作。

一、宏观管理措施

学工部连续多年开展“研究生思想政治主题教育案例创建立项”工作，充分调动基层学院在研究生思想政治教育工作中的积极性和主动性，通过评价活动效果和经验规律，推广了“研究生榜样精神培养”“科研报国实践”等一批具有鲜明研究生特色的活动案例。

（一）组织团体心理辅导

连续多年组织博士研究生团体心理辅导，增强博士研究生沟通表达能力和团队合作意识，为博士研究生学习科研服务。针对研究生特点，以学术科研、职业发展、婚恋情感等为突破口，形成了天津市高校玫瑰园、天南大联合学术文化节、校企菁英论坛等一系列研究生乐于参与的品牌活动。

（二）推进综合情况调研

依托研会等研究生组织和社团，积极推进教育与自我教育相结合，建立了走访宿舍和实验室、现场采访、问卷调查、网络舆情收集、邮箱热线等多种形式相结合的研究生综合情况调研渠道，组织开展全景调研、专题调研等十余次。

（三）完善相关文本依据

完成天津市教育系统重点调研课题“博士生思想现状和生存状况全景调研报告”“探索研究生党支部设置模式提高思想政治教育实效性”“研究生创新实践能力培养现状与提升途径研究”三项；“管理类硕士研究生的压力差异及应对行为分析”获批教育部人文社会科学研究辅导员专项；“优化导学关系构建研究生导师育人有效机制”申请 2013 年天津市高等学校人文社会科学研究项目；《实现教育有效沟通提高研究生教育的实效性》获中国学位与研究生教育学会德育委员会第七届学术年会暨首届“研究生思想政治教育工作研究”征文特等奖；《基于人本原理探索辅导员如何利用第二课堂培养研究生创新精神》获天津市辅导员优秀论文评选三等奖；教育部简报 2009 年第 93 期以《天津大学强化研究生自我教育发挥思想政治教育实效性》单篇报道了天津大学研究生思想政治教育的情况；《边育边创，“双创”助力研究生党建工作提质增效》在《中国研究生》杂志作为封面文章发表。

二、研究生管理制度建设

学校为规范和健全研究生教育管理，保障和提高研究生培养质量，制定了一系列研究生教育相关的制度文件。

（一）学生管理

为规范天津大学学生管理行为，维护学校正常的教育教学秩序和生活秩序，保障学生合法权益，培养德智体美劳全面发展的社会主义建设者和接班人，依据《中华人民共和国教育法》《中华人民共和国高等教育法》《普通高等学校学生管理规定》《天津大学章程》等，制定了《天津大学学生管理规定》（天大校发〔2017〕21号）。

（二）违纪处分规定

为维护学校正常的教育教学秩序和生活秩序，保障学生合法权益，依据《中华人民共和国教育法》《中华人民共和国高等教育法》《普通高等学校学生管理规定》及《天津大学章程》等，结合学校实际，制定《天津大学研究生学籍管理办法》（天大校研〔2017〕21号）、《天津大学学生违纪处分规定》（天大校发〔2021〕1号）。

（三）申诉处理办法

为保障学生合法权益，推进依法治校，依据《中华人民共和国教育法》《中华人民共和国高等教育法》《普通高等学校学生管理规定》《天津大学章程》等，结合学校实际，制定《天津大学学生申诉处理办法》（天大校发〔2021〕2号）。

（四）宿舍管理规定

为维护学生宿舍正常的学习和生活秩序，保障学生人身和财产安全，规范学生日常住宿行为，依据《天津大学学生管理规定》《天津大学学生违纪处分规定》等规章制度，结合学校实际情况制定《天津大学学生宿舍管理规定》（天大校发〔2018〕4号）。

（五）消防安全工作

为预防和杜绝学生宿舍区域发生火险或火灾事故，保障住宿学生的人身和财产安全，根据《中华人民共和国消防法》《消防安全责任制实施办法》《天津市消防条例》《机关、团体、企业、事业单位消防安全管理规定》《天津大学消防安全管理办法》《天津大学学生宿舍管理规定》等，结合学校学生宿舍实际情况，制定《天津大学学生宿舍消防安全工作指导意见》（天大校发〔2018〕5号）。

第四篇　相关专题

第一章　“211 工程”与“985 工程”建设

“211 工程”是指面向 21 世纪、重点建设 100 所左右的高等学校和一批重点学科的建设工程，是新中国成立以来由国家立项在高等教育领域进行的重点建设工作，是中国政府实施科教兴国战略的重大举措，是中华民族面对世纪之交的国内外形势而作出的发展高等教育的重大决策。“211 工程”于 1995 年 11 月经国务院批准后正式启动。

1998 年 5 月 4 日，在庆祝北京大学建校一百周年大会上，江泽民同志表示：“为了实现现代化，中国要有若干所具有世界先进水平的一流大学。”中国教育部决定在实施《面向 21 世纪教育振兴行动计划》中，重点支持北京大学、清华大学等部分高等学校创建世界一流大学和高水平大学，并以江泽民同志在北京大学 100 周年校庆的讲话时间（1998 年 5 月）命名为：“985 工程”。

第一节　“211 工程”建设

一、“九五”“211 工程”建设

1994 年 11 月，学校成立天津大学“211 工程”领导小组，组长由校长李光泉担任，副组长由副校长王玉林、副书记金仕夷担任。领导小组全面负责学校“211 工程”预审申报工作，确定学校改革的整体思路，制定学校建设事业的发展规划。

1995 年 2 月 17 日至 18 日，学校召开第三届第二次教职工代表大会，会议听取了校党委书记杨渝钦同志关于学校工作的报告和校长李光泉关于天津大学“211 工程”建设几个问题的讲话。与会代表深入讨论了总体规划和发展思路。2 月 23 日，天津大学、南开大学党政领导就两校联合办学的问题在南开大学举行联席会议。经过充分交换意见和讨论，天津大学、南开大学就以下问题达成共识：两校共进“211 工程”的第一层次是一个重大举措，要尽快开展实质性工作；双方可以互补，在学分互认、教师互聘、仪器互用、图书互借、学科相互促进、共建新专业、共同申报综合性大型课题等方面进行协作；成立两校联合办学领导小组，作为联合办学最高决策机构，下设两校联合办学执行工作小组；两校合作办学是两校联合办学的基础；争取获得天津市政府支持，及时汇报和沟通。

1995 年 5 月 23 日至 25 日，由国家教委和天津市人民政府共同组织的专家组对天津大学申请进入“211 工程”学校名单进行了部门预审，并顺利通过。1996 年 8 月 14 日至 15 日，学校举行“211 工程”可行性研究报告及立项审核会议。以华中理工大学校长杨叔子院士为组长的 9 位专家，对天津大学“211 工程”可行性研究报告进行全面论证及审核，并顺利通过。“211 工程”部际协调小组、国家计委社会发展司、国家教委计划建设司以及天津市教委、天津市计委、天津市财政局的负责同志出席会议。1997 年 1 月 24 日，学校收到国家计委对天津大学“211 工程”建设项目可行性研究报告的批复，天津大学“211 工程”的立项申请得到了正式批准。3 月，国家计委在《关于天津大学“211 工程”建设项目可行性研究报告的批复》中明确指出，天津大学应“成为国家高等教育领域培养高层次高素质专门人才，解

决国家经济建设、科技进步和社会发展重大问题的基地之一”,将天津大学列为“211 工程”“九五”期间重点建设院校。天津大学“211 工程”建设全面展开。

2001 年 6 月 18 日至 19 日,以杨叔子院士为组长的专家组,在听取了单平校长的专题汇报,考察了天津大学在学科建设、教育教学等方面的建设项目,召开了座谈会之后,确认天津大学全面、高质量地完成了“211 工程”建设项目任务。

经过“211 工程”“九五”期间的建设,天津大学整体实力大大增强,学科建设成效显著,教学、科研硕果累累,办学条件大为改善,为学校的快速发展奠定了坚实的基础。

1. 学科建设方面

“211 工程”的实施为学科建设迈上新台阶提供了前所未有的发展契机。在“211 工程”启动之初,学校就明确提出了“发挥传统学科优势,优化调整学科结构,重点建设新兴学科,协调发展理、工、文、管”的学科建设指导方针。经过五年建设,“211 工程”推进了学科布局调整,优化了学科整体结构,促进了学科交叉融合,培育了一批新兴学科,有力地促进了学校整体办学能力和水平的提高。《天津大学“211 工程”建设项目可行性研究报告》中,确定学科建设的目标是:到“九五”末期,学校有 12~14 个学科达到国家重点学科的水平; 3~5 个接近或达到国际同类学科的先进水平。经过五年建设,天津大学已有 12 个一级学科具有博士学位授予权。“九五”“211 工程”期间学科建设情况详见表 2-4-1-1。

表 2-4-1-1 “九五”“211 工程”期间学科建设情况

“九五”“211 工程”建设	博士点/个	硕士点/个	学科门类/个
建设前	24	74	4
建设后	49	87	9

“九五”“211 工程”期间,化学工程、化学工艺、生物化工、测试计量技术及仪器、光学工程、动力机械及工程、建筑设计及其理论等一批学科接近或达到国际同类学科的先进水平。学校重点建设的学科项目全部高质量、超额完成预定目标,取得突出成效。在重点建设的传统学科基础上,又生长出新的交叉学科和新兴学科。如在“211 工程”重点支持的“化学工程”“化学工艺”学科基础上成长起来的“生物化工”学科,在“光学工程”基础上成长起来的“物理电子学”学科,这些学科均在“九五”期间被评为博士点。天津大学加大在信息科学、生命科学、环境保护、新型材料等前沿领域的研究力度,先后成立了“生命科学与工程研究院”“环境科学与工程研究院”“金融工程研究中心”“纳米材料科学与工程研究中心”“CIMS 工程中心”等交叉学科研究机构。多位国家领导人都曾莅临天津大学,为各研究院或中心的成立揭牌。学校在巩固发展已有优势特色学科的同时,又进一步加大人文艺术类学科发展力度,成立了冯骥才文学艺术研究院,并聘请著名作家冯骥才任该院院长。与此同时,天津大学在专业学位教育方面也取得了可喜的成绩。除建筑学、MBA 等专业学位外,1997 年获批开展在职人员攻读工程硕士专业学位招生培养工作,招生领域已达到 17 个,领域数居全国高校第二位。2000 年,天津大学又成为全国首批、天津市唯一试办 MPA 的高校。

2. 科学研究方面

“211 工程”实施以来,天津大学积极贯彻科教兴国战略,坚持“稳定加强基础研究、放开搞活应用研究和科技开发研究”的原则,积极承担国家重大科技攻关项目和重大基础研究项目,面向经济建设主战场,开展区域性合作以及与大企业集团的科技合作,努力探索既适应社会主义市场经济发展,又符合高等教育规律的科技体制和运行机制。天津大学科研经费逐年增加,1996 年为 1.43 亿元,2000 年达 2.8 亿元,比 1996 年翻了一番,超额完成原定计划 2 亿元的目标。“九五”期间,天津大学科研经费年平均增长率达到20%以上。高校与企业联合，服务于企业的产品更新换代和产业升级，是科教兴国战略赋予高校的历史使命。“211 工程”建设极大地增强了学校面向国民经济建设主战场、直接为国民经济建设服务的能力，天津大学在科研成果转化方面取得了突出成就。

天津大学“211 工程”建设重点支持的 3 项标志性成果项目——“结晶过程分析与技术”“飞秒台式太瓦激光系统”“空间三维尺寸激光视觉检测技术”取得突破性进展，均获得 1999 年度国家科学技术进步奖二等奖。这是天津大学在“211 工程”建设中取得的丰硕成果。“九五”“211 工程”期间科学研究方面取得成绩详见表 2-4-1-2。

表 2-4-1-2 “九五”“211 工程”期间科学研究方面取得成绩

项目	数量/项	备注
国家级奖励	16	
国家自然科学奖二等奖	1	
国家科学技术进步奖二等奖	5	
省部级奖励	159	
国家自然科学基金	364	经费总额 5 452.3 万元
与天津市企业合作的项目		经费总额 9 072 万元
承担天津市各类基金项目和攻关项目		经费总额 2 694 万元
与企业签订技术合同	约 1 700	产生的效益近百亿元
申请专利	200	
已授权专利	121	全国名列第三

2000 年，由天津市确定了 20 项产学研重点项目，天津大学的“双酚 A 生产新工艺”等 12 项榜上有名，占项目总数的 60%。江泽民同志也曾亲临天津大学石化中心，视察了“双酚 A”项目。国家大学科技园是高校面向社会、服务于经济建设的重要窗口。1999 年 10 月 11 日，天津大学与天津经济技术开发区签署协议，共建天津大学国家大学科技园。天津大学国家大学科技园成为首批 15 个国家大学科技园建设试点单位之一。2001 年 5 月 31 日正式挂牌。

二、“十五”“211 工程”建设

2002 年 10 月 30 日至 31 日，受教育部委托，以杨叔子院士为组长的教育部论证专家组对天津大学《“十五”“211 工程”建设项目可行性研究报告》进行了论证及审核。教育部专家组一致认为，天津大学的可行性研究报告是完整、科学、合理的，一致同意通过对天津大学“十五”“211 工程”建设项目可行性研究报告的论证。

2003 年 11 月 11 日，国家发展改革委批复了天津大学的可行性研究报告，“十五”“211 工程”建设项目正式启动。项目实施以来，天津大学高度重视，紧紧把握这一难得的历史机遇，围绕发展这一要务，按照“办特色、出精品、上水平”的办学思路，全校师生求真务实，努力工作，使学校的综合实力和核心竞争力不断提高，为早日把天津大学建成国内外知名的高水平大学奠定了坚实的基础。

1. 学科建设

通过“十五”“211 工程”建设，天津大学的工科优势和特色得到进一步巩固和加强，其他学科协调发展，学科进一步交叉融合，已经初步形成了适应学校发展目标的、具有天津大学特色的学科体系，某些研究领域已达到或接近国际先进水平。“十五”“211 工程”期间学科建设情况详见表 2-4-1-3。

表 2-4-1-3 “十五”“211 工程”期间学科建设情况

学科建设	数量
一级学科博士授予权	由 12 个增至 20 个，其中工科类 17 个
博士点	由 49 个增至 92 个，覆盖学校工科的全部学科
硕士点	由 87 个增至 151 个

化学学科成功申报为一级学科博士点；工商管理一级学科博士点的申报成功，使学校管理学门类的一级学科博士点增加为 2 个，整体实力得到进一步加强；新增教育学门类二级学科博士点——职业技术教育学，是我国第一个该学科的博士点。在“十五”“211 工程”重点学科建设项目的实施过程中，天津大学注重推进学科的交叉融合，带动了国家重点学科所属一级学科和相关理学学科整体水平的提高。“十五”期间，学校成立了药学院等，在工科的传统优势上，使学科门类更为齐全，新兴学科和交叉学科得到了很好的发展。一些学科前沿研究领域形成了较好的研究方向。

2. 队伍建设

在“十五”建设期间，天津大学以学科建设为龙头，将师资队伍建设和学科建设有机结合起来，通过学科建设聚集人才、培养人才、营造有利于人才成长和脱颖而出的学术及人文环境，逐步形成了以院士、国家杰出青年基金获得者、“长江学者”等为学术带头人的、精干高效的教师队伍。“十五”“211 工程”期间队伍建设情况详见表 2-4-1-4。

表 2-4-1-4 “十五”“211 工程”期间队伍建设情况

类别	新增数量
工程院院士	3 人
“长江学者”特聘教授	15 人
国家杰出青年科学基金获得者	6 人
入选教育部“跨世纪优秀人才计划”和教育部“新世纪优秀人才计划”者	26 人

截至 2005 年，全校共有专任教师 1 750 人，专职科研人员 476 人。在学历结构方面，具有博士学位的专任教师为 799 人，占全校教师的比例从 2001 年的 27%提高到 45.7%；具有研究生及以上学历的专任教师比例从 2001 年的 62.6%提高到 80.7%。在职称结构方面，具有高级职称的教师人数为 1 128 人，占教师总数的 64%，初步形成了结构合理、素质精良，充满生机和活力的师资队伍。

3. 科学研究

通过“十五”“211 工程”建设，天津大学努力把科学研究与经济建设和社会发展结合起来，发挥学科优势，瞄准影响国计民生的核心技术与关键技术，努力提高学校的科技创新能力，服务国家与社会。学校科研经费从 2001 年的 3.05 亿元增加到 2005 年的 4.06 亿元，“十五”期间，共 17.55 亿元，比“九五”同比增长了 67.3%。5 年间，天津大学共承担纵向项目 1 346 项，其中，国家自然科学基金重大、重点项目 14 项，国家攻关项目 18 项，“973”项目 25 项，“863”项目 65 项。学校被 SCIE 收录的论文从 2001 年的 213 篇增加到 2005 年的 956 篇；被 EI 收录的论文从 2001 年的 243 篇增加到 2005 年的 1 368 篇。“十五”期间，学校有 11 项成果获国家科学技术奖，其中作为第一完成单位的 9 项；1 项成果入选中国高等学校十大科技进展；共有 159 项成果获得省部级科技奖励。专利申请数由 2001 年的 98 项增加到 2005 年的 411 项，年均申请专利 266 项，在全国高校中排第五位；年均获授权专利 90.4 项，在全国高校中排第六位。2004 年天津大学被国家知识产权局确定为第二批全国企事业专利试点单位。“十五”期间，学校积极面向国家经济建设主战场，共签订技术开发、技术转让、技术服务合同3 105份，实到经费5.95亿元。学校服务于地方经济建设的功能进一步显现，横向经费中1/3来自天津市，一半源于环渤海经济区。截至“十五”末期，天津大学已经与20多个省市建立了省（市）校合作关系。学校于2005年成立了天津大学校企合作促进委员会，有国内90多家著名企业加盟。通过加强学校学术资源的整合，学校在“十五”期间对经济和社会有影响的大项目明显增多。如由天津大学苏万华教授作为首席科学家组织申报的“973”项目“新一代内燃机燃烧学理论及石油燃料替代途径的基础研究”获得总经费2 000万元的资助。“十五”期间，学校省部级重点实验室增加到13个，工程研究（开发）中心由“九五”期间的5个发展到13个。天津大学国家大学科技园进一步加强管理体系和服务体系的构建，吸引了大批科研机构入驻，入园企业达到74家，年创收2.1亿元。

4. 教学改革

在“十五”“211工程”建设期间，天津大学本科生规模基本未变，适度扩大了博士研究生和硕士研究生的培养规模，着重提高教育教学质量。学校进一步深化教学改革，探索学生素质教育的新途径、新机制，加强对学生创新能力和综合素质的培养，同时借鉴国内外著名大学的本科培养体系，更新了本科专业培养方案。“十五”期间天津大学共获得国家级教学成果奖17项，其中一等奖5项，二等奖12项；承担教育部新世纪高等教育教学改革工程项目8项、教育部网络课程立项10项、市级教改项目32项；出版各类教材262种，其中35种教材入选“十五”国家级规划教材，17种教材入选天津市“十五”规划教材；在2002年全国普通高等学校优秀教材评选中获一等奖1项，二等奖7项。“十五”期间，9门课程被评为国家级精品课程，18门课程被评为市级精品课程。化学、力学、机械三个基础课程教学基地均通过教育部验收，正式成为国家级工科基础课程教学基地。“十五”期间，学校实验室条件和环境得到显著改善，学校成立了39个新的实验室，通过资源整合重组，基本建成12个大类学科的基础教学平台实验室，建成1个国家级实验教学示范中心，5个天津市优秀实验室，初步建成新型实验教学体系，更加适应创新人才培养的要求。“十五”期间，学校学生在国内外学科竞赛中获奖424项，其中国际奖项23项，国家级奖励91项，地区竞赛奖310项。“十五”期间学校共有5篇论文获得全国优秀博士学位论文奖。

5. 国际交流与合作

“十五”期间，天津大学与15个国家和地区的39所海外高校和高等教育机构签署了校际合作与交流协议，并认真做好有关协议的落实，开展与国外高校的交流。天津大学与韩国三星集团、法国液化空气集团等实力雄厚的跨国公司建立了密切联系；与美国西迪斯公司签订了全面合作协议；与瑞士阿西布朗勃法瑞公司（ABB）合作建立了等离子体温室气体化学实验室，有力促进了学校相关学科的发展。“十五”期间，天津大学成功举办了27次国际学术会议，其中第11届机构学与机器科学世界大会与第13届先进激光技术国际会议均为首次在中国召开，提升了天津大学在国际相关学术领域的知名度和影响力，促进了学校与世界著名研究机构的交流与合作。“十五”期间，天津大学被评为“全国聘请外国文教专家先进单位”和“引智项目成果先进单位”。

第二节 “985工程”建设

一、“985工程”一期建设

2000年7月，教育部将天津大学列入国家重点建设高水平大学行列。

2000年12月，教育部与天津市人民政府共同签署了重点共建天津大学的协议，“985工程”开始进入实施阶段。按照学校“十五”发展规划,经过“985 工程”一期 3 年的建设,天津大学在各方面均已实现预期目标,在有些方面已经提前达到了“十五”发展规划的要求。学科建设成效卓著,科学研究硕果累累,队伍建设人才辈出,人才培养质量过硬,基础设施和办学条件明显改善。

2001 年 9 月 10 日,天津大学第 151 次党委常委会研究,决定成立天津大学教育振兴行动计划重点建设项目(“985 工程”)领导小组,下设办公室,负责日常管理工作。9 月 14 日,天津大学公布了关于成立天津大学教育振兴行动计划重点建设项目领导小组和相应办事机构的通知(津大校发字〔2001〕59 号)。9 月 17 日,《天津大学“面向 21 世纪教育振兴行动计划”专项资金财务管理暂行办法》(津大校发字〔2001〕63 号)正式出台。11 月 8 日,天津大学“面向 21 世纪教育振兴行动计划”重点建设项目管理规定(津大校发字〔2001〕74 号)正式公布。11 月 9 日,《天津大学“面向 21 世纪教育振兴行动计划”重点建设项目仪器设备购置与管理办法》(津大校发字〔2001〕75 号)正式公布, 2002 年 2 月 28 日,经过调整及“天津大学教育振兴行动计划”领导小组和办公室人员确定,并以校发公文(津大校发字〔2002〕23 号)的形式下发。

天津大学进一步优化学科结构,形成具有天大特色的新型学科体系,从自身的建设和发展需要出发,进一步发挥工科和管理学科优势,用“生命、信息技术”的新理论、新方法对传统的学科方向进行改造、嫁接。学校在稳定与完善化工、精密仪器与光电子技术、建筑科学、材料科学、管理科学等优势学科的基础上,大力发展生命科学、环境科学两个新兴交叉学科,形成了天大学科特色。同时,在“选择重点、积极扶植新兴交叉学科、大力发展理科”的原则指导下,2001 年以来,学校发挥优势、抓住前沿,先后成立了药物科学与技术学院、环境科学与工程学院和农业与生物工程学院。经过“985 工程”一期建设,国家重点学科从 6 个增加到 13 个,在全国重点学科通讯评议中,测试计量技术及仪器、化学工程和建筑设计及其理论 3 个学科在一级学科中排名第一;生物化工和工业催化 2 个学科在二级学科中排名第一;管理科学与工程,电力系统及其自动化,港口、海岸及近海工程,检测技术与自动化装置 4 个学科在二级学科中排名第二。有博士学位授予权的一级学科由 9 个增加到 15 个;博士点从 37 个增加到 69 个;硕士点从 74 个增加到 111 个(已超过“十五”发展规划目标要求的 100 个)。

“985 工程”一期建设期间,天津大学瞄准科技发展前沿,切实加强基础性研究,特别是原创性基础研究,并进一步深化科技体制改革,全面提高科学研究的整体实力和学术水平,科研经费、科研成果、综合实力都有了长足进步,为国民经济发展作出了重要贡献。学校科研经费从 2000 年的 2.8 亿元增加到 2002 年的 3.25 亿元。被 SCIE 收录的论文从 2000 年的 134 篇增加到 2002 年的 465 篇,增长了 247%;被 EI 收录的论文从 2000 年的 203 篇增加到 2002 年的 568 篇,增长了 180%。2001 年被 SCIE 和 EI 收录的论文共 446 篇, 2002 年被 SCIE 和 EI 收录的论文共 1 033 篇,两年平均被 SCIE 和 EI 收录的论文为 740 篇,已远远超过“十五”发展规划年收录 500 篇的任务要求。“985 工程”一期建设期间,学校共获省部级以上科学技术进步奖 96 项(其中有 3 项科研成果被推荐为国家科学技术进步奖二等奖和国家自然科学奖二等奖)。学校共获国家级教学成果一等奖 3 项,二等奖 6 项;共获国家级优秀教材一等奖 1 项,二等奖 7 项。专利申请数由 2000 年的 57 项,增加到 2002 年的 208 项,居全国高校第四名。仪器设备费用从 2000 年的 30 521 万元增加到 45 425 万元,共增加了 8 890 台,其中 10 万元以上大型仪器设备从 2000 年 246 台增加到 619 台。三年来,学校共承担国家“十五”攻关项目 10 项,“863”项目 36 项,国家重大基础研究计划“973”项目 1 项,此外还承担上海高桥石化公司重大科技攻关项目 1 项。“985 工程”一期建设期间,天津大学进一步加强了与天津市的合作,与天津市所属各类企业进行了广泛的科技交流,在多层次、多渠道、多领域进行洽谈,在科技合作方面取得了历史性突破。2002 年度天津大学与企业新签科技合同 293 项,合同额达 3 986 万元,截至 2003 年 8 月,新签 176 项科技合同,合同经费高达 5 285 万元。

经过“985 工程”一期建设,教师队伍结构得到明显改善。具有博士学位的教师 419 人,占 50 岁以下教师数的 40.6%，与“985 工程”一期建设前的 34.6%相比，有了明显提高。45 岁以下教授人数由 58 人增加到 169 人，教师的平均年龄亦有大幅度下降，形成了结构合理、素质精良，充满生机和活力的师资队伍。中国科学院、中国工程院院士由 6 人增加到 8 人，“长江学者”特聘教授从 2000 年的 1 人增加到 14 人。创新用人机制，优化人才成长环境。“985 工程”期间，天津大学突破常规，首次通过互联网和《人民日报》（海外版）向国内外公开招聘药物科学与技术学院、环境科学与工程学院等学院的院长和相关学科的学术带头人，取得了很好的效果。此外，学校还在新建学院建立了新的管理模式，实行真正的聘任制。在新建药物科学与技术学院的过程中，学校对药学院实行了科学设岗并核定了相应的工资和津贴总额，给予院长充分的用人自主权和资金支配权。

学校研究生招生规模以每年 30%以上的比例增长，在本科生招生规模基本稳定的情况下，本研比由 2000 年的 3.46：1 上升为 2003 年的 1.92：1。

二、“985 工程”二期建设

2004 年 11 月，天津大学“985 工程”二期建设项目可行性研究报告顺利通过了教育部、财政部“985 工程”办公室组织的整体审核。教育部专家组一致同意通过天津大学“985 工程”二期建设项目可行性研究报告。天津大学“985 工程”二期建设项目正式启动。

“985 工程”二期主要建设内容包括队伍建设，绿色化学化工和精密测试技术 2 个Ⅰ类科技创新平台建设，内燃动力工程、港口与海洋工程、绿色建筑设计理论与工程技术、电气工程安全与控制、先进材料加工、化工过程工程化等 6 个Ⅱ类科技创新平台建设，以及现代企业管理技术哲学社会科学创新基地和两校合作办学项目建设等，总投资 4.21 亿元。

2005 年 10 月，天津大学召开了“985 工程”二期建设工作会议，分析了天津大学在工作中存在的问题，对现有的建设计划进行调整，进一步明确研究方向，提升总体办学水平。

在“985 工程”一期建设成效的基础上，经过为期 4 年的“985 工程”二期建设，至 2008 年项目结束时，天津大学在科研、教学、师资队伍建设、学科建设和人才培养等方面都取得了长足的进步，综合实力显著提高，已成为我国高层次创造性人才培养和知识创新的重要基地。在“985 工程”二期建设中，天津大学以学科建设为龙头，以师资队伍建设为重点，以人才培养和科学研究为中心，积极探索“985 工程”项目管理体制和创新机制，着力建设高水平的绿色化学化工科技创新平台、精密测试技术科技创新平台、内燃动力工程科技创新平台、港口与海洋工程科技创新平台、绿色建筑设计理论与工程技术科技创新平台、先进材料加工科技创新平台、电气工程安全与控制科技创新平台、化工过程工程化研究科技创新平台等 8 个科技创新平台以及现代企业管理技术创新基地、哲学社会科学创新基地、两校（天津大学、南开大学）合作办学建设项目。

经过全校师生的共同努力，2008 年天津大学圆满完成了“985 工程”二期建设目标和建设任务。其中绿色化学化工、精密测试技术、内燃动力工程和港口与海洋工程等科技创新平台达到（或接近）国家实验室或国家重点实验室水平。围绕科技创新平台和哲学社会科学创新基地建设，学校建成了以 4 个教育部“长江学者与创新团队发展计划”创新团队为代表的一批高水平的创新团队，取得了一系列有显示度的重大科技成果，使化学工程与技术、仪器科学与技术、光学工程、水利工程、电力系统及其自动化等优势学科达到或接近世界一流学科水平。学校在队伍建设、学科建设、科学研究、人才培养及整体办学水平等各方面均取得了一系列丰硕的成果。

第二章　2011协同创新中心建设

天津化学化工协同创新中心（以下简称协同创新中心）组建于2012年5月，是全国首批14个“2011协同创新中心”之一（认定时间为2013年5月）。协同创新中心以“国家急需、世界一流”为目标，以“人才培养、学科建设、科学研究”三位一体创新能力提升为根本任务，通过机制体制的改革，依托天津大学的化工学科、南开大学的化学学科特色，联合中国科学院过程工程研究所（以下简称中科院过程所）的研究优势，并通过中国石油化工股份有限公司（以下简称中石化）和天津渤海化工集团有限责任公司（以下简称渤海化工）等企业协同单位的成果转化作用，形成了从化学到化工、从基础研究到应用开发的全链条式协同模式，广泛汇聚国内外优秀创新人才及团队，并在合作中注重协同增效。协同创新中心各协同单位定位见图2-4-2-1。

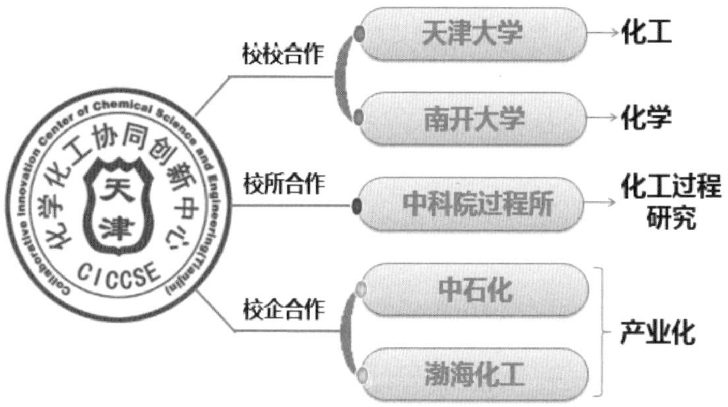

图2-4-2-1　协同创新中心各协同单位定位

一、协同创新中心组织机构

协同创新中心组织机构见图2-4-2-2，实行理事会领导下的主任负责制。自认定以来，协同创新中心每年召开一次理事会全体会议（共已召开八次会议），讨论协同创新中心发展规划，听取有关工作进展的汇报，研究并决定协同创新中心的重要工作，讨论并确定主任人选，等等；成立了执行理事会，及时研究确定经费预算、人才引进、绩效奖励和考核方案等重要事务。

第一届理事会成员名单

理 事 长：李静海（2012—2018年）、谢克昌（2018年至今）。

副理事长：钟登华、赵立志、曹小红、龚克、程津培、戴厚良。

理事：王静康、王璟、许京军、陈洪渊、赵海山、姚建年、袁晴棠、王树新。

协同创新中心学术委员会负责学术审议、学术评议、学风维护和论证咨询等。协同创新中心学术委员会主任每年召集一次学术委员会全体会议，对学术研究方向给予把关和指导。截至目前，协同创新中心共召开学术委员会会议五次。

主任：程津培。

委员：田禾、元英进、田中群、王静康、石碧、李灿、张希、张礼和、张全兴、周其林、段雪、徐春明、谢在库。

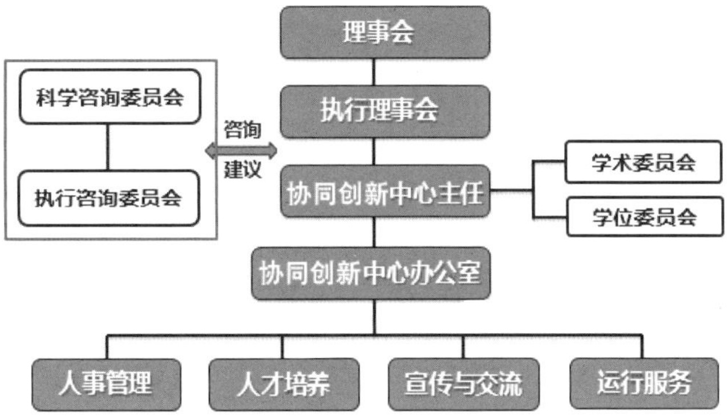

图 2-4-2-2　协同创新中心组织机构

第一届学术委员会成员名单

二、协同创新中心成立以来的重要节点

（一）教育部中期绩效考核

2015 年 12 月 24 日，教育部组织专家对协同创新中心进行了中期绩效考核，听取了校领导、协同创新中心主任的专项汇报，并对燃料化学与技术、表面与界面催化、纳米催化材料与应用化学等团队实验室进行了现场考察。专家组成员一致认为，协同创新中心在建设过程中，学科强强联合，理工结合，基础与应用结合，学校与企业结合，优势特点突出；国内外同行认可度高；有望在将来达到更高的水平和取得更好的效果；国际合作成果显著、优势突出；重大标志性成就和目标任务完成情况优秀，与国家“十三五”规划大趋势紧密结合；与建设初期相比，协同程度不断提高；在协同和创新方面都取得了优秀的成绩；人才队伍强大，具备强大的可持续发展能力；经费和资金管理制度完善，已经形成具有自身特色的一整套管理办法。

（二）教育部评估验收现场考察

2018 年 11 月 11 日，教育部组织专家对协同创新中心进行了建设期评估验收现场考察。通过听取汇报、专家质询、座谈与交流、实地考察、审核评议等方式，专家组对协同创新中心自认定以来的建设成效及取得的成果给予了高度评价，认为协同创新中心积极认真开展工作，很好完成了任务与考核指标；有效地探索并建立了良好的协同创新机制和管理运行体系；汇聚了国内外高水平人才和创新团队，建立了绩效考核和流动机制；采取“双导师制”，设立分子科学与工程本科专业，探索高素质理工融合型人才的培养模式和机制；建立了从化学到化工、从基础研究到应用开发的全链条式校校、校所、校企协同创新模式；建立了专项资金内部控制制度，专项资金预算执行情况良好。

三、协同创新中心主要建设成效

（一）科研组织模式创新

协同创新中心聚焦化学、化工领域的科学研究前沿及国家重大需求，紧密围绕“功能导向物质的设计与绿色合成”和“能源及资源的高效清洁转化利用”两大研究领域，针对分子变化规律与设计合成、多尺度构效关系与调控机制、过程强化规律与集成等基本科学问题，开展前瞻性的基础和应用基础研究。协同创新中心努力实现化学、化工学科的“理工融合、顶天立地”式协同发展的战略目标，并通过解决能源、材料、环境、生物等领域化学化工的关键核心问题，培养一批具有国际影响力的学术大师、领军人物，输出一批理工复合型化学化工拔尖创新人才，产出具有国际化学化工领域顶尖水平的创新成果，引领并主导我国化学化工的未来发展，为解决能源和资源的高效利用、环境和生态的可持续发展、人类健康水平的不断提高作出重要贡献，为我国化学化工的教育、科技、经济的紧密结合提供可借鉴的新模式，最终建设成为具有国际重大影响力的学术高地。协同中心致力于成为化学化工理工复合型创新人才的培养基地、化学化工前沿科学与关键技术的研究基地、化学化工融合发展协同创新的示范基地以及化学化工国际合作与交流的开放基地。协同创新中心基础理论研究和产业化需求双向推动的创新机制见图 2-4-2-3。

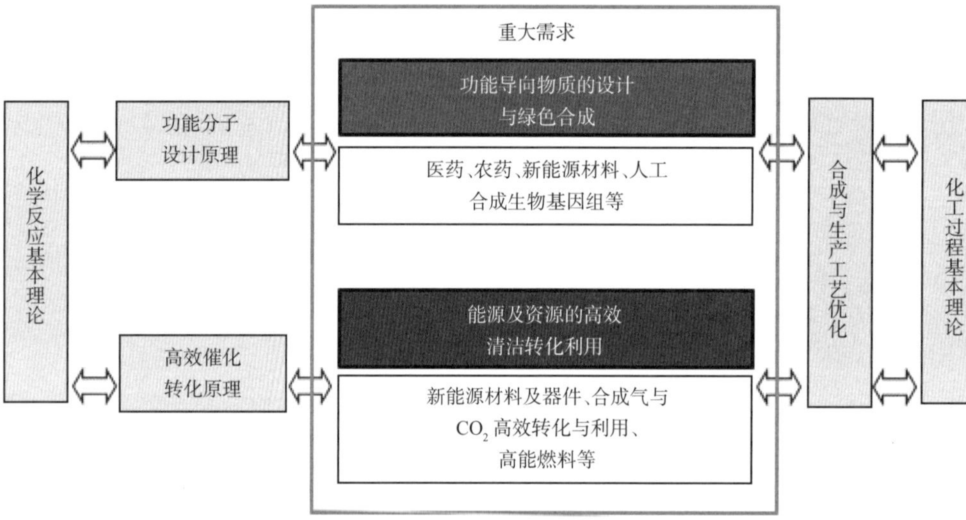

图 2-4-2-3 协同创新中心基础理论研究和产业化需求双向推动的创新机制

协同创新中心研究平台及创新团队设置情况见图 2-4-2-4。协同创新中心根据 6 个研究方向成立了功能分子构筑的结构效应及其应用（平台 1）、人工生物系统的设计合成与应用（平台 2）、手性物质创造与转化（平台 3）、能源高效清洁利用（平台 6）、新能源材料与储能科技（平台 5）、光电分子科学与工程（平台 4）等 6 个协同研究平台。截至目前，6 个协同研究平台共下设 30 个创新团队，各团队根据协同研究任务由协同创新中心各协同单位的人员组成，团队 PI 均为相关领域的国内外知名专家。

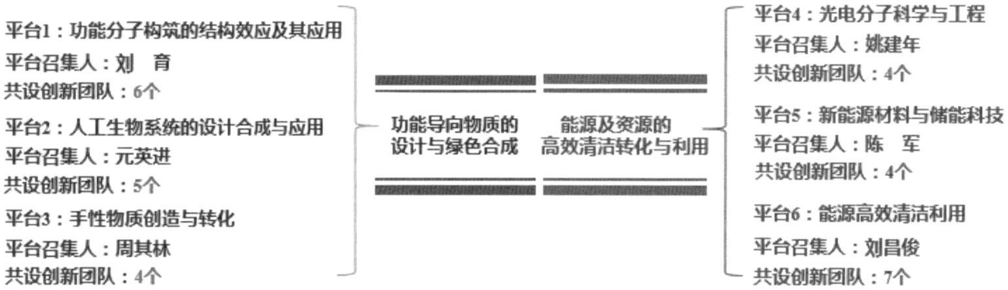

图 2-4-2-4 协同创新中心研究平台及创新团队设置情况

协同创新中心注重前沿基础研究工作的引导及组织，每年举办一至两场“Nature 大师课”，邀请 Nature 主刊及子刊的负责人为团队优秀青年教师讲授高水平论文的撰写技巧，该活动还被纳入天津大学新教师入职系列培训的课程。协同创新中心每年发表影响因子 10 以上论文 150 篇左右，特别是 2017 年合成生物技术团队依托国际协同研究成果在《科学》杂志发表论文 2 篇。2015 年协同创新中心发表论文的“自然指数”居世界同类研究中心第六位。

协同创新中心注重协同单位内部的协同与合作，定期组织学术交流，不断深入开展科研合作，特别是与天津大学和南开大学的化工和化学学科建立了更加紧密的合作关系。协同创新中心深入加强了高校与企业间的合作，例如，天津大学原党委书记、协同创新中心原副理事长李家俊亲自带队到中石化和渤海化工洽谈，商讨建立协同机制，并以化石与可再生能源资源的高效清洁转化与分离过程、功能导向物质绿色合成的过程强化及新技术与新设备、新能源及资源高效转化利用的分子设计、合成与应用研究等重大需求为战略目标开展协同创新。

2013—2018 年，协同创新中心承担的科研项目合同总经费每年均保持在 10 亿元以上。2016—2018 年，协同创新中心共获得国家重点研发计划牵头项目 16 项，合同总经费超过 4 亿元；共完成国家级科学技术进步奖二等奖 6 项，参与完成国家科学技术进步奖一等奖 1 项、国家技术发明奖二等奖 1 项、中国专利奖优秀奖 2 项。其中，多个项目和科技奖励均由天津大学、南开大学、中石化、中科院过程所等协同单位共同完成。

（二）团队建设成效

协同创新中心以“国家急需、世界一流”为目标，共设立 6 个协同研究平台，即功能分子构筑的结构效应及其应用、人工生物系统的设计合成与应用、手性物质创造与转化、能源高效清洁利用、新能源材料与储能科技和光电分子科学与工程协同研究平台，并下设 30 个创新团队，研究内容涵盖能源、材料、环境、生物等领域，研究过程中注重深度协同。协同创新中心聘任相关领域的国内外知名专家作为平台负责人及团队 PI，以保证创新团队建设的高水平、多元化、结构合理，并通过团队内部及团队间的协同合作，提高了高水平创新团队的建设及完成重大任务的能力。

协同创新中心现有固定和非固定研究人员 348 人，来自天津大学、南开大学、中科院过程所、中石化、渤海化工以及兰州大学、中国科技大学、中国科学院化学研究所、中国科学院上海有机化学研究所等 20 余家单位。目前，协同创新中心拥有国内外院士 17 人、“长江学者”特聘教授 24 人、杰出青年基金获得者 55 人、优秀青年基金获得者 18 人。

（三）人才培养成效

在人才培养方面，协同创新中心依托天津大学化工学科和南开大学化学学科及两校化学化工学科共设分子科学与工程本科专业，引进自主招生机制，继续扩大本科生招生规模，选拔具有化学和化工学科特长与创新潜质的学生进入协同创新中心开展联合培养。协同创新中心根据学生的学习效果，进行定期评估与定期调整，对优秀学生实行“本-硕-博”连读模式，实现无缝对接，并鼓励、促进优秀学生开展跨越分子与过程的创新研究。

在具体培养形式方面，协同创新中心通过举办跨学科基础理论讲座、学术会议与论坛、资助研究生出国交流等方式，拓宽学生交叉学科知识面，为学生的科研提供理论支撑、研究方法、思维方式，从而为科研创新奠定基础。据不完全统计，参加协同创新中心基础理论讲座的学生达到 1 500 余人次。协同创新中心共举办分子科学与人类科技未来国际研讨会等国内外大型学术会议 150 余场，且每年与南开大学化学学院和天津大学化工学院联合举办天南大化学化工博士生学术论坛，为两校博士研究生提供学习交流的平台，先后邀请诺贝尔奖得主 J. Fraser Stoddart、Bruce A. Beutler、Ada E. Yonath、Robert H. Grubbs 和 K. Barry Sharpless 等国际知名学者（累计 680 余人次）来协同创新中心交流并为学生作学术报告，资助研究生前往德国马普研究所、瑞士洛桑联邦理工学院光子学和界面实验室、纽约大学系统遗传学研究所等国际知名高校与顶级实验室完成联合培养与科研工作。与此同时，协同创新中心探索并实施了研究生“双导师制”和团队培养模式，协同培养研究生，每位研究生可同时在工科导师和理科导师的共同指导下完成研究课题，促进了化学、化工及相关学科的交叉发展，形成了理工协同式研究生培养模式。

在课程改革及新编教材方面，协同创新中心积极探索以传统的“四大化学”（有机化学、无机化学、物理化学、分析化学）和“三传一反”（动量、热量、质量的传递与反应工程）为核心，以学科前沿知识及实验、设计等为外围，设置泾渭分明、条理清晰的专业课程网络，并编写适用于培养具备宽厚理科知识基础与扎实工程实践技能的系列本科生及研究生经典教材。

通过不断的探索与总结,协同创新中心取得了一系列教学成果,在化学化工高等教育领域处于引领地位。截至目前,协同创新中心共获国家教学成果一等奖 2 项,天津市教学成果一等奖 1 项。

(五)标志性研究成果

协同创新中心在运行过程中,始终坚持两个聚焦(聚焦国家战略需求与国际学术前沿),紧密围绕功能导向物质的设计与绿色合成和能源及资源的高效清洁转化利用两大研究领域,根据各协同单位的特色及优势,开展前瞻性、基础和应用基础研究、工业化研究等工作,解决能源、材料、环境、生物等领域化学化工的关键核心问题,并形成了一系列标志性研究成果。

1. 合成生物学

合成生物学研究团队一直围绕合成生物技术的核心内容开展研究工作,并通过团队间合作、与国际知名高校及国内基因领域前沿科技机构等的协同合作,在人工基因组的设计与化学全合成方面取得了重大突破,在国际上首次解决长染色体精准合成的关键难题,战胜合成染色体易导致细胞失活的国际挑战。协同创新中心在《科学》杂志发表了 4 篇系列性论文,是第一个全合成真核生物基因组的重要里程碑。

2. 手性物质创造与转化

手性物质创造与转化研究平台一直专注于精准合成和创造新物质这一核心科学问题的研究,聚焦手性药物、手性材料等国家急需,发展手性物质创造核心技术、手性物质创造新反应和新方法、手性材料可控和有效构建新方法和新策略,创造和发现新功能手性物质,以期突破发达国家的手性技术,如手性催化剂的保护壁垒。该成果获得 2018 年未来科学大奖“物质科学奖”。

3. 能源高效清洁利用

协同创新中心集化学、化工、材料和能源等多学科交叉的队伍,围绕国家在能源、环境、资源领域重大需求,以能源高效清洁利用为总体目标,从化石能源高效转化利用、替代石油新工艺路线、太阳能利用三大研究方向,开展重大科学与技术问题协同攻关,并在基础研究及工业应用方面取得了显著成果。多位骨干教师均成为能源领域国家级智囊团专家,使协同创新中心在国家能源战略层面上的地位得以提高。

第三章　博士生教育综合改革

2017 年，学校入选教育部全国博士研究生教育综合改革试点高校，是全国开展此项试点工作的 14 所高校之一。试点项目以先期天津大学研究生教育综合改革的实践为基础，进一步提炼了自身特色和人才培养定位，坚持以质量为牵引，以提升创新能力为导向，以深化综合改革为动力，稳步推进改革试点工作，在培养模式、国际合作等方面实现突破，着力扫除制约博士研究生教育质量提高的体制机制障碍，不断提高拔尖创新人才培养水平，为高水平博士研究生培养探索可借鉴和推广的经验。

第一节　概述

2018 年，学校推进实施“学科交叉能力培养计划”“工程实践能力提升计划”“顶尖博士学位论文国际培育计划”，致力于培养具有知识交叉贯通能力、工程实践创新能力、国际竞争与领导力的拔尖人才，为我国实施创新驱动战略提供人才保障。学校充分发挥高校人才和科技优势，结合区域经济及地方产业发展需求，加快产学研合作进程，再度获评教育部“蓝火计划”博士团优秀组织单位奖。

2019 年，博士研究生教育综合改革试点工作继续以提升博士研究生的学术创新能力、工程实践能力和国际竞争力为目标，通过五个维度推进学科交叉培养、五项计划推进国际化培养以及开展工程博士项目制培养改革等重点举措进行探索和实践，并取得一定成效。2019 年 12 月 30 日，教育部简报专刊介绍了天津大学在培养研究生拔尖创新人才，特别是实施博士研究生教育综合改革方面的举措和成效。

2020 年是博士研究生教育综合改革试点工作周期的最后一年。学校继续在培养模式、国际合作、质量保障等方面进行深入探索，推进机制改革，并全面总结试点工作经验，形成试点工作总结报告，为加快我国博士研究生教育改革发展提供经验参考。

第二节　学科交叉培养

在培养模式改革方面，天津大学针对学术学位和专业学位类型博士研究生，分类实施培养模式改革。对于学术学位博士研究生，从学科平台、研究领域、导师团队、生源结构和知识体系等方面汇聚资源，搭建平台，“五维”并举，推进博士研究生交叉培养。

1. 建设交叉科研平台

学校聚焦学术前沿和国家重大科研任务，以问题为导向，着力建设学科交叉平台和科研中心，推进高水平、实质性的学科交叉与协同创新，产出了一系列高水平成果，显著提升了博士研究生科研创新能力。

2018 年，经过近四年的规划建设，学校学科交叉平台数量已达 13 个，其在推动传统工科转型升级、提升基础学科群体优势、构建中国特色人文社会科学体系、深化医工结合等方面发挥了重要作用，不断培育新的学科增长点,形成了互补支撑、协同发展、充满活力的学科群落和学科生态体系。

2. 设置交叉研究领域

面向新工业革命的发展,服务于国家重大战略需求,学校结合学科优势和未来学科布局,设置重点建设学科领域,并成立新兴学院,推动学科交叉、融合与创新。学校重点建设化工能源等 10 个学科领域,成立网络安全学院、医学工程与转化医学研究院、人工智能学院等新兴学院,自主设置环境建设工程安全、能源工程、合成生物学、智能制造等交叉学科,在高水平博士研究生培养方面取得实效。

3. 组建交叉导师团队

学校以科研任务为牵引,组建跨学科的导师大团队,实施联合指导与交叉培养,为交叉学科导师团队制订额外招生计划,调动导师团队招收和培养博士研究生的积极性; 2018 年组建 29 个跨学科导师团; 2020 年新增交叉学科专项招生计划,遴选“人工智能+”以及储能技术交叉学科导师团,布局专业学位的交叉学科培养体系。

4. 遴选交叉优质生源

学校制定跨学科招收推免生实施方案,鼓励和推动学院、学科领域招收具有多学科知识背景和突出科研潜质的学生,进行跨学科联合培养,允许优秀推免生在一定范围内自主选择方向,激发学习动力与创新意识,提高拔尖创新人才培养质量。

5. 构建交叉知识体系

学校按照“需求牵引的导向性、高端引领的前沿性、学科交叉的融通性”原则,系统开展学科核心课程和新工科课程体系建设,打造高水平跨学科课程,设置跨学科微学历项目,为博士研究生培养提供更丰富、优质的课程资源。首批 21 门研究生新工科课程群建成并开课, 3 门精品课程登上“学堂在线”平台首页。

第三节 博士学位论文国际培育与国际评审

在加强国际学术交流、完善国际化教学体系的同时,天津大学创新开展博士论文国际培育与国际评审工作,探索建立国际联合指导和培养模式,推进人才培养的国内评价与国际评价双轨并行。

1. 博士学位论文国际培育

高水平研究生教育需要置身于国际合作与竞争的环境中,用国际一流标准引领拔尖创新人才培养。学校第三次研究生教育工作会议强调要加强研究生国际竞争力的培养,制订了国际竞争力提升计划,多样化、多渠道、多层次拓展研究生的国际学术交流途径和海外学术经历,鼓励博士研究生赴国外一流大学短期访学和参加联合培养项目,开阔学术视野,提升学术创新和国际交流能力。

顶尖博士学位论文国际培育计划在国际竞争力提升计划的基础上,由具有较好的国际科研合作与联合培养基础、学科国际影响力较强的学院遴选优秀博士研究生,通过建立和完善海外专家联合指导、博士研究生海外访学、学位论文海外评审与海外专家参加答辩等国际联合培养机制,提高博士研究生培养水平,打造天津大学国际联合培养的品牌项目。

2. 博士学位论文国际评审

实施博士学位论文国际评审项目,要求博士研究生以英文撰写学位论文,邀请国际一流专家组成评审团队对学位论文进行评价,有效提升博士研究生培养质量,提高学科国际影响力。在学校优博基金获得者中开展博士学位论文国内盲审和国际同行专家双轨评价工作,建立与国际接轨的研究生培养体系,同时鼓励学术成果突出、具有国际联合培养经历的博士研究生进行博士学位论文国际同行评价,引导博士研究生对标国际一流水平,拓展国际视野,参与国际竞争,提升学位论文水平。

第四节　项目制一体化培养

1. 项目制培养工程博士

与行业大型龙头企事业单位和战略发展区域合作，持续服务国家战略需求，形成了特色鲜明的工程博士“DID”培养体系。按照“需求对接，导师结对，联合选材，联合培养”的模式，开展工程博士项目制一体化培养。

以工程项目为牵引，工程博士的招生、培养和学位授予均围绕工程博士的能力提升而展开，培养过程更紧密，培养模式更协同，培养工作更高效。

2018 年，首次以“项目制”形式招收攻读工程博士专业学位研究生，首次将具有较好的工程技术理论基础和实践能力的应届硕士毕业生纳入招生范围，首次增加非全日制学习形式的工程博士招生类型，探索符合天津大学特色的工程博士人才培养新模式。新增管理与经济学部、智能与计算学部、微电子学院、电气自动化与信息工程学院以及医学工程与转化医学研究院等 5 个院级单位承担工程博士培养工作。

2019 年，成功试点工程博士人才选拔新模式，共计录取 58 人，涉及中国节能环保集团有限公司、中国电子科技集团有限公司、中国汽车技术研究中心有限公司、中国电力科学研究院有限公司、中国电子信息产业集团有限公司以及海克斯康测量技术有限公司等知名企业，初步探索符合天津大学特色的工程博士人才培养新模式。

2020 年，继续推进招生模式改革，全面提高博士研究生生源质量。持续赋能工程博士发展，工程博士招生规模位居全国前列。扩大内循环，继续增加院级招生单位，面向智能新时代，引入新媒体学院和国际工程师学院参与工程博士培养；畅通外循环，继续扩大工程博士项目制“朋友圈”，新增中冶建筑研究总院、紫光云技术有限公司以及雄安智慧城市等大中型企业，项目制合作企业达到 10 家。拓展了雄安智慧城市等部分区域发展院项目，开始探索面向区域发展和创新创业的工程博士项目制 2.0 计划。

2. 提升导师队伍的工程实践指导能力

在实现导师资格向导师岗位转变的基础上，进一步改革导师制度，区分学术型、专业型两种类型导师，制定工程博士导师的上岗条件和选拔办法，提升工程博士导师队伍的工程实践指导能力。在遴选过程中，要求导师具有突出的工程技术理论基础和工程实践能力，且正在承担工程类大项目，具有丰富的工程实践经验，并取得显著工程应用成果。

第四章 “双一流”建设

“双一流”建设，是党中央、国务院作出的重大战略决策，对于提升中国教育发展水平、增强国家核心竞争力、奠定长远发展基础，具有十分重要的意义。

自 2015 国务院印发《统筹推进世界一流大学和一流学科建设总体方案》以来，研究生院紧跟国务院、教育部、财政部、国家发展改革委就统筹推进“双一流”建设所做部署，结合天津大学发展战略目标与自身办学特色，全面规划“双一流”建设与经费投入方案，加强对“双一流”建设项目的科学管理，不断提升“双一流”建设成效。

一、强化顶层设计，全面规划“双一流”建设方案

2015 年，研究生院开始系统筹备“双一流”建设实施方案，通过文献调研和走访调研相结合的方式，研究分析其他重点高校建设经验，总结学科工作发展趋势；开展校内一级学科的调研摸底工作，走访全校 20 个实体学院，摸清学科情况，梳理学科问题，形成各学科的调研分析报告。根据调研结果和学校实际，制定形成《天津大学推进世界“一流大学和一流学科”建设实施方案》框架，确立了“提升学科自身实力、加强重点领域交叉”的实施路线，以及坚持“科学发展、优先发展、协同发展、创新发展”的建设思路，提出了建设任务和改革举措，为学校“双一流”建设奠定工作基础。

2016 年，研究生院结合 2015 年度学科调研结果和学科分析报告，面向全校 27 个一级学科，组织填报《学科规划信息简表（2016—2020）》，深入凝练学科发展方向，全面梳理重点建设任务，精确细化经费预算与设备购置需求。同时，围绕《天津大学推进“世界一流大学和一流学科”建设实施方案》框架，向天津市教委进行了汇报，并按照天津市政府指示，结合学校“十三五”发展规划，完成简版《天津大学“世界一流大学和一流学科”建设规划》的编制及上报，为全面启动天津大学“双一流”建设工作奠定了良好的基础。

2017 年，研究生院确定了以 11 个“1+2”学科领域为核心的一流大学建设格局，并组织所涉及的 33 个一级学科编制一流学科建设方案。聚焦重点，凝练思路，编撰完成了约 5 万字的《天津大学世界一流大学建设方案》，并邀请包括 10 位院士在内的 20 位各领域专家对该方案进行论证和评议。该方案得到教育部专家委员会的高度认可及评价。9 月，教育部、财政部、国家发展改革委公布“双一流”建设高校及建设学科名单，天津大学入选全国 36 所世界一流大学 A 类建设高校，化学、材料科学与工程、化学工程与技术、管理科学与工程入选一流学科。12 月 28 日，《天津大学世界一流大学建设方案》精编版正式向社会公布。同时，按照天津市教委要求，经学校推荐、天津市教委遴选等环节，最终依据天津市教委专家组认定意见，天津大学化学工程与技术、光学工程、建筑学等 20 个一级学科被列入天津市拟建设一流学科名单。

2018 年，为深入实施顶尖学科建设（TOPS）计划，引导并推动更多优势学科或领域达到世界一流水平、进入国家层面一流学科建设行列，研究生院设计并提出了核心目标建设项目实施方案，并最终确定了 5 个学科立项建设。在此基础上，组织现有国家层面的一流学科和部分优势学科深入研讨，明确目标、科学规划，与核心目标建设学科共同组成了天津大学冲击一流学科的“第一阵营”，力争通过长期规

划、稳定投入、重点建设，实现天津大学“新三步走”战略的第一个目标。

2019 年，为进一步推进学校“双一流”建设，鼓励各学科着眼长远，更加科学地制定建设方案、安排建设进度，有目标、有计划地分阶段完成建设内容，研究生院针对“提升自主创新与社会服务能力”项目，在首批核心学科试点的基础上，拟定以三年为建设周期，建立长效稳定投入机制，全面实施“三年期学科建设”计划，建立 2020—2022 年一流大学建设“提升自主创新与社会服务能力”项目库，为学校“双一流”建设在资源配置改革方面提供稳定有力的制度保障。

2020 年，根据教育部《关于开展 2016—2020 年“双一流”建设周期总结工作的通知》要求，研究生院对标建设方案，对标一流水平，全面总结建设成效，通过统筹组织、自我评价、专题研讨、专家论证等环节，形成《“双一流”建设周期总结报告》等 15 种材料。9 月 18 日，包括 10 位校内外院士、专家及 11 位校领导在内的专家组参加“双一流”建设周期总结工作会，专家组对学校“双一流”建设阶段性成绩给予充分肯定。

2021 年，研究生院继续统筹完善一流学科生态，持续优化“强工、厚理、振文、兴医”综合性学科布局，筹划建设天津大学学科交叉中心，探索构建“分类、分档、分贡献”学科评价机制，稳步提升学科建设质量及学科治理效能，积极布局新一轮“双一流”建设。化学工程与技术等 5 个一级学科拟入选新一轮“双一流”建设名单，编制完成《天津大学“双一流”建设方案》。

2022 年 2 月，教育部、财政部、国家发展改革委公布第二轮“双一流”建设高校及建设学科名单，天津大学化学、材料科学与工程、动力工程及工程热物理、化学工程与技术、管理科学与工程等 5 个学科入选一流学科。

二、完善精准投入，切实提高“双一流”建设效益

2015 年教育部与财政部下拨了统筹支持“双一流”建设过渡性经费，按照学校统一部署，研究生院统筹学科建设经费，重点支持建设分子化学与材料、能源互联网、生态环境等 6 个交叉平台，建筑学、管理科学与工程 2 个优势学科，以及创新人才培养工作。同时，研究生院组织专家对项目建设内容和经费预算进行论证评审，科学制定建设规划，严格规范经费使用，进一步保障了项目建设效益。

根据学校统一部署，研究生院对 2016 年“双一流”引导专项经费和天津市共建经费进行统筹配置，重点支持 3 项人才队伍建设项目、15 项学科建设项目、3 项人才培养项目、1 个协同创新中心建设。同时，按照“双一流”建设精神与学校工作重点，研究生院围绕学科建设、队伍建设、人才培养、平台建设等重点任务，撰写了《建设世界一流大学（学科）和特色发展引导专项资金建设项目及经费预算（2016 年度）》《天津大学共建高校项目中长期发展规划》《天津大学共建高校项目年度计划》等，并及时上报教育部和天津市教委。

2017 年，由于“双一流”建设工作的正式启动，教育部于 12 月初对“双一流”预算编制工作进行了重大调整，要求各高校按照拔尖创新人才培养、师资队伍建设等 5 大项目类别分别申报，并分别编制预算方案，各类项目之间预算不得调整，每类项目内各经济分类之间预算不得调整。经多次与校领导、机关各部处、相关学院沟通研究，数易其稿，研究生院最终圆满完成 2018 年“双一流”预算方案编制及上报工作。为实现经费的精准投入，研究生院联合科睿唯安（原汤森路透）公司就天津大学 7 个进入 ESI 全球排名前 1%学科领域进行了全面的统计与深入的分析，形成了 ESI 领域学院贡献度信息表，为学校精准分配资源、瞄准着力点提供了重要依据与支撑。同时，研究生院结合国家“985 工程”奖励测算依据、国家遴选一流学科标准，初步形成了一套经费投入测算指标体系。

2018 年，研究生院统筹教育部引导专项资金、天津市共建资金，首次按照拔尖创新人才培养、师资队伍建设、提升自主创新和社会服务能力、文化传承创新、国际合作交流等 5 大类别，完成了 2018 年度“双一流”建设经费预算分配方案并下达执行。同时，研究生院组织开展了 2019 年度教育部引导专项

“一上”预算申报工作，先后组织召开预算申报工作布置会和预算申报方案研讨会，确保资金安排合理合规、绩效目标完整明确。预算申报方案一次性通过教育部形式审核（近半数高校被退回），并最终顺利通过评审、立项，评审额度无审减。

2019年，研究生院经过科学规划、精心测算、专家论证，首先完成了2019年度天津大学“双一流”建设经费校内预算分配方案并下达执行。10月、11月，为加快经费执行进度、提升经费使用效益，研究生院按照聚焦高峰学科、围绕绩效发力的总体思路，以“25X”一流学科建设计划为主线，以校级大型仪器设备共享平台为牵引，积极布局了天津大学2020年度“双一流”建设经费校内预算分配方案。在统筹规划“双一流”经费分配的同时，研究生院也在有序推动“双一流”绩效评价工作的开展。根据财政部、教育部的相关要求，研究生院组织“双一流”建设项目各实施单位开展年度考核工作，通过全面总结项目整体执行情况和建设成效、总结经验做法、梳理存在的问题，最终圆满完成了2018年校内项目考核以及教育部引导专项决算和支出绩效自评、天津大学“双一流”建设中期自评、2019年度“双一流”建设项目中期绩效目标监控、教育部引导专项资金绩效评价问题整改、教育部“双一流”建设动态监测试填报等工作。

三、加强科学管理，力促学科建设提质提速

2015年，为进一步简化工作流程，规范项目管理制度，研究生院设计完成了天津大学一流大学和一流学科建设项目管理系统，经反复修改和不断调试，已初步实现项目在线申报、专家送审和项目考核等功能。此外，研究生院深入推进学科交叉平台建设，在首批启动建设4个学科交叉平台的基础上，结合天津大学相关学科优势和特色，进一步遴选新增了能源互联网、生态环境两个学科交叉平台。同时研究生院面向全校开展了学科交叉平台的建议征集工作，围绕国际前沿与国家战略，汇聚校内学科交叉需求，梳理现有资源，下一步将积极培育筹建智能制造与航空航天、重大科学仪器、海洋科学与多学科交叉、生命科学与多学科交叉、建筑与多学科交叉、信息科学与多学科交叉等方向的学科交叉平台。

2016年，顶尖学科建设计划启动实施。研究生院为着力完善天津大学综合性学科布局，扩大学科结构性优势，实施了顶尖学科建设计划[TOPS-顶尖（Top）学科、优势（Outstanding）学科、潜力（Prospective）学科、学科交叉支撑平台（Supporting）]，充分发挥学科在凝聚队伍、培养人才、科技创新、环境建设、资源配置、深化改革等方面的基础作用，提高资源使用效益；借鉴国际一流学科的建设标准与经验，积极参与国际学术竞争，提升学科国际影响力。

2017年，研究生院统筹“双一流”建设经费、天津市共建经费，完成创新人才培养、师资队伍建设等任务，实际支持项目多达78项，基本覆盖所有学院、交叉平台和主要机关各部处。同时，为保证经费执行进度、提高经费执行质量，研究生院协助各建设单位解决经费执行过程中遇到的问题，办理规定允许内的各项审批，推动“双一流”建设项目管理工作有序进行。

2018年，研究生院经过广泛调研、全面梳理、合理优化，对“双一流”建设经费开始试行项目制管理。通过项目分类分级管理，明确了各级项目责任单位的任务和职责，实现了归口管理、权责同行、风险可控、简化流程。完善“双一流”建设内部治理体系，建立联合工作会议制度，共组织召开工作会议近20次，及时解决执行过程中的各类难题。通过制度建设，一次性通过2019年度教育部引导专项“一上”预算评审，在“二上”时五大类建设项目获得“一优四良”佳绩，成为教育部“双一流”专项资金管理30所试点高校之一。圆满完成天津市共建项目支出绩效自评工作，成绩优秀，获得3 162万元绩效奖励。

2019年，为加快经费执行进度、加强执行过程的管控和监督，研究生院牵头，联合“双一流”建设工作小组中的相关职能部门，持续召开联合工作会议。2019年度共组织召开各种形式的工作会议20余次，监督并督促经费执行，及时解决执行过程中的各类难题，圆满完成了本年度“双一流”建设经费的执行任务。

经过长期努力，天津大学的“双一流”建设取得了较大成效，2020 年，根据教育部《关于开展 2016—2020 年“双一流”建设周期总结工作的通知》要求，研究生院对标建设方案，对标一流水平，全面总结建设成效，通过统筹组织、自我评价、专题研讨、专家论证等环节，形成《“双一流”建设周期总结报告》等 15 种材料。9 月 18 日，包括 10 位校内外院士、专家及 11 位校领导在内的专家组参加“双一流”建设周期总结工作会，专家组对学校“双一流”建设阶段性成绩给予充分肯定。

第五章　工程类专业学位研究生人才培养

习近平总书记在中央人才工作会议上指出，要探索形成中国特色、世界水平的工程师培养体系，努力建设一支爱党报国、敬业奉献、具有突出技术创新能力、善于解决复杂工程问题的工程师队伍。培养卓越工程师，须深化工程人才培养改革，探索实行高校与企业、科研院所联合培养高素质复合型工程人才的有效机制。

天津大学作为中国近代第一所现代大学，自 1895 年建校起，就肩负“兴学强国”的历史使命。在 120 余年的办学进程中，天津大学作为工科优势的高水平研究型大学，具有扎实的工程教育办学基础，是卓越工程师培养的重要策源地。作为中管高校，学校始终紧密对接国家重大战略需求，想国家之所想、急国家之所急、应国家之所需，率先启动卓越工程师教育培养计划，用“天大行动”领衔全国新工科建设。天津大学入选教育部博士教育综合改革试点单位，跃升为全国工程博士人才培养规模第一的高校，为国家培养输送了一大批工程领域高层次专门人才。

一、引领新工科建设，启动卓越工程师培养计划

2010 年 6 月，教育部在天津大学召开“卓越工程师教育培养计划”启动会，正式拉开系列“卓越计划”大幕。天津大学共 21 个本科专业、6 个研究生层次的学科领域进入“卓越计划”。2019 年 4 月，教育部联合中央 13 个部门和单位在天津大学召开“六卓越一拔尖”计划 2.0 启动大会，成为新时代全面振兴高等教育、打造高等教育“质量中国”的关键一招。“卓越工程师教育培养计划”的两次盛会全部在天津大学召开，足见国家对天津大学工程教育的高度认可。

新工科是“卓越工程师教育培养计划”2.0 的核心内容和主要载体。作为全国新工科建设工作组组长单位，新工科建设“天大方案”为全国新工科建设提供了样板，引领推出“四新”（新工科、新医科、新农科、新文科）建设，掀起了一场“高等教育质量革命”。天津大学倡议成立新工科教育国际联盟、全国新工科教育创新中心，构建起校-市-国家-世界四级新工科建设体系，联合全国高校构建新工科教育人才培养共同体；搭建“未来智能机器与系统平台”等 20 个新工科人才培养平台，构建多学科交叉融合、科教融合、产教融合、通专融合、本研贯通的开放式、国际化新工科人才培养体系，为卓越工程人才培养树立标杆。

天津大学领军新工科建设，共有 39 个项目入选教育部新工科研究与实践项目，总数居全国首位。“迈向新工科的工程教育改革与实践”“构建国际实质等效的化工专业认证体系，提升化工高等教育国际竞争力”荣获国家级教学成果一等奖。

二、筑牢校企合作基础，培养高水平工程技术人才

天津大学是国家首批获准招收工程硕士（1997 年）、首批试点工程博士教育（2012 年）的高校，累积招收各类工程硕士 37 000 余人，工程博士 2 200 余人。在工程研究生培养中，天津大学以国家重大战略需求、企业科技进步需求、学校科研成果转化需求、学生职业发展需求为导向，强化校企、校所、校地合作，促进产学研深度融合，走出了一条特色鲜明、成效显著的工程研究生办学之路，为国家、地方和企业

培养了大批工程技术和工程管理人才。

自工程硕士招生之初，天津大学即开始探索校企合作培养模式。1999 年，学校与山东潍坊柴油机厂合作联合培养工程硕士，首批 25 名学员顺利获得天津大学工程硕士学位，他们所研究的论文课题均是企业急需的攻关项目，帮助企业扭亏为盈。此后，双方举办了 5 期工程硕士班，为山东潍坊柴油机厂培养了一大批优秀人才，有力促进了科研成果转化，为产学研深度合作探索出一条科学的实践道路。如今的潍柴控股集团在全球拥有员工 10 万人，下设动力系统、商用车、农业装备、工程机械、智能物流等业务板块，2021 年营业收入超过 3 000 亿元，居中国机械工业百强企业第一位。

学校还在中国工科高校研究生教育中作出较大贡献。以水利水电科学为例，为中国长江三峡集团有限公司、中国葛洲坝集团有限公司、黄河小浪底水电站、二滩水电站等工程建设单位培养了大批工程硕士。

在工程博士培养中，天津大学以培养工程领域领军人才为目标，探索更为紧密的校企合作升级版工程博士项目制培养模式。与行业大型龙头企事业单位合作，持续服务国家战略需求，按照"需求对接、导师结对、联合选材、联合培养"模式，以工程科研项目和工程需求为牵引，建立校企密切合作的招生机制、培养机制、评价机制和质量保障机制，切实提高了校企合作培养成效，有效保障了工程博士培养质量。截至 2023 年，学校已与中国节能环保集团、中国汽车技术研究中心、中国电力科学研究院、中国电子信息产业集团、中国电子科技集团、中国船舶集团、大族激光科技产业集团等 22 家合作单位签订项目制联合培养协议。

2018 年 10 月，天津大学与国内大型环保类央企——中国节能环保集团签订项目制联合培养协议，合作培养节能环保领域高端领军人才。自 2019 年起，天津大学在中国节能环保集团定向招收 3 个年级共 24 名非全日制工程博士。天津大学创新工程博士"PPPF"（公共课、专业课、项目课程、论坛）课程培养体系，将实际项目相关科研活动设计形成特色工程博士课程体系；开设"高端论坛""实践营地""实战攻防"等创新教学环节，开放高端培训资源，将领域名师引进课堂；建立工程博士课程学分认证体系，成立工程博士培养质量认定委员会，形成校内外专家评议等多形式质量管理办法；创新校企合作共赢新模式，系统组织双方产学研对接，成立"天津市有机固废安全处置与能源利用工程研究中心"等多个省部级联合研究平台和校企联合研究中心，在京津冀环保治理项目、长江经济带污染治理等领域开展系列合作研究，为新型校企合作开辟新道路。

目前，天津大学持续拓展深化工程博士项目制培养，与华为投资控股有限公司、国家能源集团、中国建筑集团有限公司、中国核工业集团有限公司等龙头企业，围绕物质创造与制造、柔性电子、深海采矿、智能传感、绿色化工、先进制造、能源安全等行业产业链，面向区域经济创新发展，拓展北京中关村、雄安智慧城市、温州安全（应急）研究院等区域发展院项目，推进与深圳鹏城实验室等单位的深度合作，逐步形成服务大中型龙头企业、行业产业链、区域经济发展的"点-线-面"多层次合作模式，见图 2-4-5-1。

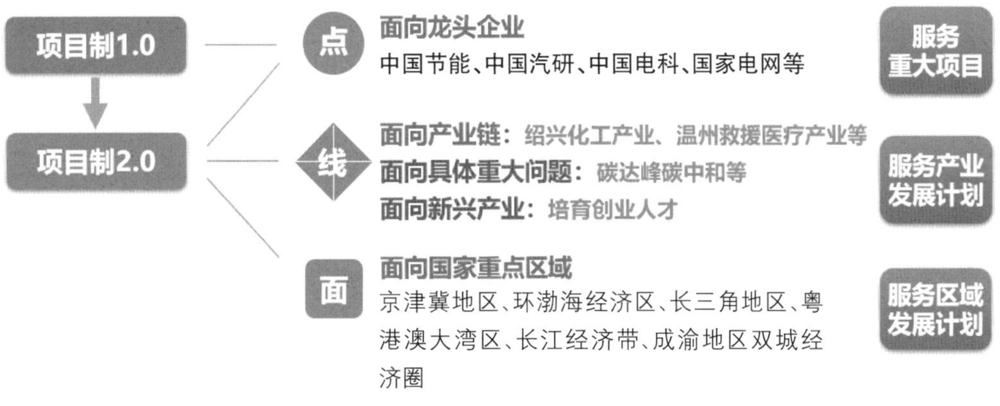

图 2-4-5-1 工程博士项目制培养"点-线-面"多层次合作模式

迄今为止的两次关于全国工程博士培养的工作研讨会(2015 年和 2017 年)均在天津大学召开,教育部、全国工程专业学位研究生教育指导委员会和工程博士培养单位齐聚,共商工程博士人才培养大计,足见国家在工程领军人才培养中对学校的高度重视。2018 年,天津大学“服务国家战略需求,构建工程博士‘DID’培养体系”获中国学位与研究生教育学会研究生教育成果奖二等奖。天津大学主持的“紧密结合国家重大需求的专业学位博士培养模式探索”项目获批中国研究生院院长联席会研究生教育重大课题资助项目立项。天津大学应邀在中国研究生院院长联席会 2021 年年会上作报告。

三、瞄准世界科技前沿,构建交叉复合型人才培养体系

天津大学积极发挥基础研究深厚、学科交叉融合的优势,优化学科布局,推进学科交叉融合,为工程领域领军人才培养提供创新平台。学校已探索组建 13 个校级学科交叉平台,创新推动 10 个重点学科领域,支持增设救援医学、非物质文化遗产学等 7 个交叉学科学位授权点,面向“人工智能”“储能技术”等领域试点启动了“天智计划”,有效促进学科交叉协同发展。天津大学作为首批国家储能技术产教融合创新平台“挂帅”高校,通过了国家发展改革委组织的专家综合评审(全国 3 所入选高校之一),明确 3 年总投资 4.17 亿元,加快培养我国储能领域“高精尖缺”人才和加强技术储备,抢占推动能源革命和能源新业态发展的战略突破制高点。

坚持以国家重大战略需求为导向,整合学科和人才优势,瞄准科技前沿和关键领域,加快重点专业领域和研究方向的凝练、培育和布局,以项目、基地、团队等为抓手,大幅提升科技创新能力和水平,取得一批标志性成果。天津大学累计获批重点研发计划项目 100 项,立项数全国高校排名第七,在聚焦重大科技问题、承担重大项目能力方面具有全国率先引领地位;国家重大科技基础设施“大型地震工程模拟研究设施”项目、合成生物学前沿科学中心等多领域研发平台落地建设,助力天津大学瞄准科技前沿和关键领域,在工程安全、合成生物学等领域占据全球领先地位;强化基础性、原创性科学研究布局与综合支撑,产生“固体催化剂结构缺陷调控方法和机理研究”“内燃机复合循环理论与方法”两项国家自然科学奖二等奖,在全国高校基础研究领域中异军突起。

培养成效案例:服务建设海洋强国重大战略部署,自主研发谱系化“海燕”水下滑翔机,打破了国外对我国长期的技术垄断和产品封锁,培养了侯魏、孙秀军等一批工程技术领军人才,核心技术成果获国家技术发明奖二等奖,入选“国家‘十二五’科技创新成就展”、中国海洋与湖沼十大科技进展和改革开放 40 周年大型展览。天津大学服务建设航天强国重大战略,作为国家某重大专项燃料专家组组长单位和燃料技术分中心依托单位,创立了我国独立自主的燃料制备及应用技术体系,新型吸热燃料成功应用于我国某型空天飞行器飞行试验,创造临近空间有动力飞行速度和射程多项世界纪录;培养了工程博士聂教荣等一批航天科工集团高端技术人才。天津大学首位答辩的工程博士王春慧,时任中国航天员中心航天工效室主任、人因工程国家级重点实验室副主任,现任中国航天员中心航天员系统副总设计师,在校攻读工程博士期间,依托载人航天专项培养,承担的“航天员建模仿真系统(AMSS)研制”项目被科技部认定为“国家重大科学研究计划项目重大研究成果”,为中国空间站建设和载人航天事业的高速发展作出了突出贡献。

四、聚焦“卡脖子”难题,探索卓越工程师培养“天大方案”

2020 年,天津大学王树新院士入选第五届全国工程专业学位研究生教育指导委员会副主任委员名单,并担任质量标准专项工作组组长,负责牵头制定全国工程研究生培养方案指导意见、编制学位论文基本要求。天津大学携手全国 500 余家工程研究生培养单位一道,为显著提升工程创新人才培养能力作出贡献。

创新模式,探索交叉协同培养。瞄准国家重大战略需求,以解决国家急需重点专业领域的重大理论

和实践应用问题为牵引，在项目制基础上，根据项目需求以及工程博士、工学博士的个人特点，组建由校内导师、企业导师、工程博士、工学博士构成的联合科研团队，实施专项协同科研攻关和人才协同培养。注重发挥工学博士、工程博士各自优势特长，推动两类博士研究生在团队培养中互学互促，协同攻关创新性成果，探索形成"项目牵引、分类培养、合作攻关、协同创新"的分类协同培养模式。

严格管理，提高人才培养质量。校企合作量身定制个性化、订单式培养计划，革新工程博士课程体系与课程教学方式，加大前沿类、交叉类、工程管理类、人工智能课程模块设置力度，加强研讨式、案例式、项目类、实践类课程教学。建立工程研究生多维度监督保障和评价机制，吸纳行业企业深度参与研究生培养过程，共同制定培养方案，建设一批产教融合示范性研究生联合培养基地，强化工程实践、论文开题、项目研究等培养环节的指导、监督与评价工作，推动实践创新能力提升。实施导师制度改革和建立导师分类评聘机制，设立产业（行业）导师岗位，加强导师专项培训，明确工程专业学位研究生导师的上岗资格要求。

完善机制，提高产教融合质量。紧盯校企联合培养关键环节，健全校企联合培养管理制度与组织机构，完善校企合作激励保障机制与校企定期沟通交流机制，建立校企密切协同的工作模式与长效机制。以服务国家重大战略需求为导向，强化面向实践、突出应用的案例教学，加强职业规范和伦理教育，推进课程设置与专业技术能力考核、行业职业资格标准等的有机衔接，不拘一格培养高层次创新人才，打通工程领军人才培养"最后一公里"。

五、探索国际工程师联合培养新模式

2014 年 5 月，学校成立天津大学国际工程师学院（Tianjin International Engineering Institute，TIEI）。TIEI 是天津大学与法国尼斯综合理工学院合作创建的研究生层面工程人才培养试验区。

TIEI 融合中法两国工程教育精髓，以"项目贯通、学科交叉、校企协同、国际融合"为办学理念，面向国家战略发展需求和行业需求，以学校、企业、国际多元化师资为支撑，实现"生源、专业、师资、项目"多维交叉，建成包含智能建筑、电子通信、人工智能在内的"智能+"专业领域集群。

TIEI 由天津大学教授、法国教师、企业高管或专家共同授课，强化专业课程"1/3 学习、1/3 练习、1/3 实践"特色，体系化设计由校企合作项目牵引的四阶段进阶式学期项目和累计 10 个月的三阶段企业实习实践，通过学期交换、海外企业实战项目等多渠道完善国际化培养模式。学生毕业可获得天津大学毕业证书、硕士学位证书及法国工程师职衔委员会（CTI）认证和授权颁发的法国工程师文凭。

2017 年 TIEI 顺利通过 CTI 授予的最高等级六年期专业认证，成为中国首家获得 CTI 认证的非中外合作办学模式的学院。2019 年 TIEI 成为法国综合理工学院联盟（Polytech Group）海外第一家合作伙伴学院。2020 年 TIEI 荣获泰晤士高等教育亚洲大奖年度国际战略奖提名。2023 年，TIEI 再次申请 CTI 认证，并获得线上认证最长年限的三年期认证。TIEI 办学成果荣获国家级教学成果奖二等奖、天津市教学成果奖特等奖。

六、推进工程硕博士培养改革专项试点

2022 年，中组部、教育部等九部门联合下发《工程硕博士培养改革专项试点方案》，以培养卓越工程师后备人才为目标，按照突出重点、试点先行的原则，实施工程硕博士培养改革专项试点，旨在调动高校和企业积极性，促进产学研深度融合，提高工程硕博士培养质量。

天津大学入选工程硕博士培养改革专项试点高校，联合通用技术、中核工业、中国船舶、航空工业、中国五矿、国机集团等 6 家企业在半导体、先进试验与测试、工业母机、船舶与海洋工程、生物医药及高端医疗设备、科学实验用仪器设备等重点专业领域进行试点联合培养。

天津大学在工程硕博士培养改革专项试点中，依托与企业深度合作的科研项目，从需求出发进行招

生。一方面，结合重点领域和企业需求，从本科推免生中遴选符合条件的工程硕士和工程直博生；另一方面，配套招收合作企业一定数量的一线工程骨干人员，攻关重点领域，以非全日制形式攻读工程博士。

在培养环节，校企双方围绕科研攻关项目及重大技术难题，构建需求导向的培养方案与模块化课程体系，强化专业基础、实践能力、创新思维与综合能力培养；组建校企联合课程团队，教学过程突出问题导向和应用导向；做实一线工程实践，加强指导考核，保障实践质量；通过校企联合组织学术交流实践活动增进了解，深化合作，营造育人氛围；完善联合培养过程管理与校企合作机制，保障改革试点工作稳步推进，取得实效。

七、高标准推进国家卓越工程师学院建设

为深入贯彻落实党的二十大精神以及习近平总书记在中央人才工作会议上的重要讲话精神，坚持“四个面向”，深入实施新时代人才强国战略，加快推动人才链、创新链、产业链深度融合，着力培养造就大批卓越工程人才，2023 年 4 月 25 日，天津大学（天津市）卓越工程师学院揭牌，并于 9 月获批国家卓越工程师学院。

天津大学国家卓越工程师学院聚焦国家重大战略需求，坚持价值塑造、能力培养和知识传授“三位一体”人才培养理念，强化交叉融合、突出工程实践，搭建校企深度融合、紧密协同的新型产学研用育人实体平台，致力于培养一大批“家国情怀深厚、数理基础扎实、工程实践与创新能力突出、国际视野宽广”的卓越工程师、卓越工程管理者和卓越工程科学家。

天津大学国家卓越工程师学院实行理事会负责制，理事会是学院最高决策机构，负责统筹协调资源，对学院建设发展的重大事项进行审议、决策。理事会成员由天津大学与合作共建单位共同组成，天津大学校长担任理事长。理事会下设秘书处，负责落实理事会各项决策。

首批理事单位包括国家电网天津市电力公司、厦门盈趣科技股份有限公司、新奥集团股份有限公司、中国兵器工业集团有限公司、中国电子科技集团有限公司、中国国际工程咨询有限公司、中国航天科工集团有限公司、中国化学工程集团有限公司、中国通用技术（集团）控股有限责任公司。

第六章 信息化建设

天津大学研究生教育信息化工作一直走在行业发展前端，最早可上溯到 1989 年由国务院学位委员会办公室委托天津大学信息与控制研究所和研究生院完成的国家学位授权申报工作信息系统，该系统是中国第一次在全国范围内使用的计算机系统。2001 年，学校完成了第一代基于校园网的 C/S 研究生培养管理系统开发，2004 年在此基础上增添了学位管理功能，并开发了基于 B/S 的学位填报系统，随后，进一步增添了招生管理、开题管理等功能。2010 年，研究生信息管理系统与学校 Tmis 综合信息管理系统融合，打破了研究生教育管理的信息孤岛，形成了全校统一的数据中心。

经历 10 余年的高速迭代建设，目前研究生院已实现导师选聘、招生、迎新、学籍管理、研究生培养、助学金评定、学费管理、学位授予等全环节的信息化覆盖。2015 年，建设完成导师选聘系统和博士招生管理系统；2018 年，建设完成推免硕士生招生管理系统和硕士研究生复试录取管理系统，完成教育教学信息管理系统一期建设并持续进行升级建设；2019 年建设完成研究生助学金评定管理系统升级和硕士入学自命题试卷打印系统；2021 年完成导师选聘系统和博士招生管理系统功能升级改版，成功构建研究生教务系统三期基于学分互认功能、微学历证书的申请审核打印、毕业论文申请审核、结课总结等的重点功能模块，并对必修环节、选课等功能模块进行优化升级，进一步实现培养过程一网通办，基本实现研究生培养过程全闭环信息化管理。研究生信息系统的持续保障、稳定运行、迭代完善，使得学校研究生管理与服务质量得到有效提升，为研究生工作有序开展打下坚实基础。

在多年信息化建设实践中，研究生院主要从以下几个方面持续进行开发迭代：一是实行以学生为服务主体的“研究生全周期”信息化管理模式，通过“数据为核心、业务为导向、技术为驱动、服务为目标”的质量保障体系，高效应对持续建设和业务变革要求；二是重点推动数据整合，从规范性和网络建设角度出发，逐渐提升信息系统建设水平；三是在简化办事过程和提升师生体验上下功夫，构建学位学科建设质量保障体系；四是持续升级提升信息安全水平；五是加强研究生全周期信息化管理，助力学科建设；六是在建设研究生教育与学科建设信息集成平台（简称研究生大数据平台）等方面持续创新发展，有力提升研究生教育信息化水平。

一、全面提升信息系统建设

研究生院信息系统建设工作紧密结合研究生教育综合改革进行全面布局，在技术和数据整合上取得了全面提升。导师选聘系统和博士招生管理系统实现了博士招生和导师评聘的数据共享，弥补了学校信息平台对研究生招生和导师管理的信息缺口。培养方案系统为研究生分类培养模式的标准化提供了系统支持。助学金评定系统在部门沟通、方法创新、协同处理和数据技术方面取得了重大进展，利用 Tmis2010 框架实现与财务处数据的即时交换，变经费卡授权为导师授权，创造性地解决了副导师评定问题。助学金的数据核对与汇总工作时间已经由原来的一周压缩到 2 个工作日，极大地提高了工作效率。学科建设平台最大限度地依托共享数据，在数据收集和统计方面采用了大量先进的设计理念。

（一）完善研究生院教学数字化平台建设

研究生院教学数字化平台（以下简称平台）于 2008 年立项建设，经过四年建设，实施内容建设的课程达 399 门，总访问量达 582.5 万人次。2012 年，首批 33 门开放课程发布，进一步促进平台建设，充分发挥平台的教学辅助作用，达到提高研究生培养质量的目的。2014 年，配合博士研究生招生“申请-审核”制的实施，平台新增博士研究生英语入学水平测试功能，首年近 500 人次参加考试。2018 年，通过整体升级，平台推出手机版 APP，为研究生进行自主学习提供方便。研究生院优化平台对主观测验题性能的支持，硕士研究生英语（包括写作）的全部考试内容均在平台上完成；优化在线视频会议系统功能和性能，为师生远程交流提供条件，如教育学院在职研究生在该系统中顺利完成开题报告提交和预答辩汇报。为配合硕士研究生分类培养方案的修订工作，平台开设了问卷调查功能。疫情防控期间，作为线上教学的重要辅助，平台发挥了重要作用。

（二）组织学位授予和学位信息上报工作

2004 年起，学校学位授予和学位信息上报工作均通过信息系统积极开展，包括信息收集、核对与统计等。数据整理上报高效准确，多次受到天津市学位办表扬，并对天津市高校学位上报工作进行培训。如 2016 年，分两批次完成 5 689 名研究生的答辩审批和学位授予工作。经校学位评定委员会审议，共授予博士学位 562 人（含同等学力 33 人），授予硕士学位 5 127 人（含同等学力 12 人）。

二、重点推动数据资源整合

（一）大力推动数据规范和共享

研究生院坚持深化落实研究生教育综合改革方案，贯彻落实学校信息化建设“放、管、服”有关政策要求，重点推动各系统之间的业务和数据整合。打通数据和业务在多个部门之间的壁垒，实现“一网通办”。一方面，定期召开的全院科级干部参加的信息平台建设交流会，促进数据的规范和共享，协调信息流在各业务部门之间的管理和交换。另一方面，做好研究生招生、学籍、培养、导师、学位、助学金等业务领域相关管理信息系统的数据处理、关键数据上报和系统运行保障工作。2021 年，在天津大学网上办事大厅建设中，研究生院作为先行试点单位，部署完成研究生请假申请、学生证补办、教职工减免学费等三项业务，并开始运行。

（二）全面升级研究生培养系统

为进一步配合研究生培养方案修订工作，适应业务管理需求变化，对原研究生培养系统进行重新规划和全面升级。此次系统升级以业务流程的优化匹配作为工作原点，借助 HTML5、BootStrap 等先进的前端展现技术框架，将两个系统优化整合为统一入口、统一登录的整体系统。人性化的用户界面和便捷的操作模式，大大降低了操作难度，提高了师生使用体验。

（三）开展微信公众平台建设

2014 年，为加强对学校研究生教育综合改革成果的宣传，研究生院在全国高校中率先开通“研究生教育”微信公众平台，打开了利用新媒体宣传学校研究生教育的新思路。

研究生院微信公众平台建设的目的在于借助微信平台的用户占有率，合理规划整合现有信息系统资源并将其移动化，专注学校研究生教育宣传工作，提升信息化管理和服务质量。该系统整合了学校统一认证系统、网上服务大厅及研究生招生、培养、学位、导师、助学金等相关信息系统的核心业务数据，通过开发涵盖三大方面十三个功能模块的整体 webapp 系统平台，实现与微信平台无缝衔接。

为提升研究生院官方微信公众号的创新品质，增强传播效果，提高账号活跃度和影响力，使其更好地发挥管理服务育人职能，研究生院对其进行全面优化、升级和改版，将所有推送稿件分为重要及特殊稿件、固定栏目稿件、专题栏目稿件三个类别，并对公众号底部菜单栏进行全新设计，增强用户体验，从而实现规范化、专业化运营。同时，研究生院加强研究生院官网、天大新闻网等平台的协同宣传效果。

（四）根据业务模式同步开发系统

导师岗位和博士招生业务紧密相连，其系统使用同一个底层数据库，需要同步开发。为顺应新时代高校数字化治理能力改革的时代要求，研究生院以博士招生管理系统建设为突破点，聚焦招生类型分类选拔、招生计划动态配置、考生服务等方面，于 2021 年顺利完成新版博士招生管理系统开发，推动博士生“申请-考核”制改革走深走实。新的导师岗位系统增加了导师招生资格申请审核模块，实现导师岗位-导师招生资格双层遴选机制，提高导师和教务员的用户体验，提升导师数据的准确性，支撑导师评聘机制改革。

三、构建学位学科建设质量保障体系

（一）持续完善学科质量信息管理平台

学科质量信息管理平台是学科建设内部质量保证的重要手段，通过及时掌握各学科的关键信息，能够实现学科建设的动态管理，为一级学科动态调整、二级学科自主设置工作提供参考建议，为开展内、外部学科评估提供数据支持。根据第四轮学科评估政策导向和评估指标体系的新变化，研究生院顺利完成学科质量信息管理平台建设，进一步优化教师、学科、学院（部）、机关部处、专家等 5 类用户的使用体验；同时，完善学科质量信息管理平台的学科信息采集、数据审核、对比分析、专家评议等四大模块的功能设计以及用户操作手册。该平台将动态关注师资队伍与资源、人才培养质量、科学研究、社会服务与学科声誉等核心指标，形成学科质量常态化跟踪机制，为今后学位学科资源投入、布局调整等提供参考和依据。

（二）启动学科大数据平台项目，提高天津市学科建设水平

受天津市教委委托，由研究生院牵头启动了天津市学科大数据平台建设项目。学科数据的采集与分析，对于掌握和厘清天津市高校学科建设规模、结构和特征等基础情况，监测和诊断当前各高校学科发展的质量与水平，进一步调整学科布局、培育优势学科和挖掘潜力学科具有重要作用。通过联合天津市学位办，学校研究生院、教育学院、信网中心各方力量，整合行政职能、教育研究、学科建设、信息技术等优势资源，完成了数据标准制定、数据采集机制建立、数据模型构建、系统架构设计和项目启动工作，为学校和天津市的学科建设与研究提供决策支持。

四、着力提升信息系统安全水平

（一）研究生系统适应性升级

为满足国家政策要求，继续深化落实研究生综合改革方案，研究生院对招生、迎新、研究生培养等多环节信息系统进行需求匹配升级，以招生环节作为工作原点，统筹规划并调整元数据结构、适应性优化数据编码规则，通过对 20 余个功能模块的升级改造，动态保障了研究生新生的教务、教学管理工作的需求。同时，为适应新形势下硕士生招生工作要求，研究生院于 2018 年投入运行统筹管理全日制和非全日制的硕士招生系统。

（二）研究生信息系统安全加固全覆盖

为贯彻落实学校关于网络与信息安全相关工作部署，研究生院在保障招生、学籍管理、研究生培养、导师选聘、学位授予、助学金评定等核心业务领域信息系统的顺利运行的同时，实现了研究生信息系统漏洞扫描与安全加固的全覆盖，进一步提升了学校研究生信息化的管理服务水平。

五、加强研究生全周期信息化管理

（一）全面改版官方网站，提升研究生教育服务形象

2019 年，为更好地服务公众和全校师生，进一步整合研究生信息化资源，主题教育期间研究生院完成了门户网站整合上线，极大提升了学校研究生教育线上服务形象。改版后的官方网站架构设计更合理，将研究生院下辖 5 个子网站合并为 1 个门户网站管理，统一入口、统一风格（符合天津大学视觉形

象设计标准）；分类导航更清晰，针对教师、在校生、考生靶向需求设置服务导航，让个性化服务更便捷；服务功能更突出，依托学校网上办事大厅，突出师生服务功能，为各项业务办理提供线上指引；公众访问更自如，多终端兼容性设计，让电脑和手机浏览同样便捷。

（二）建设硕士入学自命题试卷打印系统，促进考务过程规范化

为达到精细化管理要求，研究生院历时 4 个月完成流程设计、技术选型、系统开发、打印机采购等工作，使硕士入学自命题试卷打印系统于 2019 年 12 月首次在自命题工作中投入使用。该系统创造性地实施多重数据校验，通过软件对打印设备进行实时监控，利用打印、装订一体化设备提升效率，通过添加每份试卷 ID、每页试卷 ID、科目二维码、系统监听打印机状态等多重手段，多层面多角度确保试卷打印无缺页、无缺份、无错误。该系统提升了打印效率，降低错误风险，保障考卷质量提升，截至 2023 年，实现了连续 5 年研考自命题“零失误”。

（三）升级助学金评定系统，优化导学关系

为落实学校信息化建设“放、管、服”有关政策要求，加强研究生助学金过程管控，研究生院对助学金评定系统进行升级。伴随 2019 年全国高校财务制度改革和学校推进的奖助制度改革，研究生院启动了助学金管理、服务平台的规划建设。助学金评定系统在统一认证、数据整合交互、人机友好度等方面得到完善，保障了导师助研工作的平稳过渡。2019 年至今，研究生院通过深入调研明晰了师生普遍关注问题的改进路径，设计全资助界面，导入研究生的各项资助数据，完成了助学金（国家和学校部分）额度查询、资助数据全景看板、发放明细和收入证明在线打印等功能提升。无论在机制体制协同上还是在功能深度上，该系统均保持信息化建设的领先地位。

六、建设研究生教育与学科建设信息集成平台

2021 年 3 月，教育部发布《关于加强新时代教育管理信息化工作的通知》，指出要利用新一代信息技术提升教育管理数字化、网络化、智能化水平，推动教育决策向数据驱动转变、教育管理向协同治理转变、教育服务向主动服务转变，以信息化支撑教育治理体系和治理能力现代化。

以往由于缺少可靠高效的数据统计分析平台，研究生院无法通过可视化呈现数据画像和分析数据而进行前瞻性的监测、预测、决策分析。2021 年起，研究生院通过政策研究、国外案例比较分析，并结合已有的工作基础和调研情况，开展研究生教育与学科建设信息集成平台（简称研究生大数据平台）建设工作。

研究生大数据平台按规划由学科数据平台、研究生教育智库中心、研究生教育数据中心、研究生教育教学信息平台整合而成，将大数据作为管理决策的基础，解决研究生教育数据及学科建设数据的采集和存储碎片化问题，打破研究生教育管理的信息孤岛，有效融合各业务数据。研究生大数据平台通过采集研究生教育全过程、全方位数据，运用数据治理和数据分析等技术手段，客观动态地反映教师教学情况、科研项目情况、学生学习情况等研究生教育发展状态；通过数据可视化，多维度、多层次、全方位、系统性地了解学校研究生教育状态，客观分析研究生教育管理环节和关键指标，解决研究生教育发展问题，为研究生教育科学管理决策奠定基础。同时，研究生大数据平台建立研究生教育与学科建设过程数据的动态采集、挖掘分析和实时反馈的动态监测机制，为提高研究生培养质量、增强学科竞争力提供实时动态数据支撑。

截至 2023 年底，研究生大数据平台一期建设已经完成部分功能模块，包括研究生群体画像分析、研究生个体画像分析、导师群体画像分析、导师个体画像分析、指标管理、指标分析等，初步实现了融合各业务系统中的数据，打通了相关数据流转渠道，为后续系统功能的建设与扩展打下坚实基础。研究生大数据平台还在数据可视化的基础上，增添部分指标分析功能，可进行不同的业务场景的指标多维关联分析，包含生源质量分析、导师结构水平分析、研究生学位分布等，为学校开展业务提供科学的数据支撑，

发挥数据价值，助力研究生教育质量的提高。

研究生大数据平台会持续完善主题分析、研究生质量监测与预警预测、领导驾驶舱等相关功能模块，实现更充分的数据联通共享和全面的态势感知，以实现主动的、智能化的个人信息服务和决策支持服务为目标，全面支持研究生成长成才和研究生教育治理现代化。

第七章　非学历继续教育

联合国教科文组织在《国际教育标准分类法（2011）》中界定了5类教育与学习方式，即正规教育、学习、非正规教育、非正式学习、顺带学习或无约束学习。其中，正规教育是指通过公共组织和被认可的私人团体进行的制度化、有目的、有计划的教育活动。非正规教育是在正规教育制度以外所进行的，为学习者有选择地提供学习形式的有组织、有系统的活动，包括各种岗位培训、校外教育、继续教育等，是在个人一生学习的进程中对正规教育的补充、替代和（或）完善。高校举办的非学历继续教育活动，兼顾了正规教育制度化属性和非正规教育的补充完善属性，世界一流大学往往具备本科教育、研究生教育、继续教育相互补充的教育体系。

党的二十大着眼于教育高质量发展，提出统筹职业教育、高等教育、继续教育，从发展理念上体现系统思维，强调各类教育之间要破除壁垒、协同创新，对加快建设教育强国、全面推进中国式现代化建设具有重要战略意义。近10年来，天津大学研究生教育与非学历继续教育的交叉协同发展，在全国高校范围内独树一帜、特色鲜明，在服务国家战略、培养拔尖创新人才方面发挥了积极作用。

一、历史渊源与沿革

天津大学非学历继续教育具有悠久的办学历史。1956年，学校积极响应党中央号召，适应国家建设需要开办成人教育。1986年，经原国家教委批准，学校成为首批设立成人教育学院的6所高校之一。2002年，为适应科学技术发展和满足国家经济建设发展的需要，学校出台相关文件推动有计划地举办各种继续教育短期培训班，深化学校与企事业单位的联系与合作。2012年12月，学校党委召开第九次党员代表大会，大会提出，“将卫津路校区建成高端培训、新兴学科培育、重大科技攻关和文化创意为主的特色基地”。从此，学校将高端培训工作纳入学校重要发展规划，开始大力发展非学历继续教育。

（一）初设：2013年9月—2017年8月

2013年9月，经学校九届第12次党委常委会研究决定，成立高端教育培训办公室，为副处级机构，隶属于研究生院。继续教育学院转为办学实体，其非学历、非学位教育培训行政管理职能归入高端教育培训办公室。这一举措标志着学校非学历继续教育“管办分离”体制机制建立。2014年6月，时值研究生院建院30周年，随着高端教育培训办公室人员配置到位，学校召开高端教育培训工作启动会，时任天津大学常务副校长、研究生院院长钟登华出席会议。本次会议的胜利召开标志着学校非学历继续教育工作迈入新的发展阶段。

这一时期，高端教育培训办公室扎根和依靠研究生院平台，吸收和借鉴学校研究生教育改革发展的先进经验和典型做法，发挥统筹协调、顶层设计、政策宣贯作用，带领全校非学历继续教育工作按照“搭架子、办特色、拓规模”三步走部署取得明显进步：一是确立了办学体系，改变了非学历继续教育整体发展缺少规划、二级学院自行发展的“小而散”的工作局面，建立起标准化的办学流程，截至2016年底，学校有近20个学院（部）、直属单位纳入整体办学体系；二是扩大了办学规模，面向市场、转变观念、拥抱产业、主动对接，努力开辟新的业务领域，非学历继续教育整体收入总额从2013年底的不足1 000万元，增长至2016年底的近3 000万元；三是形成了特色项目，涌现出的环保产业领军班、新型企业家科创领航班、太原重工后备干部培训班、中铁建国际工程管理研修班等，从办学层次、教学质量、客户满意度、效益水平等方面都达到新的高度。

（二）整合：2017 年 9 月—2021 年 12 月

2017 年 9 月，学校九届第 105 次党委常委会研究决定，将网络教育学院、继续教育学院、研究生院高端教育培训办公室所属教学、管理等工作职能和建制整合，成立天津大学远程与继续教育学院（以下简称远教学院），进一步优化整合办学资源，统筹加强继续教育与高端培训平台建设。自此，非学历继续教育归口管理职能调整至远教学院，学校非学历继续教育按照“管办一体”模式运行。

这一时期，非学历继续教育与研究生教育继续保持着深入联系。一是在业务发展上探索联动。依靠专业学位研究生招生培养的工作基础，深化“订单式”培养，面向全国大中型企业、国家机关、科学研究机构拓展非学历继续教育培训，在四川、广东、海南等地挖掘培训需求。依托远教学院建立专业学位教育中心，深化职业对接，促进新形势下非全日制专业学位研究生招生工作开展。二是在教育教学上深化协同。在疫情防控期间，远教学院发挥在线课程资源建设优势，为线上教学提供资源基础和保障。2021 年 9 月，聚焦研究生导师队伍建设和高层次人才培养的能力需求，远教学院开发了服务研究生导师终身学习的培训平台，上线一批培训课程并保持动态更新。三是在办学条件上共建共享。为落实学校第九次党员代表大会精神，研究生院安排专项预算，对第 26 教学楼部分研究生教室、50 斋部分宿舍进行改造升级，在满足研究生教学住宿需求的同时保障全校非学历继续教育工作开展。学校非学历继续教育得到长足发展，深化拓展与地方政府、行业龙头企业的非学历培训合作，办学收入总额突破 6 000 万元，年均培训学员突破 2 万人次，办学影响力进一步扩大。

（三）回归：2022 年 1 月至今

为加强对高校举办非学历教育的规范管理，2021 年 11 月，教育部出台《普通高等学校举办非学历教育管理规定》，强调高校非学历教育的归口管理部门，不得设立在实际举办非学历教育的院系或部门。学校深刻领会文件精神，调研论证调整方案，综合考虑历史情况、发展定位、职能特点，于 2021 年第 14 次校长办公会研究决定，重新由研究生院履行非学历继续教育归口管理职能。2022 年 12 月，学校十届第 112 次党委常委会研究通过了机关换届工作方案，将远教学院的非学历继续教育管理职能及相关人员编制调整至研究生院，在研究生院成立非学历继续教育管理办公室。随着体制机制的健全和完善，学校非学历继续教育进入更加稳定、可持续发展的崭新阶段。

二、融合创新与实践

10 年来，学校非学历继续教育与研究生教育深度碰撞和融合：从早期的跨界学术交流到业务职能上的融入协同，再到发展理念的融汇互通，产生了一系列实践创新成果。

（一）交流融通：高规格举办海峡两岸继续教育论坛

2015 年 9 月 22 日，时值学校双甲子校庆之际，由研究生院组织承办的第十六届海峡两岸继续教育论坛隆重举行。本次论坛是由海峡两岸著名高等学校于 2000 年联合发起，推动海峡两岸开展继续教育学术交流、合作和研究的高端平台。本次论坛设置“大数据时代继续教育的新策略、新机制、新方法”“在线教育发展面临的问题与对策”“‘一带一路’背景下继续教育的国际化”“新常态下职业教育发展”四个研讨主题，收到论文 49 篇，其中 12 篇论文在大会上作了宣讲，引发同行热烈讨论。

本次论坛的成功举办具有深远意义。一是学校首次举办具有较高知名度的继续教育学术交流活动。论坛当日，时任浙江大学副校长严建华，时任天津大学党委副书记、副校长舒歌群出席开幕式并致辞，海峡两岸及港澳地区共计 29 所高校百余名同行专家到会。天津电视台、《天津日报》、《今晚报》、《中国青年报》、新华网、北方网等媒体对论坛进行了报道。二是海峡两岸继续教育论坛首次与研究生教育交流碰撞。论坛活动首次由高校的研究生教育管理部门组织承办，拉近了不同教育类型间的距离，与会者共同围绕学历非学历课程互选、学分认定积累和转换体系的建立展开了交流研讨。

（二）职能融入：深化信息化建设搭建管理服务平台

高校举办的非学历继续教育活动，涉及立项、研发、招生、收费、教学、评价、发证等多个环节，项目滚动开展、压茬实施，对项目管理的规范化和精细化水平提出较高要求。学校非学历继续教育充分借鉴研究生教育全环节信息化覆盖的整体管理思路，通过搭建专业化管理信息系统，保障管理流程的清晰规范、办学过程的监控追溯、办学质量的持续改进，在深化跨业务间的数据流通整合方面积极探索，取得显著成效。

信息化建设为职能融入提供有力抓手。一是奠定了全周期项目管理的架构。2015 年，研究生院正式启动高端培训管理信息系统建设，系统构建之初充分吸收研究生招生、学籍管理、研究生培养、导师选聘、学位授予、助学金评定等业务的闭环管理经验，全面建立符合非学历继续教育办学规律的稳定的项目管理架构。二是推动项目管理流程优化。自 2022 年归口管理职能重新调整以来，研究生院以信息系统建设为抓手深化管办分离内控体系建设，推动信息系统纳入学校信息化建设三年滚动库计划，系统完善审核要素，强化立项审批和办班管理，优化经费收入管理和划拨流程，实现委托培训合同“一站式”办理。在年度办学抽查中，天津市教委对学校信息化系统建设实现办学全过程的监控和追溯给予了高度评价。

（三）理念融汇：构建培养高层次卓越人才教育体系

天津大学研究生教育在坚持产教融合育人、培养拔尖创新人才方面持续引领和创新。伴随研究生教育发展而发展的非学历继续教育，致力于构建服务高层次卓越人才终身教育的“天大特色”的教育体系，在实践中传承和发扬卓越人才培养的理念，将课程建设作为服务校内学生成长、推动产业人才培养的重要内容谋划推进。

发挥高水平课程建设对高水平人才培养的支撑作用。一是面向校内推进人文素养类课程建设。2016 年起，非学历继续教育面向校内学生开设“海棠书院”，探索将家国情怀教育全面融入校内教育体系，通过构建“人文与家国情怀、文明与全球视野、科学与创新精神、应变与实践能力”模块课程，反哺和支持学校人才培养工作。二是面向产业深化精品课程培育。2023 年，研究生院启动了首批非学历继续教育精品课程培育工作，深入开展非学历继续教育教学创新，面向经济社会发展需求推动多学科相融合、产业技术与学科理论相融合，培育一批将课程思政有机融入教育教学、遵循继续教育规律、彰显学校综合办学水平、创新教育教学方法的标志性课程。

三、最新进展与成效

2023 年是学校非学历继续教育立足新起点、调整再出发的关键一年，非学历继续教育深入开展主题教育学习和调研，巩固拓展巡视整改、专项整顿、专项整治工作成果，围绕“规范管理”与“质量建设”两条主线，统筹实现办学质量的有效提升和办学规模的合理扩大。截至 2023 年 12 月底，全校非学历继续教育立项收入 8 647 万元，实到经费 7 350 万元，举办班次 453 个，培训 3.2 万人次。

（一）内控体系健全完善

深入推进非学历继续教育管办分离，健全完善风险防控机制。一是强化专项整治成效。教育部正式认定学校非学历教育专项整治达到预期成效。以此为契机，结合专项工作深入开展校内自查，组织政策宣讲，走访各办学单位开展主题教育调研，与参训学员代表开展面对面交流，强化风险意识，完善内控体系建设。接受教育部内控质量核查和天津市教委办学质量抽查，学校非学历继续教育管理体系建设得到高度评价。二是规范日常办学管理。组织校内各办学单位制定年度实施方案，按月度报送开班计划，加强日常办学的宏观协调。不断优化管理流程，强化日常办学的立项管理、经费管理和合同管理，加强对项目收费标准的考察，规范非学历继续教育校外授课讲师管理流程。

（二）项目特色深挖凝练

深入挖掘政府、企业、行业的人才培训需求，立足学科优势开办特色项目。内训项目重大合同数量由近5年来的年均3个增长至13个，办学综合能力显著提升。公开课项目学科特色进一步凸显，在环保产业、化工安全、储能技术、新能源汽车、数字化转型等领域加大课程研发和更新力度，品牌影响持续扩大。

服务对象方面，坚持满足多方人才培训需求。党政人才培训向更高层次拓展。深化与天津市、河北省、新疆维吾尔自治区等省级组织部门对接：面向河北开设"万人示范培训"京津冀协同发展研修班，面向新疆围绕化工产业转型、水资源保护主题开办厅局级干部重点班。企业管理人才培训向更宽领域迈进。加强校企战略合作，扩大服务行业领军企业范围，为东方电气、中国电建、海油工程、中海油服、中核工程、中国建筑、中国农业银行、南水北调集团、金风科技等大型企业提供定制化人才培训服务。专业技术人才培训向急需领域突破。服务国家战略，获批人社部专业技术人员继续教育国家级项目1项、市级项目2项，获批教育部"职教国培"示范项目1项；面向卫生健康领域深入开展药学、医工结合、应急救援培训；服务涉外法律领域，开展涉外律师培训；面向基础教育领域稳步扩大师资培训规模。

社会影响方面，充分发挥服务社会职能。面向宕昌县基层干部、乡村振兴带头人和基础教育师资队伍持续开展10余期专题培训，着力补齐当地人才短板。举办龙岩学院中层干部能力提升研修班和青海民族大学研究生导师培训班，深入推进对口支援合作见行见效。举办天津市高校继续教育高质量发展培训班、第六届全球工程经营高峰论坛等，进一步扩大继续教育区域、行业影响力。

（三）管理机制持续创新

加强统筹协调和质量评估的制度设计，持续推进高质量、特色化办学。一是建立工作推进交流机制。召开非学历继续教育领域全校性交流研讨会，每季度发布工作简报加强阶段性复盘，定期推送办学动态，形成关键节点推动与常态业务交流的推进机制。二是深化校内协同机制建设。着力推进福州学院与校内承办单位协同办学，组织管理与经济学部、远程与继续教育学院、环境科学与工程学院、化工学院先后依托当地资源新开发特色项目、开展教学活动。加强有组织的项目拓展，组织多个学院共同对接企业培训需求，建立重大项目专项工作组，加强对复合交叉人才培训需求的支撑。三是创新项目评价、课程培育机制。加强项目评价结果反馈和激励机制设计，重点考察项目的办学层次、教学质量、贡献水平、综合影响、服务水平等。按照"建强团队、突出特色、持续改进、保障成效"整体思路，启动首批精品课程培育立项，加大对高端公开课项目和定制化内训项目的支撑力度。

（四）办学支撑全面加强

持续深化基地资质、教改研究、管理系统建设等工作，支撑非学历继续教育高水平发展。一是加强培训基地申报。获批国家级职业学校校长培训基地、职业学校名师（名匠）名校长培养基地、全民数字素养与技能培训基地、数字技术工程师培育项目培训机构等，依托基地落实各类人才培养工程，汇聚更多优质资源。二是深化教改研究。入选教育部《学习型社会建设重点任务》非学历继续教育改革创新首批工作案例并启动建设任务。重点支持各单位围绕非学历继续教育治理体系、党建引领、智能平台、课程思政、品牌建设、项目评价、项目开发等主题开展教改研究立项，组织天津市继续教育教学改革和质量提升研究计划项目申报并获批4项。三是强化管理系统保障。开展非学历继续教育管理信息系统四期建设，按照"共建、共维、共享、共管"的原则，依托管理信息系统完成非学历继续教育师资库、课程库的闭环管理和动态调整模块功能开发，为规范师资选用和课程开设奠定基础。

截至2023年12月31日，天津大学重要培训资质及基地详见表2-4-7-1。

表 2-4-7-1　天津大学重要培训资质及基地

序号	基地名称	批设机构
1	国家级职业学校校长培训基地	教育部
2	全民数字素养与技能培训基地	中央网信办等 13 部委
3	职业学校名师（名匠）名校长培养基地	教育部
4	国家级职业教育“双师型”教师培训基地	教育部
5	国家级专业技术人员继续教育基地	人力资源社会保障部
6	水利干部培训机构	水利部
7	注册安全工程师继续教育培训机构	住建部
8	中小企业经营管理领军人才培训项目机构	工信部
9	国家级职业教育教师教学创新团队培训基地	教育部
10	国家保密学院暨国家保密教育培训基地	国家保密局
11	全国高职高专教育师资培训天津大学基地	教育部
12	全国职业教育师资培训重点建设基地	教育部
13	数字技术工程师培育项目培训机构	天津市人社局
14	市级退役军人就业创业承训机构	天津市退役军人事务局
15	卫生应急培训演练基地	天津市卫健委
16	天津市专业技术人员继续教育基地	天津市人社局
17	天津市教育系统干部教育培训基地	天津市教委

下编

第一篇　研究生教育影响力

第一章　全国"首批"记录

1951 年,首批新中国研究生招生单位。
1956 年,首批副博士研究生招生单位。
1978 年,首批恢复研究生招生培养的单位。
1981 年,首批硕士、博士学位授予单位。
1984 年,首批试办研究生院单位。
1985 年,首批建立博士后科研流动站的高校。
1987 年,首批建立国家重点学科的高校。
1991 年,首批试点培养工商管理硕士(MBA)单位。
1991 年,首批有权向在职人员授予硕士、博士学位双免检单位。
1995 年,首批"211 工程"高校。
1997 年,首批开展在职人员攻读工程硕士专业学位招生培养单位。
2000 年,首批中职教师在职攻读硕士学位招生单位。
2001 年,首批公共管理硕士(MPA)招生单位。
2002 年,首批高级管理人员工商管理硕士(EMBA)试办单位。
2003 年,首批高校教师在职攻读硕士学位培养单位。
2011 年,首批 25 个开展工程博士专业学位授予工作的试点单位之一。
2013 年,首批 14 个"2011 计划"协同创新中心之一。
2017 年,首轮"双一流"建设高校。
2017 年,14 所全国博士研究生教育综合改革试点高校之一。
2018 年,首批 20 所学位授权自主审核单位之一。
2023 年,首批 30 所"国优计划"试点高校之一。

注:由于有些历史材料难以全面梳理统计,本篇部分章节采取详今略古的编写方法。

第二章　近年来担任的校外职务

2018 年，时任天津大学副校长、研究生院院长王树新当选为中国学位与研究生教育学会理事会副理事长。

2019 年，研究生院当选为中国研究生院院长联席会主席单位。

2019 年，时任研究生院常务副院长郑刚当选为中国学位与研究生教育学会工科工作委员会副主任委员。

2019 年，时任研究生院常务副院长郑刚当选为中国学位与研究生教育学会评估委员会委员。

2019 年，时任研究生院常务副院长郑刚当选为中国学位与研究生教育学会信息管理委员会委员。

2019 年，时任研究生院常务副院长郑刚当选为中国学位与研究生教育学会人才选拔与评价委员会委员。

2020 年，时任天津大学副校长、研究生院院长王树新担任全国工程专业学位研究生教育指导委员会副主任委员。

2022 年，研究生院常务副院长李斌担任天津市学位与研究生教育学会常务理事、秘书长、法定代表人。

2022 年，时任研究生院副院长何芳担任天津市学位与研究生教育学会监事。

2022 年，时任研究生院综合管理办公室主任张立迁担任天津市学位与研究生教育学会常务理事、副秘书长。

2022 年，研究生院常务副院长李斌当选为中国研究生院院长联席会第六届主席单位院长。

2023 年，研究生院常务副院长李斌当选为中国学位与研究生教育学会工科工作委员会副主任委员。

第三章　获得的荣誉奖项

1989 年 4 月,“研究生工作管理系统”获 1989 年天津市普通高校优秀教学成果二等奖。

1997 年 9 月,天津大学获 1996 年天津市普通高校优秀教学成果二等奖。

1999 年 11 月,研究生院获评全国学位与研究生教育管理工作先进集体。

2002 年 2 月,研究生院获评中共天津大学机关委员会 2001 年度先进服务单位。

2003 年 3 月,研究生院获评中共天津大学机关委员会 2002 年度先进服务单位。

2004 年 12 月,研究生院获评全国高等教育学历证书电子注册管理工作先进集体。

2009 年 5 月,“校企合作工程硕士培养模式的创新与实践”获高等教育天津市级教学成果一等奖。

2009 年 9 月,“化工类多元化和国际化研究生教育创新体系的构建”获第六届高等教育国家级教学成果一等奖。

2011 年 12 月,研究生院获评天津市高等教育学籍学历管理工作先进集体。

2013 年 9 月,“全日制工程硕士‘4C’培养体系的构建与实践”获第七届高等教育天津市级教学成果一等奖。

2013 年 9 月,“构建数字化教学平台创新研究生培养模式”获第七届高等教育天津市级教学成果二等奖。

2014 年 12 月,“天津大学研究生‘3I・4C’分类培养体系的构建与实践”获中国学位与研究生教育学会研究生教育成果一等奖。

2014 年 12 月,研究生院获评天津市教育工会教工先锋号。

2014 年 12 月,天津大学获第十一届“华为杯”全国研究生数学建模竞赛优秀组织奖。

2015 年 1 月,研究生招生办公室获评 2014 年度天津大学保密工作先进集体。

2015 年 4 月,研究生院担任天津大学新媒体联盟常务理事单位。

2015 年 7 月,“坚持开放促发展 追求卓越育英才——天津大学研究生教育综合改革”获评 2014 年度天津大学机关十佳集体工作案例。

2015 年 12 月,研究生院获评天津大学 120 周年校庆工作突出贡献集体。

2016 年 1 月,研究生院获评 2015 年度天津大学保密工作先进集体。

2016 年 5 月,研究生院完成的天津市教委 2015 年度重点调研课题“关于高校学科建设绩效动态监测机制的研究”获天津市教委第五届优秀调研成果一等奖。

2016 年 5 月,研究生院完成的天津市教委 2015 年度重点调研课题“高校研究生奖助学金方案设计项目质量控制研究”获天津市教委第五届优秀调研成果三等奖。

2016 年 6 月,“对标国际促发展、追求卓越建一流——天津大学首次启动学科国际同行评议工作”获评 2015 年度天津大学机关十佳集体工作案例。

2016 年 7 月,研究生院获评中国共产党成立 95 周年先进基层党组织。

2016 年 11 月,“‘蓄内融外,协同互激’,动力工程全日制专业学位研究生创新培养模式的实践”获中国学位与研究生教育学会研究生教育成果二等奖。

2016 年 12 月，天津大学获评教育部“蓝火计划”博士生工作团优秀组织单位。

2017 年 6 月，“致力服务考生，试水多区考务，打造平安研考”获评 2016 年度天津大学机关十佳集体工作案例。

2018 年 3 月，天津大学研究生招生办公室获评 2017 年度天津大学保密工作先进集体。

2018 年 4 月，天津大学获中国研究生创新实践系列大赛优秀组织奖。

2018 年 4 月，“质量导向的研究生教育‘三三二’综合改革探索与实践”获国家级教学成果二等奖及第八届高等教育天津市级教学成果一等奖。

2018 年 6 月，天津大学获评教育部在线教育研究中心 2018 年度全国普通高等院校在线课程建设与应用示范案例。

2018 年 6 月，“凝心聚力，全局谋划，精准发力，学校学科评估再创佳绩”获 2017 年度天津大学机关集体工作案例突出贡献奖。

2018 年 6 月，“工程博士‘DID’培养体系的构建与实践”获第八届高等教育天津市级教学成果一等奖，并获评 2017 年度天津大学机关十佳集体工作案例。

2018 年 7 月，《基于 i-PDCA 模型的研究生教育综合改革方案设计与实践》获第七届学位与研究生教育优秀论文一等奖。

2018 年 7 月，《博士生招生“申请-审核”制的自制路径探析》获第七届学位与研究生教育优秀论文二等奖。

2018 年 8 月，天津大学获评中国学位与研究生教育学会人才选拔与评价委员会研究生招生工作先进单位。

2018 年 9 月，“服务国家战略需求，构建工程博士‘DID’培养体系”获中国学位与研究生教育学会研究生教育成果二等奖。

2018 年 10 月，《面向新工业革命的工科研究生教育前瞻与实践》获评第二十九届全国研究生院工科研究生教育工作研讨会“十佳优秀论文”。

2019 年 6 月，研究生院获评天津大学第八届教职工代表大会第三次会议提案办理先进单位。

2019 年 6 月，“更新人才知识体系，探索新工科建设路径，研究生新工科课程建设践行‘天大行动’”获评 2018 年度天津大学机关十佳集体工作案例（创新奖）。

2019 年 12 月，“坚持以师生为中心推进信息化，精准强化基层管理服务能力”获评 2019 年度天津大学机关部门“改进作风、服务基层”优秀案例。

2019 年 12 月，《推进实施博士生教育综合改革，培养高水平拔尖创新人才》获评第十届全国工科研究生教育工作研讨会优秀论文。

2021 年 10 月，建筑学院汪丽君教授主编的研究生教材《建筑类型学》获首届全国教材建设奖二等奖。

2021 年 12 月，研究生院获天津大学机关党委“我为师生办实事”优秀案例奖、优秀组织奖。

2022 年 4 月，“创新牵引，需求导向，开放发展，基于核心能力建设的博士生教育综合改革探索与实践”获 2021 年天津大学研究生教育教学成果特等奖。

2022 年 5 月，研究生院获评天津大学第九届教职工代表大会第一次会议提案办理先进单位。

2022 年 10 月，“需求导向、创新牵引、开放发展的高层次卓越人才培养综合改革探索与实践”获 2022 年高等教育（研究生）天津市级教学成果特等奖。

2023 年 4 月，研究生院获评天津大学第九届教职工代表大会第二次会议提案办理先进单位。

2023 年 4 月，“天津大学探索‘互联网+研招’改革新模式”“‘榜样的力量’主题资助育人活动”获评 2022 年度天津市学校“三全育人”优秀工作案例。

2023 年 7 月,“需求导向、创新牵引、开放发展的高层次卓越人才培养综合改革探索与实践”等 11 项成果获 2022 年高等教育(研究生)国家级教学成果二等奖。

2023 年 9 月,“创新搭建‘我与研究生院面对面’交流机制 全面提升为师生服务质量”获评 2023 年天津大学机关“我为师生办实事”十佳工作案例。

2023 年 10 月,研究生院党支部被评为天津大学机关党委“政策宣讲 服务基层”党员示范岗。

2023 年 12 月,研究生院培养办公室培养科被授予“天津大学 2023 年劳动竞赛示范集体”荣誉称号。

2024 年 1 月,天津大学四位研究生校友张来勇、李红霞、林铁坚、谭旭光被授予“国家卓越工程师”称号。

第四章　承办的会议、活动

1986 年 11 月 19 日—20 日，承办全国研究生教育和学位工作计算机管理研讨会。

2005 年 8 月 13 日，承办全国首届化工类博士生学术论坛。

2007 年 10 月 25 日—26 日，主办第二十三届全国研究生院工科研究生教育研讨会。

2009 年 10 月，举办全国全日制工程硕士培养工作研讨会。

2014 年 9 月 19 日—27 日，承办第十一届“华为杯”全国研究生数学建模竞赛。

2015 年 5 月，承办第四轮学科评估天津地区调研会。

2015 年 6 月 5 日，承办全国工程博士培养工作研讨会。

2015 年 9 月 22 日，承办第十六届海峡两岸继续教育论坛。

2016 年 6 月 29 日，承办天津市学位与研究生教育学会理工类学科专业委员会成立大会暨理工类研究生教育论坛。

2016 年 9 月 27 日，承办全国首届研究生教育学学科建设理论与实践高端论坛。

2017 年 10 月 23 日，承办全国工程博士教育培养工作研讨会。

2018 年 4 月 2 日，承办面向全球新工业革命的工科研究生教育工作研讨会。

2018 年 8 月 28 日—29 日，承办全国研究生招生工作学术研讨及培训会。

2019 年 7 月 10 日，承办学科评估“社会贡献评价研究”专题研讨会。

2019 年 12 月 26 日—27 日，承办中国学位与研究生教育学会评估委员会 2019 年学术年会“教育评价新技术与大数据建设”平行论坛。

2021 年 5 月 20 日—23 日，承办第五届世界智能大会人工智能交叉学科人才培养论坛。

2021 年 7 月 2 日，承办 2021 年天津市研究生招生总结会。

2021 年 7 月 23 日—24 日，承办中国研究生院院长联席会 2021 年年会暨 2021 年地方研究生教育管理工作委员会工作会议。

2023 年 3 月 18 日，承办天津市学位与研究生教育学会第六次会员大会。

2023 年 3 月 18 日，承办中国研究生院院长联席会“争鸣”院长圆桌会议暨天津市学位与研究生教育学会学术论坛。

2023 年 10 月 13 日，承办全国工程类专业学位教育质量标准建设研讨会。

2023 年 12 月 7 日，承办中国学位与研究生教育学会评估委员会 2023 年学术年会“学位点评价”平行论坛。

2024 年 5 月 10 日，承办教育部卓越工程师培养现场交流推进会。

2024 年 5 月 10 日—11 日，承办由中国卓越工程师培养联合体主办的卓越工程师培养校企导师研修班（第二期）。

第五章　作过的会议报告

2014年9月，研究生院受邀在第九届全国工程专业学位研究生教育工作研讨会上作大会报告。

2016年5月30日—31日，教育部学位与研究生教育发展中心和中国学位与研究生教育学会联合组织举办的2016年全国研究生招生工作学术研讨及培训会在北京举行，时任研究生院常务副院长白海力作为特邀专家参会并作了“研究生教育综合改革背景下博士招生制度的设计与实践”专题报告。

2016年11月16日—18日，时任研究生院常务副院长白海力在全国第十一届学位与研究生教育评估学术会议上作论坛报告。

2017年11月3日—4日，第九届全国工科研究生教育工作研讨会在江苏大学召开，时任研究生院常务副院长赵美蓉作了题为“构建质量保障体系，护航双一流建设”的报告；研究生院张立迁受中国学位与研究生教育学会指派，作为教育部委托项目“博士生招生计划管理及政策建议”课题组成员，在大会上作了题为“博士生招生计划管理改革讨论——基于学位授权自主审核的视角”的报告。

2018年10月25日，第二十九届全国研究生院工科研究生教育工作研讨会在北京召开，时任研究生院副院长贾宏杰作了题为“面向新工业革命的工科研究生教育前瞻与实践”的报告。

2019年12月28日—29日，第十届全国工科研究生教育工作研讨会在云南昆明召开，时任研究生院常务副院长郑刚受邀作了题为“天津大学研究生国际化教育的探索与实践”的报告。

2020年8月8日，中国研究生院院长联席会组织召开“贯彻落实全国研究生教育会议精神”交流会，研究生院受邀在主会场作主题发言。时任研究生院常务副院长郑刚汇报了天津大学对会议精神的贯彻落实情况。

2020年8月26日，研究生院招生办公室主任卢铮松在教育部2020年研究生招生改革培训班上作了题为“天津大学研究生招生自命题工作信息化汇报”的报告。11月27日，在军队院校研究生招生工作研讨会上作了同名主题报告。

2020年10月21日，由河北省社会科学院、河北省社会科学界联合会主办，燕山大学和秦皇岛市社会科学界联合会承办的第十五届河北省社会科学学术年会综合研讨会在秦皇岛举行，时任研究生院副院长贾宏杰作了研究生教育专题报告。

2020年11月21日，中国学位与研究生教育学会第六届理事会第四次全体会议在北京召开，时任天津大学副校长王树新向与会人员介绍了天津大学一流研究生教育行动计划有关情况。

2020年11月1日—3日，江西省学位与研究生教育发展研究中心揭牌仪式在南昌举行，同时由中心主办的贯彻落实全国研究生教育会议精神学术会议召开，时任研究生院常务副院长郑刚作了题为“双一流视角下的研究生教育思考与举措”的报告。

2021年6月19日，博士专业学位研究生培养专题论坛在西安召开，时任研究生院常务副院长郑刚作为中国研究生院院长联席会2021年轮值主席院长在论坛开幕式上致辞，并在“工程类博士专业学位研究生培养”分论坛上作了专题报告。

2021年7月6日，时任研究生院综合管理办公室主任张立迁为河南高校统战部长培训班学员，作了题为“天津大学一流研究生教育行动计划”的报告。

2021年7月8日，研究生院招生办公室主任卢铮松在全国高校研究生招生交流大会上作了题为“自命题管理‘零失误’的探索与实践”的报告。

2021年7月23日—24日，中国研究生院院长联席会2021年年会暨2021年地方研究生教育管理工作委员会工作会议在天津召开，时任天津大学副校长、研究生院院长王树新作了题为“落实全国研究生教育会议精神举措和进展”的发言；时任研究生院常务副院长郑刚作了题为“服务国家重大需求的工程类博士生交叉协同培养模式探索”的报告。

2021年8月3日，时任研究生院综合管理办公室主任张立迁为青海民族大学第二届领导干部能力提升培训班学员作了题为“天津大学一流研究生教育行动计划”的报告。

2021年12月3日，受天津科技大学研究生院、教师发展中心邀请，时任研究生院综合管理办公室主任张立迁为参训教师作了题为“谈一谈教学与教务管理”的专题报告。

2023年11月18日—19日，中国研究生院院长联席会2023年年会在哈尔滨举行，研究生院常务副院长李斌作了题为“未来技术创新驱动的学科交叉建设”的报告。

2023年12月6日—8日，第四十二届全国工科研究生教育研讨会在福州召开，中国学位与研究生教育学会工科工作委员会副主任、研究生院常务副院长李斌主持大会闭幕式，并以“新工科建设引领：探索卓越工程研究生人才培养体系”为题，作了大会报告。

2023年12月7日—8日，中国学位与研究生教育学会评估委员会2023年学术年会在西安召开，天津大学党委常委、副校长巩金龙以“教育强国背景下高校社会贡献评价研究探索与实践——以工科为例”为题，作了大会报告；研究生院常务副院长李斌作了题为“卓越工程研究生人才培养体系建设及评价研究”的平行论坛报告。

第六章 媒体报道

表 3-1-6-1 天津大学研究生教育媒体报道情况汇总

媒体	题目	报道时间
《光明日报》	天津大学用微机进行研究生管理	1986年11月27日
国务院学位委员会办公室 国家教育委员会研究生司第25期学位和研究生工作简报	天津大学研究生院努力加强硕士生导师队伍建设	1986年12月
《科技日报》	天津大学工程硕士研究生教育抓精品、重质量、创品牌、办特色	2004年4月7日
《解放军报》	天津警备区团以上干部硕士研究生班开学	2004年11月9日
教育部专报	天津大学四项举措促进研究生自我教育增强思想政治教育实效性	2009年4月29日
《人民日报》	天津大学博士招考取消笔试 导师资格不再终身	2014年4月19日
教育部专报	天津大学全面深化研究生教育改革	2014年5月29日
《中国教育报》	“这是我游得最拼命的一次”——记勇救落水女生的天津大学博士生王耕籍	2015年7月10日
《光明日报》	“我只是做了该做的事”——记勇救落水女生的天津大学博士生王耕籍	2015年7月10日
《人民日报》	“赶上了,就要救人”——记见义勇为的天津大学博士生王耕籍	2015年7月12日
教育部专报	天津大学积极构建学术学位研究生培养体系	2015年9月22日
教育部专报	天津大学构建专业学位研究生“4C”培养体系	2015年9月28日
新华社	天津大学首邀国际同行进行学科评议	2016年1月8日
新华网	天津大学首邀国际同行对学科进行评议 学科好不好不能自说自话	2016年1月12日
中国新闻网	天津大学启用自主设计新版学位证书	2016年1月13日
人民网	组图:天津大学新版学位证书体现中国首张大学文凭元素	2016年1月14日
教育部专报	天津大学实施“导师团计划”深化研究生招生制度改革	2016年2月23日
《人民日报》	天津大学博士招生全面实施“申请-审核”制 考核多元	2016年4月1日
《中国信息化周报》	天津大学:研究生教与学的在线尝试	2016年5月9日
教育部专报	天津大学推进“三三二”教育综合改革	2017年3月9日
北方网	为国家培养领军人才,天大首批工程博士获学位	2017年7月8日
《天津日报》	天津大学首批工程博士研究生毕业	2017年7月8日

续表

媒体	题目	报道时间
中国研究生招生信息网	天津大学获批为教育部博士研究生教育综合改革试点单位	2017年11月16日
搜狐网	面向全球新工业革命的工科研究生教育工作研讨会在天津召开	2018年4月5日
中国新闻网	天津大学研究生课程改革助推"新工科"建设	2018年11月12日
《人民日报(海外版)》	天津大学研究生课程改革助推"新工科"建设	2018年11月13日
《中国教育报》	天津大学面向新工科启动研究生课程改革	2018年11月13日
《中国青年报》	天大研究生课改:打开学科的"围墙"	2018年11月13日
搜狐网	立足开放创一流,追求卓越攀高峰——天津大学研究生教育四十年	2019年1月18日
教育部专报	天津大学博士研究生教育综合改革试点工作经验做法	2019年1月24日
《光明日报》	王静康院士的"忘我"	2019年2月6日
教育部专报	天津大学着力构建研究生导师立德树人工作体系	2019年4月12日
《天津日报》	天津大学材料学院博士生朱杉——"我是科研人员,也是科普工作者"	2019年4月23日
《中国教育报》	天津大学优秀本科生可跨学科保研	2019年5月24日
中国社会科学网	天津大学首届博士生学术论坛经济学分论坛在津举行	2019年12月9日
《中国教育报》	天津大学:启动本研贯通人才培养	2019年12月13日
《工人日报》	天津大学启动本研贯通人才培养	2019年12月27日
中国教育信息化网	天津大学首批10门研究生课程登录"学堂在线"平台	2020年1月9日
教育部专报	天津大学积极构建研究生拔尖创新人才培养体系	2020年2月17日
《中国青年报》	天津大学2020年研究生远程复试实景演练	2020年5月4日
《科技日报》	上了2个小时的网,这位博士完成了毕业答辩	2020年5月8日
新华社	天津大学:不适合继续攻读学位的研究生将及早分流	2020年9月29日
新华网	天津大学:不适合继续攻读学位的研究生要及早分流退出	2020年9月29日
中国教育新闻网	天津大学研究生培养出新举 博士生考核不合格转硕士生培养	2020年10月12日
中国教育新闻网	扎根中国大地开展特色评估 紧扣时代脉搏促进改革创新	2020年11月3日
《人民日报》	聚智破局,应对研究生教育挑战	2020年12月19日
《科技日报》	面向研究生教育新挑战 研究生教育改革国际研讨会在津举行	2020年12月21日
《中国青年报》	天津大学打破导师终身制,育人能力成年度必修课	2020年12月22日
《科技日报》	天津大学打破导师终身制	2020年12月23日
《人民日报》	全国高校研究生院院长天津共话新面貌新作为	2021年7月23日
《中国青年报》	全国高校研究生院院长齐聚天津 共话研究生教育改革	2021年7月24日
央广网	全国高校研究生院院长齐聚天津 共商深化研究生教育改革发展	2021年7月26日
中国教育新闻网	全国高校研究生院院长齐聚天津,共话研究生教育新面貌新作为	2021年7月26日

续表

媒体	题目	报道时间
《学位与研究生教育》	中国研究生院院长联席会2021年年会在天津召开	2021年8月
《中国教育报》	服务国家战略需求 培养拔尖创新人才——天津大学推进博士生教育综合改革	2021年11月2日
《中国教育报》	加快机制创新推进学科交叉协同发展	2022年3月14日
《中国教育报》	“五交叉”托举高水平人才培养	2022年6月13日
《人民日报》	23位战略科学家助力学科建设,天大学科交叉中心揭牌	2022年9月26日
《人民日报》	构建中国特色学科体系,培养非遗急需专业人才！首届非遗交叉学科硕士新生入学仪式在天大举办	2022年9月28日
《人民日报》	“国优计划”首批试点安排来了！包括这30所高校	2023年7月27日
《天津工人报》	又一国家级学院落户天津大学	2023年9月20日
《中国教育报》	高水平大学如何培养“未来大先生”	2023年11月21日
《人民日报》	“双一流”建设高校如何培养中小学教师	2024年1月14日

第二篇　研究生教育与学科建设数据统计

第一章　研究生招生与培养

1. 博士研究生招生

自 1984 年研究生院建院以来，博士研究生招生规模已从最初的 30 人增长至 2023 年的 1 743 人（全日制 1 390 人，非全日制 353 人），总计招收博士研究生 23 198 人。历年博士研究生招生规模见表 3-2-1-1。

表 3-2-1-1　历年博士研究生招生规模

年份	博士研究生招生人数	年份	博士研究生招生人数
1984 年	30	2004 年	698
1985 年	42	2005 年	704
1986 年	36	2006 年	693
1987 年	41	2007 年	754
1988 年	43	2008 年	739
1989 年	54	2009 年	767
1990 年	49	2010 年	776
1991 年	69	2011 年	776
1992 年	89	2012 年	791
1993 年	155	2013 年	794
1994 年	116	2014 年	834
1995 年	122	2015 年	855
1996 年	150	2016 年	883
1997 年	190	2017 年	945
1998 年	248	2018 年	1 025
1999 年	294	2019 年	1 237（其中包含非全日制 178 人）
2000 年	365	2020 年	1 337（其中包含非全日制 220 人）
2001 年	480	2021 年	1 436（其中包含非全日制 253 人）
2002 年	575	2022 年	1 573（其中包含非全日制 318 人）
2003 年	690	2023 年	1 743（其中包含非全日制 353 人）

录取博士研究生按学位类型分为学术型和专业型，其中学术型博士研究生 2023 年的招生人数较 2022 年同比增长 7.8%，如图 3-2-1-1 所示。按考试方式分为普通招考、硕博连读和本科直博，这三类博士研究生招生人数基本均保持了同步增长，但由于招生指标的滞后性，普通招考增长水平高于其他类型，见表 3-2-1-2。按照国家适度扩大专业学位研究生培养规模的政策导向，2023 年录取工程博士研究

生 567 人,同比增长 17.5%,专业学位博士研究生招生规模快速提升,如图 3-2-1-2 所示。

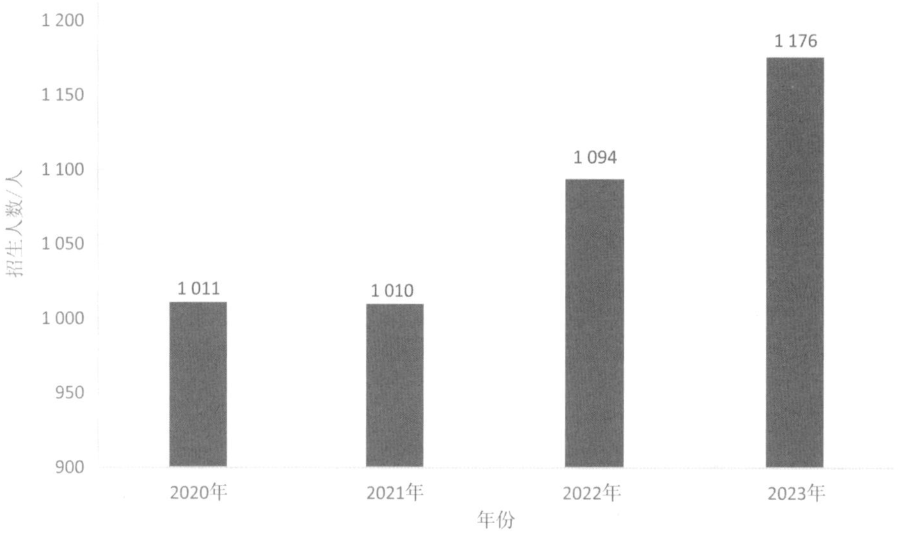

图 3-2-1-1　2020—2023 年学术型博士研究生招生情况统计

表 3-2-1-2　2021—2023 年按考试类型分博士研究生招生情况统计

年份	本科直博/人	硕博连读/人	普通招考/人
2021 年	88	319	603
2022 年	101	345	648
2023 年	105	356	715

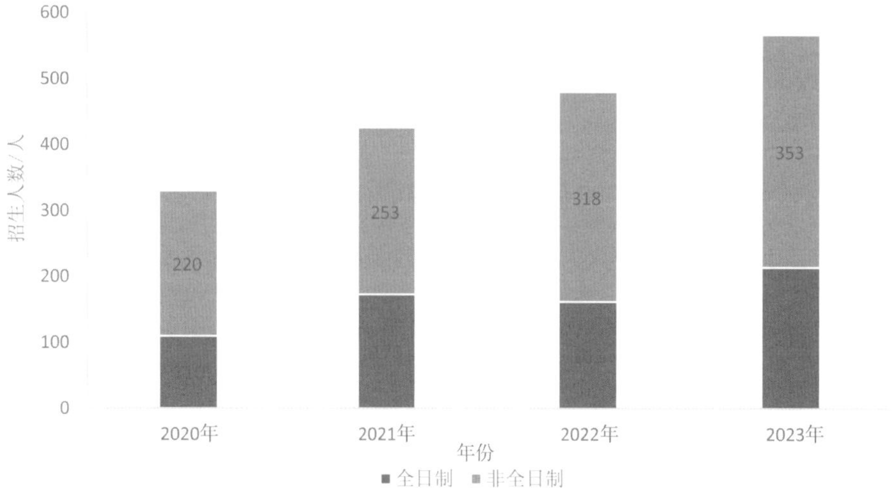

图 3-2-1-2　2020—2023 年工程博士研究生招生情况统计

2. 硕士研究生招生

自 1984 年研究生院建院以来,硕士研究生招生规模已从最初的 387 人增长至 2023 年的 6 226 人(全日制 4 997,非全日制 1 229 人),总计招收硕士研究生 99 660 人。历年硕士研究生招生规模见表 3-2-1-3。

表 3-2-1-3　历年硕士研究生招生规模

年份	硕士研究生招生人数	年份	硕士研究生招生人数
1984 年	387	2004 年	2 454
1985 年	620	2005 年	2 587
1986 年	522	2006 年	2 584
1987 年	489	2007 年	2 823
1988 年	475	2008 年	2 795
1989 年	415	2009 年	3 445
1990 年	415	2010 年	3 338
1991 年	418	2011 年	3 449
1992 年	438	2012 年	3 579
1993 年	625	2013 年	3 649
1994 年	770	2014 年	3 731
1995 年	574	2015 年	3 794
1996 年	691	2016 年	3 931
1997 年	630	2017 年	5 855（其中包含非全日制 1 929 人）
1998 年	580	2018 年	6 134（其中包含非全日制 1 703 人）
1999 年	801	2019 年	5 932（其中包含非全日制 1 298 人）
2000 年	1 111	2020 年	5 744（其中包含非全日制 1 080 人）
2001 年	1 517	2021 年	5 951（其中包含非全日制 1 155 人）
2002 年	1 845	2022 年	6 013（其中包含非全日制 1 200 人）
2003 年	2 323	2023 年	6 226（其中包含非全日制 1 229 人）

2023 年录取的 4 997 名全日制硕士研究生中，“双一流”高校生源 3 717 人，占总规模的 74.4%。按考试方式分类，推免录取 2 369 人，统一考试录取 2 628 人；按学位类型分类，全日制学术学位硕士研究生录取 2 331 人，全日制专业学位硕士研究生录取 2 666 人；开展入职即入学定向培养，录取非全日制研究生 1 229 人，详见表 3-2-1-4。

表 3-2-1-4　2023 年硕士研究生录取情况统计

学习方式	分类方式	类型	录取人数	备注
全日制 合计:4997 人	考试方式	推免	2 369	
		统一考试	2 628	
	学位类型	学术学位	2 331	
		专业学位	2 666	
	录取批次	推免	2 369	校外调剂 103 人
		一志愿录取（统考）	2 420	
		调剂录取（统考）	208	

续表

学习方式	分类方式	类型	录取人数	备注
	定向方式	非定向	4 959	
		定向	38	专项计划
	专项类型	普通	4 844	推免+统考
		支教保研	18	推免
		干部保研	20	
		艺术特长生	6	
		工程硕博士(硕)	42	
		少数民族骨干计划	29	统考
		退役大学生士兵	30	
		援藏计划	8	
非全日制 合计:1 229 人	考试方式	推免	0	
		统一考试	1 175	专业学位
		单独考试	54	学术学位
	录取批次	一志愿录取	1 119	校外调剂 64 人
		调剂录取	110	
	定向方式	非定向	0	非全日制只招定向生
		定向	1 229	
	学位类型	工商管理硕士(MBA)	503	管理学部 5M 合计 1 029 人(83.7%)
		高级管理人员工商管理硕士(EMBA)	19	
		公共管理硕士(MPA)	130	
		工程管理硕士(MEM)	337	
		专业会计硕士(MPAcc)	40	
		管理科学与工程(学硕)	15	单独考试 54 人(4.4%)
		工商管理(学硕)	25	
		智能医学工程(学硕)	14	
		法律	13	专业学位教育中心合计招生 146 人(11.9%)
		翻译	20	
		建筑学	24	
		城市规划	13	
		风景园林	14	
		艺术设计	2	
		工程硕士	60	

2023 年,全日制硕士研究生计划招生 5 011 人,实招 4 997 人(完成率 99.7%),未完成数 14 人,分别为少数民族骨干计划 1 人(招生类型限定为工程硕士),福州学院 13 人(学术学位硕士研究生,分配计划 30 人,实录 17 人,其中推免录取 2 人,一志愿统考录取 1 人,调剂录取 14 人,专业为物理或化学)。2019—2023 年硕士研究生招生规模情况统计如图 3-2-1-3 所示。

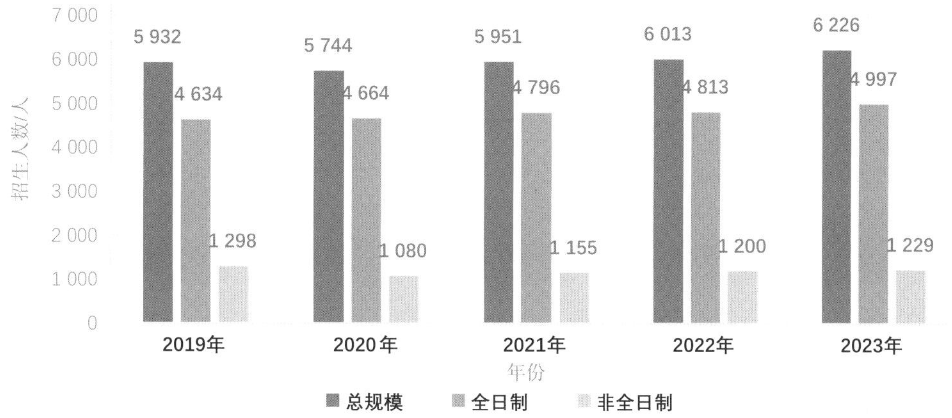

图 3-2-1-3　2019—2023 年硕士研究生招生规模情况统计

硕士研究生招生专业覆盖人文经济学（02）、法学（03）、教育学（04）、文学（05）、理学（07）、工学（08）、医学（10）、管理学（12）、艺术学（13）、交叉学科（14）10 个门类以及材料、化工等 26 个专业学位。全日制专业中，工科门类占比为 72%。2023 年全日制硕士研究生各门类招生规模占比如图 3-2-1-4 所示。

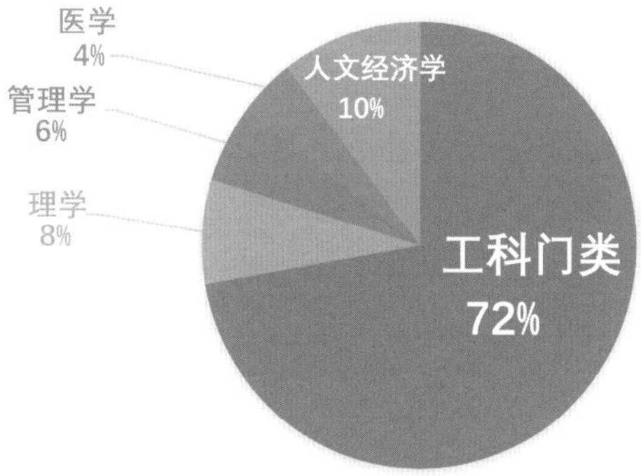

图 3-2-1-4　2023 年全日制硕士研究生各门类招生规模占比

2023 年全日制录取硕士研究生中，“双一流”高校占比 74.4%，一流大学占比 44.8%，本校毕业生占比 31.7%；各门类统计中，管理学和工科门类生源质量高于学校平均水平，理学、医学及人文经济学低于学校平均水平。2023 年全日制硕士研究生录取生源质量分门类统计如图 3-2-1-5 所示。

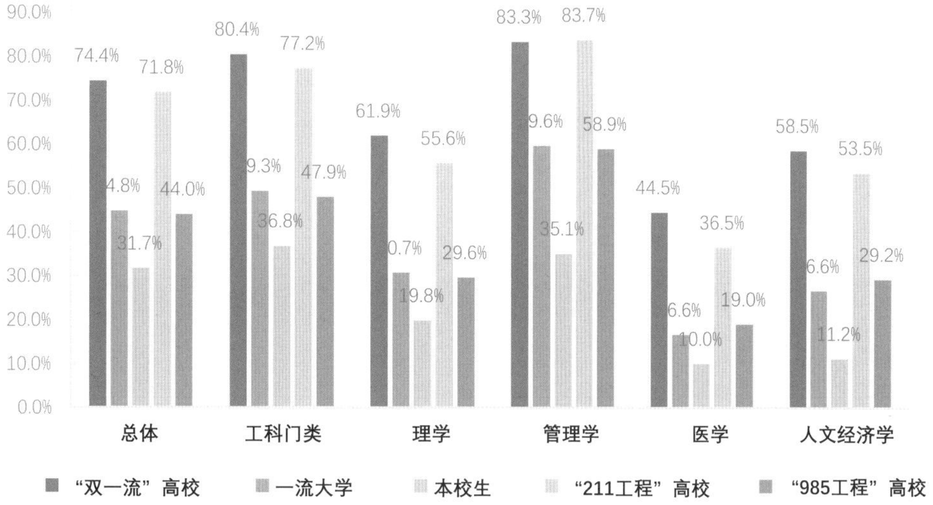

图 3-2-1-5　2023 年全日制硕士研究生录取生源质量分门类统计

3．其他类型研究生

2023 年，录取同等学力在职申请硕士学位 192 人，同等学力在职申请博士学位 44 人。录取港澳台地区硕士研究生 2 人。

4. 在校研究生

截至 2023 年 10 月 27 日，学校在读研究生共计 25 672 人。其中，博士研究生 7 383 人，硕士研究生 18 289 人。按学习方式分类，全日制研究生 20 396 人，非全日制研究生 5 276 人。在读研究生基本数据统计见表 3-2-1-5。

表 3-2-1-5　在读研究生基本数据统计

学位类型	博士研究生/人	硕士研究生/人	博硕比	合计/人
学术学位	5 281	6 959	1∶1.3	12 240
专业学位	2 102	11 330	1∶5.4	13 432
合计	7 383	18 289	1∶2.5	25 672

注：不含留学研究生、单证研究生。

在读研究生按学科门类分类：经济学 233 人、法学 497 人、教育学 418 人、文学 279 人、理学 1 548 人、工学 17 334 人、农学 124 人、医学 583 人、管理学 4 537 人、艺术学 69 人、交叉学科 50 人。天津大学 2023 年分学科门类在读研究生人数统计如图 3-2-1-6 所示。

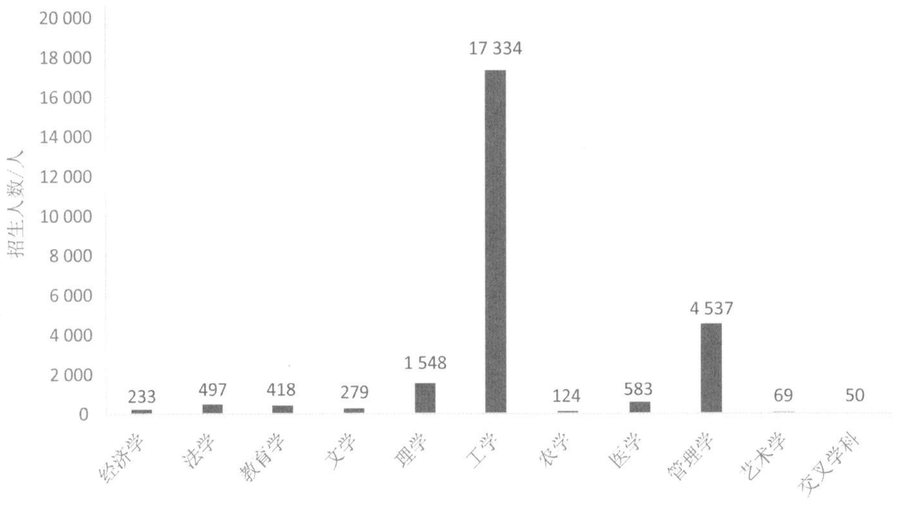

图 3-2-1-6　天津大学 2023 年分学科门类在读研究生人数统计

第二章　导师队伍

在 2023 年研究生导师岗位选拔工作中，共选拔出学术型博士生导师岗位 1 867 个，学术型硕士生导师岗位 3 543 个，专业型博士生导师岗位 1 165 个，专业型硕士生导师岗位 2 465 个，见表 3-2-2-1。

表 3-2-2-1　2023 年研究生导师岗位选拔、招生资格认定岗位数　　单位：个

导师类型	岗位类型	学术型		专业型	
		岗位选拔	招生资格认定	岗位选拔	招生资格认定
硕士生导师	独立指导	3 207	3 105	2 255	2 128
	导师团队	336	174	210	135
	合计	3 543	3 279	2 465	2 263
博士生导师	独立指导	1 312	1 216	909	876
	导师团队	555	441	256	223
	合计	1 867	1 657	1 165	1 099

学校具有正高级职称的博士生导师共 1 060 人（占 58%），具有副高级职称的博士生导师共 715 人（占 39%），具有正高级职称的硕士生导师共 1 102 人（占 41%），具有副高级职称的硕士生导师共 1 201 人（占 44%），博士生导师正高级职称人数占比明显高于硕士生导师，如图 3-2-2-1 所示。

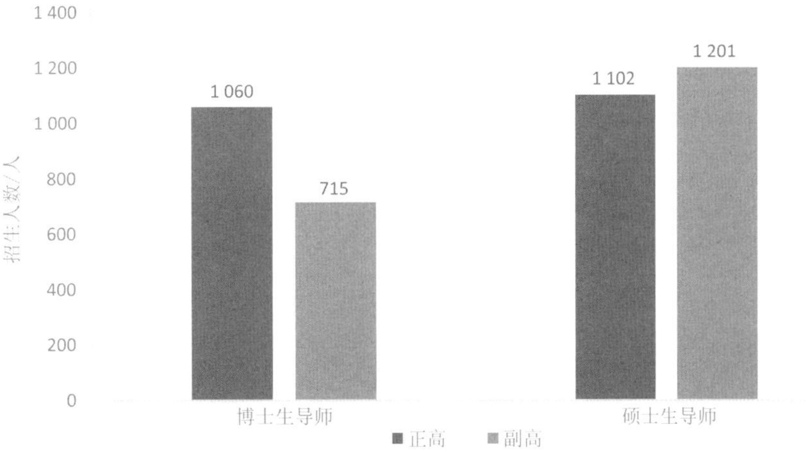

图 3-2-2-1　2023 年博士生导师、硕士生导师职称结构

学校通过对导师选聘制度进行深入改革，博士生导师队伍的平均年龄持续下降。2019—2023 年，上岗博士生导师的平均年龄分别为 46.6 岁、45.9 岁、45.7 岁、45.7 岁、45.4 岁，呈现出年轻化的趋势，博士生导师队伍的活力和竞争力不断增强，结构持续优化。

第三章 学位授予

表 3-2-3-1 天津大学历年颁发博士、硕士学位统计 单位:个

时间		博士				硕士			
		颁发学位数	当年总计	其中在职申请		颁发学位数	当年总计	其中在职申请	
				统计	总数			统计	总数
1982 年	上半年					136	149		
	下半年					13			
1983 年	上半年					42	54		
	下半年					12			
1984 年	上半年					0	126		
	下半年					126			
1985 年	上半年	1	3			151	183		
	下半年	2				32			
1986 年	上半年	3	7			201	239		
	下半年	4				38			
1987 年	上半年	3	5			295	340	0	5
	下半年	2				45		5	
1988 年	上半年	1	12	0	1	468	533	4	19
	下半年	11		1		65		15	
1989 年	上半年	11	24	0	1	441	484	9	19
	下半年	13		1		43		10	
1990 年	上半年	6	21	0	0	404	498	3	15
	下半年	15		0		94		12	
1991 年	上半年	20	36	1	1	415	524	13	22
	下半年	16		0		109		9	
1992 年	上半年	24	42	2	3	291	381	4	9
	下半年	18		1		90		5	
1993 年	上半年	26	57	2	2	310	395	6	10
	下半年	31		0		85		4	
1994 年	上半年	17	40	1	1	350	413	1	2
	下半年	23		0		63		1	

续表

时间		博士				硕士			
		颁发学位数	当年总计	其中在职申请		颁发学位数	当年总计	其中在职申请	
				统计	总数			统计	总数
1995 年	上半年	33	59	1	4	378	461	5	8
	下半年	26		3		83		3	
1996 年	上半年	45	101	2	4	485	739	6	19
	下半年	56		2		254		13	
1997 年	上半年	52	120	3	7	544	709	15	20
	下半年	68		4		165		5	
1998 年	上半年	33	124	2	4	407	561	10	18
	下半年	91		2		154		8	
1999 年	上半年	58	127	4	5	514	875	21	196
	下半年	69		1		361		175	
2000 年	上半年	57	132	1	5	493	790	42	42
	下半年	75		4		297			
2001 年	上半年	97	194	5	10	523	907	52	120
	下半年	97		5		384		68	
2002 年	上半年	111	251	7	12	772	1 303	63	115
	下半年	140		5		531		52	
2003 年	上半年	143	308	10	29	1 153	1 570	96	162
	下半年	165		19		417		66	
2004 年	上半年	163	324	3	16	1 458	2 133	126	228
	下半年	161		13		675		102	
2005 年	上半年	173	391	15	27	1 940	2 961	148	232
	下半年	218		12		1 021		84	
2006 年	上半年	302	577	20	36	2 517	3 473	81	144
	下半年	275		16		956		63	
2007 年	第 1 批	378	719	32	56	2 656	5 930	188	252
	第 2 批	214		6		2 761		39	
	第 3 批	127		18		513		25	
2008 年	第 1 批	326	610	24	49	484	3 597	78	220
	第 2 批	148		13		2 559		65	
	第 3 批	136		12		554		77	
2009 年	第 1 批	314	656	32	70	535	3 793	33	66
	第 2 批	192		17		2 711		20	
	第 3 批	150		21		547		13	

续表

时间		博士				硕士			
		颁发学位数	当年总计	其中在职申请		颁发学位数	当年总计	其中在职申请	
				统计	总数			统计	总数
2010年	第1批	250	800	18	71	412	3 963	24	66
	第2批	249		19		2 767		21	
	第3批	138		17		337		6	
	第4批	163		17		447		15	
2011年	仅一批	424	424	35	35	948	948	23	23
2012年	第1批	281	727	33	68	2 602	4 476	12	27
	第2批	446		35		1 874		15	
2013年	第1批	242	657	24	49	2 488	4 467	17	40
	第2批	415		25		1 979		23	
2014年	第1批	205	574	24	43	2 768	4 677	30	53
	第2批	369		19		1 909		23	
2015年	第1批	231	637	20	37	2 640	4 632	11	25
	第2批	406		17		1 992		14	
2016年	第1批	231	562	16	33	2 886	5 127	5	12
	第2批	331		17		2 241		7	
2017年	第1批	191	569	9	19	2 757	4 688	7	17
	第2批	377		10		1 930		10	
	第3批	1		0		1		0	
2018年	第1批	225	656	8	18	2 456	4 617	9	14
	第2批	388		10		2 094		5	
	第3批	43		0		67		0	
2019年	第1批	186	619	3	10	2 290	4 449	1	4
	第2批	367		5		1 994		1	
	第3批	66		2		165		2	
2020年	第1批	194	715	4	12	2 789	5 803	4	5
	第2批	207		2		922		1	
	第3批	160		1		1 017		0	
	第4批	102		4		873		0	
	第5批	51		1		202		0	
	附加	1		0		0		0	
2021年	第1批	145	715	2	10	1 714	5 508	2	5
	第2批	38		2		778		1	
	第3批	423		4		2 589		2	
	第4批	53		1		173		0	
	第5批	56		1		254		0	

续表

时间		博士				硕士			
		颁发学位数	当年总计	其中在职申请		颁发学位数	当年总计	其中在职申请	
				统计	总数			统计	总数
2022 年	第 1 批	166	854	3	11	1 318	5 832	4	10
	第 2 批	80		1		1 007		3	
	第 3 批	439		1		2 827		1	
	第 4 批	84		4		414		1	
	第 5 批	85		2		266		1	
2023 年	第 1 批	148	963	3	16	1 050	5 682	2	6
	第 2 批	82		3		852		1	
	第 3 批	516		6		3 194		2	
	第 4 批	114		2		344		0	
	第 5 批	103		2		242		1	
合计		14 412	14 412	775	775	98 990	98 990	2 250	2 250

第四章 学科建设

表 3-2-4-1 天津大学入选国家“双一流”建设学科名单

首轮（2017 年）	第二轮（2022 年）
化学	化学
材料科学与工程	材料科学与工程
化学工程与技术	化学工程与技术
管理科学与工程	管理科学与工程
	动力工程及工程热物理

表 3-2-4-2 天津大学学术博士学位一级学科授权点（截至 2023 年）

序号	学科代码	学科名称	授权时间
1	0301	法学	2019 年
2	0305	马克思主义理论	2020 年
3	0401	教育学	2018 年
4	0701	数学	2011 年
5	0702	物理学	2021 年
6	0703	化学	2006 年
7	0710	生物学	2011 年
8	0801	力学	1998 年
9	0802	机械工程	2000 年
10	0803	光学工程	1998 年
11	0804	仪器科学与技术	1998 年
12	0805	材料科学与工程	1998 年
13	0807	动力工程及工程热物理	2000 年
14	0808	电气工程	1998 年
15	0809	电子科学与技术	2003 年
16	0810	信息与通信工程	2000 年
17	0811	控制科学与工程	2006 年
18	0812	计算机科学与技术	2011 年
19	0813	建筑学	2011 年
20	0814	土木工程	2003 年

续表

序号	学科代码	学科名称	授权时间
21	0815	水利工程	2003 年
22	0817	化学工程与技术	1998 年
23	0824	船舶与海洋工程	2006 年
24	0830	环境科学与工程	2006 年
25	0831	生物医学工程	1998 年
26	0833	城乡规划学	2011 年
27	0834	风景园林学	2011 年（2023 年对应调整撤销）
28	0835	软件工程	2011 年
29	1002	临床医学	2023 年
30	1007	药学	2022 年
31	1201	管理科学与工程	1998 年
32	1202	工商管理学	2006 年
33	1204	公共管理学	2011 年
34	1401	集成电路科学与工程	2023 年
35	9903	地球系统科学	2022 年

表 3-2-4-3　天津大学学术硕士学位一级学科授权点（截至 2023 年）

序号	学科代码	学科名称	授权时间
1	0202	应用经济学	2011 年
2	0301	法学	2011 年
3	0305	马克思主义理论	2006 年
4	0401	教育学	2011 年
5	0402	心理学	2020 年
6	0501	中国语言文学	2018 年
7	0502	外国语言文学	2020 年
8	0503	新闻传播学	2021 年
9	0701	数学	2006 年
10	0702	物理学	2006 年
11	0703	化学	2006 年
12	0705	地理学	2019 年
13	0707	海洋科学	2016 年
14	0710	生物学	2011 年
15	0801	力学	1998 年
16	0802	机械工程	2000 年
17	0803	光学工程	1984 年
18	0804	仪器科学与技术	1998 年
19	0805	材料科学与工程	1998 年

续表

序号	学科代码	学科名称	授权时间
20	0807	动力工程及工程热物理	2000 年
21	0808	电气工程	1998 年
22	0809	电子科学与技术	2002 年
23	0810	信息与通信工程	2000 年
24	0811	控制科学与工程	2006 年
25	0812	计算机科学与技术	2006 年
26	0813	建筑学	2011 年
27	0814	土木工程	2002 年
28	0815	水利工程	2002 年
29	0817	化学工程与技术	1998 年
30	0824	船舶与海洋工程	2006 年
31	0830	环境科学与工程	2006 年
32	0831	生物医学工程	1993 年
33	0832	食品科学与工程	2020 年
34	0833	城乡规划学	2011 年
35	0834	风景园林学	2011 年（2023 年对应调整撤销）
36	0835	软件工程	2011 年
37	0839	网络空间安全	2018 年
38	1002	临床医学	2022 年
39	1007	药学	2006 年
40	1201	管理科学与工程	1981 年
41	1202	工商管理学	2006 年
42	1204	公共管理学	2006 年
43	1403	设计学	2011 年（2023 年对应调整代码由 1305 调整为 1403）
44	1401	集成电路科学与工程	2022 年
45	9901	救援医学	2020 年
46	9902	非物质文化遗产学	2021 年
47	9903	地球系统科学	2022 年
48	9904	储能科学与工程	2023 年

表 3-2-4-4　天津大学专业学位博士授权点（截至 2023 年）

序号	类别代码	专业学位类别	授权时间
1	0854	电子信息	2022 年
2	0855	机械	2019 年
3	0856	材料与化工	2023 年
4	0857	资源与环境	2019 年

续表

序号	类别代码	专业学位类别	授权时间
5	0858	能源动力	2019 年
6	0859	土木水利	2019 年
7	0860	生物与医药	2022 年
8	0862	风景园林	2023 年

表 3-2-4-5 天津大学专业学位硕士授权点(截至 2023 年)

序号	类别代码	专业学位类别	授权时间
1	0251	金融	2010 年
2	0351	法律	2014 年
3	0451	教育	2014 年
4	0453	国际中文教育	2016 年(2023 年对应调整名称由“汉语国际教育”调整为“国际中文教育”)
5	0454	应用心理	2018 年
6	0551	翻译	2010 年
7	0552	新闻与传播	2023 年
8	0851	建筑	1992 年(2023 年对应调整,名称由“建筑学”调整为“建筑”)
9	0853	城乡规划	2011 年(2023 年对应调整,名称由“城市规划”调整为“城乡规划”)
10	0854	电子信息	2019 年
11	0855	机械	2019 年
12	0856	材料与化工	2019 年
13	0857	资源与环境	2019 年
14	0858	能源动力	2019 年
15	0859	土木水利	2019 年
16	0860	生物与医药	2019 年
17	0862	风景园林	2005 年(2023 年对应调整,代码由 0953 调整为 0862)
18	1051	临床医学	2022 年
19	1055	药学	2010 年
20	1251	工商管理	1991 年
21	1252	公共管理	2000 年
22	1253	会计	2010 年
23	1256	工程管理	2010 年
24	1357	设计	2010 年(2023 年对应调整,代码和名称由 1351“艺术”调整为 1357“设计”)

表 3-2-4-6 天津大学学科领域及学科交叉平台

分类(数量)	名称
学科领域(10个)	化工能源、化学与生命科学、新材料、管理与经济、可持续建筑与环境、建设工程安全、光电信息、数据科学、智能制造、环境生态
学科交叉平台(13个)	分子化学与材料、生态环境、网络空间安全、集成光电子器件、纳米颗粒与纳米系统、医工结合、大型建设工程安全、无人驾驶汽车、变革性化学与未来技术、技术创新与创业、全球工程经营、能源互联网、机器人与智能系统

表 3-2-4-7 天津大学国家重点学科

学科分类(数量)	学科名称
一级学科国家重点学科(7个)	光学工程、仪器科学与技术、材料科学与工程、建筑学、水利工程、化学工程与技术、管理科学与工程
二级学科国家重点学科(8个)	流体力学、机械设计及理论、动力机械及工程、电力系统及其自动化、微电子与固体电子学、通信与信息系统、检测技术与自动化装置、结构工程
国家重点(培育)学科(2个)	一般力学与力学基础、技术经济及管理

表 3-2-4-8 天津大学天津市一流学科

序号	学科名称	序号	学科名称
1	数学	11	建筑学
2	化学	12	土木工程
3	力学	13	水利工程
4	机械工程	14	化学工程与技术
5	光学工程	15	船舶与海洋工程
6	仪器科学与技术	16	环境科学与工程
7	材料科学与工程	17	生物医学工程
8	动力工程及工程热物理	18	城乡规划学
9	电气工程	19	风景园林学
10	计算机科学与技术	20	管理科学与工程

表 3-2-4-9 天津大学天津市第五期重点学科

序号	学科名称	序号	学科名称	序号	学科名称
1	教育学	11	动力工程及工程热物理	21	船舶与海洋工程
2	数学	12	电气工程	22	环境科学与工程
3	物理学	13	电子科学与技术	23	生物医学工程
4	化学	14	信息与通信工程	24	城乡规划学
5	生物学	15	控制科学与工程	25	风景园林学
6	力学	16	计算机科学与技术	26	软件工程
7	机械工程	17	建筑学	27	药学
8	光学工程	18	土木工程	28	管理科学与工程
9	仪器科学与技术	19	水利工程	29	工商管理
10	材料科学与工程	20	化学工程与技术	30	公共管理

表 3-2-4-10　天津大学入选天津市高校顶尖学科培育计划学科

序号	学科名称
1	化学
2	材料科学与工程
3	化学工程与技术
4	管理科学与工程
5	动力工程及工程热物理
6	机械工程
7	光学工程
8	仪器科学与技术
9	软件工程
10	土木工程
11	建筑学

表 3-2-4-11　天津大学第四轮学科评估结果

序号	学科名称	评估结果
1	化学工程与技术	A+
2	机械工程	A
3	光学工程	A
4	仪器科学与技术	A
5	管理科学与工程	A
6	力学	A−
7	材料科学与工程	A−
8	动力工程及工程热物理	A−
9	建筑学	A−
10	土木工程	A−
11	水利工程	A−
12	环境科学与工程	A−
13	城乡规划学	A−
14	软件工程	A−
15	电气工程	B+
16	电子科学与技术	B+
17	信息与通信工程	B+
18	控制科学与工程	B+
19	计算机科学与技术	B+
20	生物医学工程	B+
21	风景园林学	B+
22	工商管理	B+
23	公共管理	B+

续表

序号	学科名称	评估结果
24	教育学	B
25	船舶与海洋工程	B

表 3-2-4-12 天津大学入选 2023 年 QS 世界大学学科排名情况

序号	上榜学科	排名
1	建筑与建造环境	30
2	化学工程	93
3	化学	151~200
4	土木工程	151~200
5	材料科学	151~200
6	环境科学	201~250
7	机械工程	251~300
8	电子电气工程	301~350
9	农学与林学	301~350
10	数学	301~350
11	经济与计量经济学	451~500
12	物理学与天文学	501~550
13	医学	551~600
14	计算机科学与信息系统	551~600

表 3-2-4-13 天津大学入选 2023 年软科世界一流学科排名情况

序号	上榜学科	排名
1	化学工程	2
2	船舶与海洋工程	10
3	能源科学与工程	10
4	仪器科学	11
5	土木工程	11
6	机械工程	13
7	纳米科学与技术	14
8	化学	14
9	生物工程	18
10	材料科学与工程	19
11	矿业工程	23
12	水资源工程	27
13	环境科学与工程	36
14	计算机科学与工程	38

续表

序号	上榜学科	排名
15	冶金工程	51~75
16	生物医学工程	51~75
17	交通运输工程	51~75
18	控制科学与工程	51~75
19	图书情报科学	51~75
20	管理学	76~100
21	通信工程	76~100
22	海洋科学	76~100
23	金融学	76~100
24	电力电子工程	151~200
25	统计学	151~200
26	大气科学	151~200
27	地球科学	151~200
28	经济学	151~200
29	数学	201~300
30	食品科学与工程	201~300
31	农学	201~300
32	医学技术	201~300
33	药学	201~300
34	物理学	301~400
35	工商管理	301~400
36	生物学	401~500

表 3-2-4-14 天津大学入选泰晤士第四届中国学科评级情况

泰晤士学科评级(数量)	学科名称
A+(16个)	化学、力学、机械工程、仪器科学与技术、材料科学与工程、动力工程及工程热物理、电气工程、电子科学与技术、控制科学与工程、土木工程、测绘科学与技术、化学工程与技术、石油与天然气工程、轻工技术与工程、环境科学与工程、生物工程
A(14个)	系统科学、统计学、光学工程、信息与通信工程、建筑学、风景园林学、城乡规划学、水利工程、交通运输工程、航空宇航科学与技术、生物医学工程、软件工程、管理科学与工程、集成电路科学与工程
A-(11个)	数学、物理学、大气科学、地质学、计算机科学与技术、矿业工程、船舶与海洋工程、核科学与技术、农业工程、工商管理、设计学
B+(8个)	理论经济学、应用经济学、冶金工程、地质资源与地质工程、林业工程、食品科学与工程、安全科学与工程、图书情报与档案管理
B(4个)	政治学、社会学、新闻传播学、生态学
B-(3个)	外国语言文学、地理学、海洋科学
C(2个)	天文学、地球物理学

表 3-2-4-15　天津大学入选 2023 年 11 月 ESI 排名情况

学科分类（数量）	学科名称
前 1‰学科领域数（1 个）	工程
前 1‰学科领域数（4 个）	工程、材料科学、化学、计算机科学
前 1%学科领域数（14 个）	工程、材料科学、化学、计算机科学、物理学、生物与生物化学、农业科学、药理学和毒理学、环境生态学、社会科学、临床医学、地球科学、数学、经济与商业

第三篇　研究生教育与学科建设文件汇编

第一章　首届研究生工作会议文件

全校办研究生院　为培养高质量的研究生而努力

——我校校长史绍熙在研究生工作会议上的讲话

同志们：

今天，我校首次召开研究生工作会议。这次会议我们将总结几年来我校的研究生工作，交流研究生工作经验，提出加强研究生工作的措施，并对如何提高我校研究生的质量进行讨论。我希望通过这次会议，我校研究生培养工作能够得到进一步发展和提高。

我想讲两个问题（其他问题由吴校长讲）。

一、要想把我校办成第一流的大学，必须把研究生工作抓好

1978 年恢复研究生招生以来，我校招收了 8 届共 1 722 名研究生，按我校初步规划，到 1990 年研究生将达 3 000 人，其中博士研究生 300 人。“四化”建设需要大量的高级专门人才。开展研究生培养工作就是培养这种高水平专门人才的重要途径，也是我国提高科技水平，攀登科学高峰的必由之路。因此，研究生培养工作是关系我国现代化建设成败的一个重大因素，也是发展我国高等教育事业的根本大计。

何东昌同志曾经指出：“有远见的学校领导一定十分重视研究生的培养。你那个重点大学，重点学科能不能在 90 年代站得住脚，与他们对研究生的重视程度有很大关系。如果你不重视研究生的培养，重点地位就会保不住。”这种观点是完全正确的。事实上在我校，凡是研究生工作开展得好的专业，这个专业就有生气，教学、科研工作开展得就好，就能做出较大的成绩。因为研究生是科研第一线最活跃、最富有创造精神的生力军。尤其是博士研究生，他们的科研方向一般是本学科的最前沿，并已有一定的独立科研工作的能力，时间集中，精力充沛，是科学研究的攻坚力量。

我们学校的奋斗目标是：争取在 20 世纪末把我校建设成具有自己特色的、在国际上有竞争力的现代化的第一流大学。要实现这个目标，有很多事情要做，特别要抓好研究生工作，要稳步增加研究生的数量，特别是博士研究生的数量，提高研究生的质量。这是实现我们奋斗目标的重要任务之一。

二、全校办研究生院

我校从 50 年代就开始招收研究生，但数量很少，“文化大革命”期间又中断了十几年，恢复研究生招生工作是从 1978 年开始的，开始招收数量较少，近几年研究生工作发展很快。今年在校研究生已达 1 270 人。1984 年，我校获批成为全国首批成立研究生院的单位之一。研究生工作已经开始被我校重视起来。但是重视得还不够。何东昌说：“学校原来主要为本科生服务，现在又冒出研究生来，研究生又有很多特点。我们有许多同志，原来的工作对象是本科生，他们考虑问题时往往想不到研究生，现在有一种现象，只要挂上‘研’字的，统统找研究生处管，不光业务上的事，反正吃、喝、拉、撒、睡一直到分

配都要管……”这种情况必须改变,今年我校招生的研究生与本科生的比例已达 1∶3.5。我校各部门都应重视研究生的培养工作。各部门要各负其责,分工合作。全校办研究生院以后,各级领导在研究工作中都要注意考虑研究生工作。在人员编制、经费分配、科研、教学工作、物资设备、生活后勤等方面都要考虑研究生工作的需求,不断改善研究生学习和生活的条件,为国家培养更多、更高质量的研究生。研究生的培养不同于本科生,必须适应研究生的特点和要求。我们要在总结自己工作的基础上,吸取国内外的经验,加强研究生院的建设,改进研究生的培养工作。各系要建立健全研究生的管理机构,要明确一名系主任主管研究生工作,要想方设法提高研究生教学质量和科研水平。如建设好指导教师队伍和培养中青年导师,组织各专业开设高质量的研究生课程,检查研究生的学习情况和科研情况,有计划地争取发展和增加重点学科和专业。各系要配备专人管理研究生的思想政治工作和业务工作。各教研室主任要把研究生工作列入议事日程。抓好本教研室的研究生工作,如制定好本专业培养方案,开设好本专业的研究生课程,协助指导教师组织好研究生的科研和做好研究生学位论文等工作。

研究生将来是各战线的骨干力量,将担负“四化”建设的重任,所以不但要精通业务,还必须有理想、有道德、有文化、有纪律、热爱社会主义事业,具有牺牲精神和科学创新精神。造就这样的人才,既要靠高水平的教学、科研,也要靠强有力的思想政治工作,这一工作我校前几年相对薄弱一些,以后要加强这方面的工作,不断提高研究生的思想素质。

同志们,在过去几年中,许多同志为研究生的培养做了大量工作,积累了不少经验,也提出了不少设想和建议,在这次会议上希望大家各抒己见,畅所欲言,为搞好研究生工作献计献策。让我们齐心协力,全校办研究生院,为培养更多高质量的研究生而努力奋斗!

预祝大会圆满成功!

贯彻三个面向精神 切实加强研究生工作

——我校副校长兼研究生院院长吴咏诗在研究生工作会议上的讲话(摘要)

同志们:

我们的大会主要是认真学习中共中央关于教育体制改革的决定,总结交流研究生工作经验,找出存在问题,提出今后任务和改革意见。下面谈几点意见,请同志们讨论审议。

一、研究生数量的迅速增加,是我校向研究型大学过渡的重要标志

(一)研究生数量迅速增加,培养质量不断提高

近几年来,我校无论是在招生学科、招生专业,还是在招生人数上都有了很大增长。1978 年我校只有硕士研究生招生专业 31 个,研究方向 53 个,指导教师 67 人,招收硕士研究生 108 人(含 9 名出国预备研究生)。1985 年发展到硕士研究生招生专业 51 个,研究方向 215 个,指导教师 357 人,招收硕士研究生 628 人,其中计划内招生 400 人,研究生班 57 人,本校在职研究生 22 人,工程硕士研究生 10 人,代培研究生 122 人,出国预备研究生 9 人;博士研究生招生专业 13 个,指导教师 14 人,计划招生 50 人。1985 年在校研究生总数已达到 1 270 人,约是 1978 年的 13 倍。1978 年我校招收本科生与研究生比例是 12∶1,而今年的比例是 3.5∶1,这表明我校学生结构发生了巨大的变化,正在从以培养本科生为主发展到本科生、研究生并重的阶段。今年我校根据全国硕士研究生招生工作会议的有关精神,试行了在本科生中推荐优秀毕业生免试入研究生院学习的办法,这样做有利于促进本科生德、智、体全面发展,在学生中树立优良的学风,促使学生向上进取,也为今后本科生和研究生的教学培养工作的衔接和统筹安排积累一些经验。今年还第一次试行了招收工程硕士研究生。

1980年至今已分配了五届共计509名硕士研究生。这五届毕业生的分配情况是：高等学校387名，占76.0%；科研单位96名，占18.9%；国家机关10名，占1.9%；工矿企业4名，占0.8%；出国学习12名，占2.4%。对前三届毕业生进行质量调查，在回信的120人中，在国际会议上宣读论文20余篇，有科研成果近20项，这些已毕业的同志在各自的岗位上大都是技术骨干，有不少同志担任了高等院校的系正、副主任，研究所正、副所长，室主任等领导职务，有的同志还被评为市级劳动模范，不少同志被评为本单位先进工作者，各用人单位对他们的评价普遍较高。据不完全统计，在留校研究生中有近50人出国学习，有3人已获博士学位，今年上半年我校硕士毕业生有40多人考取了博士研究生，仅力学系7名硕士毕业生就考取了5名。从去年125篇硕士论文答辩情况来看，论文质量普遍较高，大都有新的见解和一定的创新，受到较高评价，特别是建筑历史与现代建筑理论学专业王其亨的硕士论文，评阅人都认为可直接申请博士学位。到目前，我校已有3名博士研究生通过了博士论文答辩。今后我校自己培养的博士研究生将越来越多。

（二）初步建立健全了管理机构，制定了必要的规章制度

根据原教育部《关于在北京大学等二十二所高等院校试办研究生院的通知》精神，我校于去年12月18日正式成立了研究生院，建立研究生院是我校向研究型大学发展的重要标志，是我校发展中的一件大事。目前，我校研究生院下设研究生一处、二处、学位办公室三个处级单位。研究生管理工作的基础在系，各系都确定了主管研究生工作的系主任，配备了专（兼）职教务员、学位分委员会秘书及研究生班主任。研究生管理机构的建立和健全是办好研究生院的组织保证，但由于研究生数量的迅速增加，现有的管理机构和管理人员已不能适应发展的需要，有待充实加强。如是否考虑在研究生超过百人的系内设立研究生科，增加专职人员的比例等。

全校共为研究生开设600余门课程，其中绝大部分课程已制定教学大纲，印发给全校各专业供研究生选课。我校陆续制定了《天津大学研究生暂行学则》《天津大学攻读硕士学位研究生培养工作的暂行规定》《天津大学硕士、博士学位授予工作试行细则》等近20种管理办法及规章制度。

（三）不断改善学习、生活条件

为使研究生有一个良好的学习、生活条件，我校为硕士研究生安排4人室宿舍，为博士研究生安排2人室宿舍，每栋宿舍楼都配置了洗衣机、电视机，另有几百台录音机、计算器供研究生借用。为提高他们的外语听说能力，还购置了外语录像设备以及配有10台监视器的视听设备和一套48个座位的语言设备。为活跃学术思想，加强技术交流，创办了天津大学《研究生学报》。

二、研究生教育是教学与科研的重要结合点，是贯彻三个面向的重要一环，必须全校重视，共同做好

国家建设需要高水平的人才，研究生的培养在满足国家和社会需要上来说其重要性无须多说，大学本科生主要接受了基础训练，研究生则进一步接受研究工作的初步训练。

经过自己进一步努力，有可能在科学技术上取得有创造性的成果，这样的人才，正是我国面临当前世界新技术革命挑战所急需的人才。所以只有搞好了研究生的培养工作，学校才能算是最高学府，才能说是为国家培养出了人才。研究生的质量，直接关系到我校未来师资队伍的质量。

教育体制的改革，要求高校为国家输送大量的高级技术人才，为国家提供高水平的科研成果。各高等学校重点学科的建设已成了一件刻不容缓的大事，重点学科的多少直接关系到学校的地位的高低。不久后将实行的教育评估制度，评估的主要指标之一就是学校重点学科的数量和质量，重点学科的主要标志就是博士点，而能否获批博士点的关键是有无学术带头人及其在本学科领域内科研成果的水平。在当前研究生已成为学校科研工作的重要力量条件下，研究生工作的好坏直接影响重点学科的形成和发展，它不仅影响我校为国家提供高层次人才的数量和质量，而且直接决定我校未来的地位和发展。

三、建立一支学风严谨、思想活跃、勇于进取的导师队伍

重点学科或者说博士点的增加和发展，对我校今后的发展至关重要。今后国家研究生培养工作主要立足于国内培养研究生，一些重点大学特别是已建立研究生院的大学承担着重要的任务。数量上要增加，质量上要提高，这是摆在我们面前的一项严峻而光荣的任务。目前，我校博士点和博士生导师与国内一些重点大学相比在数量上还比较少，急需一批优秀的中青年教师更快地成为博士生导师，博士点和即将成为博士点的单位在物质条件上也亟待改善，加快促进重点学科的建设，新兴、交叉和边缘学科的发展。开展好研究生工作的关键是有一支业务能力强的导师队伍，当前我校导师队伍的现状如下。

（1）少数同志抓住了本学科中的关键性问题，并已取得重要成果，因而已经在本学科内打开了局面，能够站在本学科的前沿，和国际先进同行并驾齐驱。这样的学科必然是研究题目源源不断，培养出的研究生能了解当前科技发展动向，抓住重要课题，因而也就能培养出高质量的研究生。

（2）多数同志在本学科内有一定造诣，但从研究工作来看，还没有打开局面。科研工作基本上是跟着国内外同行走，这样的同志在选题上主动性不大，也不能使研究生了解应该主攻什么问题才能真正促进科学技术的发展，使研究生的质量受到一定影响。

（3）少数同志在本学科中还没有稳定的研究方向，选题还有一定困难，导师在讲专业课时不能介绍当前动向，只能讲点成熟的东西，因此研究生不能受到很好的培养。

导师的表率作用对研究生的思想有重要影响，多数导师通过言传身教对研究生的成长起了积极作用，但也有极少数导师，在学术作风及其他方面，不能起到表率作用，对研究生的成长产生了不良影响。因此，如何建设好导师队伍，是影响我校研究生工作的关键问题。

结合我校的情况我们拟采取以下措施。

已成为重点学科学术领导人的导师队伍要进一步充实提高。一部分条件成熟的教师，争取尽快成为博士生导师。学校应尽力改善他们的工作条件，采取一些措施，如减少兼职、配备助手、给予学术休假、可再度出国进行学术交流等，以保证他们在学术的前沿阵地上取得更突出的成绩。为此，我们拟定了《关于加强重点学科博士生导师队伍建设的几点意见》。当前最迫切的重要任务之一是要准备充足的导师后备力量，为此希望各系密切关注中青年教师，特别是40岁以下教师中有无基础扎实、思想活跃，表现出有相当创造性的同志，要创造条件，使其尽快成长。

领导重视，齐抓共管，扎扎实实地做好研究生思想教育工作

——我校党委副书记杨渝钦在研究生工作会议上的讲话（摘要）

近几年来，由于各级领导重视，导师、班主任和教师共同努力，我校研究生思想教育工作积累了一些符合研究生特点的好经验，涌现出一些先进典型。本学期初，校党委又召开了系总支书记会议，专题讨论了加强研究生思想教育工作问题，明确了研究生思想教育工作的管理体系，疏通了渠道。目前，研究生的管理和思想教育工作要由系具体负责，党委学生工作部、研究生院和团委要密切配合，加强指导。

总的来说，我校研究生的思想教育工作正在加强，主要表现在以下几方面。（1）领导重视。校、系领导关心并亲自参加研究生的有关活动，听取班主任的工作汇报并具体进行指导。（2）加强了组织建设。各系已全部配备了研究生班主任，有9个系单独成立了研究生党支部，有6个系成立了研究生会。（3）班主任工作深入细致，认真负责。（4）广大导师教书育人的自觉性进一步增强。但是，我们也应该看到，我校研究生思想教育工作仍然是一个薄弱环节。从全校来讲，对于研究生进行思想教育的形式、方法、特点等基本问题还缺乏深入细致的探讨和研究。

为进一步加强研究生的思想教育工作，提出以下几点意见。(1)从战略高度，充分认识研究生思想教育工作的重要性。目前，我国正处在历史发展的重要时期，急需大批高质量、高水平的高级科学技术人才。我们培养的硕士研究生和博士研究生既是我国今后科学技术和教育事业发展的重要骨干，也是我们党和国家各级领导干部的一支重要后备力量。因此，我们现在培养的研究生的思想政治水平和学术水平的高低，组织能力和开创能力的强弱，不仅直接影响到我校师资队伍的质量的高低，也关系我校未来发展的好坏和地位的高低。而且从全局上讲，将影响我国四个现代化的实现，影响我国未来在世界上的地位和作用。所以，必须从战略的高度增强责任感、紧迫感，积极主动、扎扎实实地做好研究生的思想教育工作。(2)齐抓共管、共同做好研究生的思想教育工作。实际上，思想教育和教学、科研活动是一个有机的整体，知识的传授、能力的培养和思想品德的陶冶是一个不可分割的整体。必须形成一个由党、政、团、班主任、导师、教师共同关心研究生思想教育的立体结构。(3)加强调查研究，有针对性地做好研究生的思想教育工作。各系党总支要在本学期末向校党委学生工作部交一份研究生思想教育的调查报告。内容包括本系研究生目前的思想状况和特点的分析，并有针对性地提出做好研究生思想教育工作的设想和打算。(4)以培养“四有”人才为中心，狠抓理想纪律教育。当前要结合学习党的全国代表会议精神，认真进行形势政策教育。在进行理想教育时，一定注意把共产主义的远大理想和现实的奋斗目标紧密地联系起来，激发学生为之奋斗的意愿，并注意联系研究生的思想实际。要及时发现和培养研究生中的先进典型，大张旗鼓地进行宣传表彰。明年起要在研究生中全面试行三好学生奖学金制度，引导研究生德、智、体全面发展。(5)加强研究生的党团组织的思想建设和组织建设。为了有利于加强研究生中党组织的建设，应在研究生中单独建立党支部或党小组。各系党总支要关心研究生的入党要求，积极做好发展工作，应使研究生中党员的比例高于本科生。同时要使团组织的活动不断完善，调动团员的积极性。(6)加强政工队伍的建设。今年 12 月下旬，我们将召开第一次研究生班主任座谈会，交流经验。明年 1 月，校思想教育研究会要召开年会。希望各系领导干部和教师积极撰写研究生思想教育方面的论文，不断提高研究生思想政治工作的水平。同时要逐步建立政工干部的考核、奖励制度，以鼓励在思想教育战线上勤勤恳恳、兢兢业业工作的同志们。

研究生的思想教育工作是一项十分重要又非常艰巨的工作，只要各级领导重视、齐抓共管、多做实事，一定会创造出新经验，开拓新局面。

第二章　第二次研究生教育工作会议文件

天津大学进一步改进和加强研究生教育工作的若干意见

第八届全国人民代表大会第四次会议通过的《中华人民共和国国民经济和社会发展“九五”计划和2010年远景目标纲要》，确定了我国“九五”计划和2010年的奋斗目标，并为21世纪中叶基本实现现代化进一步指明了方向。实现“九五”计划和2010年战略目标，关键是要实行具有全局意义的“两个根本性转变”，同时必须实施“科教兴国”和“可持续发展”两大战略。这对完善和改革研究生教育工作提出了更高的要求，我们必须从迎接21世纪挑战的战略高度来思考和研究我校研究生教育工作的改革和发展问题。

自1984年底我校成立研究生院至今已11年有余，在此期间我校研究生教育工作取得了较大的进步。我校已形成学科结构较为合理、学科门类比较齐全且具有一定优势的学科体系。11年来，我校共为4 797人授予硕士学位、289人授予博士学位，为国家培养和输送了一批高层次人才，目前在校研究生达2 392人，其中博士研究生427人。我校已成为国家培养高层次人才重要基地之一。经过努力，我校逐步建立了较为完善的研究生培养、教学管理和学位评定体系，具有一支学术水平较高、治学严谨的研究生导师队伍。我校研究生德育管理工作得到加强，体制趋向合理，人员逐步充实，取得了良好效果。然而，由于我国实行学位制度的历史较短，我校研究生教育在各个环节上尚存在一些问题和不足，亟待改进和提高。

（1）硕士研究生培养规格、类型比较单一，培养要求偏于学术型，对应用型、复合型专业人才的培养改革力度不够；在硕士研究生培养过程中，工程训练偏少，有的单位实验研究的条件没有保证或研究设施陈旧；博士研究生培养过程中，知识面不够宽，科研成果创新尚显不足。

（2）博士点数量偏少，硕士点布局欠合理。工学门类中某些重要一级学科，尚无博士点。硕士点数量虽多，但基本集中在工学门类中，理科硕士点很少，哲学、法学以及外语学科尚无硕士点。

（3）博士研究生数量偏少，截至1995年我校在校研究生中博士研究生和硕士研究生的比例为1：4.6，与兄弟院校相比有较大差距。

（4）社会主义市场经济体制新形势下的研究生德育工作有待改进和加强。

（5）各主要培养环节尚待进一步调整与加强，校内质量监督与自我评估制度也需进一步建立与完善。

为了更好适应“九五”期间国家经济建设发展对研究生教育的要求，迎接21世纪的到来，我校研究生教育应按照第二次全国研究生教育工作座谈会的精神，遵循“深化改革、理顺关系、加强管理、提高质量”的原则，在今后五年内着重抓好以下几方面的工作。

一、深化教学改革，提高研究生培养质量

以加强基础理论、拓宽学科领域、优化知识结构、跟踪学科前沿，加强实践环节和注重创新能力的培养为思路深化研究生教学改革。

（一）加强基础理论，优化知识结构

深厚的基础知识和合理的知识结构是研究生特别是博士研究生进行创造性研究的根本。因此，要不断深化和改进研究生的课程教学。1996年，重新修订硕士生培养方案和课程计划，在原二级学科设立学位课的基础上，向一级学科（或学科群）方向扩展。课程内容要去粗取精，并具有先进性。硕士研究生的基础数学课程要进一步充实，增加选修的数学课程。进一步完善博士研究生的培养方案和课程设置，博士研究生的课程设置要体现博、深、新的特点。同时，把了解和掌握学科前沿热点问题作为博士研究生专业学位课的重要组成部分。要继续为博士研究生开设非线性数学分析、科学计算专题选讲、随机过程和多元统计分析四门数学课。同时，要求博士生导师在一级学科或相近的二级学科范围内组织开设“学科前沿讲座”（0.5~1学分）的专业学位课，以使博士研究生及时掌握学科发展动态。

非学位课的设置要以拓宽研究生的知识面为主。鼓励研究生跨学科、跨专业选修课程。要求研究生选修交叉学科和管理类学科的课程，以适应多种培养规格、类型和多个培养方向的要求。为使博士研究生拓宽思路、提高层次、具有创造性，开设高新技术系列讲座作为博士研究生的选修课。1995年秋，已在全校博士研究生中开设了现代物理学与高新技术系列讲座。在此基础上，增加这类课的学科门类，鼓励开设内容新、学分少的讲座课。

采取措施，举办学术活动，活跃学术氛围。学校规定每周一下午为全校学术活动时间，为教师和研究生安排学术报告与学术交流，各单位要做好安排，认真组织和考核。

（二）加强实际能力的培养

1. 加强外语应用能力的培养

外语是研究生进行科研、查阅资料和对外交流的重要手段。因此，在外语教学中，要提高语言基础的宽度和深度。硕士研究生英语课程教学采取因材施教的原则，针对不同对象采用不同的教学大纲。对在本科阶段已通过大学英语六级考试的硕士研究生，英语教学采用英语专业四级教学大纲，增加汉译英的训练，着重提高英语活用能力。对未通过大学英语六级考试的硕士研究生，按硕士研究生英语教学大纲兼顾大学英语六级教学大纲安排教学。对于高工龄、通过单独考试入学的硕士研究生，英语教学按硕士研究生英语教学大纲兼顾大学英语四、六级教学大纲组织教学。硕士研究生在校期间，必须达到大学英语六级水平，除高工龄硕士研究生外，未取得大学英语六级证书者，将不授予硕士学位。同时，为提高硕士研究生在学期间的英语应用能力，凡具有下列条件之一者，可申请免除博士研究生英语入学考试：具有大学英语六级证书和硕士研究生在学期间的英语学位课成绩达到80分（含80分）以上者；获得英语专业四级证书或获得英语双学位证书者。在学习语言基础的同时，要加强专业外语学习，要求选读与本专业有关的外文书刊，以不断提高阅读本专业外文资料的能力。博士研究生（包括在职博士研究生）一律要求通过大学英语六级考试，并按博士研究生英语教学大纲要求，参照专业英语四、八级教学大纲安排教学，加强听、说、写和汉译英的训练，重点培养博士研究生科技论文的英文写作能力。

对学习其他语种的研究生也要按相应的语言级别要求和考核。

2. 加强实践环节

根据第二次全国研究生教育工作座谈会（1995年），关于硕士研究生培养的重心应加快调整到为经济建设和社会发展服务方向上来的精神，硕士研究生要加强工程训练和实际能力的培养。因此，在硕士研究生的培养过程中，要重视提高他们的动手能力和解决实际工程问题的能力。工学博士的学位论文要求有实验验证，没有实验或没有经过社会评价检验的不能授予博士学位。管理类研究生学位论文的

选题一定要密切结合社会实际。

3. 加强计算机应用能力

计算机在各个领域的应用是现代科学技术发展的重要组成部分。因此，在硕士研究生的培养方案中，计算机技术及工程应用基础作为了公共学位课。有条件的院、系、所（中心）也可以结合本学科特点，开设计算机类学位课程。现学校已建立全校的研究生计算机接口技术及应用实验室，并开设计算机接口技术及应用选修课，以提高研究生的计算机应用水平。

（三）注重创新能力培养，保证学位论文质量

进行科学研究和撰写学位论文是研究生培养工作的主要环节，也是评价研究生培养质量的重要指标。因此，研究生的学位论文要密切结合国民经济和社会发展及科技进步的需要，要求对科学技术发展和国民经济建设或社会发展具有重要理论意义和实用价值，特别要求博士学位论文要在科学或专门技术上取得创造性成果。

为此，首先要对研究生学位论文的选题进行严格管理。组织研究生特别是博士研究生参加国家重大课题，国家和省、市、部委的基金项目，高新技术的攻关等。鼓励研究生在导师指导下结合纵向课题或面向国民经济建设发展选择学位论文课题，并取得实际的创造性成果。对自选课题要高起点并有论证和查新。没有科研课题和经费不能招收研究生。研究生要撰写选题报告，且选题报告要经导师小组或评议组审议通过。

要树立优良的学风，论文工作提倡严谨务实，反对浮华空泛不联系实际，对弄虚作假者一经发现，将严肃处理。

为保证论文质量，要求研究生结合论文工作作学术报告。答辩前，硕士研究生要完成 2 次学术报告，博士研究生要完成 4 次学术报告，博士研究生有一次学术报告用英文书写。鼓励研究生在校期间，在学术刊物上发表论文（见《关于鼓励研究生在校期间发表论文的奖励办法》）。博士研究生在攻博期间必须发表 3 篇以上论文，其中至少有一篇发表在学校规定的重要期刊上。硕士研究生至少发表一篇论文。研究生取得重要成果（如获国家级和省部级奖，通过国家级或省部级重要攻关项目鉴定等）时，视成果等级和署名排序情况减免论文要求。鼓励和支持研究生参加国内外重要学术会议，以扩大学术视野。

研究生在课程学习、论文工作以及有关培养环节上没有达到要求的应予以淘汰，同时要做好善后工作。

（四）加强学位课程建设和教材建设

学位课程建设和教材建设是提高研究生培养质量的重要条件。在总结提高的基础上，从教学内容、教学方法上改革学位课程，使学位课程适应科技和社会主义市场经济发展的需要。在检查学位课程教学质量的基础上，有计划、有步骤地建设一批研究生重点课程，并积极组织编写和资助出版一批能反映我校学科特色和水平的研究生教材，同时适当引进国外参考教材，不断提高研究生的授课质量。积极组织编写英文专业教材，以满足招收外国留学研究生的需要。

学位课程的任课教师应严格遴选，并保持相对稳定。注意培养年轻教师，年轻教师承担研究生课程教学任务，必须经岗前培训，培训合格才能上岗，以保证授课质量。

二、加强导师队伍建设

提高导师水平，优化导师队伍结构，特别是博士生导师队伍的结构，是保证和提高研究生培养质量的关键因素。必须遵照国家教委有关文件精神，坚持和完善我校博士生导师和硕士生导师的遴选和考核制度。在充分发挥在岗老教师传帮带作用的同时，努力加强后备学科带头人和中青年学术骨干教师的培养工作，积极创造条件使更多的中青年学术骨干承担起指导研究生的责任，稳步完成导师队伍的新老交替，建立一支学术水平高、年龄结构合理的导师队伍。

（1）建立一支高水平的博士生导师队伍是博士研究生教育工作的支柱，是确保博士研究生培养质量的关键，所以坚持严格的遴选标准和评审程序是十分重要的。

国务院学位委员会第十三次会议决定全面改革现行的博士生导师评审办法，从1995年起我校申请招收培养博士研究生的指导教师不再单独提交国务院学位委员会审批，改由我校在审定所属各博士点招收培养博士研究生计划的同时，遴选确定博士生导师。博士生导师的人数，由学校根据博士研究生的招生名额总数，以及学科发展的需要，在各博士点按需设岗。对于前六批已确认过博士生导师资格的人员，在遴选时可简化评议手续，主要对其正在从事的科研项目进行审核。无适合培养博士研究生科研课题的，或无足够研究经费的，或健康状况不佳的，不能聘任上岗，不列入博士研究生招生目录。对准备担任博士生导师的新人员，在遴选中要对其学术水平及指导博士研究生的能力等进行全面评议。学校认为，博士生导师的审批权下放给我校后，一定要珍惜使用这种权力，博士生导师的评审标准不能降低，评审时必须做到"坚持标准、严格要求、保证质量、公正合理"。增列新的博士生导师的工作一般每两年进行一次，并根据国务院学位委员会下达的文件精神做到认真、简便、实效，保证评审质量。

（2）教师是学校的宝贵财富，是保障学校办学水平的基础力量。学校应关心其工作和生活条件的改善，解决教师的后顾之忧，充分调动其积极性，为学校的事业发展做出贡献。博士生导师对学校的事业发展肩负着更重的责任，学校要优先改善其工作和生活条件，并根据学校财力情况，逐步加大改善的力度。

（3）现行的硕士生导师条例已实施多年，该条例对坚持规范遴选硕士生导师，保证硕士生导师队伍的水平起到积极作用。今后，硕士生导师的遴选和复查制度必须坚持，对其不完善部分要进行修改，尽量做到评审指标量化。申报硕士生导师的年龄限制调整为最大56岁，大于57岁的导师一般不再招收计划内硕士研究生。具备硕士研究生导师资格的教师因科研课题需要，在临近退休年龄或退休以后通过延聘可继续招收自筹经费研究生。

（4）采取有力的导向政策与措施，积极创造条件，加速引进和选留活力强、有建树的高层次人才来校任教，建立一支学术水平高、年龄结构合理的研究生导师队伍。对新批准的年轻导师，研究生院与学院（系）要加强对他们的岗前培训，明确培养研究生的要求，熟悉培养研究生的各种规章制度，更要注重对他们进行严谨治学、严格要求和为人师表方面的教育。

三、研究生德育工作

为全面深入地贯彻《中共中央关于进一步加强和改进学校德育工作的若干意见》，积极探索适应新形势要求、适合研究生教育特点的德育工作新路子，学校将采取以下措施，进一步加强和改进我校研究生德育工作。

（1）各级党政领导要从培养跨世纪社会主义事业建设者和接班人的历史高度和战略眼光，从对全面贯彻党的教育方针和对青年一代健康成才高度负责的态度来认识研究生德育工作的重要性。要把它列入自己的议事日程，定期研究有关问题，切实加以解决。学校将制定各级研究生德育工作目标、要求及考核评估办法。研究生德育工作状况要作为考核培养单位及其党政负责人工作业绩的一个重要方面。

（2）研究生德育包括政治、思想、道德和精神面貌，缺一不可。政治方向、政治立场、政治思想，世界观、人生观、价值观，社会公德、职业道德、遵纪守法，开拓创新、艰苦创业、勇于奉献精神等是德育的基本内容。要引导研究生认真学习马克思列宁主义、毛泽东思想，特别是邓小平同志建设有中国特色的社会主义理论。成立在党委领导下的研究生马克思主义理论课改革指导小组，推动课程内容和方法的改革，切实提高教育实效。德育工作要坚持正面教育为主，积极引导，要注意表彰和学习先进，弘扬正气。

（3）充分调动教师、干部和研究生的积极性，通过组织多种多样的讲座、报告、参观、演讲、展览、评比、社会实践、勤工助学、文体、科技、学术等系列活动，进行爱国主义、集体主义、社会主义教育和素质培养。思想道德纪律教育要形式新颖、内容丰富、喜闻乐见、生动活泼。

（4）加强指导教师的教书育人工作。制定研究生指导教师教书育人工作条例，对教书育人的内容、方法，指导教师的责任、考评、奖惩等做出明确规定。指导教师要“严于律己，言传身教，为人师表”，对所指导的研究生在政治思想道德纪律方面存在的问题要关心帮助、敢于批评、敢抓敢管。学校将充实完善必要的规章制度，并严肃认真地贯彻执行，把教育和管理有机地结合起来。要抓紧抓好研究生的校纪教育。

（5）切实做好研究生党员的发展工作，加强研究生党支部建设，发扬党员的先锋模范作用。继续做好研究生学生组织的建设工作，特别是校研究生会、博士生会的工作，充分发挥其自我教育、自我管理、自我服务、自我约束的作用。

（6）制定《天津大学研究生德育工作管理体制的若干规定》和《天津大学研究生德育工作考核评估办法》，逐步形成一个队伍整齐、机构健全、渠道通畅的讲实际、办实事、收实效的研究生德育工作体系，提高专兼职干部、教职工、学生骨干三支队伍在德育工作上的整体水平和效果。

（7）推动博士研究生兼“三助”制度。博士研究生兼“三助”不仅是提高其待遇的可行办法，也是全面培养高层次人才的重要环节。学校要进一步组织各系和有关部门增加聘任数量，并及时总结兼“三助”的经验，争取在2年内使我校大部分博士研究生都能获得兼“三助”的岗位。

（8）必要的经费投入是德育工作的基本物质保证，必须得到各级领导的重视。同时要多方筹措，逐步增加奖学金、勤工助学金、社会实践和研究生活动经费等的投入，对开展德育活动所需要的书刊、设备、活动场所等，有关部门也要积极帮助解决。

（9）加强调查研究、工作研讨，充分利用社会力量、教育环境开展德育工作。每年都组织有关人员进行研究生思想和心理状况调查，撰写调查报告，以增强工作的针对性。定期召开德育工作研讨会，交流经验、表彰先进，提高工作队伍的整体水平。通过召开学术会议、研讨会，到兄弟学校考察等方式，向先进学习，不断丰富、充实、完善我校研究生德育工作。

（10）加强对毕业研究生的就业指导和咨询服务，帮助他们厘清择业思路，正确处理国家、集体、个人三者关系，在国家就业方针原则指导下，正确进行双向选择，引导毕业研究生到国家急需的工作岗位上去。

四、进一步完善我校研究生培养质量和学位授予质量的监督和自我评估制度

研究生培养质量和学位授予质量的监督和自我评估制度是提高研究生培养质量，促进我校研究生教育事业健康成长的一项重要措施，为此要通过努力不断完善，做到规范化、科学化。

（一）制定合理的评估指标体系，定期对院（系）级单位的研究生培养质量和学位授予质量进行评估

研究生培养的基础工作在院（系、所），切实加强院（系、所）研究生培养的管理工作是保证研究生培养质量的关键，研究生院对系级管理工作要进行支持、指导和监督。1996年，研究生院要依据国家教委和国务院学位委员会对学位与研究生教育评估的要求制定院（系）级研究生培养工作评估指标体系，要注意合理性、可操作性，防止形式主义和烦琐哲学。评估工作一定要实事求是，着眼于肯定成绩，找出差距，改进工作。根据评估结果，对院（系）级单位的工作划定等级，在条件成熟时，招生名额分配、拨款等方面要参考评估结果区别对待。

研究生院根据院（系、所）评估结果，及时汇总掌握全校研究生培养的基本情况，再结合研究生院自身的管理工作状况，进行全校研究生培养工作的自我评估，肯定成绩，找出差距，制定措施，不断改进。通过几年的努力，我校学位与研究生教育评估的主要指标位居全国高校前十名。

（二）严谨治学，严格管理，确保培养质量

研究生院与学院（系）两级要密切配合，对研究生培养的各个环节，如课程教学、中期考核、论文开题、学术报告、论文评审与答辩等，采取切实有效的监督检查措施，以确保学位授予质量。从教学管理实践中不断摸索和总结经验，提出对各个教学环节实行监督和检查的办法和途径，防止形式主义或走过场。

研究生的学位论文水平是衡量研究生质量的重要标志之一。对研究生学位论文的评审和答辩的程序与要求一定要规范化，要严格遵照有关规定执行，一视同仁。校学位办公室要对研究生的学位论文定期组织抽样检查，抽样面要广，要有代表性。抽样检查不合格者，不授或缓授学位，根据不同情况，或令其补做工作和修改论文，重新答辩和审核，或按结业处理。

五、以学科建设带动和推进我校的研究生教学工作

以学科建设为龙头，推动学校事业发展和整体办学水平的提高，是我校改革和发展的一个重要特征。根据我校“211 工程”整体规划的要求，学科建设要坚持“集中优势、突出重点、提高水准、综合发展”的方针，形成门类比较齐全、结构更加合理，适应未来发展的新型学科体系。我校在现有学科优势和格局的基础上，继续完善和发展以工科为主、理工结合、经管文法综合协调发展的学科体系。这种新型学科体系的建立，无疑将对我校研究生教学工作起到促进和推动作用，而研究生教学工作发展，特别是质量的提高又更将有力地推动我校学科建设的发展。

我校学科建设的思路是明确的，在继续发挥工科优势的同时，大力发展理科，协调发展经管文法学科。工学门类的学科目前承担着全校绝大部分的科研课题，也是我校研究生培养的主要基地。毫无疑问，我校工科的优势是必须继续保持和发挥的。但也必须清楚地看到，没有坚实的基础研究，工科的优势将如无源之水、无本之木，今天的优势在明天就难于保持，更难于创造出新的优势。没有扎实的理科和文科的支撑也会影响到研究生基础理论、外语和人文科学教学水平的提高。为此，我校必须按照学科建设规划的部署，采取有力的举措，加强学科建设，抓紧新的学位授权点的遴选和建设。“九五”期间在现行评审制度和办法不变的前提下，博士点数量争取达到 35 个，争取管理学科和理学门类中博士点实现零的突破；硕士点发展重点放在理、法、文学门类的学科上，理科门类要发展更多的硕士点，外语和法学门类的硕士点要实现零的突破。

学科建设的关键是队伍建设，要按照“211 工程”整体规划的要求建设好各学科的学术梯队，要特别注意培养年轻的学术带头人和学术骨干，创造条件让他们参与指导博士研究生。同时，要求博士生导师站在本学科的学术前沿，在学科建设上树立一流的标准，打造自己的特色。应该说，博士研究生的水平在很大程度上取决于博士生导师的学术视野和研究水平。对尚未取得博士学位的青年教师要制定规划通过在职攻读博士的方式对其进行培养，学校今后在晋升高级职称方面要逐步考虑学位层次这一基本条件。

六、研究生招生工作

（1）随着国家经济建设、科技进步和社会发展对高层次人才需求的增长，为充分发挥我校研究生培养条件的优势和潜力，按照我校“211 工程”人才培养规划和国家教委核定的招生规模，“九五”期间在保证生源质量的前提下，我校适度、稳步扩大研究生招生规模。2000 年，我校在校研究生数预计达 2 800 人左右，其中硕士研究生每年招生 690~700 人，博士研究生每年招生 230~240 人，硕士研究生与博士研究生的比例为 3∶1。

（2）目前，我校博士研究生每年招收 150 名左右，要使博士研究生每年的招生规模达到 220~230

人，必须在近三年内每年保持较高的增长率。这除了要大力加强师资队伍建设，创造良好的培养条件，在招生方面的关键是开拓合格生源，除了在应届硕士研究生和硕博连读生中开拓生源，还要注重在在职教师和科技人员中招收定向博士研究生，特别是本校尚未取得博士学位的青年教师，这既是良好的博士研究生生源，又有助于提高他们的教学和科研水平，为此学校将制定相应的政策，采取必要的措施，鼓励青年教师攻读博士学位。

（3）充分调动我校教师培养研究生的积极性，激发研究生的学习热情，使研究生教学与科研工作更好地结合，提高硕士生培养质量。改变以往分配硕士研究生名额时“平均主义”的倾向，实行指导教师与硕士研究生双向选择的办法，使学术水平高、承担科研项目多、有充足科研经费的研究生指导教师多招生。

（4）要高度重视经济建设急需的高层次应用型专业人才的培养，进一步做好工程硕士和工商管理硕士的试点工作。根据国家教委文件的精神，考虑到培养应用型人才的需要，每年招生增加量主要用于培养专业学位和其他各类应用学科人才。我校要在保证生源质量的前提下，通过定向培养的方式，多招收工程硕士生和工商管理硕士生，以适应国家经济建设和社会发展的需要。

国家计划内指标的机动名额，主要用于满足重点发展学科、社会和用人单位急需人才的专业以及生源充足且考试合格率高的专业。另外，鼓励招收计划外委托培养和自筹经费研究生。

如上所述，按照学校的发展规划，“九五”期间博士研究生规模要有较大发展，这与国家教委每年下达的计划内博士研究生招生数有较大差额，只能通过多招收计划外博士研究生来弥补。计划外博士研究生的生活费用可通过以下渠道解决：

（1）招收在职定向或委培博士研究生，可减轻学校和导师负担；

（2）每年经费的缺口，通过减拨计划内博士研究生下达给各系的业务费来弥补，导师只需交纳部分自筹生活费。

七、积极改善研究生培养条件和育人环境

为了不断提高研究生培养质量，必须创造一个良好的培养条件和育人环境。为此，学校将采取措施多渠道筹集资金，在加强学科建设的同时，增加对研究生工作、生活条件的投入。

（一）面向21世纪，以高科学和高技术含量为主，建立三个独具特色并达到国内领先水平的研究生公共教学实验室

1. 计算机接口技术与应用实验室

目的是提高全校理工科各专业硕士研究生和部分专业博士研究生，尤其是提高非电子、自控和计算机类专业研究生的计算机应用及系统自动控制的水平和实际操作及动手能力。

2. 现代化学化工高新技术实验室

充分发挥我校化工学科的优势，提高化工、化学、应化、材料、环境科学等系和专业的研究生，在化工高新技术领域的科学实验技能和工程技术水平，以利于他们进行高层次的科研工作。

3. 现代物理实验室

面向全校理工科研究生，特别是博士研究生，开设能反映近代物理学领域最新发展动态的一些新概念、新方法和新技术等高科技含量的实验，以提高研究生进行高层次科学实验的创新能力。

（二）抓紧安排研究生公寓建设，统筹安排研究生的教学用房

截至1995年底，我校在校研究生规模达2 392人，其中博士研究生427人。在现有规模下，研究生住房和教学用房已经十分紧张，特别是住房几乎已达到饱和。至2000年要实现研究生在校人数达到2 800人，必须在“九五”期间前规划解决研究生的住房问题。为此，学校在“211工程”建设项目的规划中，已将建设5 000平方米研究生公寓列入计划，用以改善和提高培养高层次人才的学习和工作条件。

目前，我校教室也比较紧张，这里有教室短缺问题，也有管理问题。在“九五”期间除了拟兴建的第二科学楼用于解决部分教室紧张问题，应在现有基础上加强管理，挖掘潜力，统筹安排研究生、本专科生的教学用房。

八、积极创造条件，促进博士后工作的开展

博士后科研人员是学校科研战线上的一支重要生力军，博士后工作是我校引进和培养高素质青年教师的重要渠道，因此抓好博士后工作对促进我校科学研究和提高师资队伍的水平具有重要作用。学校一定要积极创造条件，促进博士后工作的开展，引进更多的博士后科研人员来我校工作。

目前，我校博士后在站人数偏少，与我校的地位极不相称。制约博士后工作正常开展的主要因素是住房紧张、博士后配偶工作安排落实不好、经费紧缺等。为了在“九五”期间使我校博士后工作有较大发展，必须采取有力的措施。

（1）全面贯彻和落实《天津大学博士后工作暂行条例》，校、院（系）领导要亲自过问博士后研究工作，机关有关职能部门之间要密切配合、协调工作，及时解决博士后工作中出现的各种问题（住房、配偶工作、经费等）。

（2）国家下达的博士后计划名额是有限的，要扩大我校接收博士后的人数，只有通过多招收计划外自筹经费博士后来解决。为此，学校要多渠道筹措资金解决自筹经费博士后的工资和研究经费，并要妥善解决住房问题。

（3）加强博士后工作的管理，学校成立博士后管理委员会，设立办公室（设在研究生院），定期召开会议和组织活动。博士后管理工作要逐步规范化，对博士后人员进出站和科研工作要建立考核制度，并解决好他们的晋升和谋职等问题。

（4）做好博士后出站的选留工作，使思想境界高和业务素质好的出站博士后安心留校工作。学校要采取一些吸引博士后留校工作的措施，为留校博士后提供良好的工作和生活条件。

（5）与天津市人事局、南开大学及天津医科大学协调行动，联合向人事部提出申请，争取“九五”期间在天津投资建造博士后公寓，以便从根本上解决博士后住房问题。

经过努力，今年要落实接收 20 名博士后进校工作，以后逐年发展，争取在“九五”后期每年接收 30 名以上博士后人员进站。

第三章　第三次研究生教育工作会议文件

天津大学关于全面深化研究生教育改革的意见

天大校发〔2014〕20号

各学院（部），机关各部、处、室，
学校各直属单位：

为全面贯彻落实《国家中长期教育改革和发展规划纲要（2010—2020年）》和教育部、国家发展改革委、财政部《关于深化研究生教育改革的意见》的精神，服务经济社会发展需求，进一步提高研究生教育质量，现就全面深化我校研究生教育改革提出以下意见。

一、指导思想和总体要求

（一）指导思想

全面贯彻党的教育方针，恪守兴学强国的宗旨，弘扬严谨治学的校风，秉承爱国奉献的传统，把立德树人作为研究生教育的根本任务。紧密结合学校发展战略和目标，走内涵式发展道路。以提高研究生培养质量为主线，以分类推进培养模式改革、统筹构建质量保障体系为着力点，以服务经济社会发展需求、培养创新精神和实践能力、突出科教结合和产学结合、坚持对外开放为导向，培养具有家国情怀、全球视野、创新精神和实践能力的卓越人才，为加快我校国内外知名高水平大学建设提供有力支撑和坚强保障。

（二）总体要求

改革招生选拔方式，健全招生计划调节机制，科学优化生源结构；改革分类培养机制，构建学术学位与专业学位协调发展的培养体系；改革导师责权机制，强化岗位意识和导师责任。以人才培养为根本，优化学科支撑体系；以能力评价为核心，健全质量保障体系；以奖优励学为目的，完善奖助政策体系。加强学术氛围营造，建设专注学术、崇尚创新、合作开放的育人环境和校园文化；加强思想政治教育，提高研究生服务国家、服务人民的社会责任感。通过深化改革，实现发展方式、类型结构、培养模式和评价机制的根本转变，形成规模结构更加合理、培养特色更加鲜明、培养质量得到根本保障的研究生教育体系。

二、改革招生选拔机制

（三）推进招生选拔方式改革

实施博士生选拔“申请-审核”制，健全硕士生招生复试制度，探索以提高生源质量为核心的人才选拔方式。充分发挥和规范导师作用，赋予导师和专家团队更大的招生自主权。加强招生宣传，提高对国内外优秀生源的吸引力。推进“留学天大”工程，扩大留学研究生招生规模。

（四）健全招生计划调节机制

建立与培养质量、学科发展及办学特色相适应的研究生招生计划动态调节机制。通过增量安排、存量调节，招生计划向优势学科和新兴交叉学科倾斜，积极服务于国际学术前沿和国家重大需求，鼓励与科研院所、行业企业联合培养研究生。

（五）规范在职研究生招考管理

严格初试选拔，强化复试环节，优化由导师和企业专家构成的复试团队。拓宽合作办学渠道，规范合作办学流程。

三、改革分类培养机制

（六）提升学术学位研究生培养水平

突出科教结合，强化知识更新力、学术创新力和国际竞争力的培养。以课程体系优化、多学科交叉培养和国际化培养为着力点，完善学术学位研究生培养体系。建立硕博贯通的课程体系，加强课程教学内容的前沿性和交叉性，促进知识学习与科学研究的有机结合。通过跨学科、跨院校、产学研联合等途径，培育研究生的创新思维和创新能力。拓展研究生海外访学经历，引进国外优质资源，建立与国际一流大学接轨的学术学位研究生教育教学体系。

（七）创新专业学位研究生培养模式

突出产学结合，强化知识迁移力、实践创新力和职业胜任力的培养。以课程体系构建、实践基地建设和校企深度合作为着力点，完善专业学位研究生培养体系。构建面向实践、突出应用的专业学位课程体系，推进教学模式改革，提高行业专家授课比例，提升实践教学质量。拓展实践基地的数量、类型和层次，完善运行管理机制。充分发挥行业和专业组织在培养标准制定、教学模式改革、教育质量评价等方面的指导作用，探索建立与行业职业资格标准紧密衔接的专业学位研究生教育教学体系。

四、改革导师责权机制

（八）改革导师评定制度

淡化导师资格终身制，建立导师招生资格的年度审核制。学位评定分委员会根据年度招生需要，综合考虑学科特点、师德表现、学术水平、科研任务和培养质量，确定招生资格。

（九）强化导师岗位职责

导师的首要任务是培养研究生。导师是研究生培养的第一责任人，担负对研究生进行学科前沿引导、科研方法指导和学术规范教导的责任。全面落实教师职业道德规范，提高师德水平，加强师风建设，发挥导师对研究生思想品德、科学伦理的示范和教育作用。

（十）提升导师指导能力

坚持导师岗位培训制度，重视发挥导师团队作用。大力提高学术学位导师的科研指导能力，鼓励导师进行国际学术交流和访学，提高导师对学术前沿的把握和探究能力。大力提高专业学位导师的实践指导能力，支持导师参与行业企业实践，加强导师与科研院所和企业之间的交流，完善双导师制度。

五、优化学科支撑体系

（十一）优化学科总体布局

充分发挥学科的人才培养和知识创新的平台和载体作用，面向国际学术前沿和国家重大需求，不断优化学科布局。巩固工学学科优势，大力发展基础学科和人文社会科学学科，推进新兴学科建设和学科交叉。统筹实施“211 工程”、“985 工程”和“2011 计划”等重点建设项目，促进学科综合协调发展。

（十二）推动学科内涵发展

以学科内涵建设和质量提升为牵引，进一步凝练学科方向，汇聚学术队伍，构筑学科平台。重视学科评估，通过评估促进学科在人才培养、师资队伍、科学研究等方面水平的提升。加强优势学科与其他学科交叉、融合，形成学科新的增长点，促进学科可持续发展。

六、健全质量保障体系

（十三）完善内部质量保障体系

构建以提高质量为核心、以过程管理和节点控制为重点的内部质量保障体系。健全质量保障组织结构，完善质量评价标准，建立学位授权点评估指标体系，定期开展自我评估。完善学业预警机制，逐步建立中期分流淘汰机制，强化培养过程督导，加强学位论文抽检，加大学风监管与惩戒力度。

（十四）重视外部质量评价

主动接受教育主管部门组织的学科评估、学位授权点评估以及学位论文抽检等工作，积极参与学术组织、行业部门和社会机构开展的质量评价和教育质量认证工作。合理利用外部评价结果，建立学位授权点预警机制。建立毕业生跟踪调查与用人单位评价的反馈机制。

七、完善奖助政策体系

（十五）强化激励保障机制

统筹财政投入、科研经费、社会捐助等各种资源，构建奖、助、勤、贷、补五位一体的研究生多元奖励和资助体系。加大奖学金激励力度，拓宽助学金支持渠道，基于不同学科特点健全以高水平科学研究为导向的导师资助制度。

八、加强学术氛围营造

（十六）鼓励学术和实践创新

大力支持研究生开展各类学术竞赛和实践创新活动。积极推进高水平研究生教育创新计划，打造高水平的校园学术交流平台，鼓励和支持研究生参加高水平学术交流活动。加强科学道德和学风建设，营造诚信严谨的学术氛围。

（十七）加强国际学术和文化交流

组织和支持研究生参加国际竞赛、国际学术会议和海外实践，开阔学术视野，提高国际学术交流水平和国际竞争力。积极举办海外名师讲座、国际学术论坛、国际暑期学校、国际文化节等，打造国际化的交流平台。发展高质量的留学研究生教育，优化留学研究生结构，推进跨文化沟通与交流，营造国际化的校园氛围。

九、加强思想政治教育

（十八）拓展研究生思想政治教育的广度和深度

坚持“育人为本、德育为先”的理念，进一步加强“三全育人”的氛围建设，将社会主义核心价值观教育融入研究生培养全过程。充分发挥导师在研究生思想政治教育中的作用，建立导师、辅导员和研究生之间的长效沟通协同机制和交流互动平台。进一步完善调研反馈机制，及时了解研究生思想动态，关心和解决研究生实际需求，为研究生成长成才创造良好条件。

天津大学
2014 年 7 月 3 日

第四章　第四次研究生教育工作会议文件

天津大学一流研究生教育行动计划

天大校发〔2021〕6号

研究生教育在培养创新人才、提高创新能力、服务经济社会发展、推进国家治理体系和治理能力现代化方面具有重要作用，是国家发展、社会进步的重要基石，是应对全球人才竞争的基础布局。学校第三次研究生教育工作会议以来，研究生教育综合改革深入推进，分类培养体系和质量保障体系不断完善，体制机制改革取得显著成效。特别是学校第十次党代会以来，研究生教育影响力逐步扩大，学科支撑体系持续优化，"三全育人"氛围得到加强，本研贯通培养稳步推进，形成了较为完备的研究生培养体系。中国特色社会主义进入新时代，新时代党和国家事业发展对高校研究生教育工作提出了新的更高要求。为深入学习贯彻习近平总书记关于研究生教育工作的重要指示精神，全面落实全国研究生教育会议精神，加快新时代研究生教育改革发展，学校决定实施"天津大学一流研究生教育行动计划"。

一、指导思想和总体要求

（一）指导思想

以习近平新时代中国特色社会主义思想为指导，全面贯彻党的教育方针，坚持"四为"方针，秉承"兴学强国"的使命、"实事求是"的校训、"严谨治学"的校风、"爱国奉献"的传统和"矢志创新"的追求，紧密结合学校"新三步走"战略和目标，坚定走内涵式发展道路。以立德树人、服务需求、提高质量、追求卓越为主线，面向世界科技竞争最前沿，面向经济社会发展主战场，面向人民群众新需求，面向国家治理大战略，深化研究生教育改革创新，推进研究生教育治理体系和治理能力现代化，促进研究生德智体美劳全面发展，培养具有"家国情怀、全球视野、创新精神和实践能力"的高层次人才，为建设"中国特色、世界一流、天大品格"社会主义大学提供有力支撑。

（二）总体要求

以世界一流研究生教育水平为目标，完善思想政治教育体系，落实立德树人的根本任务；完善教学育人体系，实现创新引领的价值追求；完善质量管理体系，践行全面保障的治理理念。做到把握长远发展与解决当前问题相统一、扎根祖国大地与坚持开放合作相统一、推进整体建设与突出学科特色相统一、严格质量标准与实现个性培养相统一、提升治理效能与促进内涵发展相统一，从思想政治教育、资源配置优化、课程体系建设、导师队伍建设、学科交叉培养、国际合作培养、质量保障机制、分类评价机制等方面推进新时代研究生教育改革和创新发展。经过五年建设，使学科布局更加完善、培养质量显著提升，形成积极适应新时代改革发展需求的一流人才培养与学科支撑体系；到2035年，研究生教育规模结构更加优化，体制机制更具活力，服务需求贡献卓著，建成国际一流、国内引领的新时代研究生教育体系。

二、坚持立德树人，完善思想政治教育体系

（三）加强研究生思想政治教育

坚持“育人为本、德育为先”的理念。开全开好研究生思想政治理论课，推进习近平新时代中国特色社会主义思想进教材、进课堂、进头脑。加强研究生课程思政，评选示范课程，选树教学名师和团队，推进专业教育与思想政治教育的有机融合。构建日常性主题教育体系，深入开展爱国主义教育和“四史”教育，通过创建“明德工程”等活动，把思想政治教育工作贯穿研究生培养全过程。加强研究生党支部标准化建设，实施带头人培育工程，推进“研究生党建双创活动”，充分发挥研究生党建示范带动效应。将研究生思想政治教育成效作为学校“双一流”建设成效评价、学位授权点自评估的重要内容。

（四）提升导师育人能力

把立德树人作为导师的首要职责。强化导师作为研究生培养第一责任人的意识，引导导师及时掌握研究生思想状况，帮助研究生树立正确的政治方向、价值取向和学术导向。完善导师评聘与考核制度，将导师岗位与招生资格分离，实行导师岗位聘期制与招生资格年审制，突出评价考核对导师育人成效的诊断和反馈功能，将师德师风、立德树人成效等纳入导师评价考核体系，并作为申请导师岗位和招生资格的核心条件。构建“全员、全周期、全方位”的导师培训体系，建设模块化、系统化、多元化培训课程，创新培训模式，实施“研究生导师求是论坛”，完善校级专项培训、院级特色培训、团队文化交流与传承的三级培训体系。

（五）营造一流人才育人氛围

坚持办大学就是办氛围。完善“导-辅-学”三位一体的协同育人体系，构建导辅定期沟通和导学双向交流机制，健全多渠道申辩申诉机制。有效发挥导师（组）传帮带作用，推进多维支撑的韧性治理，优化导学模式，建立和谐导学关系。建立健全导师荣誉体系，评选“研究生求是导师团队”，选树优秀典型，支持导师严格学业管理。强化科研育人功能，搭建项目研究和学科竞赛平台，将科研训练、育人过程、思政体系紧密衔接，营造科学研究与思想政治教育相互融合的创新氛围。依托“北洋大讲堂”等文化品牌，广泛开展主题教育，推进书院育人体系建设，形成文化育人氛围。将科学道德规范和学术诚信教育贯穿研究生培养全过程，发扬优良学风。完善研究生职业发展质量跟踪制度，加强校友服务，形成立德树人长效机制。

三、坚持创新引领，完善教学育人体系

（六）加快学科专业结构调整

统筹“强工、厚理、振文、兴医”发展格局。优化学科结构，按照“扶优、扶强、扶特、扶需”的发展思路，重点支持国家急需、战略新兴、学校特色学科发展，加强对专业学位设置的研判和规划，快速响应社会需求。继续推进“2+5+X”一流学科行动计划，打造高峰学科凸起、高原学科林立、特色与基础学科稳固的学科生态。加强基础学科建设，强化应用学科的基础能力培养，推动理工学科的人文素养水平提升。改革学科绩效评价机制，根据不同学科的特点与内涵，探索推进分类、分档、分贡献的学科绩效评价模式。健全学科动态调整机制，对于发展乏力、质量不佳的学科，进行归并、撤销，保障学科建设水平。

（七）加强交叉学科建设

新兴交叉学科带动传统学科的改造升级。聚焦国家重大战略、经济社会需求和科学技术前沿，立足学科基础及优势特色，加强学科交叉的顶层设计，强化学科对复合型人才培养的支撑。推进文、理、工、医跨门类结合，加大对“人工智能+”“储能”等领域的支持力度，重点实施“天智计划”。探索新兴交叉学科管理模式，实现招生、培养、学位等环节的有机衔接和科学评价。加强学科交叉融合的理论与实践研究，推进交叉学科中心建设，创新学科交叉理念，探索交叉学科发展的有效机制。

（八）深化研究生招生机制改革

对标经济社会发展的前沿需求精准选拔人才。完善招生计划分配管理办法，进一步扩大动态调节比重，对综合培养质量、师资队伍、科研水平、社会服务等关键性指标进行绩效考核，紧密结合国家战略需求做出针对性优化调整。实施“一流大学研究生选拔科学评价项目”，针对不同类型研究生的特点，分类制定选拔方法，适度扩大专业学位研究生招生比例，探索更加符合学科特点的招生选拔机制。增加复试考核的权重，全面考查学生的道德品质、学术潜质、创新意识、实践能力等，避免简单“唯分数”的做法。进一步完善博士生招生“申请-审核”制 2.0 版，加大导师的招生自主权，探索引入学科核心课程考核，加强优秀导师与优质生源间的双向选择。

（九）完善课程教学体系

发挥课程教学在高层次人才培养中的基础核心作用。紧密结合科技前沿发展和行业产业需求，不断更新教学内容，优化知识结构，改革教学方式，突出创新能力培养，体现应有的深度和难度。实施“一流大学学科核心课程建设项目”，以知识地图为牵引，以高水平教学团队为依托，构建以核心课程为主干、各类特色选修课程相融合的高水平研究生课程体系，培育精品示范课程。加强本研贯通课程体系建设，完善学分转换和认定办法，推动完全学分制试点改革，建立更加开放、自主的选课机制，鼓励跨学科学习。构建研究生创新创业课程体系，推进专创融合，系统提升研究生创新意识和创业能力。完善研究生教学激励机制和荣誉体系建设，将研究生课程教学工作量纳入学校统一的教学工作量核算体系，把研究生课程与教材质量作为绩效考核、职称评聘、学科建设等的重要内容，评选“研究生求是教学团队”和“研究生求是教材奖”。在天津大学教学成果奖中单独设立研究生教学成果奖。

（十）强化科教融合培养

将学术创新能力作为衡量研究生素质的基本指标。加强研究生的系统科研训练，在实践教学、科研项目和学术交流中突出学术创新，充分发挥重大科研项目和重点科研平台对研究生能力培养的重要作用。强化研究进展报告、科研项目书撰写训练、博士生学术论坛等培养环节，建立学术报告共享制度。实施“研究生科研创新项目”和“优秀博士学位论文培育项目”，支持前沿性课题研究，加大对基础学科的支持力度，鼓励原始创新。推进“学科交叉人才培养计划”，发挥多学科协同育人优势，推动研究生层面“新工科”建设，培养国家急需的高层次人才。

（十一）推进产教融合培养

以实践创新能力培养提升服务需求能力。强化面向实践、突出应用的案例教学，加强职业规范和伦理教育，推进课程设置与专业技术能力考核、行业职业资格标准等的有机衔接。吸纳行业企业深度参与研究生培养过程，共同制定培养方案、开设实践课程，明确专业学位研究生导师行业企业实践经历要求，设立“产业（行业）导师”，建设一批产教融合示范性研究生联合培养基地，完善研究生实践环节评价标准，着力推动实践能力提升。面向“大中型龙头企业-区域发展-行业产业链”开展多层次合作，围绕国家重大重点科研方向，通过“共建、共享、共评”推进“项目制”工程博士联合招生培养。加大对参加“中国研究生创新实践系列大赛”等高水平竞赛的支持力度。

四、坚持全面保障，完善质量管理体系

（十二）完善全过程质量保障

坚持过程管理的前置化、规范化、常态化、人性化。建立全过程质量监测、学业预警、分流选择机制，强化过程控制，保障培养质量。完善课程学习、科研实训、开题报告、中期考核、论文评阅与答辩等培养环节的考评体系，探索博士生资格考试制度，构建“多阶段分流+柔性退出”机制。对于不适合继续攻读学位的研究生，及早分流。健全研究生学位论文质量的全过程多级监控体系，加强对学位授予质量的诊

断，完善学位评定“问题报告制度”和“校盲审学位论文积分制”，健全学术不端行为预防和处置机制。对严格质量管理、分流退出比例较大的院级培养单位，在招生指标、人才培养等方面给予更多政策支持。

（十三）提升国际合作培养水平

把扩大国际视野作为提升国际竞争力的重要途径。抬高标尺线，实施“博士学位论文国际培育和国际评审”项目，推进一流人才的高水平联合培养和国际评价。建立与世界一流大学接轨的研究生教育教学体系，打造有影响力的研究生国际教育品牌。实施“研究生海外实训基地建设项目”，建立布局合理、重点突出、资源整合的研究生教育国际合作平台。加强对留学生的规范管理，严格留学生招生和学业标准，建设来华留学品牌项目，吸引更多优秀留学生。提升研究生教育服务国家对外开放的能力，加大国际组织后备人才培养力度，根据学科特色、办学定位和发展方向，支持国家对外开放战略。

（十四）健全投入分配机制

以资源投入带动治理效能提升。建立健全多渠道、差异化的业务费拨款和成本分担机制，充分吸纳社会投入，统筹科研经费投入，多途径提高奖助水平。实行分类资助，加大对人文社科、基础研究、关键核心技术领域研究生培养的保障性支持，试点由科研经费分担培养成本的交叉学科导师团、科研博士、工程博士等项目。充分发挥奖学金激励作用，提升奖励额度。实行“三助”岗位竞争申请和动态调整，把“三助”岗位与各类奖学金评审紧密衔接，发挥“三助”对研究生培养的重要作用。

（十五）强化信息技术服务支撑能力

以信息化推进教育现代化和治理能力现代化。整合校内外教育教学资源，打造学校特色“海棠在线”教学平台，推动研究生教育信息化开放合作，形成区域示范效应。依托在线教学平台建设，推进混合式教学模式改革，建设示范性开放课程，促进优质教学资源数字化。充分利用信息化手段，强化大数据应用，推进对研究生培养质量的多维评价，加强对培养制度执行情况的日常诊断，完善学术不端行为防控体系。建立研究生质量报告机制，提升数据集成、管理、分析、共享与服务能力，推动研究生教育管理智能化。

五、深化思想认识，抓好改革工作落实

（十六）把握长远发展与解决当前问题相统一

坚持问题导向、精准施策，统筹规划好近期目标与远期目标，解决现实问题，建立起长效机制。立足党和国家事业长远发展的战略全局，高度重视研究生教育工作，把加快研究生教育改革发展纳入党委会、常委会、党政联席会等重要议题，经常研究部署、积极推进落实。加大对研究生教育的投入力度，在资源配置、职称评聘、资助体系等方面做好支持和保障工作。

（十七）扎根祖国大地与坚持开放合作相统一

面向国家需求，引导教师扎根祖国大地培养爱国荣校的研究生；坚持开门办学，打造高水平国际合作培养的“桥头堡”。加强关键核心技术领域人才培养，推动交叉学科和尖端科技发展，着重考察在服务国家重大战略和区域经济社会发展等方面取得的标志性成果，着力解决好“卡脖子”问题，切实为国家提供高端人才支撑。充分吸纳外方优势资源，加强与境外高水平大学、顶尖科研机构在非敏感领域的实质性合作。

（十八）推进整体建设与突出学科特色相统一

全面加强研究生教育工作，协同推进一流大学建设；坚持“有所为有所不为”，强化学科优势，突出办学特色。统筹推进人才培养、师资建设、科研创新、文化构筑等工作，落实研究生教育改革任务。“双一流”建设绩效评价和考核突出学科特色、培养质量和实际贡献。资源配置向重大项目任务、关键学科领域、产教融合创新平台等倾斜，对创新突破、服务战略有突出贡献的，予以特殊支持。

(十九)严格质量标准与实现个性培养相统一

聚焦研究生成长成才,加强对培养质量的把控,坚持分类评价、多元评价,强化分类培养、分类指导,体现培养特色。根据不同学位层次、学科专业、学位类型的教育规律,建立不同的人才评价标准,科学制定与学位授予相关的科研成果要求。对于学术学位,侧重评价理论技术创新的水平与贡献,把学位论文、课题研究、学术交流等作为重要评价内容;对于专业学位,侧重评价解决实际问题的能力与成效,把专业实践、产品研发、职业技能资格等作为核心评价内容。

(二十)提升治理效能与促进内涵发展相统一

围绕质量文化建设完善制度体系,推动管理重心下移,加大院级培养单位的自主权,强化学科专业在人才培养方面的主体作用。建立新时代研究生培养质量评价体系,强化培养目标任务考核,实施聚焦人才培养成效、科研创新质量、社会服务贡献等要素的后激励绩效管理。明确导师职责边界,建设师生发展共同体,对难以保证培养质量的,采取减招直至停招。细化强化学位论文答辩委员会和各级学位评定委员会的权责,发挥质量把关作用。按照研究生培养规模配齐建强专职管理队伍,提高专业化服务水平。

第五章　研究生教育的其他有关文件

第一节　天津大学“211 工程”整体规划报告（摘选）

第一部分　天津大学学科建设规划

摘选内容如下。

一、学科建设的历史和现状

天津大学的前身是北洋大学，创建于 1895 年，是我国近代史上第一所大学。北洋大学是一所以理工为主的综合性大学。1951 年，北洋大学和河北工学院合并更名为天津大学，设立理学院和工学院共 12 个系。1952 年后，经过几次院系调整，天津大学调出数学系、物理系、地质系、采矿系、冶金系、航空系、纺织系、电讯系等，调入南开大学工学院、津沽大学工学院以及清华大学、北京大学、燕京大学、唐山铁道学院的化工系、北京铁道学院的建筑工程系。经过院系调整，天津大学成为一所多科性的综合性工业大学。1979 年，为适应国家经济建设和教育事业的发展，天津大学设立了应用数学、应用物理、应用力学等理科专业和工业管理工程系。1983—1985 年，在此基础上设立了物理系、力学系、外语系、化学系、人文与社会科学系，重建和新建了理、文、管理类专业。

1978 年以来，天津大学学科建设获得了迅速发展。在党的基本路线指引下，学校根据国家经济建设发展的需要，按照高等教育自身发展规律，顺应世界科技发展的趋势，对我校教学和科研采取了一系列改革措施，学科建设取得了显著的成绩。1978 年，我校开始恢复招收和培养研究生；1981 年，国家建立学位制度后，我校是全国首批具有博士、硕士学位授予权的单位；1984 年，国务院批准在 22 所国家重点院校首批试办研究生院，我校是其中之一；1985 年，我校成为全国首批建立博士后科研流动站的学校；1987 年，我校首批建立国家重点学科，并在此基础上建立了国家重点（专业）实验室。目前，我校有 21 个系 54 个本科专业，硕士学位授权点 75 个（覆盖工、理、医、文四大学科门类 19 个一级学科），博士学位授权点 24 个（覆盖工、医两大学科门类 12 个一级学科），国家重点学科 6 个，国家重点（专业）实验室 5 个，博士后科研流动站 8 个，国家级工程研究中心 1 个，国家级新技术研究推广中心 2 个，部委级工程技术研究中心和开放实验室 7 个。经过十多年的发展，我校已经基本形成以工为主，理、工、文、管、经、法多学科组成的学科体系格局。

在学科布局上，我校具有国家重点学科和博士点相对集中形成优势学科的特点。我校 83%的重点学科，62%的博士点，60%的博士后科研流动站，全部的国家重点（专业）实验室、部委级工程技术研究中心和开放实验室都集中在 5 个一级学科，即化学工程和工业化学、仪器仪表、力学、动力工程与工程热物理、材料科学与工程。这些学科的学术水平在国内同类学科乃至国际上也颇具声誉和影响力。我校内燃机学科，在 1992 年由国家教委和国务院学位委员会组织的学位与研究生教育评估中，位于全国同类学科第一名。我校化工学科，在 1952 年院系调整中，集北方地区之化工精英于一体，形成强大的学术队伍和基础力量，经过多年的努力，在国家有关部委的大力支持下，学科得到迅速发展，学术水平又有了进一步的提高，特别是在将科研成果转化为生产力，促进国民经济发展方面为国家做出了重大贡献。目前，化工学科有 2 个国家重点学科、2 个国家重点实验室、1 个博士后科研流动站、1 个国家级工程研究中心、2 个国家级新技术研究推广中心、1 个部委级工程技术研究中心，其发展水平居国内同类院校前列。我校仪器仪表学科在国内同类学科中也具有雄厚的实力。力学学科中流体力学专业是全国高校同类专业中唯一有中国科学院院士的专业，实验力学学科是我国第一个实验力学博士点。由实验力学与流体力学学科共建的光力学国家专业实验室是在国内居领先地位的专业实验室，其设备先进，学术梯队健全，能独立承担重大科研课题。我校建筑学学科历史悠久，学风优良，学生和师资队伍素质好。我校建筑学学生的作品在参加国内外竞赛中，其获奖等级和数量一直名列全国同类院校前茅。1994 年，在由美国建筑师协会（AIA）、建筑院校学生联合会（ACSA）共同举办的第五届国际大学生建设设计竞赛中，我校学生的设计方案——“西安古城区的住宅更新”获得大赛唯一的最高奖，这是我国首次获得此项荣誉。

十多年来，在全校各学科的共同努力下，学校在科研和研究生教育方面取得了令人瞩目的成绩。完成了一批重大的高水平研究课题，科研经费于 1994 年达到 1.05 亿元。十年来，我校已授硕士学位 4 336 人，博士学位 230 人，为国家“四化”建设培养和输送了一大批高层次专门人才。1994 年录取的研究生数是 1984 年录取人数的 2 倍，其中博士研究生达到 5 倍。目前，在校研究生总数达到 2 183 人（其中博士研究生 359 人）。天津大学已经成为我国科研和高层次人才培养的重要基地之一。

近年来，学校加强了对学科建设的领导和管理，成立了重点学科领导小组，并由研究生院负责学科建设的日常工作。制定了学科建设发展规划和《天津大学重点学科暂行管理办法》，在科研、教学、学术梯队建设、基础设施建设等方面统筹安排，并制定了一系列加强学科建设的措施。学校以学科建设为龙头，围绕“两个中心”，全面实行综合改革，调动了学科带头人及广大教职工的积极性，使得全校上下方向明确、任务落实、团结一致地为学校发展上水平、上层次而努力。

面对世界科技教育的发展趋势和国家经济建设的需求，我们认识到，我校在学科建设中还存在许多不足和困难，与世界一流大学的学科发展水平相比仍有较大差距。为了克服不足和困难，缩小差距，我校制定了面向 21 世纪学科建设发展规划。我们一定要加倍努力，加大改革力度，为实现学科建设的新目标而奋斗。

二、学科建设的任务

以学科建设为龙头，推动学校事业的发展和整体办学水平的提高，是我校改革和发展的一个重要特征。为使天津大学在发展我国科技教育事业，为国家建设事业培养更多高层次人才，贡献高水平研究成果和高效益的社会服务等方面做出突出贡献，应从“面向现代化、面向世界、面向未来”的高度规划我校面向 21 世纪的学科建设工作。

面向 21 世纪我校学科建设的任务是：在天津大学现有学科的优势和格局的基础上，继续完善和发展以工科为主、理工结合、经管文法综合协调发展的学科体系；集中力量，建设一批学科群，以此推动一批重点学科的建设和相关学科的发展；经过努力，使之能广泛适应国家经济建设、社会发展和科技进步需要，自身学科门类比较齐全、基础学科扎实、应用学科特色明显，相当一部分学科达到或接近世界先进水平。为实现上述任务，我校学科建设采取的方针是：发挥学科群学科相互交叉、相互渗透、相互补充的优势，重点建设一批重点学科，促进提高一批相关学科，建设一批新兴交叉学科；与此同时，发展文、经、法门类学科，提高我校学科体系的综合协调能力。

根据当今科学发展既高度综合又高度分化的趋势以及学科间的内在联系，今后学校学科建设要拓宽思路，组建一批学科群。学科群是以重点学科或优势学科为主干学科，一批相关学科为支持学科，形成一种在学科交叉领域、前沿性课题以及若干有重大社会意义和较高经济价值课题方面有突破能力的跨学科力量。学科群的建设一方面将带动有关重点学科和优势学科水平的提高，进一步强化原有的特色和优势；另一方面通过学科相互交叉、渗透和补充，促进相关学科的提高，同时生长和形成一些具有更大竞争力的新兴交叉学科，并在未来的国际学术界占有重要一席。

在上述发展思路指导下，我校组建 11 个学科群，它们分别是化学工程与工业化学学科群、精密仪器与光电信息学科群、材料科学与工程学科群、生命科学与工程学科群、先进制造技术学科群、系统分析与现代管理学科群、能源与环境学科群、力学学科群、建筑学学科群、土木水利工程学科群、电力工程学科群。这些学科群将依托学科群体内的重点学科、重点实验室、工程研究中心、博士后科研流动站和博士点，在主干学科带动和相关学科的支持下，形成群体优势，统一组织攻克 863 研究项目高新技术课题、重大的基础研究课题和国家科技攻关课题，为国家科技发展和经济建设做出贡献，同时也促进我校学科体系的完善、发展和提高。为协调发展文、经、法门类学科，拟建立文法学院，统一领导和协调文、经、法门类学科的建设。

三、学科建设的目标

重点建设 27 个学科点，以提高学校的总体发展水平和学术水平。其中，对现有的 6 个国家重点学科，应继续按建设要求重点建设。此外，再申请重点建设 21 个学科点，以达到国家重点学科水平。

（一）继续加强对现有 6 个国家重点学科的建设，使其在 2000 年整体接近世界一流水平，其中至少 3 个学科达到世界一流水平。6 个国家重点学科是：

（1）内燃机；

（2）化学工程；

（3）有机化工；

（4）光学仪器；

（5）测试计量技术与仪器；

（6）系统工程。

（二）突出重点，精心扶植 21 个学科点，在规划期内达到国家重点学科水平，其中 6~8 个学科点接近或达到世界先进水平。它们是：

（1）流体力学；

（2）实验力学；

（3）无机非金属材料；

（4）焊接；

（5）机械制造；

（6）建筑设计及其理论；

（7）信号与信息处理；

（8）工业催化；

（9）工程热物理；

（10）生物医学工程；

（11）材料物理；

（12）结构工程；

（13）电力系统及其自动化；

（14）应用化学；

（15）一般力学；

（16）海岸工程；

（17）物理电子学与光电子学；

（18）生物化工；

（19）光学；

（20）应用数学；

（21）计算机应用。

四、加强学科建设的举措

（一）建立健全机构，加强学科群建设。抓好学科群的建设是今后我校学科建设工作的重要环节。为此学校成立天津大学学科建设指导委员会，其职责是：负责拟定全校学科建设规划和学术梯队建设规划；审议各学科群和重点发展学科建设发展规划；对各学科群和重点发展学科进行评估、指导；审定新建的学科群；审定学科建设资金的分配方案和检查资金使用情况；等等。天津大学学科建设指导委员会由校长、有关职能部门负责人和专家、教授组成。各学科群成立学科群建设委员会，其职责是：负责制定和实施本学科群学科建设规划；组织群体内的学术力量，争取和协调完成重大的科研项目；等等。学科群建设委员会由学科群学术带头人和有关部门负责人组成。

（二）组建跨学科的研究中心。跨学科的研究中心是学校新型研究群体。研究中心的研究方向代表着当前科学技术发展的新意和前沿，并具有跨学科的特色。这种含有新意的研究方向往往不是单个学科所能完全承担的，需要充分利用我校兼有多学科人才的综合优势，在学科建设指导委员会指导下和学校职能部门综合协调下，组建研究中心来承担。根据需要和可能，这种研究中心还可向校外延伸，横向联络校外科研单位，发挥诸方所长，促进学术交流。今后，学校要有计划地筹建若干个学科交叉的研究中心，并作为学科建设的一项重大举措来抓。通过开展跨学科研究，促进新兴交叉学科和边缘学科的发展。

近期，学校将规划筹建智能工程、非线性科学应用、传感技术、电力电子技术等研究中心。

（三）加大资金投入，加强学科建设。学科建设是需要巨大资金投入的大工程。学校坚持采取“国家投资，学校支持，学科自筹”的方针来筹集学科建设资金。学校希望国家对我校具有特色的重点发展学科加大资金投入力度，使之完善条件，加快建设，在服务国民经济和社会发展的过程中早日做出重大贡献。学校每年筹措 500 万元资金支持重点发展学科和新兴交叉学科，重点支持的原则是：

（1）重要的基础性研究；

（2）基础较好有望进入下一批重点学科和博士点的学科；

（3）研究中心处于起步阶段的重要研究课题资助。

学校将进一步完善有关政策，鼓励学科、课题组、教师个人通过各种有效途径争取科研经费。制定正确和有效的政策，促使一定比例的科研经费用于学科的基础条件建设。

（四）狠抓科研基地建设和基础研究队伍建设。争取到 2000 年左右，在国家、省（市）、部（委）的支持下，我校努力建成 15 个国家级科研与科技开发基地［如国家重点（专业）实验室、国家工程研究中心、国家工程技术发展研究中心和国家级基础研究所等］和 15 个省（市）、部（委）级科研和科技开发基地。使其成为承担国家和地方重大科技攻关课题的研究基地，科技成果转化为生产力的开发基地，培养高层次人才的教学基地。重点支持一支由学校资助的、规模在 100 人左右的高水平基础研究和应用基础研究队伍，针对对国家经济建设、科技进步和社会发展有重大意义的课题开展超前研究，保证学校科技发展的后劲。

（五）加强学科队伍建设。学科建设的关键是学科队伍建设，为此学校实施“225 人才工程”。学校在人事定编定岗、高级职务评聘、培养中青年后备学术带头人和学术骨干、引进和招聘留学回国人员和校外单位的科技骨干等方面，对重点学科、重点发展学科、新兴交叉学科实行政策性倾斜。争取到 2000 年左右，基本完成各学科的学术骨干队伍的更替，队伍整体素质有较大提高，使重点学科、重点发展学科、新兴交叉学科的学术骨干队伍在年龄、结构、层次等方面形成优化配置的格局。在规划期内，经过努力，有 20 名教授达到院士水平，成为在国际上有较大影响力的著名学者；培养 200 名在国内有较大影响力，在某一学术领域有较深造诣的学术带头人；造就 500 名中青年学术骨干。近几年内，学校对中青年骨干教师进行强化培养，跟踪考核和滚动选拔，并为他们创造必要的教学科研条件。采用“以老带新”或“独立发展”两种模式培养中青年骨干教师。在充分发挥老教师作用的同时，对那些具有较强教学科研能力，能较快开拓科研局面的青年教师，学校积极支持并创造条件让他们挑大梁，使其尽快取得学术成果，在国内外学术界产生重大影响，为其成为国内外的著名学者创造条件。

（六）广泛开展国际交流与合作。尤其要加强与国际一流大学和科研院所的学术交流和科技合作，从更高的起点上提高我校重点学科的学术水平。加强与全国著名的科研院所的合作，发展以科学研究、人才培养、学术交流和教授专家互聘为主要内容的合作关系，协作开展科技攻关和人才培养，做到优势互补，促进协作双方事业共同发展。

天津大学学科群建设规划详见表 3-3-5-1~表 3-3-5-11。

天津大学重点学科建设规划详见表 3-3-5-12~表 3-3-5-13。

表 3-3-5-1　天津大学“211 工程”学科群建设规划简表 1

学科群名称	化学工程与工业化学
研究与发展方向	（1）流体力学和传递现象：流体分子力学和分子结构设计；非线性与非平衡系统的理论和方法；流体微观结构和流动状态的计算机模拟。 （2）热力学：基于统计力学的分子热力学模型；计算机分子模拟和图像显示；化工基础数据测定和新型实验方法；化工性质数据和过程参数的自动估算和智能化预测系统。 （3）反应、催化和动力学：速率和平衡过程的微观表征；催化作用机理和催化剂分子设计。 （4）表面、界面和粒子科学：表面、界面工程理论；表面吸附、扩散和反应；界面传递现象和界面区的反应；流体和表面活性剂的界面现象；粒子系统的多相流动和化学反应；超细及粉体工程理论。 （5）传质与分离工程：生物分离、膜分离和超纯分离技术；新型精馏、新型结晶和海水淡化闪蒸技术；协同溶剂萃取、相转移反萃和超临界萃取技术；伴有化学反应的蒸馏、结晶和萃取技术。 （6）催化与反应工程：精细化学品定向合成技术；电催化、电合成及激光作用下的电沉积技术；激光表面催化、模拟酶催化及纳米催化技术。 （7）生化、环境和能源工程：生物组织培养、人工器官制造技术；复杂生物系统的工程分析技术；有害废料生物降解技术。 （8）产品及工艺过程开发：精细化学品合成工艺过程；生物制品的制造加工工艺过程；新聚合材料的化学合成和加工工艺过程。 （9）过程设计、控制和过程安全：大型精馏、结晶设备的模拟放大和最优控制；生物反应器的模拟放大和控制；有机化工生产过程设计和操作的专家系统；二氧化碳化学固定工艺过程设计
学术带头人	余国琮院士、陈洪钫教授、张鎏教授、郭鹤桐教授，博士生导师 19 人
依托的重点实验室和试验基地	化学工程联合国家重点实验室、一碳化学与化工国家重点实验室、精馏技术国家工程研究中心、石油化工技术开发中心、国家化工填料塔及内件技术研究推广中心、国家级工业结晶工程技术研究推广中心

续表

学科群名称		化学工程与工业化学
组成学科	国家重点学科	化学工程、有机化工
	博士点	化学工程、有机化工、工业催化、应用化学
	覆盖的其他硕士点	精细化工、生物化工、高分子材料(高分子化工部分)、化工过程机械、核化学化工
博士后流动站		化学工程与工业化学
经费预算		5 500 万元

表 3-3-5-2 天津大学"211 工程"学科群建设规划简表 2

学科群名称		精密仪器与光、电信息
研究与发展方向		(1)激光及光电测试技术:激光测试技术、视觉检测技术、光纤传感技术、多普勒测量技术。 (2)精密测量与仪器智能化:误差补偿技术与仪器智能化、三坐标测量机与三维测量技术、精密测角与齿轮测量技术。 (3)现代传感器技术。 (4)纳米技术和微小精密机械:纳米测量技术、微型机械。 (5)光电子信息处理及光计算:光电混合信息处理技术与仪器、光电混合并行计算系统。 (6)光通信技术及器件。 (7)内窥镜及其图像处理技术:超声电子内窥镜成像技术、超微型手术内窥镜系统、医学三维图像重建方法的研究。 (8)固体激光与频率变换技术:激光二极管泵浦的固体激光技术、高功率固体激光技术、非线性光学频率变换技术、光电对抗技术。 (9)飞秒光脉冲技术:飞秒固体激光器锁模机理及技术,飞秒激光频率变换技术,飞秒相干选通技术,激光孤子的产生、传输。 (10)高清晰度电视与图像信息处理技术:高清晰度电视演示系统及信源编解码硬件设备、高清晰度电视测试信号及测试方法、数字电视技术、视频传输与处理技术。 (11)高速信息处理技术。 (12)数据压缩与编码理论:自然景物分型模型及编码方法、小波分析与编码技术、神经网络编码技术及应用、文本压缩编码技术。 (13)非线性数字滤波理论与应用
学术带头人		张以谟教授、姚建铨教授、叶声华教授、张国雄教授、孙家촒教授、俞斯乐教授,博士生导师16人
依托的国家或部委级实验室		精密测量技术及仪器国家重点实验室、光电子信息工程国家教委开放实验室
组成学科	国家重点学科	光学仪器、测试计量技术与仪器
	博士点	光学仪器、测试计量技术与仪器、精密仪器及机械、信号与信息处理
	覆盖的其他硕士点	物理电子学与光电子学、通信与电子系统、分析仪器、计算机应用、自动化仪表及装置、模式识别与智能控制、光学
博士后流动站		仪器仪表
经费预算		4 500 万元

表 3-3-5-3　天津大学“211 工程”学科群建设规划简表 3

<table>
<tr><td colspan="2">学科群名称</td><td>材料科学与工程</td></tr>
<tr><td colspan="2">研究与发展方向</td><td>（1）先进结构材料：围绕氧化物结构陶瓷的强化与增韧这一无机非金属材料前沿课题，以材料组成、结构与性能关系研究为基础，进行材料设计，注重制备科学，形成自己的特色，同时从事先进高分子材料和新型金属材料的设计与制备研究。
（2）功能和智能材料：探索从宏观、微观、介观到分子、原子水平不同尺度上的结构与功能（智能）的关系，研究功能形成的机制，进行分子和相态结构的设计，并解决薄膜化、微型化、集成化和智能化。
（3）先进复合材料：继续开展纤维（晶须）复合、颗粒复合和多相复合使材料补强和增韧的研究，并将复杂体系复合扩展到多功能复合、仿生复合、智能复合、梯度复合、纳米复合、分子复合和原位复合，以在跨世纪材料科学发展中取得自己的制高点。
（4）低维、非线性、无序和非平衡态研究：结合材料的物理状态，能量转移和信息传递研究，建立材料科学新理论，且为创制新型高性能和多功能复合材料提供新思路。
（5）材料制备与加工新技术：着重从事微加工和微组装的新技术、材料化学制备的相关新技术、低维及复合材料制备新技术研究。
（6）材料接连与表面工程：侧重于高性能以及功能材料的接连，探讨组成、结构和性能关系，探索和研制适用于表面工程的新型复合材料</td></tr>
<tr><td colspan="2">学术带头人</td><td>袁启民教授、姜恩永教授、张文钺教授，博士生导师 8 人</td></tr>
<tr><td colspan="2">依托的部委级实验室</td><td>高温结构陶瓷及工程陶瓷加工技术国家教委开放实验室、形状记忆材料教育部工程研究中心</td></tr>
<tr><td rowspan="2">组成学科</td><td>博士点</td><td>无机非金属材料、材料物理、焊接</td></tr>
<tr><td>覆盖的其他硕士点</td><td>高分子材料、复合材料、电子材料与元器件、金属材料及热处理</td></tr>
<tr><td colspan="2">博士后流动站</td><td>材料科学与工程</td></tr>
<tr><td colspan="2">经费预算</td><td>3 400 万元</td></tr>
</table>

表 3-3-5-4　天津大学“211 工程”学科群建设规划简表 4

<table>
<tr><td colspan="2">学科群名称</td><td>生命科学与工程</td></tr>
<tr><td colspan="2">研究与发展方向</td><td>（1）生物医学工程：生物医学传感技术，人体信息检测与信息处理与分析，人工器官传递过程、特种分离技术及控制药物释放过程的研究，生物物理，生物力学，医用高分子材料。
（2）生物化学工程：生物反应工程（生化反应及多相生物反应器的基础研究、大规模细胞培养生物反应器、生化反应动力学及代谢过程、细胞固定化技术）、生物分离工程（传统分离技术的应用，新型、高效分离方法）、生化过程的优化与控制、环境生物技术。
（3）生物医药工程：生理活性物质开发、可控药物释放研究、药物分子设计工程开发研究、医药生产新型技术与设备开发研究</td></tr>
<tr><td colspan="2">学术带头人</td><td>王明时教授、胡宗定教授、王静康教授，博士生导师 7 人</td></tr>
<tr><td colspan="2">依托的部委级研究中心</td><td>医药结晶研究中心</td></tr>
<tr><td rowspan="3">组成学科</td><td>国家重点学科</td><td>化学工程</td></tr>
<tr><td>博士点</td><td>生物医学工程、化学工程</td></tr>
<tr><td>覆盖的其他硕士点</td><td>生物化工、生物医学工程及仪器、化工过程机械、环境工程</td></tr>
<tr><td colspan="2">博士后流动站</td><td>化学工程与工业化学</td></tr>
<tr><td colspan="2">经费预算</td><td>2 200 万元</td></tr>
</table>

表 3-3-5-5 天津大学“211 工程”学科群建设规划简表 5

<table>
<tr><td colspan="2">学科群名称</td><td>先进制造技术</td></tr>
<tr><td colspan="2">研究与发展方向</td><td>（1）数控及制造系统综合自动化基础技术：精密、高速、智能、高可靠性开放式数控系统和数字伺服系统；大功率、中压变流高额调速驱动系统；多功能、多坐标联动数控机床及其智能、优化加工技术；模块化柔性加工单元设计、制造技术；CAD/CAPP/CAM 协同、平行、集成一体化技术；智能机器人及柔性化装配技术；制造系统信息和通信技术；制造系统建模、框架结构理论，生产优化、评价和管理技术；快速成型技术。
（2）现代机械基础理论和关键技术：机械机构、结构、多体、机床动力学的动态设计；新型、智能、高效机构；啮合理论与新型传动技术；摩擦学与轴承技术；智能工程及其在制造工程中的应用。
（3）制造过程计算机辅助质量控制（CAQC）技术：加工过程状态监测、刀具的磨损、破碎和预报；激光在线检测技术及其在汽车车身装配中的应用；制造过程中尺寸的自动测量及误差技术；加工中零件精度、力、温度、振动状态数据的测量、分析、处理和加工参数优化技术。
（4）工程陶瓷及硬脆材料精密和超精密加工理论和技术：工程陶瓷及硬脆材料的高效、高精度、低成本加工技术；工程陶瓷及硬脆材料的特种加工技术；工程陶瓷及硬脆材料加工的金刚石工具及其修整技术；工程陶瓷及硬脆材料的超精密加工工艺及其专用设备的研制；工程陶瓷及硬脆材料的制品开发及其量产化技术。
（5）先进焊接加工技术和装备研制、焊接质量监控技术：新型高效、节能焊接设备和工艺；新型电弧等离子体技术；激光焊接技术的开发与应用；计算机技术在焊接工程中的应用；焊接质量控制技术系统研制和应用</td></tr>
<tr><td colspan="2">学术带头人</td><td>刘又午教授、彭商贤教授、叶声华教授、张国雄教授，博士生导师 15 人</td></tr>
<tr><td colspan="2">依托的国家或部委级实验室</td><td>精密测试技术及仪器国家重点实验室、高温结构陶瓷及工程陶瓷加工技术国家教委开放实验室</td></tr>
<tr><td rowspan="3">组成学科</td><td>国家重点学科</td><td>测试计量技术及仪器</td></tr>
<tr><td>博士点</td><td>机械制造、机械学、焊接、测试计量技术及仪器</td></tr>
<tr><td>覆盖的其他硕士点</td><td>工业自动化、电力传动及自动化、计算机应用、工业工程</td></tr>
<tr><td colspan="2">博士后流动站</td><td>机械工程、仪器仪表</td></tr>
<tr><td colspan="2">经费预算</td><td>2 400 万元</td></tr>
</table>

表 3-3-5-6 天津大学“211 工程”学科群建设规划简表 6

学科群名称	系统分析与现代管理
研究与发展方向	（1）系统工程理论方法及应用：大系统理论与应用、社会经济系统非均衡调控问题研究、人工神经网络的模型及智能控制、决策与预测综合分析、技术结构的研究及其评价方法、资源系统工程、交通系统工程、新型决策支持系统、工程经济评价与决策分析。 （2）管理科学理论与方法：多目标决策与评估技术，冲突分析理论与应用，企业战略研究，数量经济模型理论与方法，风险分析理论及应用，影响图理论及其应用，股票、期货理论及预测方法。 （3）技术经济理论和方法：技术经济评价理论和方法、资产评估理论方法、技术创新和选择理论、技术经济规划方法及相应的决策支持系统。 （4）工业工程：工业系统分析与战略决策、制造系统规划、设计与控制、CIMS 管理理论体系及智能控制。 （5）管理工程：国际承包工程风险分析与控制、国际工程索赔研究、国际工程承包市场预测、基本建设与项目管理。 （6）管理信息系统：管理信息系统相关的决策支持系统、计算机网络技术理论及应用研究
学术带头人	刘豹教授、李光泉教授、顾培亮教授，博士生导师 6 人

续表

学科群名称		系统分析与现代管理
组成学科	国家重点学科	系统工程
	博士点	系统工程
	覆盖的其他硕士点	管理科学、管理工程、工业工程、技术经济、管理信息系统
经费预算		1 000 万元

表 3-3-5-7 天津大学“211 工程”学科群建设规划简表 7

学科群名称		能源与环境
研究与发展方向		（1）工程热物理与热能工程：工业锅炉高效低污染发电技术和中低温发电技术、工质热物性和逆循环的节能及环保技术、高效传热传质机理和装置、太阳能光热技术和光电技术的研究、高效干燥技术、地热发电与地热能的综合利用。 （2）环境工程：城市污水和工业废水的除磷脱氮、水和地热水的综合利用、给排水工程系统优化、城市污水资源化与水质模型。 （3）化学电源工程：不含汞的锌锰电池关键技术；不含镉的镍金属氢化物电池的开发及产业化工程技术；高比能量锂蓄电池研制及实用技术；无污染“零排放”电动汽车用先进铅酸蓄电池的开发研究；太阳能、风能蓄能发电贮能电池的研究开发，电化学生物传感器相关材料及应用技术；发电厂与煤燃烧监控传感器的开发
学术带头人		吕灿仁教授、马一太教授，博士生导师 6 人
依托的部委级研究中心		地热研究中心
组成学科	国家重点学科	化学工程
	博士点	工程热物理、应用化学、化学工程
	覆盖的其他硕士点	环境工程，供热、供燃气、通风及空调工程，热能工程
博士后流动站		动力工程与工程热物理、化学工程与工业化学
经费预算		2 000 万元

表 3-3-5-8 天津大学“211 工程”学科群建设规划简表 8

学科群名称	力学
研究与发展方向	（1）流体力学理论与应用技术：湍流相干结构形成机理、检测辨识、拓扑结构及控制的研究，湍流相干结构与小尺度脉动之间的相互作用，流动稳定性非线性理论在湍流相干结构机理中的应用，湍流模式的修正和构造，三维可压缩边界层流动及转捩稳定性，计算流体力学的理论方法及其应用，水波动力学及其在海岸海洋及水利工程中的应用。 （2）实验力学理论与方法：计算机辅助光力学方法的研究、电子干涉技术及其应用、瞬态图像采集与动态电子散斑干涉方法的研究、实验断裂力学与界面力学的研究、三维非线性和散体光弹性方法及其应用、高应变率材料本构关系的研究、静动态光力学方法和电测法以及无损检测在重大工程问题中的应用、重大工程物理模拟试验。 （3）一般力学理论：离散多自由度非线性动力系统的约化理论和高余维分岔理论，非线性和混沌控制的机理与规律，非光滑动力学系统、非线性约束系统、时变系统、非线性控制系统和人工神经网络系统的非线性动力学分析、实验和数值模拟研究，大型汽轮发电机组轴系振动失稳非线性分析。 （4）固体力学理论与应用：固体力学若干非线性问题数值方法研究、固体力学非线性问题的混沌与分岔、应用弹塑性理论与方法、材料疲劳与断裂行为的实验研究与数值模拟、复合材料界面的力学行为研究、热弹性与热非弹性理论、金属与非金属材料的本构关系研究、生物医学工程材料力学行为研究

续表

学科群名称		力学
学术带头人		周恒院士，博士生导师9人
依托的重点实验室		光力学国家专业实验室
组成学科	博士点	流体力学、实验力学、一般力学
	覆盖的其他硕士点	固体力学、生物力学
博士后流动站		力学
经费预算		1 600万元

表3-3-5-9　天津大学“211工程”学科群建设规划简表9

学科群名称		建筑学
研究与发展方向		(1)建筑美学与空间构图理论； (2)建筑创作方法论； (3)中国古典园林及园林设计； (4)传统建筑文化与当代建筑创新； (5)城乡居民区整体环境与商品化住宅研究； (6)传统城镇更新； (7)高层建筑； (8)公共建筑设计原理； (9)日本及西方近现代建筑； (10)中国近现代建筑； (11)中国传统建筑与理论； (12)旧租界建筑与城市研究； (13)太阳能采暖建筑； (14)建筑光环境与色环境研究； (15)工业和医疗洁净建筑研究
学术带头人		彭一刚教授，博士生导师5人
组成学科	博士点	建筑设计及其理论
	覆盖的其他硕士点	建筑历史及其理论、城市规划与设计、建筑技术科学
经费预算		1 000万元

表 3-3-5-10　天津大学"211 工程"学科群建设规划简表 10

学科群名称		土木、水利工程
研究与发展方向		(1)房屋建筑结构工程:膜结构、充气结构,结构的动力性状与反应,结构动力稳定,土-结构相互作用,结构振动控制与消能减震,弹性波在多层介质中的传播,结构的非线性分析计算,压电板壳的分析及其在结构控制中的应用,新型建筑体系标准化研究,结构静力、动力稳定问题,空间网壳结构非线性稳定分析、结构分析的专家系统。 (2)海岸工程:波浪与淤泥质海床的相互作用、淤泥层的质量输送、波浪要素在波浪破碎后沿传播的变化规律、潮汐通道的稳定性、海岸工程和港口工程泥沙数学模型、海岸港口防波堤的掩护效应、不规则海浪的随机预报与概率分析。 (3)水利水电工程:岩体地应力场及高坝建基面设计理论、高速水流诱发结构振动研究、水电站和水工建筑物的抗震理论。 (4)港口及航道工程:港口结构的静、动态数值分析以及计算机软件与 CAD 系统的开发,港工结构性态的静动态检测与反馈设计,港口工程可靠度的研究。 (5)海洋与船舶工程:结构系统可靠性分析理论及最优化设计、流固耦合非线性动力响应、冰与结构相互作用研究、海工结构动力特性及动力分析。 (6)岩土工程:海洋土力学及海工结构与土的相互作用,环境土力学,土动力本构关系,软黏土动孔压的量测方法,随机荷载动力实验,非均质初始状态的地应力场与地下工程结构,随机断裂非均质岩体的弹性、弹塑性、弹塑黏性的模型与参数反馈分析。 (7)水力学及河流动力学:海浪及紊流对建筑物的随机荷载,波浪与建筑物的相互作用,波浪作用下结构的响应特性及疲劳损伤,高速水流同结构固体、边界和空气介质的相互作用
学术带头人		吴健生教授、赵子丹教授,博士生导师 9 人
组成学科	博士点	结构工程、海岸工程
	覆盖的其他硕士点	岩土工程,水工结构工程,水力发电工程,近海工程,港口及航道工程,水力学及河流动力学,土木、水利工程施工,环境工程,船舶与海洋结构物设计、制造
博士后流动站		土木、水利
经费预算		1 600 万元

表 3-3-5-11　天津大学"211 工程"学科群建设规划简表 11

学科群名称	电力工程
研究与发展方向	(1)电力系统及其自动化的理论和技术:交直流互联输电系统的仿真、故障分析、安全性和稳定性的检验和谐波计算,自适应与智能化的继电保护与厂、站综合自动监控系统,分布式能量管理系统,特高压输电技术和电力系统中的卫星通信,电力系统的运行与中、长期优化规划。 (2)电力电子技术:高电压大功率可关断晶闸管的灵活输电,无功补偿和有源滤波器的机理及其装置,电力电子器件无破坏测试机理及其方法,开关电源、感应加热电源的新型拓扑结构和实用产品。 (3)现代电机及其控制系统理论与技术:电机物理场计算和优化设计、具有电力电子器件的电机系统的运行工况和仿真计算分析、新型电机和电机节能理论与技术的研究、抽水蓄能机组与大型泵站电机的启动与运行研究、发电机组转轴扭振的研究。 (4)现代电气传动的理论与技术:交直流传动系统的稳态与动态的数字仿真、异步马达的全数字矢量控制系统、高性能全数字交流伺服系统、转矩脉动最小化无刷直流机换向最优控制、无传感器无刷直流伺服系统。 (5)电力工程的基础理论研究及其与相邻学科的交叉渗透:超导电工新技术;电磁场对生态环境的效应;生物、医学中的电工新技术;利用计算机求解电磁场的数值方法;图论与计算几何学在电力工程与电力通信工程中的应用,电路的计算机辅助设计和分析,电路与系统的故障诊断;小波分析方法、智能控制理论等在电力工程中的应用

续表

学科群名称		电力工程
学术带头人		贺家李教授,博士生导师3人
组成学科	博士点	电力系统及其自动化
	覆盖的其他硕士点	电力电子技术、电机、工业自动化、电力传动及其自动化
博士后流动站		电工
经费预算		1 000万元

表3-3-5-12 天津大学"211工程"重点学科建设规划简表1

序号	重点学科点名称	研究方向	学术带头人	经费投入/万元	至2000年建设目标
1	内燃机	(1)内燃机混合气形成及燃烧过程; (2)内燃机有害排放物生成机理和控制; (3)内燃机电控技术; (4)内燃机增压及中冷技术; (5)内燃机燃料和润滑油; (6)内燃机振动与噪声; (7)内燃机测试技术; (8)内燃机现代设计理论与方法; (9)摩托车现代设计理论与方法; (10)摩托车实验技术; (11)高效率、超低污染内燃机产品开发; (12)摩托车新产品开发	史绍熙、赵奎翰、刘书亮	1 500	接近或达到世界一流水平
2	化学工程	(1)化工热力学; (2)化工流体力学与传递过程; (3)传质与分离工程; (4)化学反应工程; (5)化工过程系统工程; (6)生物化学工程	余国琮、王世昌	1 100	接近或达到世界一流水平
3	有机化工	(1)化工热力学; (2)计算化工; (3)有机化工反应; (4)精细有机化工; (5)一碳化工; (6)有机化工分离过程; (7)有机化工过程分析、模拟与优化	陈洪钫、许锡恩	900	接近或达到世界一流水平
4	光学仪器	(1)光电信息处理及计算; (2)激光技术及频率变换技术; (3)飞秒激光技术; (4)光集成技术与器件研究; (5)光通信基础技术; (6)光纤传像技术及图像处理	张以谟	1 000	接近或达到世界一流水平

续表

序号	重点学科点名称	研究方向	学术带头人	经费投入/万元	至2000年建设目标
5	测试计量技术及仪器	(1)激光及光电测试技术; (2)仪器误差自动修正技术与智能化; (3)非接触传感技术及智能化; (4)现代光学测试技术; (5)纳米测量技术	叶声华	1 000	接近或达到世界一流水平
6	系统工程	(1)系统工程理论与应用:大系统理论与应用,社会经济系统非均衡调控问题研究,协调对策原理,具有认知功能的人脑(神经元网络)模型的研究,人工神经元网络的智能控制技术,人工神经元网络在决策中的应用,离散事件理论用于物流系统,社会经济系统建模理论、方法及应用。 (2)系统工程方法论:决策与预测综合分析、预测理论与方法的研究、技术结构的研究及其评价方法、社会经济系统的广义目标规划、工程系统分析与管理。 (3)应用研究:城市交通系统工程、资源系统工程、企业发展战略。 (4)工具研究:管理信息系统、新型决策支持系统	刘豹、李光泉、顾培亮	8 00	接近或达到世界一流水平

表 3-3-5-13　天津大学“211 工程”重点学科建设规划简表 2

序号	重点学科点名称	研究方向	学术带头人	经费投入/万元	规划期内建设目标
1	流体力学	(1)湍流相干结构形成机理研究; (2)湍流相干结构的检测,辨识及其拓扑结构的研究; (3)湍流相干结构与小尺度脉动之间的相互作用; (4)流动稳定性非线性理论在湍流相干结构机理中的应用; (5)湍流相干结构的控制; (6)利用湍流相干结构的知识修正构造新的湍流模式的研究	周恒	550	国际先进
2	实验力学	(1)计算机辅助光力学方法研究; (2)电子干涉技术及其应用; (3)瞬态图像采集技术与动态电子散斑干涉方法研究; (4)实验断裂力学与界面力学研究; (5)三维非线性和散体光弹性方法及其应用; (6)高应变率材料本构关系的研究; (7)静、动态光力学方法和电测法以及无损检测在重大工程问题中的应用	贾有权、佟景伟、秦玉文	450	国际先进

续表

序号	重点学科点名称	研究方向	学术带头人	经费投入/万元	规划期内建设目标
3	无机非金属材料	(1)先进结构陶瓷； (2)功能陶瓷； (3)新型耐火材料	袁启明	900	国际先进
4	焊接	(1)焊接冶金及焊接材料； (2)焊接结构及断裂； (3)焊接电弧等离子体技术及应用； (4)焊接过程控制及自动化	张文钺、霍立兴	850	国际先进
5	机械制造	(1)机械动力学及振动噪声控制技术； (2)工程陶瓷与硬脆性材料加工理论和技术； (3)机械多体系统理论方法和应用； (4)智能机器人及柔性自动化装配； (5)自动化加工技术	刘又午	800	部分国际先进
6	建筑设计及其理论	(1)建筑美学与空间构图理论； (2)建筑设计方法论； (3)中国古典园林及园林设计； (4)传统、乡土建筑文化与当代建筑创新； (5)日本近现代建筑； (6)中国近现代建筑史研究； (7)中国古代环境观及风水理论； (8)西方当代建筑思潮	彭一刚	500	国际先进
7	信号与信息处理	(1)高清晰度电视与图像信息处理新技术； (2)快速图像处理系统及 DSP 应用技术； (3)数据压缩与编码理论； (4)非线性数字滤波理论及应用； (5)井下图像信息的探测与处理	俞斯乐	800	国际先进
8	工业催化	(1)固体催化剂工程研究； (2)稀土和过渡元素催化作用，工业催化剂和工业催化材料； (3)工业催化剂设计； (4)激光表面催化； (5)C1 化工催化	张鎏、秦永宁	750	部分国际先进
9	工程热物理	(1)低焓能源转换、传递理论与技术研究； (2)传热传质过程机理及强化技术研究； (3)低沸点工质和混合工质热力性质及热工材料热物性研究； (4)热力循环和总能系统研究	吕灿仁、马一太	800	部分国际先进
10	生物医学工程	(1)生物医学测量方面的研究； (2)生物力学； (3)生物物理； (4)人工器官传质方面的研究； (5)医用高分子材料的研究	王明时	900	国际先进

续表

序号	重点学科点名称	研究方向	学术带头人	经费投入/万元	规划期内建设目标
11	材料物理	(1)薄膜宏观磁性量子隧道效应； (2)人工结构材料设计及低维功能材料物理； (3)超高密度磁记录薄膜材料物理； (4)生物代用无机薄膜材料； (5)金属磁性多层膜的界面及物性； (6)铁电陶瓷薄膜材料； (7)超硬薄膜材料； (8)防软X射线多层膜理论研究； (9)快离子导体材料和器件； (10)低维固体理论； (11)生物大分子材料物理； (12)心脏瓣C类材料； (13)金属材料； (14)金属基复合材料； (15)金属材料相变； (16)电子显微结构分析； (17)光纤激光； (18)色心材料物理与激光； (19)晶体生长与晶体材料物理； (20)频域光存储晶体材料及应用	姜恩永	850	国际先进
12	结构工程	(1)膜结构的研究、开发与应用； (2)混凝土及轻砼结构强度、变形理论与应用的研究； (3)结构振动控制(抗震结构)； (4)空间网架结构； (5)岩土与结构的相互作用； (6)结构的非线性分析	吴健生	850	国内先进
13	电力系统及其自动化	(1)电力系统故障分析与继电保护研究； (2)电力系统的运行、控制与决策理论研究； (3)电力系统智能控制理论与技术研究； (4)交直流联合输电系统及谐波分析的研究	贺家李、余贻鑫	700	部分国际先进
14	应用化学	(1)金属电沉积； (2)化学电源； (3)腐蚀电化学； (4)电催化与电合成； (5)电化学反应工程； (6)表面化学； (7)生物电化学	郭鹤桐、唐致远	750	部分国际先进
15	一般力学	(1)非线性振动、分岔和混沌理论及其工程应用(工程非线性动力学)； (2)电机的电磁激发的参数振动及机电耦联的非线性振动	陈予恕	400	部分国际先进

续表

序号	重点学科点名称	研究方向	学术带头人	经费投入/万元	规划期内建设目标
16	海岸工程	(1)海岸建筑物的受力分析、建筑物周围的波浪、潮流作用下的波浪、水流场及冲淤变化； (2)海港防波堤的掩护效应； (3)海上航道开挖后的淤积估计； (4)波浪在沙质海床上的传播变形； (5)波浪与淤泥质海床的相互作用； (6)沿岸流的流速分布； (7)沿岸输沙率； (8)河口稳定性； (9)潮汐通道稳定性； (10)海上孤立建筑物的受力分析	赵子丹	750	国内先进
17	物理电子学与光电子学	(1)激光； (2)非线性光学； (3)光电子器件； (4)光信息传输； (5)相干光学技术与应用研究	姚建铨	800	国际先进
18	生物化工	(1)生物反应工程； (2)生物分离工程； (3)化工废水生物处理技术； (4)生理活性物质的制备与开发； (5)细胞工程与基因工程	胡宗定	900	国际先进
19	光学	(1)光子生物医学； (2)量子光子学； (3)导波光子学； (4)光计算； (5)光散射与混沌态的研究	马世宁	500	国内先进
20	应用数学	(1)现代控制理论及其应用； (2)微分方程及其应用； (3)多元极值统计理论及其应用； (4)科学计算的理论和方法； (5)泛函分析及一般拓扑学的理论及应用	喻文唤	300	国内先进
21	计算机应用	(1)实时计算机应用； (2)计算机辅助技术； (3)计算机辅助教学； (4)办公自动化； (5)计算机图形和图像处理	舒炎泰	800	国内先进

第二部分　天津大学人才培养规划

摘选内容如下。

……

二、研究生教育

天津大学研究生的培养，始终坚持面向现代化、面向世界、面向未来，培养德、智、体全面发展的高层次专门人才和社会主义事业的建设者与接班人这一目标。目前已建立了硕士-博士的人才培养体系，成为国家高级专门人才立足于国内培养的重要基地。

(一)基础与实力

1. 建立了学科门类比较齐全的学科体系

学校现有 6 个国家级重点学科，10 个天津市级重点学科，8 个博士后流动站，5 个国家级重点(专业)实验室，2 个教委开放实验室和 1 个国家级工程研究中心，88 个属于系、所的研究室和实验室。同时，还有研究生专用的语音室、微机接口实验室和阅览室，为培养研究生提供了良好的学习、实验条件和研究基地。

学校已有 24 个博士点、75 个硕士点。其中，动力工程及工程热物理、化学工程与工业化学、仪器仪表和力学等学科，在国内有一定的影响力。内燃机专业 1992 年在国家"两委"组织的学位与研究生教育评估中，博士点和硕士点均名列全国同学科的第一名。我校有权在物理学(理学)和力学等 13 个一级学科(工学)范围内自行审批硕士点，对已有的 24 个博士点有权自行审批增列博士生导师。为加强学科建设，我校建立了重点学科发展基金，以保证重点学科的发展。

2. 具有雄厚的师资力量

我校现有副教授以上高级技术职称的教师 1 301 人，其中硕士生导师近 700 人，博士生导师 96 人，国务院学科评议组成员 7 人，中国科学院院士 3 人。同时，为培养后继学科带头人和加强学术梯队后备青年教师的培养工作，1985 年我校设立了"青年科学基金"和"研究生基础课教师基金"，对加强师资队伍建设起到了很好的作用。同时，我校建立了导师资格遴选和复查制度，并从全国几千种刊物中挑选出 72 种高水平刊物作为我校技术职称评定，以及科研部门进行考核和批准指导研究生的重要依据。制定并实施了博士生合作导师制，对加强博士生培养，以及加强学科和师资队伍的建设都起了很好的作用。

3. 研究生教育规模不断扩大，质量不断提高

学校以"实事求是"为校训，坚持严谨治学，开拓创新，在社会上享有很好的声誉。报考我校的研究生人数逐年增加。1994 年，报名人数达 1 950 人，居工科院校榜首。硕士生、博士生平均录取率分别保持在 1∶3 和 1∶2。

目前，我校研究生在校人数为 2 183 人，其中博士生 359 人、硕士生 1 824 人，另有博士后科研人员 20 多人。研究生在校人数是 1984 年的 2.5 倍，其中博士生在校人数是 1984 年的 8.7 倍。

学校还面向我国经济建设主战场，按需招生，按需培养。1984 年以来，根据社会需要，招收定向、委托培养研究生 1 089 人，占录取总数的 22.6%。密切了学校与社会、厂矿企业、科研事业单位的联系，使学校直接为现代化建设服务，提高办学效益。

十多年来，我校已为国家输送了 4 669 名(含原研究生班毕业)高层次专门人才。他们在各条战线上都发挥了很好的作用，有许多人已成为所在单位的学术带头人或科技、管理骨干。仅对近几年留校作教师的博士研究生进行统计，由他们参加的科研项目中，获国家科学技术进步奖 8 项，获国家教委科技进步奖 12 项。由于科研成果突出，其中有 6 人被授予"做出突出贡献的中国博士、硕士学位获得者"称号；有 2 人获得"霍英东基金首届高校青年教师"奖；有 1 人被授予"21 世纪学术和技术带头人"称号；有 5 人被聘为博士生导师。由于我校管理体制健全，坚持标准，保证质量，1991 年经国务院学位委员会检查验收，我校获批有权向在职人员授予博士、硕士学位双免检单位。

4. 深化改革，保证培养质量

(1)不断改革培养方案，建立高层次人才培养需要的学位课程体系。

课程建设是研究生培养工作的重要组成部分，健全的课程体系是研究生建立合理的知识结构的根本保证。因此，为优化研究生的知识结构、丰富基础理论知识，建立知识台阶，加强能力培养，我校从1992年起在全校硕士研究生中全面推行了统一学位课，并按拓宽专业知识、跟踪学科前沿原则设立新的选修课课程体系。全校共修订了223门专业学位课、13门公共学位课的教学大纲，新开课程130门，内容更新较大的课程有210门，并开设了30多门小学分的选修课，使硕士研究生形成了知识结构比较合理、水平较高的知识台阶，推动硕士研究生的培养向着基础理论比较宽广，既能适应理论型研究，又能适应科技应用型研究的人才方向发展。如作为全校工科硕士研究生统一学位课的应用数学基础是由原四门课程综合在一起形成的。这是一次成功的课程改革，它精简了课程内容，避免了教学内容的重复，减少了学时（由原来的100学时减少到了85学时），并使研究生的教学从以高等数学为基础升华到以泛函分析为基础，使研究生提高了利用现代数学理论、方法去分析和解决现代工程实际问题的能力。统一的计算机学位课和6门公共计算机系列选修课的开设，使研究生应用计算机的整体水平在本科生基础上提高了一个台阶。化工系、精仪系、自动化系、机械系等都按“向一级学科靠拢”的设想，为学科相近的专业设置了统一的公共专业基础学位课，扩大了研究生的知识面。

（2）为使博士研究生具有广博的基础理论和科学知识，我校在全国工科院校中率先开设了非线性数学基础课程，以丰富博士研究生的基础理论知识，课程学习试行了学分制。同时，对博士研究生培养进行了规范化管理，建立了中期考核、学术报告、论文答辩、学位评定等一系列质量保证制度。引进竞争机制，鼓励先进，促进培养质量不断提高。

为吸收优秀生源和全面提高博士研究生的培养质量，我校从1992年起实行了博士研究生兼任助教、助研、助管制度，并鼓励优秀硕士研究生提前攻读或直接攻读博士学位。同时从1994年起试行了在优秀应届本科生和新考入的硕士生中选拔人才，直接攻读博士学位制度，即建立了硕士-博士连读制度，已招收了25名硕博连读生，为多出人才、快出人才创造了有利条件。

5. 具备比较完善的研究生教育管理和学位评定体系

（1）我校研究生院设立了研究生培养处、学位办公室、研究生思想政治工作处和院办公室。各系（院、所）有系主任或一名副主任分管研究生工作并设专职教务员1~2名。学校成立了学位评定委员会，下设学位办公室负责日常工作。学位评定委员会按照相关的系（院、所）或学科专业划分为14个学位评定分委员会，并设秘书一人。

上述机构的建立，为我校学位与研究生教育以及思想政治教育等管理工作提供了可靠的组织保证。

（2）为更好地履行研究生的管理职能，以适应学位与研究生教育管理的需要，我校先后制定了《天津大学研究生学则》《天津大学攻读硕士、博士学位研究生培养工作暂行规定》《天津大学硕士、博士学位授予工作实施细则》《天津大学导师条例》《天津大学研究生思想政治工作条例》等30余种文件和规定，形成了一整套比较完整的管理制度，为研究生教育工作的规范化管理和保证培养质量打下良好基础。

（3）我校制定了一系列确保学位授予质量的管理措施。建立了硕士、博士学位论文评价指标体系，明确规定了各级指标体系的内涵和标准；探索了一套论文评审的方法，收到了很好的效果。在国家教委、国务院学位委员会三次对我校5个博士点、15个硕士点的评估检查中，我校均取得较好成绩，有的专业名列前茅。

我校研究生教育研究成果多次获国家和天津市教学成果优秀奖。完成国家“七五”期间重点课题5项，获国家教委优秀奖2项，天津市优秀教学成果奖（兼获校级一等奖）4项，获天津市研究生教育学会优秀论文奖共7项。

（二）发展规划与措施

1. 发展目标与规划

学校在稳定发展本科生教育的基础上，大力发展研究生教育，特别是重点发展博士研究生教育。积极探索具有中国特色和国际先进水平的研究生培养模式，努力提高办学层次和教学、科研水平。努力培养具有扎实的理论基础、宽广的知识结构，能够宏观驾驭知识并创造性地进行科学研究的高层次跨学科人才，使其成为攀登世界科技高峰的中坚力量。其中，有相当一批人经过锻炼，已成为在国内外有较大影响力的知名学者和科学家。到 20 世纪末，我校在校研究生规模将达到 2 700 人，博士研究生与硕士研究生的比例为 1∶3。我校将成为国内培养高层次专门人才的重要基地之一。

2. 具体措施

（1）发挥学科优势，多种规格培养研究生。

根据科技发展和社会的需要，结合我校特色调整学科布局，建立以工为主，理工结合，文、经、管、法综合协调发展的学科体系（见学科建设规划）。根据不同学科特点，多规格、多门类地培养研究生。除培养工科硕士、理科硕士外，还将根据国家需要，在一些专业和学科，培养工程硕士、工商管理硕士、建筑学硕士和文科硕士等，广泛进行复合型、应用型人才的培养。要充分发挥我校重点学科和学科群的优势，培养博士研究生，要瞄准学科前沿，组织研究生特别是博士研究生参与国家攻关课题、“863”项目和学科前沿等重大课题的研究，使他们能脱颖而出，尽快成长为跨世纪的学科带头人和学术骨干。

（2）按一级学科，培养博士研究生。

根据面向 21 世纪人才培养的需要，坚持“博、深、新”的培养原则，按一级学科培养基础理论扎实、知识面宽广，具有创造能力的博士研究生。逐步实行按一级学科或相关学科组成的学科群设置学位课程，建立以加强基础、拓宽专业、跟踪前沿、优化知识结构为目的的博士研究生课程体系。为此，我校在为博士研究生开设非线性数学分析课的基础上，还将根据不同学科的特点和需要开设科学计算专题选讲、小波分析、系统辨识、随机过程、多元统计分析等数学课程，使博士研究生的数学基础在硕士研究生以泛函分析为基础的应用数学基础课的基础上，再上一个新的台阶，以提高他们科研和论文工作的理论水平。并且在博士研究生中开设“现代物理学与高新技术”系列讲座，将其作为博士研究生的选修课，向博士研究生介绍一些近代物理学中的新理论、新方法和新的研究成果，以扩大他们的知识面和学术视野，激发其创造力。同时，在一级学科范围内开设学科前沿的知识讲座课，使他们能及时掌握学科发展动态，不断提高其学术水平。在使博士研究生建立合理的知识结构的基础上，使其科研成果和论文既能反映本学科的最新发展，又能够突破学科界限，具有创造性。进一步完善学分制，加强教学管理，保证培养质量不断提高。

（3）加强导师队伍建设，优化导师队伍结构。

提高导师水平，优化导师队伍结构，特别是博士生导师结构，是保证和提高研究生培养质量的重要因素。因此，我校在继续坚持和完善导师遴选制度和合作博士生导师制度的基础上，努力加强后继学科带头人和学术梯队后备青年教师的培养工作，积极创造条件使更多的中青年学术骨干承担起指导研究生的责任。继续进行自行审定增列博士生导师工作，逐步使具有招收、培养博士研究生条件的，特别是鼓励具有博士学位的年轻教授上岗指导博士研究生，使博士生导师真正成为一个工作岗位而不是一个固定的层次和称号。同时，根据需要聘请校内外专家，特别是在国内外有一定影响力的、知名度较高的专家、教授共同指导博士研究生，以形成学术水平高、年龄结构合理的导师队伍。同时，在培养中要逐步按一级学科建立博士研究生培养指导小组，实行导师负责和集体指导相结合的制度，有利于博士研究生博采众长和改善知识结构，以保证博士研究生的培养质量。

（4）加强教学实验基地建设，改善教学条件。

学校计划建设计算机接口技术实验室、化工综合实验室、自动控制系统分析和综合实验室、电力系统仿真实验室、工程热物理实验室、现代测试技术实验室、内燃机实验室和研究生语言实验室（详见保障体系建设规划），以使研究生掌握一些现代的计算机技术，化工、自动化、内燃机及测试技术等方面的新的实验技能和手段，提高他们完成重大科研课题和解决工程技术中实际问题的能力。

（5）优化育人环境，调动研究生的积极性。

充分利用我校良好的育人条件，给研究生创造浓厚的学术气氛，发挥研究生的主观能动性。培养研究生，特别是博士研究生的创造能力。学校的国家实验室、分析中心、精密仪器中心、计算中心、工程中心等全面向博士研究生开放，鼓励博士研究生充分利用这些条件进行学习和开展创造性的研究工作。建立定期作学术报告制度，要求研究生在一级学科或跨学科领域广泛阅读国内外科技文献，以便了解和掌握科学技术发展动态，特别是博士研究生的学术报告要反映一级学科或跨学科及学科前沿的科技文献内容。在研究生中广泛举办学术讲座、学术研讨活动等。大力推广我校物理系研究生每周一次的学术沙龙活动，即导师与研究生共同参与，每次由一个人主讲，大家共同讨论相关问题，以互相启发，扩大知识面。创造条件，让博士研究生参加国内外学术活动。

（6）改革研究生的奖学金制度。

积极探索奖学金、贷学金相结合的制度，引进竞争机制，调动研究生学习的积极性。结合我校人事制度的改革，进一步完善博士研究生兼任“三助”工作，使博士研究生在实际工作中得到锻炼，达到全面提高的目的。同时可适当增加收入，提高博士研究生的生活待遇。

（7）广开渠道招收研究生。

鼓励优秀硕士研究生提前攻读或直接攻读博士学位；继续完善优秀本科应届毕业生直接攻读博士学位的制度；努力为国家大中型企业培养跨世纪高层次专门人才，扩大工程硕士、工商管理硕士、建筑学硕士等应用型人才的招生规模，提高办学效益。积极招收外国研究生。

（8）加强管理队伍建设。

进一步完善我校研究生院、系（院、所）的研究生管理体制；建立健全研究生培养质量和教学质量的评估体系；进一步加强对研究生的招生、培养、管理等各工作环节的自动化管理，不断提高管理干部的素质和工作效率。加强学位与研究生教育的研究工作，成立研究所。

第三部分　李光泉校长在“211 工程”部门评审会上的讲话

天津大学研究生教育工作基础好。

天津大学是中国第一批开办研究生教育的高校，也是 1984 年经国务院批准，首批试办研究生院的 22 所高等学校之一。在办学权限方面，学校是经国家教委批准，首批具有硕士、博士学位研究生招生权和学位授予权的单位之一，是首批可以接受在职人员申请硕士、博士学位的试点单位之一和向在职人员授予硕士、博士学位的双免检单位之一，是首批进行工程硕士、工商管理硕士、建筑学硕士等应用型硕士和博士生培养的试点单位之一，具有对四年以上工龄的大学本科毕业生的单独命题考试和录取权。按照国家教委关于博士、硕士学位学科、专业的审批权限，学校还具有硕士点的自行审批权和博士生导师的自行审批权。学校制定了《天津大学研究生学则》《天津大学硕士、博士学位授予工作实施细则》《天津大学导师条例》《天津大学研究生思想政治工作条例》《天津大学攻读博士学位研究生培养工作的暂行规定》等 30 余种有关文件和规定，在研究生管理工作方面形成了一套比较完整的规章制度，做到了规范化、制度化管理。研究生德育工作已形成了较明确的工作体制，较健全的工作系统和以专兼职干部为主体的德育工作队伍以及以学生党团组织和研究生会干部为主体的学生骨干队伍。学校坚持对研究生进行政治素质和思想道德素质的教育与培养；坚持德育工作与业务培养紧密结合；坚持普通教育与个别工作相结合；坚持既帮助研究生解决政治思想上的问题，又努力解决学习、生活中出现的实际困难。研究生德育工作逐步落到了实处，收到了实效。

本着着眼未来、适应社会、优化结构、内容更新、统一要求、保证质量的原则，不断改革课程，革新教材，优化知识结构，构建硕士、博士研究生所应有的知识体系。对硕士研究生严格按照二级学科设置学位课，活化选修和必修考查课；对博士研究生开设高新数理基础课和系列讲座。构成了具有我校特点的学位课程培养体系。要培养出高质量的研究生，首先必须有一支高水平的导师队伍。为加强导师队伍建设，我校制定了硕士生导师条例，坚持按标准遴选导师并建立了导师复查制度，还与社会上大型厂矿企业和科研院所合作，聘请学术水平高、实际经验丰富、课题经费和实验条件优越的单位和个人合作培养硕士研究生和博士研究生，充实了导师队伍。通过全校共同努力，我校已形成了一个学科门类比较齐全，具有一定优势的学科体系，截至 1995 年，我校已有 6 个国家级重点学科、10 个天津市级重点学科、8 个博士后流动站、29 个博士点、78 个硕士点，已覆盖工学、理学、医学、文学、教育学五大学科门类的 20 个一级学科。我校累计录取研究生 6 895 人，其中博士研究生 901 人，录取总数是学校"文化大革命"前培养研究生总数（354 名）的 195 倍，已授予硕士学位 4 797 人、博士学位 289 人，为我国"四化"建设输送博士研究生、硕士研究生、研究生班毕业生等共计 5 353 人，他们中的绝大多数已成为所在单位的骨干力量，有不少人已成为领导者或科学技术带头人。我校有 5 名博士研究生和 1 名硕士研究生被国家授予"有突出贡献的中国硕士、博士学位获得者"称号，有 1 人被授予"21 世纪学术和科学技术带头人"称号，有 7 人被聘为博士生导师。十几年来，我校研究生教育工作取得的成绩是显著的。

但由于我国学位与研究生教育工作起步较晚，经验不足，因而建立起完备而又符合中国国情，适应社会主义市场经济体制和社会发展需要，而又遵循高层次教育自身规律的研究生教育制度，还需要付出很大努力。结合我校的情况，研究生教育工作存在的主要问题是：博士点数量偏少，硕士点布局欠合理。工学门类一些重要一级学科，如计算机科学与技术、管理科学与工程等尚无博士点；硕士点数量虽多，但基本集中在工学门类中；理科硕士点很少，哲学、法学以及外语学科尚无硕士点；研究生培养规格、类型比较单一，培养要求偏于学术型，对应用型、复合型专业人才的培养改革力度不够；在硕士研究生培养过程中，工程训练偏少，有的单位实验研究的条件较差或没有保证；在博士研究生培养过程中，知识面不够宽，科研成果创新尚显不足，有少数学位论文华而不实，质量不高；博士研究生优秀生源不足，博士研究生与硕士研究生的比例也偏低，1995 年下半年我校在校研究生中博士研究生和硕士研究生的比例为 1∶4，与兄弟院校相比有较大差距；社会主义市场经济体制新形势下的研究生德育工作以及校纪学则教育亟待改进和加强，要保证我们培养的研究生既有较高的专业素质，又有良好的思想政治素质和文化素质；校内的研究生教育评估制度和质量监督机制尚需加紧健全和完善。

今后五年研究生教育的指导思想是：全面实施党中央、国务院确定的科教兴国战略，贯彻 1995 年全国研究生教育工作座谈会的精神，更好地适应我国经济建设、科技进步和社会发展对高层次人才的战略需求，建立和完善与社会主义市场经济体制和政治、科技体制相适应的研究生教育体制，实现高层次人才培养基本立足于国内这一战略目标，必须采取切实有效的措施，进一步改进和加强研究生教育工作。"立足国内，适度发展，优化结构，相对集中，推进改革，提高质量"。

天津大学研究生教育深化改革的举措为：扩大培养口径，向多种培养规格、培养类型和研究方向的培养方式转变；提高培养质量，博士研究生的培养方案和课程设置要体现博、深、新；加强研究生实际能力培养，增加实践培养环节；实行课程和教材改革，增设世界一流大学开设的前沿课程和使用国外原版教材；博士生导师的审批权下放学校后，把握机会加强师资队伍建设。

（一）深化教学改革，提高研究生培养质量

研究生培养要以加强基础理论知识学习、拓宽学科领域、优化知识结构、跟踪学科前沿、加强实践环节和注重创新能力为思路进行教学改革。

1. 加强基础理论,优化知识结构

扎实的理论基础和优良的知识结构是研究生特别是博士研究生进行创造性研究的源泉。因此,要不断深化和改进研究生的课程教学,1996 年要重新修订硕士生培养方案和课程计划,在原二级学科设立学位课的基础上,向一级学科(或学科群)方向扩展,鼓励硕士生跨学科、跨专业选修课程,尤其是选修交叉学科和管理类学科的课程,以适应多种培养规格、培养类型和研究方向的要求。博士研究生的培养方案和课程设置要进一步完善,课程内容要体现博、深、新。博士生导师要组织开设本学科或相邻学科领域的"学科前沿知识讲座"(0.5~1 学分),使博士研究生及时了解学科发展动态,掌握最新科技知识。继续开设非线性数学、现代物理学与高新技术系列讲座等课程,夯实理论基础,提高知识运用能力。

2. 加强实际能力的培养

根据 1995 年全国研究生教育工作座谈会关于硕士研究生培养的重心应加快调整到为经济建设和社会服务方向上来的精神,要加强硕士研究生工程训练和实际应用能力的培养。对于博士研究生也要有相应的要求,结合我校实际,重点抓好以下三个环节的培养。

(1)加强外语应用能力培养。

外语是研究生进行科研、查阅资料和对外交流的重要工具。必须采取有效措施,提高研究生的外语水平。对在本科阶段已通过大学英语六级考试的硕士研究生,英语教学采用专业英语四级教学大纲,增加汉译英的训练,着重培养他们的英语灵活运用能力。对未通过大学英语六级考试的硕士研究生,按硕士研究生英语教学大纲兼顾大学英语六级考试教学大纲安排教学。对于高工龄,通过单独考试入学的硕士研究生,英语教学按硕士研究生英语教学大纲兼顾大学英语四、六级考试教学大纲组织教学。硕士研究生在校期间,必须达到大学英语六级水平,除高工龄硕士研究生外,未取得大学英语六级通过证书者,将不授予硕士学位。同时,为鼓励硕士研究生在校期间提高英语应用能力,凡具有下列条件之一者,可申请免除博士研究生英语入学考试:具有大学英语六级通过证书和硕士研究生在校期间的英语学位课成绩达到 80 分(含 80 分)以上者;获得专业英语四级通过证书者;获得英语双学位证书者。在学习语言基础的同时,要加强专业外语训练。

对博士研究生英语课程教学,要按博士研究生英语教学大纲要求,并参照专业英语四、八级教学大纲安排教学,重点培养他们用英文书写科技文章的能力。

博士研究生(包括在职和长工龄者)必须通过大学英语六级考试,方能获得博士学位。1996 年已经入学而未通过大学英语六级考试的博士研究生必须在学习博士研究生英语课的同时补学和补试。

(2)加强实践环节。

在硕士研究生的培养过程中,要重视提高他们的动手能力和解决实际工程问题的能力。

博士研究生的学位论文要求有实验验证,没有实验或没有经过社会实践检验的不能参加学位论文答辩。管理类研究生学位论文的选题一定要密切结合经济建设或社会实际。

(3)加强计算机应用能力培养。

计算机在各个领域的应用是现代科学技术发展的重要组成部分。因此,在硕士生的培养方案中,规定了计算机技术及工程应用基础课作为公共学位课。有条件的院、系、所(中心)也可结合本学科特点,开设计算机类学位课程。现已建立全校的研究生计算机接口技术及应用实验室,并开设计算机接口技术及应用选修课,以提高研究生的计算机应用水平。

3. 注重创新能力培养,保证学位论文质量

进行科学研究和撰写学位论文是研究生培养工作的主要环节,也是评价研究生培养质量的重要内容。研究生的学位论文,要对科学技术发展和国民经济建设或社会发展具有重要实用价值或理论意义,特别要求博士学位论文要在科学或专门技术上取得创造性成果。为此,严格要求研究生的学位论文选题。要组织研究生特别是博士研究生参加国家重大课题,国家和省、市、部委的基金项目,高新技术的攻关项目等。鼓励研究生在导师指导下结合纵向课题或面向国民经济建设主战场选择学位论文课题，并取得实际的创造性成果。

对自选课题要高起点并有论证和查新。研究生要撰写选题报告，并且经导师小组或评议组审议通过。为了确保培养质量，没有课题和经费的导师不能招收研究生。

研究生在校期间要结合论文工作作学术报告。答辩前，硕士研究生要完成 2 次学术报告，博士研究生要完成 4 次学术报告。鼓励研究生在校期间，在学术刊物上发表论文（关于鼓励研究生在校期间发表论文的奖励办法另作公布）。博士研究生答辩前必须发表 3 篇以上论文，其中至少有一篇是在全国学位评估机构认定的核心刊物或同级刊物上发表。研究生取得的重要成果，如获国家级和省部级奖、通过重要攻关项目的鉴定等，视成果等级和署名排序减免论文要求。鼓励和支持研究生参加国内外重要学术会议，以扩大学术视野。

树立优良的学风，对待学位论文工作要严谨务实，反对浮华空泛不着实际，对弄虚作假者一经发现将按相关条例严加处理。

对于在课程学习、论文工作以及有关培养环节上没有达到要求的研究生，必须淘汰，同时要做好善后工作。

4. 加强学位课程建设和教材建设

学位课程建设和教材建设是提高研究生培养质量的重要条件。在总结提高的基础上，从教学内容、教学方法上改革学位课程，使学位课程能适应科技和社会发展需要。在检查学位课程教学质量的基础上，有计划、有步骤地建设一批研究生重点课程，并积极组织编写和资助出版一批能反映我校学科特色和水平的研究生教材。同时，适当引进国外参考教材，不断提高研究生的授课质量。积极组织编写英文专业教材，以满足招收外国留学研究生的需要。

学位课程的任课教师应严格遴选，并保持相对稳定。注意培养年轻教师，青年教师第一次承担研究生课程教学任务，必须经岗前培养，培训合格才能上岗，以保证授课质量。

（二）加强导师队伍建设

提高导师水平，优化导师队伍结构，是保证和提高研究生培养质量的关键。发挥在岗老教师的作用，积极创造条件使更多中青年学术骨干承担起指导研究生的责任，稳步完成新老交替，形成和保持一支学术水平高、年龄结构合理的导师队伍，是加强导师队伍建设的重要任务。

（1）坚持严格的遴选标准和评审程序。国务院学位委员会第十三次会议决定全面改革现行的博士生导师评审办法，从 1995 年起我校申请招收培养博士研究生的指导教师不再上报国务院学位委员会审批。根据国务院学位委员会文件精神，博士生导师是培养博士研究生的一个重要岗位，由学校根据博士研究生的招生名额总数以及学科发展的需要，在各博士点按需设岗。前六批已确认过博士生导师资格的人员，在遴选时可简化评议手续，主要对其正在从事的科研项目进行审核。无适合培养博士研究生科研课题的，或无足够研究经费的，或健康状况不佳的，不能聘任上岗，不列入博士研究生招生目录。对准备担任博士研究生导师的人员，在遴选中要对其学术水平及指导博士研究生的能力等进行全面评议。

学校认为，博士生导师的审批权下放给我校后，一定要珍惜使用这种权力，博士生导师的评审标准不能降低，评审时必须做到“坚持标准、严格要求、保证质量、公正合理”。增列新的博士生导师的工作一般每两年进行一次，评审程序要根据国务院学位委员会下达的文件精神，做到认真、简便、实效，保证评审质量。

（2）现行的硕士生导师队伍条例已实施多年，对坚持按标准遴选硕士生导师，保证硕士生导师队伍的水平起到积极作用。今后，硕士生导师的遴选和复查制度仍要坚持，对其不完善部分要进行修改，尽量做到评审指标量化。根据全国评估工作政策导向，重新确定硕士生导师的申报年龄调整为 56 岁，大于 57 岁的导师一般不再招收计划内硕士研究生。

（3）研究生导师要做到严谨治学，为人师表，既教书又育人。在教学和科研工作中，要对学生高标准、严要求。今后，对新批准的年轻研究生导师，要进行岗前培训，使其熟悉我校培养研究生工作的有关规定，切实履行导师职责，担负起培养研究生的责任。

（4）教师是学校的宝贵财富，是保障学校办学水平的基础力量。学校应保证其工作和生活条件，妥善解决教师的后顾之忧，充分调动其积极性，为学校的事业发展做出贡献。面临退休高峰期，要解决好新老交替问题，用有力的政策导向与措施（待遇、住房）引进和留住中青年骨干教师。博士生导师对学校的事业发展肩负着更重的责任，学校要优先改善其工作和生活条件，如继续发放博士生导师津贴、优先改善住房条件、尽可能解决治病就医方面的一些实际问题、改善实验室条件等，并根据学校财力的情况，逐步加大改善的力度。

（三）研究生德育工作

必须全面深入地贯彻《中共中央关于进一步加强和改进学校德育工作的若干意见》，积极探索适应新形势要求和适合研究生教育特点的德育工作路子。采取以下切实措施，进一步加强和改进我校研究生德育工作。

（1）充分调动教师、干部和研究生的积极性，每年组织讲座、报告、参观、演讲、展览、评比、社会实践、勤工助学、文体、科技、学术等系列活动，进行爱国主义、集体主义、社会主义教育和素质培养。

（2）制定研究生指导教师教书育人工作条例，就教书育人的内容、方法，指导教师的责任、考评、奖惩等进行明确规定。

（3）制定《天津大学研究生德育工作管理体制的若干规定》和《天津大学研究生德育工作考核评估办法》，逐步建立一个队伍整齐、机构健全、渠道通畅的讲实际、办实事、收实效的研究生德育工作体系，提高专兼职干部、教职工、学生骨干三支队伍在德育工作上的整体水平和效果。

（4）经费是德育工作的基本物质保证，必须得到各级领导的重视。确保国家规定经费的投入使用，没有明确规定的要尽力筹措，逐步加大奖学金、勤工助学金、社会实践和研究生活动等经费的投入力度。

（5）加强对毕业研究生的就业指导和咨询服务，帮助他们端正择业思路，正确处理国家、集体、个人三者关系，在国家就业方针原则指导下，正确进行双向选择，引导毕业研究生到国家急需的工作岗位上去就业。

（6）进一步调动各方面的力量推行博士研究生的“三助”制度，争取在近年内我校大部分博士研究生都能获得“三助”岗位。

（四）进一步提高我校研究生培养质量，完善学位授予质量的监督和自我评估制度

（1）建立合理的评估指标体系，定期对院（系）级单位的研究生培养和学位授予质量进行评估。1991年，研究生院要依据国家教委和国务院学位委员会对学位与研究生教育评估的要求，制定院（系）级研究生培养工作评估指标体系。评估一定要实事求是，肯定成绩，找出差距，改革工作。根据评估结果，对院（系）级单位的工作要评出等级，在条件成熟时，招生名额分配、拨款等方面要参考评估结果，并给予相应的激励政策。同时，对评估有问题的要限期改正，问题严重的减少研究生招收名额或暂停招收研究生。

研究生院要根据院（系）评估结果，进行全校研究生培养工作的自我评估，肯定成绩，找出差距，制定措施，不断改进。通过几年的努力，我校学位与研究生教育评估的主要指标能够位居全国高校的前十名。

（2）严谨治学、严格管理，确保培养质量。研究生院和各院（系）要密切配合，对研究生培养的各个环节，如课程教学、中期考核、论文开题、学术报告、论文评审与答辩等，要采取切实有效的监督检查措施，以确保学位授予质量。对研究生学位论文的评审和答辩程序，要严格遵照有关规定执行，一视同仁。校学位办要对研究生的学位论文定期组织抽样检查，抽样范围要广，且具有代表性。抽样检查不合格者，不授予或缓授予学位。

（五）以学科建设带动和推进我校研究生教学工作

我校学科建设的思路是明确的，在继续发挥工科优势的同时，大力发展理科，协调发展经管文法学科。工学门类的学科目前承担着全校绝大部分的科研课题，也是我校研究生培养的主要基地，毫无疑问，我校工科的优势必须继续保持和发挥。但也必须清楚地看到，没有坚实的基础研究，工科的优势如无源之水、无本之木，今天的优势就难以保持，更难于创造出新的优势。没有扎实的理科和文科的基础作支撑，研究生的基础理论、外语和人文科学教学水平也难以提高。为此，必须按照我校的学科建设规划的部署，采取有力的举措，加强学科建设，抓紧新的学位授权点的遴选和建设。

"九五"期间在现行评审制度和办法不变的前提下，博士点的数量争取达到 35 个，争取管理学科以及理学门类中博士点实现零的突破；硕士点发展重点放在理、法、文学门类的学科上，理科门类要发展更多的硕士点，外语和法学门类的硕士点要实现零的突破。

（六）研究生招生工作

（1）"九五"期间我校在保证生源质量的前提下，适度、稳步扩大研究生招生规模。到 2000 年，在校研究生数达 2 700 人左右，其中硕士研究生每年招生 670~680 人，博士研究生年招生 220~230 人，硕士研究生与博士研究生的比例为 3∶1。

（2）目前，我校博士研究生每年招收 150 名左右，要使博士研究生招生数量达到每年 220~230 人，必须在近三年内每年保持较高的增长率。为此，学校要制定相应的政策和措施，鼓励青年教师攻读博士学位。

（3）要改变以往分配硕士研究生名额时"平均主义"的倾向，实行指导教师与硕士研究生双向选择的方法，以利于学术水平高、承担科研项目多、有充分科研经费的指导教师招生。

（4）要高度重视经济建设急需的高层次应用型专业人才的培养，进一步做好工程硕士和工商管理硕士的试点工作。我校要在保证生源质量的前提下，通过定向培养的方式，适当多招收工程硕士生和工商管理硕士生，以适应国家经济建设和社会发展的需要。

国家计划内指标的机动名额，主要用于满足重点发展学科、社会和用人单位急需人才的专业以及生源充足且考试合格率高的专业。另外，鼓励招收计划外委托培养和自筹经费研究生。

如上所述，按照学校的发展规划，"九五"期间博士研究生规模要有较大发展，这与国家教委每年下达的计划内博士研究生招生数有较大差额，只能通过多招收计划外博士研究生来弥补。

（七）积极改善研究生培养条件和育人环境

（1）以面向 21 世纪、达到国内领先水平，以及高科学和高技术含量为主，建立三个研究生公共教学实验室：计算机接口与应用实验室、近代化学化工高新技术实验室、近代物理实验室。

（2）抓紧安排研究生公寓建设，统筹安排研究生的教学用房。至 2000 年要实现研究生在校规模 2 700 人，必须在"九五"期间前两年首先规划解决研究生的住房问题。为此，学校已将建设 5000 平方米研究生公寓列入"211 工程"建设项目的规划，用以改善和提高培养高层次人才的学习和工作条件。目前，我校研究生上课用的教室十分紧张，分布零散，这种状况必须改变。

"九五"期间，在拟建的第二科学楼设置部分研究生专用教室，以解决研究生公共基础课上课问题。另外，还应在现有基础上加强管理，挖掘潜力，统筹安排研究生专业基础课和专业课的教学用房，博士研究生的教学用房要优先安排落实。

（八）积极创造条件，促进博士后工作的开展

经过多年努力，我校博士后流动站数目和进站人数都有较大幅度的增加，但目前在站人数仍然偏少，与我校的地位很不相称。制约博士后工作正常开展的主要因素包括住房紧张、博士后配偶工作安排落实不好、经费紧缺等。为了在"九五"期间使我校博士后工作有较大发展，必须采取下列措施。

(1)全面贯彻和落实《天津大学博士后工作暂行条例》,校、院(系)领导要亲自过问博士后工作。机关有关职能部门之间要密切配合、协调工作,及时解决博士后工作中出现的各种问题(住房、配偶工作、经费等)。

(2)国家下达的博士后计划名额是有限的,要想增加我校接收博士后的人数,只有通过多招收计划外自筹经费博士后来解决。为此,学校要通过多种渠道筹措资金解决自筹经费博士后的工资和研究经费,并要妥善解决住房问题。

(3)为加强博士后的管理工作,学校成立博士后管理委员会,设立办公室(设在研究生院),定期召开会议和组织活动。博士后管理工作要逐步规范化,对博士后人员进出站和科研工作要建立考核制度,并解决好他们的晋升和谋职等问题。

(4)做好博士后出站的选留工作,使思想境界高和业务素质好的出站博士后安心留校工作。学校要采取一些吸引博士后留校工作的措施,如资助安家费和科研启动费、妥善解决配偶工作等,为留校博士后提供良好的工作和生活条件。

(5)与天津市人事局、南开大学及天津医科大学协调行动,联合提出申请,争取"九五"期间在天津投资建造博士后公寓,以便从根本上解决博士后住房问题。

研究生教育对国家的建设、民族的振兴,对我们国家未来的发展具有深远的意义,也是发展我校教育事业和落实"211工程"建设目标的关键环节。我们必须从我国社会主义"四化"建设和改革开放的大局,从迎接21世纪严峻挑战的高度来充分认识研究生教育的重要作用和地位,并通过研究生教育的发展,使全校的教育质量、科学研究水平、管理水平、办学效益迈上一个新台阶!

第二节　纪念恢复研究生教育二十周年大会文件

改革 创新 发展高质量的研究生教育——胡小唐副校长兼研究生院院长在纪念天津大学恢复研究生教育二十周年大会上的讲话(摘要)

各位来宾、各位领导、各位研究生导师、同志们:

在我们纪念我国恢复研究生教育20周年的时刻,请允许我代表天津大学研究生院对前来参加大会的各位来宾表示热烈欢迎!对20年来为我校研究生教育事业呕心沥血、做出巨大贡献的各位导师、管理工作者和师生员工表示诚挚的慰问和崇高的敬意!

今年是我国恢复研究生教育20周年。20年来,我国的研究生教育取得了令人瞩目的成就,建立了具有中国特色的学位制度,完善了中国的教育体系,建设了一批培养研究生的基地,培养了一批高层次的优秀人才。我校是我国最早恢复研究生教育的高校之一。20年来,学校的研究生教育同全国一道,有了巨大的发展和变化。

下面就我校研究生教育的发展作简要的回顾,并就研究生教育所面临的任务谈几点意见。

一、我校研究生教育20年回顾

(一)简要回顾

1. 我校是我国最早恢复研究生教育,首批具有硕士、博士授予权的单位之一

20年来,我校研究生的培养规模有了较大发展,为我国经济建设和社会发展培养和输送了大批高级专门人才。

1978 年,因“文化大革命”而被迫中断了 12 年的研究生招生工作重新恢复。当年学校只有 31 个专业可以招收硕士研究生,指导教师仅有 67 人,当年招生人数为 108 人。20 年后的今天,硕士研究生招生专业已发展到 72 个,博士研究生招生专业发展到 37 个。20 年来,累计考生生源人数达 34 453 人。1998 年是历年报名人数最多的一年,达 2 855 人,居国家部属重点工科院校的前列。20 年来,共录取各类硕士研究生 8 877 名,博士研究生 1 412 名。

随着 1978 年研究生招生的恢复,我国于 1980 年正式颁发了《中华人民共和国学位条例》,并于 1981 年 1 月 1 日起正式实施。我校成为国务院学位委员会首批批准的具有硕士、博士学位授予权的单位。18 年来,已授予硕士学位 6 831 人、博士学位 657 人,向社会输送各类研究生 6 979 人,包括台湾省在内,全国各个省、区、市都有我校培养的研究生。

2. 我校是首批进行工程硕士、工商管理硕士、建筑学硕士等专业学位试点单位之一

国务院学位委员会 1998 年批准我校在 9 个学科领域内招收 180 人在职攻读工程硕士学位。1999 年,国务院学位委员会办公室又给我校增加了两个可以招收在职攻读工程硕士的领域和 50 个招生名额,招生报名的形势又出现了可喜的势头。

1991 年,国家教委首批批准包括我校在内的九所高校为工商管理硕士(MBA)的试点单位, 1992 年,国务院学位委员会正式批准我校设立工商管理硕士学位。1997 年,又批准我校开展企业管理人员在职攻读工商管理硕士学位的工作。我校还是国家教委首批四所招收建筑学硕士的单位之一。

3. 我校是国家首批试办博士后流动站的单位之一

1985 年,我校的动力工程及工程热物理专业率先成为国家首批试办博士后流动站的学科,随着我校学科建设的不断发展,至今我校已有十个学科被国家批准为博士后科研流动站。为做好博士后工作,学校制定措施,尽可能地利用和开发学校现有条件,多招博士后。目前,学校共招收 87 名博士后人员进站研究,有 55 名同志已圆满完成任务顺利出站。

4. 我校是经国务院首批批准的二十二所成立研究生院的单位之一

1978 年恢复研究生招生以后,研究生管理工作还挂靠在科研处的研究生科。1984 年 8 月 8 日,我校经国家批准试办研究生院。1996 年 3 月 28 日经国家教委批准正式建立研究生院。

我校研究生院的建立,为学校加强研究生教育工作提供了可靠的组织保证和良好的运行机制,研究生院在研究生教育的招生、培养、学籍管理、学位授予、毕业分配、思想政治工作等方面制定了一套比较完善的管理制度,使研究生工作的规范化管理有了制度上的保证。

(二)主要经验和体会

20 年来,尤其是成立研究生院以来,我校研究生教育有了较大的发展。在发展研究生教育的同时,也积累了一些经验和体会,归结起来大体有以下几个方面。

1. 以学科建设为龙头

学校现已有 6 个国家级重点学科、10 个天津市级重点学科、10 个博士后科研流动站、37 个可以招收博士生的学科点,覆盖工学、管理学两大学科门类的 16 个一级学科。其中,化学工程与技术、仪器科学与技术等 9 个一级学科于 1998 年经国务院学位委员会批准获得一级学科博士、硕士学位授予权,使我校一级学科数在全国工科院校中名列第三。现有 74 个硕士点,覆盖工学、理学、管理学、哲学、经济学、教育学、文学七大学科门类的 25 个一级学科。我校博士点和硕士点的增加,拓展了博士研究生和硕士研究生的培养领域,带动了我校教学、科研的发展,提高了我校在全国高校的地位,起到了龙头作用。

2. 加强导师队伍建设

在学科建设稳定发展的同时,我校研究生导师队伍建设也取得了很大成绩。我校现已具有硕士生导师和博士生导师的自行审批权,已批准的硕士生导师有 1 000 多人,目前在岗的有 700 多人;已批准的博士生导师有 174 人,目前在岗的有 140 人。其中,中国科学院院士 6 人、国务院学科评议组成员

7人。

为了保证博士研究生、硕士研究生的培养质量，我校在导师遴选中坚持量化标准，实施三级评审，保证客观公正和导师队伍的年轻化，同时坚持导师考核制度。

3. 按需招生，按需培养

研究生院成立以来，我校加大了研究生招生制度的改革力度。针对不同来源、不同层次考生，按照原国家教委有关规定，有的放矢地采取一系列的改革措施，以促进多渠道招收优秀研究生，快出人才。例如：优秀应届本科生免试推荐；统考应届生，保留入学资格；具有4年以上工龄的大学本科毕业生单独入学考试；硕士生提前或直接攻读博士学位；等等。研究生院还坚持面向国家经济建设，按需招生、按需培养人才。20年来，招收定向生625人、委托培养自筹经费生1 652人，定向、委培研究生占录取硕士生人数的25.6%。

4. 不断优化研究生知识结构

研究生院成立以来，根据硕士、博士学位研究生教育作为一个相对独立层次所应有的知识结构，按照统一学位课和必修考查课、活化选修课的培养模式，建立了具有我校自己特点的学位课程培养体系。我校是率先组织对硕士研究生的数学课程进行改革的学校之一，是较早确定计算机技术与工程应用基础为全校研究生公共学位课的单位，是率先设置硕士研究生体育课的院校之一。

5. 把德育工作落到实处

研究生院成立以来，十分重视研究生德育工作，以确保研究生的全面发展，培养合格的社会主义建设者和接班人。我校始终坚持社会主义办学方向，树立全面质量意识，加强德育工作，努力培养德才兼备的高质量人才；认真改革马克思主义理论课的教学，提高教学效果，建立和健全研究生德育工作体系，已初步形成了以专兼职干部为主体的德育工作队伍，以指导教师为主体的教书育人队伍，以管理和服务为主体的管理和服务育人队伍，以学生党团组织和研究生会干部为主体的学生骨干队伍。

6. 质量是永恒的主题

为了确保研究生培养和学位授予质量，我校制定了一系列改革措施和管理制度，建立和完善了研究生培养和学位质量保障体系。第一，充分发挥专家学者以及职能部门在质量保障体系中的作用。学校成立了校和学院两级学位评定委员会，对研究生教育中的重大问题进行决策，严格把握学位授予质量关。第二，制定了导师条例，筛选出72种高水平刊物，作为导师评定的重要参考依据，建立了导师遴选和复查制度，不断加强导师队伍建设。第三，建立并多次修改硕士和博士学位论文评价的指标体系，做到定量评价与定性评价相结合。第四，认真开展学位授权点和学位授予质量的自我评估，接受教育部和国务院学位委员会对我校学位与研究生教育的检查评估。第五，严格把好在职人员申请学位质量关，做到向在职人员授予学位与在校研究生实行同一标准，达到同一水平。我校曾被国务院学位委员会批准为向在职人员授予硕士、博士学位的双免检单位。

二、改革、创新、发展跨世纪的研究生教育

（一）继续做好学科建设工作

根据科技与经济发展的新特点，我们应以学科建设为龙头，做好学校博士与硕士学位授权点工作，优化学校的学科结构。选择一些有明显优势的学科，加以重点建设，使重点学科上水平、上质量。另外，扶植一些急需而薄弱的学科，改变学校学科布局，使学校整体学科结构更加合理；制定相应的激励政策，在确保质量的前提下，稳步、适当地扩大研究生的招生规模，特别是博士研究生的招生规模，保持我校在国内同类高校的领先水平。

（二）把研究生创新能力培养贯穿研究生教育的全过程

创新是一个民族进步的灵魂，是国家兴旺发达的不竭动力。为应对知识经济时代的挑战，我们必须

转变教育观念,把研究生创新能力培养贯穿研究生教育的全过程。要为研究生创造一个良好的学术环境和学术氛围。要追踪学科前沿,跟踪国际科学和技术发展的最新动态,不断更新陈旧的研究方向和研究领域。要处理好新旧专业目录的关系,处理好一级学科与二级学科的关系。要认真研究在学科发展中出现的边缘学科、交叉学科的培养方案和课程设置问题。要抓好研究生培养方案改革和教材更新工作,进一步完善研究生质量监控体系。要重点关注研究生教学实验基地建设和实验基地的开发利用工作。

(三)进一步做好招生工作

我们要继续解放思想,转变观念,牢固树立适应社会需要,为经济建设和社会发展服务的研究生教育的基本方针。积极推进研究生收费上学制度,加大研究生奖学金和助教基金的投入力度,引入竞争激励机制,加大对考生能力和素质的考核比重,增加导师在选择学生中的发言权。

同志们,世纪之交充满着机遇和挑战,在这承前启后、继往开来的历史时刻,研究生教育肩负着为国家培养高层次人才的历史重任,任重而道远,让我们团结奋斗,扎实苦干,共同开创我校研究生教育工作的新局面。

第三节　研究生院建院二十周年文件

基础 创新 发展 天津大学研究生教育

——纪念天津大学研究生院建院20周年

1984年经国务院批准,我校成为我国第一批试办研究生院的单位之一。天津大学研究生院于1984年12月17日正式成立,至今已历时20年整。天津大学研究生院的建立,标志着我校研究生教育工作整体水平又迈上一个新台阶,极大地推动了我校学位与研究生教育事业的发展,促进了学校教学和科研整体水平和综合实力的提高,为学校真正成为教学和科研两个中心,成为我国研究生的培养基地之一,为全面建设小康社会、实施人才强国战略,发挥了重要作用。

一、研究生院建院20年取得了丰硕的成果

(一)我校已成为学科门类比较齐全、师资力量比较雄厚、教学环境良好的研究生培养基地

我校是1978年全国首批恢复研究生教育的单位之一。1978年恢复研究生招生时,我校有31个专业可以招收硕士研究生,指导教师有67人。到研究生院成立之前,我校已有41个硕士学位授权点和14个博士学位授权点。1984年建立研究生院至今,我校的二级学科硕士学位授权点从41个发展到124个,覆盖工学、理学、管理学、哲学、经济学、教育学、文学、法学、农学、医学10大学科门类的37个一级学科。博士学位二级学科授权点从14个发展到81个,覆盖工学、理学、管理学3大学科门类的20个一级学科。我校的一级学科博士学位授权点数达到15个。目前,我校有13个学科被确认为国家重点学科,同1988年第一次评选的6个学科相比,增幅达117%。天津市级重点学科由1993年的10个发展到17个。博士后流动站从1985年的1个发展到17个。

在我校学科建设稳定发展的同时,研究生导师队伍建设也取得了很大成绩,现已具有硕士生导师和博士生导师的自行审批权。学校现有教授469人,副教授573人。研究生院成立以来,硕士生导师从354人发展到907人,博士生导师从14人发展到357人,其中包括中国科学院院士和中国工程院院士10人、国务院学科评议组成员8人、天津市学科评议组成员48人。

在“九五”“211 工程”建设中，我校主要进行了重点学科建设、公服体系建设和必要的基础设施建设，建设了具有较高水平的教学实验基地、电子化图书文献系统和校园计算机信息网络系统，以及研究生楼、北洋科学楼、大学生活动中心等必要的基础设施。2001 年 6 月，我校顺利通过了教育部专家组的验收，并得到了“全面、高质量地完成建设任务”的高度评价，在全国高校中名列前茅。2002 年 12 月，包括 10 个学科建设项目、3 个公共服务体系项目、1 个师资队伍建设项目和 1 个基本建设项目在内的“十五”“211 工程”建设项目和可行性研究报告通过了专家组论证、评审和答辩并全面启动。

2000 年 12 月，教育部与天津市人民政府共同签署了重点共建天津大学的协议，“985 工程”一期建设进入实施阶段。该建设项目包括学科建设、队伍建设、改善教学条件、提高学生综合素质、基础设施建设和改造、两校合作办学六个建设项目，现已取得了突飞猛进的发展。目前，“985 工程”二期建设工作正式启动，将以“绿色化学化工”国家实验室等高水平科技创新平台为载体，提升学校的原始创新能力，促进一批世界一流学科的形成，造就和引进一批具有世界一流水平的学术带头人和创新团队。

我校博士、硕士学位授权点的增加，雄厚的师资力量以及“211 工程”“985 工程”项目的建设，大大改善了研究生的培养条件。今天的天津大学已经成为学科门类比较齐全、师资力量比较雄厚、教学环境优良的研究生培养基地。

（二）多渠道、多模式、规模化、高质量地培养研究生，为我国培养和输送了一批高层次优秀人才

天津大学的研究生教育可以追溯到 1935 年初的北洋大学时期，当年招收了 1 名采矿工程学、2 名冶金工程学共 3 名研究生，首届研究生于 1937 年“七七事变”前毕业，并被授予工程硕士学位。中华人民共和国成立以后，天津大学是教育部批准的研究生培养单位，1952—1965 年，招收培养研究生 354 名。1978 年，我国恢复研究生教育制度，天津大学成为全国首批恢复研究生招生的单位之一，当年我校招收硕士生 108 人。建立研究生院之前（1978—1984 年）累计招收硕士研究生 1 214 人、博士研究生 41 人。建立研究生院之后，研究生的招生种类和招生规模都有了较大的发展。我校针对不同来源、不同层次考生，按照教育部有关规定有的放矢地采取一系列改革措施，以促进多渠道、多模式、规模化、高质量地招收优秀研究生，如优秀应届本科生免试推荐、统考应届生保留入学资格、具有 4 年以上工龄的大学本科毕业生单独入学考试、硕士生提前或直接攻读博士学位等。研究生院还坚持面向国家经济建设，按需招生、按需培养。经国家教委批准，我校在大庆石油管理局、长江三峡工程总公司等单位建立了校外教学点；为支持西部地区经济建设和满足人才需求，为西藏地区招收培养硕士研究生；研究生的招生规模从 1984 年成立研究生院时的年招生 417 人（含 30 名博士研究生）发展到 2003 年的年招生 3 152 人（含 698 名博士研究生）。1978—2003 年，累计招收硕士研究生 19 028 人、博士研究生 4 526 人。目前，我校在校全日制研究生已达到 8 500 人，其中博士研究生 2 000 人、硕士研究生 6 500 人。为了适应我国经济建设和社会发展对高层次复合型人才的需要，专业学位教育成为近几年来的发展热点。天津大学研究生院除招收全日制硕士研究生和博士研究生以外，还是我国首批进行工程硕士、工商管理硕士（MBA）、高级工商管理硕士（EMBA）、公共管理硕士（MPA）、建筑学硕士等专业学位的试点单位，以及首批招收在职人员以研究生毕业同等学力申请硕士、博士学位，中等职业学校教师在职攻读硕士学位，高等院校教师在职攻读硕士学位的招生单位。专业学位与工学硕士属同一层次，不同特色。我们以进校不离岗的培养方式培养“留得住，用得上”的应用型、复合型、高层次技术和管理人才，深受社会和企业的欢迎。现在有 160 多个企事业单位与我校合作培养研究生。2002 年，我校专业学位报名人数全国排名第一；2003 年，我校专业学位报名人数全国排名第三，录取人数全国第二，其中工商管理硕士报名人数一直居全国前五名。工程硕士由最初的 9 个招生领域发展到 23 个，招生规模连续三年列全国第三，录取质量在全国排名居前。截至 2003 年，我校累计录取在职攻读硕士专业学位研究生 5 486 人，授予硕士学位 1 172 人，目前在学 4 314 人。另外，我校还有在职人员以研究生毕业同等学力申请硕士、博士学位人员 1 000 人，研究生课程班 1 200 人。

目前，我校全日制在校研究生和非全日制在学研究生的总规模达到15 000人。

天津大学是首批硕士、博士学位授予单位之一。1981年至今，已经累计授予硕士学位11 822人（其中有126人是在研究生院建立以前授予的），博士学位1 500人。向社会输送各类研究生15 000人，为我国的改革开放、经济腾飞、高科技发展提供了一批急需的、高层次的专门人才。

二、研究生院建院20年积累了宝贵的经验

回顾研究生院建院20年的发展历程，是继承与发扬我校“实事求是”校训，发扬“严谨治学、严格教学要求”校风，改革与创新研究生教育，发展与提高研究生培养质量的过程，我们积累了许多宝贵经验和比较先进的做法，归结起来，最基本的有以下两条。

（一）始终把求真务实、勇于创新作为我校研究生教育发展的基本思路

天津大学是开创中国高等教育先河的国内知名高校。在110年的办学过程中，我们不仅积累了丰富的办学经验，也形成了爱国奉献、实事求是的光荣传统和“严谨治学、严格教学要求”的优良校风，这既是天津大学的宝贵财富，也是整个中国高等教育的宝贵财富，更是我校研究生教育的宝贵财富和经验。用科学的发展观正确全面理解我校的办学经验，“求真务实、勇于创新”是我校研究生教育发展的基本思路和做法，也是研究生院历任院长的精心之倡导。

我校原校长、研究生院第一任院长吴咏诗教授指出：“严谨治学，严格教学要求，提倡‘实事求是’的学风是我校的优良传统，是提高教学质量，培养合格人才的一项重要措施。”研究生院第二任院长周恒院士历来主张：“树立正确的科学态度，提倡实事求是。”最近又指出：“一定要坚持以‘实事求是’作为我们的指导思想。”原校长、研究生院第三任院长李光泉教授指出：“回顾历史，总结建校以来的主要经验，概括起来有以下三点：一是实事求是的科学态度，二是严谨切实的治学精神，三是注意发展的时代观念。”历任院长精辟阐述了研究生教育既要求真务实又要勇于创新，既要发扬传统又要与时俱进的哲学思想，引导我校研究生培养工作沿着正确的思想轨道，改革、创新、发展和提高。

1. 不断更新课程体系，优化知识结构

扎实的理论基础和合理的知识结构是研究生进行创造性研究的前提。研究生院根据实践要求，对研究生培养方案和课程体系不断地进行改革和完善。在近十年中，分别于1994年、1998年和2002年对全校博士研究生、硕士研究生培养方案进行了大规模的修订。目前，学校已设置近千门课程供研究生选修。为使研究生能够掌握最新实验技术和了解学科前沿，学校鼓励教师为研究生开设0.5~1学分的课程。建立了研究生学术报告制度，并且和教学实践（含工程实践、管理实践）、体育课等列为全校公共必修考查课，以增强实际工作能力。

2. 重点发展博士生教育

不断改进博士研究生招生办法，提高博士研究生生源质量，试行硕、博连读，博士研究生兼助教、助管、助研等制度，努力优化博士研究生培养条件，规范博士研究生培养制度，提高博士研究生培养质量。针对工科博士研究生特点，我们在原有课程体系的基础上，重点加强现代数理基础，增设高起点的系列数学课作为博士研究生必修课，加强博士研究生数学素质的培养；开设以“学科前沿系列讲座”为重要内容的专业学位课，使博士研究生及时了解和掌握学科前沿的发展方向；开设“现代科学与高新技术”系列讲座，促进学科、专业间的交叉，拓宽研究思路。在论文选题、科学研究、撰写论文和论文答辩等方面还明确提出了“三严”制度和“三高”标准。

3. 营造学术氛围，培养研究生创新科研能力

创新能力的培养是研究生培养质量的核心内容。2003年，我校设立了校研究生学术论坛网，为广大研究生学术交流活动提供了一个平台，同时积极支持和组织广大研究生参加校外学术交流活动，如全国博士生学术论坛、天南大学术交流节、清华大学举办的首届全国博士生学术论坛等。

学位论文是研究生创新能力和创新成果的重要体现。我校制定了博士研究生论文查新制度，要求博士研究生在导师的指导下，在高校科技项目咨询及成果查新站进行论文选题查新，保证博士学位论文的创新性；还设立了天津大学优秀博士学位论文基金，对具有前沿性、创新性和开拓性的博士学位论文选题予以资助。“优博基金”项目自2001年正式启动。我校三年来共资助“优博基金”项目45项，资助金额达150万元。每年开展优秀博士论文评选活动。近三年来，共评选出校优秀博士论文19篇，其中2003年有1篇论文入选全国百篇优秀博士论文，2004年有2篇入选全国百篇优秀博士论文，有2篇获优秀博士论文提名奖。

4. 拓宽培养类型，服务社会企业

工程硕士、工商管理硕士、公共管理硕士等专业学位是研究生教育的重要组成部分，在研究生教育中所占的比重越来越高。多年来，我院专业学位教育始终坚持以市场经济为导向，以服务人民宗旨，以学校声誉为前提，以保证质量为根本，以拥有天津大学特色的专业学位为目标，办学规模力量、办学效益显著提高，受到上级部门好评。2004年，教育部编发了第47期简报，题目是“天大突出特色为地方和企业培养工程硕士”，报道了我院与天津市及其他省市企事业单位合作，为地方和企业培养了大批专业技术人才，以及近期分别与重庆宗申动力集团、天津警备区合办工程硕士班，积极为国防建设提供智力人才。中共中央政治局委员、天津市委书记亲笔批示“天津大学这个经验很好。”

（二）始终把提高质量作为我校研究生院发展的生命线

质量是研究生教育的生命线和永恒的目标。多年来，天津大学研究生院紧紧围绕提高研究生培养质量这一中心任务开展工作。

第一，我校从源头抓起，保证生源质量，做好招生宣传工作，充分利用网络等载体，加大宣传力度，使近年考我校的考生数量有很大的增长；做好推免生工作，制定鼓励措施，吸引优秀本科生留校继续攻读研究生，同时做好外校优秀推免生的接收工作。学校严格按照上级部门的规定和要求，确保招生的公开性、公正性和合法性。第二，我校不断推动改革，提高课堂教学质量，鼓励教师大胆进行教学改革。“985工程”建设期间，研究生院每年开展课程多媒体课件和教改方案立项资助，鼓励教师改革教学方法和教学模式，更新教学内容，提高水平，促进教学质量提高。2001年至今，研究生院课程多媒体课件立项170项，课程教改立项113项。不断加强学生教材建设。2002年，研究生院首批资助出版18个系列研究生教材，购进了一大批国外原版研究生教材。2003年，成立了校研究生教学督导小组，对课堂质量进行监控评价，开发了网上教学评价调查系统，促进了课堂教学质量的提高。第三，我校充分发挥专家学者、职能部门在质量保障体系中的作用，成立了校院两级学位评定委员会，对重大问题进行决策，严把学位授予质量关。我校制定了导师条例，建立了导师和复查制度，坚持导师考核制度。2002年，我校对部分重要期刊进行了调整，确定了“天津大学重要学术目录”，用于教师职称评聘、研究生导师选聘和硕士研究生学位授予工作。我校建立并多次修改硕士学位论文评价指标体系，做到定量和定性评价相结合。认真开展学位授权点和学位授予自我评估，接受国家对我校的检查评估。我校严把在职申请和在职攻读学位质量关，成为国务院批准的为在职人员授予硕士、博士学位的双免检单位。

三、创建一流研究生院，为实现世界一流大学目标而奋斗

我校第七次党代会提出了实施“三步走”，发展建设综合性、研究型、开放式、国际化的世界一流大学奋斗目标。强调“增强一个意识，抓住一个根本、一个创新和凝练一种精神”为我校研究生教育指明前进和发展的方向。我们要认真落实学校第七次党代会对教育工作提出的各项要求，进一步探索新的研究生模式，逐步建立起研究生教育发展个性化和培养多样化的特色鲜明的综合课程体系；要突出研究生创造力的培养，形成有利于高层次人才成长的培养机制，加强对研究生的管理，特别是建立健全研究生质量体系，对研究生培养各个环节实施监控、检查与指导，确保研究生教育质量处于全国高水平大学

的行列，为创建一流研究生院，把我校建成世界一流大学而努力奋斗。

第三节　天津大学研究生教育与学科建设文件目录

表 3-3-5-14　天津大学研究生教育与学科建设文件目录（2010—2024 年）

公文编号	文件名称
天大校发〔2010〕37 号	《天津大学关于在职人员以研究生毕业同等学力申请硕士、博士学位招生工作的暂行规定》
天大校研〔2010〕11 号	《天津大学关于硕士、博士研究生发表学术论文要求的规定》
天大校研〔2010〕13 号	《天津大学关于学术期刊论文界定的有关规定》
天大校研〔2010〕27 号	《天津大学关于工程硕士学位论文工作的规定》
天大校研〔2010〕28 号	《天津大学关于授予高级管理人员工商管理硕士（EMBA）学位的规定》
天大校研〔2010〕29 号	《天津大学关于授予具有研究生毕业同等学力人员博士学位的规定》
天大校研〔2010〕30 号	《天津大学关于授予具有研究生毕业同等学力人员硕士学位的规定》
天大校发〔2014〕20 号	《天津大学关于全面深化研究生教育改革的意见》
天大校研〔2014〕5 号	《天津大学分类推进研究生培养模式改革的实施方案》
天大校研〔2014〕6 号	《天津大学研究生培养质量保障体系建设暂行规定》
天大校研〔2014〕7 号	《天津大学研究生指导教师岗位职责暂行规定》
天大校研〔2015〕5 号	《天津大学研究生课程教学管理规定》
天大校研〔2015〕6 号	《天津大学研究生教育督导工作条例（试行）》
天大校研〔2015〕8 号	《天津大学关于攻读硕士学位研究生培养工作的规定》
天大校研〔2015〕9 号	《天津大学关于攻读博士学位研究生培养工作的规定》
天大校研〔2015〕10 号	《天津大学关于港澳台地区研究生培养工作的规定》
天大校研〔2015〕11 号	《天津大学关于外国来华留学研究生培养工作的规定》
天大校研〔2015〕12 号	《天津大学优秀博士学位论文基金评选办法》
天大校研〔2015〕13 号	《天津大学关于非全日制研究生教学管理的规定》
天大校研〔2015〕14 号	《天津大学高级管理人员工商管理硕士（EMBA）研究生课程管理办法》
天大校研〔2016〕2 号	《关于进一步规范工商管理硕士专业学位研究生教育的意见》
天大校发〔2017〕19 号	《天津大学全日制研究生招生计划分配办法》
天大校研〔2017〕2 号	《天津大学研究生学术规范》
天大校研〔2017〕4 号	《天津大学研究生优秀学位论文评选办法》
天大校研〔2017〕5 号	《天津大学研究生学位论文暂不公开管理规定》
天大校研〔2017〕7 号	《天津大学关于面向本校选拔在学硕士生攻读博士学位研究生招生、培养的规定》
天大校研〔2017〕8 号	《天津大学关于攻读硕士学位研究生招生工作的规定》
天大校研〔2017〕9 号	《天津大学博士研究生招生“申请-审核”制实施办法》
天大校研〔2017〕10 号	《天津大学关于研究生招生考试自行命题工作的规定》
天大校研〔2017〕11 号	《天津大学研究生助学金管理暂行办法》
天大校研〔2018〕3 号	《天津大学规范学校领导班子成员指导研究生工作管理办法》
天大校研〔2018〕4 号	《天津大学关于全面落实研究生导师立德树人职责的实施意见》

续表

公文编号	文件名称
天大校研〔2018〕5 号	《天津大学博士硕士学位授权自主审核实施办法》
天大校研〔2018〕7 号	《天津大学研究生国家奖学金管理暂行办法》
天大校研〔2018〕8 号	《天津大学研究生学业奖学金管理暂行办法》
天大校研〔2019〕2 号	《天津大学博士硕士学位论文抽检评议结果处理办法》
天大校研〔2019〕4 号	《天津大学研究生奖励资助体系管理规定》
天大校研〔2019〕5 号	《天津大学跨学科招收推荐免试攻读硕士学位研究生实施办法(试行)》
天大校研〔2019〕8 号	《天津大学关于加强学校研究生教育收费管理的通知》
天大校研〔2020〕2 号	《天津大学研究生指导教师岗位选拔与招生资格认定办法》
天大校研〔2020〕3 号	《天津大学硕士、博士学位授予工作实施细则》
天大党密〔2021〕2 号	《天津大学涉密研究生与涉密学位论文管理规定》
天大校发〔2021〕6 号	《天津大学一流研究生教育行动计划》
天大校研〔2021〕6 号	《天津大学研究生学科核心课程建设实施方案》
天大校研〔2021〕7 号	《天津大学关于调整硕士、博士学位论文评阅与答辩费用标准的通知》
天大校研〔2021〕8 号	《天津大学硕士、博士学位论文校级盲审办法(试行)》
天大校研〔2021〕12 号	《天津大学正式教职工攻读本校非全日制研究生减免学费管理规定》
天大校发〔2022〕7 号	《天津大学高水平学术期刊与学术会议目录规定》
天大校发〔2023〕9 号	《天津大学学位评定委员会章程》
天大校发〔2023〕34 号	《天津大学联合培养学生项目管理办法》
天大校发〔2024〕3 号	《天津大学研究生学籍管理办法》

第四篇　研究生院成立以来工作人员名录

A

安明诚

B

白海力

C

蔡继红　蔡建爽　蔡天益　曹丽芬　曹淑云　陈　超
陈冠云　陈金龙　陈　涛　陈天凯　陈志华　种泽鹏
初　飞　崔　兰

D

董　玮　窦润亮

F

范乃君　丰红军　冯翠玲　冯　楠　冯小华　付晓梅

G

巩金龙　巩　乐　古　瑶　谷　青　顾丽娜　顾晓蕙
顾雨竹　关　静

H

韩宝志　韩金玉　韩　旭　韩月博　杭　航　何　芳
何　希　何振雄　贺文杰　贺迎凯　侯嬰晨　胡明坤
胡明列　胡小唐　怀　丽

J

贾宏杰　姜忠义　靳永铭　荆洪阳

L

李　斌　李传波　李光泉　李建明　李健鹏　李　娜
李姝怡　李秀民　李　妍　李　媛　李云章　李忠献
梁糖钰　林　燕　刘福利　刘桂珍　刘惠如　刘家骥
刘家新　刘　宁　刘　晓　刘秀珍　刘宗瑛　卢铮松
陆培毅　吕妍媛

M

马春有　马莉萍　马荣魁　马雪飞　马　彦　马一太
明　东

N

聂瑞辰

P

潘　峰

Q

齐　崴　钱桂荣　秦朝霞　秦　岭　曲贤敬　屈李红

R

饶国政　任菊驰　任欣荣

S

沈　妍　盛　筠　石则昌　史　蕾　孙　鹤　孙念鑫
孙鹏江　孙学珠　孙永强

T

谭　欣　汤　齐　滕建辅

W

万德义　王凤平　王洪礼　王黎红　王连英　王　璐
王世昌　王树新　王　玮　王　宪　王　鑫　王一烜
王聿童　王　越　王子健　吴建新　吴金克　吴　潇
吴咏诗　吴元生　武　悦

X

项　敏　邢金岭　邢佩芝　徐炳亭　徐卯军　徐　珊

Y

闫佳亮　闫　荣　杨　光　杨亚慧　杨　洋　殷红春
郁道银　袁文章

Z

张冲蒲　张崇文　张春华　张芳馨　张金梅　张黎明
张立迁　张　森　张舒亮　张文彬　张延芬　张　颖
张志超　赵福龙　赵红星　赵晶晶　赵美蓉　郑　刚
钟登华　周　恒　朱佳雷　朱　莎　祝士明

后　　记

天津大学是经国务院批准的全国首批22所试办研究生院的高等院校之一。自1984年研究生院成立以来，学校在研究生教育领域持续进行研究探索和改革实践，成为我国研究生培养的重要基地。2024年，恰逢研究生院成立40周年，天津大学也将迎来130周年校庆，在这一重要历史时刻，《天津大学志·研究生教育与学科建设卷》正式出版问世。本书的出版有助于学校全面总结研究生教育历史经验、系统探究客观规律、科学制定发展规划。在教育强国建设的关键时期，本书对于深入推动新时代研究生教育改革和创新发展具有重要意义。

自2021年4月开始策划编写本书至今，历时三年多的编写工作终于落下帷幕。本书的顺利出版，凝结了众多领导、专家、校内外同仁及全体导师、研究生、校友的心血和智慧，在此向为本书做出贡献的所有同志表示衷心的感谢！

感谢学校党委的关心支持。在校领导班子的全力支持和全面指导下，本书的编写工作得以顺利推进，也正是有了校党委旗帜鲜明的方向引领，学校的研究生教育事业才得以高质量发展。

感谢相关部门的通力协作。学校党委宣传部、党委学工部、党委教师工作部、发展规划处、档案馆等部门为本书的编写提供了宝贵的历史资料和信息资源，天津大学出版社对本书的出版给予了大力支持。

感谢专家学者的集思广益。在本书编写过程中，我们面向学校各单位、天津大学校友、社会各界人士公开征集了诸多素材，并将初稿分送给研究生院历任院领导和曾在研究生院工作过的领导干部等四十余人征求意见。此外，天津大学大学文化与校史研究所荣誉所长、人文艺术学院特聘教授王杰为本书的编写提供了全程指导。

感谢战线同仁的群策群力。本书编写团队以研究生院工作人员为主，他们在院领导的悉心指导下各司其职，持续推进各项工作有序开展。各学院（部）的很多师生也参与了资料收集和文字校对等工作，篇幅所限，请恕不再一一列举。

面向新时代，学校将以习近平新时代中国特色社会主义思想为指导，全面落实全国教育大会精神、全国研究生教育会议精神以及习近平总书记关于研究生教育工作的重要指示精神，深入推进新时代研究生教育改革创新发展，不断完善适应新时代需求的一流研究生教育体系，培养更多具有家国情怀、全球视野、创新精神和实践能力，并能引领未来的卓越人才，为教育强国建设贡献天大力量。

由于编者水平有限，书中难免会有疏漏之处，敬请广大读者批评指正。

天津大学研究生院
2024年8月